송자대전

한국고전번역원 한국문집번역총서

송자대전 18

宋子大全

송시열 지음
宋時烈
박대현 옮김

일러두기

1. 이 책《송자대전》은《국역 송자대전》(1981～1988)의 미번역 부분을 포함하여 수정·번역한 완역서이다.
2. 이 책의 번역 대본은 한국고전번역원에서 간행한 한국문집총간 108～116집 소재《송자대전(宋子大全)》으로 하였다. 번역 대본의 원문 텍스트와 원문 이미지는 한국고전종합DB(http://db.itkc.or.kr)에서 확인할 수 있다.
3. 역주는 내용이 간단하면 간주(間註)로, 길면 각주(脚註)로 처리하였다.
4. 한자는 필요한 경우 이해를 돕기 위하여 넣었으며, 운문(韻文)은 원문을 병기하였다.
5. 원문의 오류를 수정하였거나 오류가 의심되는 경우, 교감자료와 중요한 자구(字句)에서 차이가 있는 경우에는 그 내용을 각주로 밝혔다.
6. '한글 맞춤법'의 용법과 다르거나 새로 만든 문장 부호는 다음과 같다.

   「 」: ' ' 안의 재인용을 나타낼 때 사용한다.

   『 』: 「 」 안의 재인용을 나타낼 때 사용한다.

   …… : 원문의 '云云'을 처리할 때, 각주에서 긴 인용문을 처리할 때, 각주의 표제어가 네 어절 이상일 경우 생략되는 말을 처리할 때 사용한다.

   - - : 본문에서 소자(小字) 원문 주(註)의 처음과 끝에 사용한다.

   □ : 원문의 글자가 빠진 빈 난을 표기하거나 '결락과 판독 불가 글자에 대한 지침'에 따라 번역할 때 사용한다.

   ▨ : 훼손 등으로 인해 판독이 불가능한 원문을 표기할 때 사용한다.

차례

송자대전 제80권

서 書

송자대전 제81권

서 書

송자대전 제82권

서 書

송자대전 제83권

서 書

송자대전

제79권

書서

이성미[1] 석견 에게 보냄 경진년(1640, 인조18) 7월 24일

與李聖彌 碩堅○庚辰七月二十四日

작별한 뒤로 공부의 진전은 스스로 돌아보기에 어떠합니까? 잡다한 일로 인하여 마음이 흔들리지는 않는지 모르겠습니다. 이것을 염려하느라 그대를 그리워하는 괴로움은 부차적인 일이 되고 맙니다. 모쪼록 고요한 방 하나를 찾아 한가한 출입을 끊고 한가한 언어를 제거하고 한가한 사려를 멈추고는 단정히 앉아 마음을 보존하여 낮에 글을 읽고 밤에 사색한다면 아마도 마음의 길이 점점 열리고 하늘의 이치가 점점 밝아질 것이니, 유유히 세월을 보내어 자신을 속이고 남을 속여서는 결코 안 될 것입니다. 뒷날 함께 만났을 때 내가 그대의 언모(言貌)와 강론하는 모습을 통하여 공부에 힘을 썼는지 쓰지 않았는지를 징험할 수 있을 것입니다.

강아(剛兒)는 이르지 않았으니, 서책을 완전히 내팽개친 것입니까? 밤마다 이남(二南)[2]을 읽게 한다면 몹시도 좋겠습니다.

어제 황생(黃生)의 편지를 받아 보니, 이곳으로 와서 머물려는 뜻이 있었습니다. 이 사람이 만약 온다면 적막하지는 않을 것입니다. 올 때 《가례(家禮)》를 찾아서 가지고 오면 좋겠습니다.

또 《오복연혁도(五服沿革圖)》는 한강(寒岡) 정구(鄭逑) 선생이 편

1 이성미(李聖彌) : 이석견(李碩堅)으로, 본관은 전의(全義), 자는 성미, 호는 몽재(蒙齋)이다. 음사(蔭仕)로 현감에 이르렀다.

2 이남(二南) : 《시경》의 〈주남(周南)〉과 〈소남(召南)〉이다.

찬한 것인데, 또한 모쪼록 빌려서 오기 바랍니다. 이만 줄입니다. 진중하기를 바랍니다.

이성미에게 보냄 정해년(1647, 인조25) 2월 11일

與李聖彌 丁亥二月十一日

올해 봄이 또 반이나 지나갔으니, 그대를 그리워하는 마음이 날로 지극해집니다. 지금 이 봄날에 시봉(侍奉)하는 그대와 권속들 모두 편안하며 강학 또한 두서를 갖추었으리라고 생각하니, 부럽고 기쁘기 그지없습니다. 나는 어버이를 모시고 지내는 정황이 풍년 덕택에 의식주가 그런대로 편안합니다. 다만 지금 노쇠함이 닥쳐오는 모습은 10년의 세월이 한꺼번에 몰려오는 듯하니, 돌아보면 망연할 뿐이어서 어떻게 수습할지 모르겠습니다.

과거 공부에 필요한 글을 일삼지 않는다는 소식을 들었습니다. 학문에 이로부터 전념할 수 있기 때문에 지구(知舊)의 입장에서는 의당 다행한 일이지만, 지금 위에 부모님이 살아 계시므로 또한 이처럼 해서는 안 될 것입니다. 더구나 그대의 공부 경계는 이미 과거 시험에 뜻을 빼앗기는 단계를 넘어섰으니, 어찌 공부에 방해될까 걱정하겠습니까. 모쪼록 정자(程子)의 설[3]을 준칙으로 삼아 그 공부를 나누어서 하되 이미 과거 시험과 관련된 문장에 마음을 두고 또 예전에 익혔던 것을 함께 겸하여 나란히 공부해 나간다면 너무 공허한 데에는 이르지 않을

3 정자(程子)의 설 : 정이(程頤)가 말하기를 "어떤 이는 과거 준비가 사람의 학문 공부를 뺏는다고 하지만 이는 옳지 않다. 한 달 가운데 열흘만 과거 준비에 매달리고 나머지 날로도 충분히 학문할 수 있다. 그러나 사람들은 이 학문에는 뜻을 두지 않고 오로지 저 과거 준비에만 뜻을 두고 있다. 그러므로 과거 준비가 학문에 방해될까 걱정할 것이 아니라 오직 뜻을 빼앗길까 걱정하여야 한다."라고 하였다. 《二程外書 卷11 時氏本拾遺》

것입니다.

나는 근년 이래로 온갖 생각이 모두 사라져서 그저 한가하고 고요한 정취만 탐할 뿐입니다. 이것이 늙어 가는 처지에 더욱 어울리는 일이지만 어지럽게 골몰할 때가 언제나 열에 여덟아홉이 됩니다. 근간에 천장(泉莊)으로 깊이 들어가서 한 권의 책을 독파하고 싶으나 끝내 방해되는 일이 없을지 모르겠습니다. 나머지 이야기는 하나하나 다 말하지 못합니다.

이성미에게 답함 무자년(1648, 인조26) 9월 20일

答李聖彌 戊子九月二十日

일찍이 문의(文義)의 방목(榜目)을 보고서 그대가 장원급제한 줄을 알았으니, 훌륭한 문장이 인정을 받게 된 것을 몹시 기뻐하였고 다음으로 고시관이 안목을 갖춘 것을 감탄하였습니다. 지금 그대의 편지를 받아 보건대, 서울의 역병 때문에 스스로 복시(覆試)를 포기하였다고 하니, 그 말씀이 훌륭합니다. 근래에 보건대 과거 시험에 뜻을 빼앗긴 부류들이 생사를 돌아보지 않고 오직 요행만을 바라고 있으니, 그대에게 죄를 짓는 사람이라고 할 만합니다. 혹여 한가한 시간이 나고 또 노복과 말을 갖출 수 있다면 달려가서 얼굴을 마주하여 축하하고 싶습니다. 모든 일에 이러한 마음을 미루어 거행한다면 평생에 어떤 공부를 하더라도 이와 같지 않겠습니까. 언제쯤에야 다시 두 손을 맞잡고 회포를 다 풀 수 있겠습니까. 예를 갖추지 못합니다.

이성미에게 보냄 무자년(1648, 인조26) 10월 28일

與李聖彌 戊子十月二十八日

그대의 얼굴을 보지 못하고 벌써 몇 해가 지났습니다. 그립고 괴로운 심정이야 참으로 말할 만한 것이 못 되더라도 단지 알고 싶은 사실은 학문이 진보하였는지와 현재 무슨 책을 읽고 있는지입니다. 만약 이 몇 가지 내용을 알 수 있다면 비록 죽을 때까지 만나지 못하더라도 오히려 유감이 없을 것입니다. 보내온 편지에서 간절하게 이것만을 한스럽게 여긴 것은 또한 인정(人情)에서 나온 것이기는 하지만 구구한 나의 마음은 저기에 있지 여기에 있지 않습니다. 근년에 가난과 병이 더욱 심해집니다. 나 자신이야 분수를 지키다가 굶어 죽어도 괜찮으나 어버이의 연세가 더욱 높아져서 봉양하기가 더욱 어려워지니, 그대의 소식을 들을 때마다 나의 일로써 헤아려 보고 일찍이 상심하지 않은 적이 없습니다. 그러나 우리의 도는 진실로 이와 같아야 하니, 옛사람의 지극히 견디기 어려웠던 일을 자신에게 견주어 보는 것은 참으로 곤궁을 굳게 견디는 훌륭한 방법일 것입니다. 이미 이러한 방법을 사용해 보았는지 모르겠습니다. 오늘날 어떻게 해결할 방도가 없다면 단지 학문을 강론하며 자신을 지키는 것은 그래도 자기가 할 수 있는 일에 속하니, 여기에 힘을 얻지 못한다면 몸을 편안하게 하고 천명을 보전할 곳이 없을 듯합니다. 지금 그대의 말뜻을 보면 아직 이를 해결해 내지 못한 듯하니, 부디 일상생활 속에서 자세히 점검하기를 바랍니다.

그리고 나에게는 몹시 아쉬운 점이 있습니다. 근래 산골짜기 속에서 옛사람의 글을 보며 자못 마음으로 이해되는 부분이 있어 천년의 세월이 멀게 느껴지지 않아서 기뻐하고 있으나 함께 말해 줄 만한 사람이 없기 때문에 더욱 그대를 생각하는 마음이 굶주리고 목마르듯이 절절합니다. 혹시 틈을 내어 한번 방문해 준다면 너무나도 다행이겠으나 이루어지기 어려울 듯하니, 어찌하고 어찌하겠습니까. 끝으로 더욱 실제의 공부에 힘써 멀리 있는 나의 마음에 부응하기를 바랍니다.

이성미에게 보냄 경인년(1650, 효종1) 2월 10일

與李聖彌 庚寅二月十日

며칠 전 강론할 때 논쟁하였던 문제는 처음에 합치하지 않았고 작별한 뒤에도 더욱 답답하다가 구름과 안개를 헤치듯이 갑자기 깨닫게 되었으니, 그대의 공부가 정밀하고 상세하며 질문과 분변이 명쾌함을 과연 알게 됩니다. 나처럼 꺾이고 무너진 사람은 스스로 옛 책을 내버려서 날로 어둡고 어지러워지고 있으니, 의사(意思)가 지극히 곤궁함은 참으로 말할 만한 것이 못 됩니다. 그러나 견문이 넓은 군자의 질문에 대답할 때조차 오히려 이와 같았으니, 스스로 가련하고 가련할 뿐입니다.

지금 무사히 골짜기를 지나갔는지 모르겠습니다. 우리 일행은 편안히 송촌(宋村)에 도착하였고 조금 늦게 성촌(星村) 정사(精舍)로 가서 그대의 행차가 산에 들어오기를 기다리려고 하니, 모쪼록 내일 와서 만나는 것이 어떻겠습니까? 올 때 송촌을 지나면서 여러 어른을 만나 인사드리면 좋겠습니다. 진백(進伯) 등 여러 벗에게는 그리워하는 마음을 전해 주기를 바랍니다.

이성미에게 답함 경인년(1650, 효종1) 5월 26일

答李聖彌 庚寅五月二十六日

지난번 작별한 뒤로 벌써 두 달이 지났으니, 병을 앓는 중에 그대를 생각하는 마음은 날이 갈수록 더욱 지극해집니다. 뜻밖에 홀연히 멀리서 보낸 편지를 받고 여러 가지 일을 자세히 알게 되었으니, 나를 몹시 걱정하고 탄식하게 합니다. 그러나 자신에게 스스로 수양하는 실상이 있다면 세상의 비난과 칭찬쯤이야 어찌 천만 마리 모기와 파리가 앵앵거리는 것에 불과할 뿐이지 않겠습니까.[4] 주자(朱子)가 말하기를 "우리가 '도리(道理)' 두 글자를 가슴에 새겨 둔다면 절로 대중의 의견을 따를 수 없을 것이다. 다만 처신하기가 편안한지 편안하지 않은지를 살펴보아야 할 것이다."라고 하였으니, 이는 참으로 오늘의 병을 치료할 수 있는 약석(藥石)입니다.

나는 묵은 병증이 날로 나빠져서 오래 지탱할 길이 전혀 없습니다. 어제 성상의 전지(傳旨)를 갑자기 받았고 약을 하사하여 치료하게 하시니, 황공하고 떨려서 몸 둘 곳이 없습니다. 지금 내 몸을 의원에게 의탁하여 생사 문제를 그의 기지(機智)에 맡겨 두고 있으니, 이생에 다시 그대를 만날 날이 있을지 모르겠습니다.

4 어찌……않겠습니까 : 주희(朱熹)가 말하기를 "세간의 허다한 어지러운 일들은 천백 마리 파리와 모기가 미친 듯이 앵앵거리는 것 같으니, 어찌 일찍이 그의 흉중에 들어갈 수 있겠습니까. 만약 이러한 것들을 내려놓지 못한다면 다시 무슨 극기복례(克己復禮)를 말하겠습니까."라고 하였다. 《晦庵集 卷59 答楊子順》

그대의 아우가 갑자기 작별을 고하고 떠나가니, 병중의 나의 심사가 더욱 좋지 않습니다. 이 사람은 자못 진보가 있음을 알겠으니, 그곳에서도 모름지기 함께 책려(策勵)하는 것이 어떻겠습니까? 요구한 두 가지 물건은 명보(明甫) 등 여러 사람에게서 구해 보게 하였습니다. 이만 줄입니다. 예를 갖추지 못합니다.

이성미에게 답함 신묘년(1651, 효종2) 10월 9일
答李聖彌 辛卯十月九日

계절의 기후가 응결되고 닫히는 이때 부모님을 모시고 지내는 일상이 길경(吉慶)하다는 소식을 멀리서 듣게 되니, 위로되고 기쁘기 그지없습니다. 이곳의 나는 병의 증상이 이전과 같아 내일 속리산 깊은 곳으로 들어가서 순월(旬月)을 보낼 계획입니다.

글을 읽어도 맛을 알지 못하겠다는 말씀을 이야기하자면, 일찍이 듣건대 글을 읽는 법은 맛이 있는 데로부터 맛이 없는 데에 이르고 맛이 없는 데로부터 맛이 있는 데에 이르러야 비로소 참된 독서라고 하였습니다. 바라건대 마음을 비우고 기운을 화평하게 하여 한 해가 다하도록 올올히 글을 읽는다면 반드시 육미(肉味)가 입을 즐겁게 하는 것처럼 글의 맛을 얻게 될 것입니다.

《주자서절요기의(朱子書節要記疑)》는 다 베꼈으면 즉시 돌려주기를 바랍니다. 그곳에 《구소수간(歐蘇手簡)》이 있으면 한두 달 빌려 보고 싶습니다. 이만 줄입니다. 예를 갖추지 못합니다.

이성미에게 보냄 임진년(1652, 효종3) 10월 11일

與李聖彌 壬辰十月十一日

근래의 소식을 전해 듣건대 그대와 양직(養直)이 1월에 산으로 들어가 9월에도 내려오지 않았다고 하니, 산에 들어가서 터득한 공부는 마주하여 이야기를 나누지 않더라도 알 만합니다. 일찍이 광산(匡山)[5]에서 10년 동안 글을 읽었던 사람에게는 미칠 수 없다고 여겼는데, 지금 그대는 이와 흡사하다고 할 만합니다.

그대의 외숙(外叔)인 신숙(愼叔) 형이 와서 하는 말에 의하면, 그대가 그렇게 공부하게 된 것은 아마도 내가 작년에 보낸 편지 때문인 듯하다고 하였으나, 필시 그렇지는 않을 것입니다. 그러나 혹 폭포수가 쏟아져 내리면 못을 이룰 수 있는 이치가 있으니, 용감하게 곧바로 달려가서 이로부터 더욱 쉬지 않고 힘을 쓴다면 옥을 조탁하여 그릇을 완성하는 것은 날을 정해 놓고 기다릴 수 있을 것입니다. 이렇게 되면 지구(知舊) 사이의 경사일 뿐 아니라 응당 사문(斯文)의 행운이 될 것이니, 어찌 아름답고 훌륭하지 않겠습니까. 못난 나의 말은 단지 천려일득(千慮一得)에 불과하지만 그대의 덕을 정진시키고 학업을 닦는 공부는 옳은 말을 들으면 곧바로 실행하는 가르침[6]을 바로 터득한

5 광산(匡山) : 중국 성도부(成都府) 창명현(彰明縣) 북쪽에 있는 대광산(大匡山)으로, 당(唐)나라 이백(李白)이 젊을 때 10년 동안 글을 읽은 곳이다.

6 옳은……가르침 : 공자의 제자 염유(冉有)가 "옳은 말을 들으면 곧바로 실행하여야 합니까?"라고 묻자, 공자가 "들으면 곧바로 실행하여야 한다."라고 하였다. 《論語 先進》

것이니, 위로되는 마음을 말로써 다 형용할 수 없습니다.

나는 이곳으로 온 지 벌써 며칠이 되었으나 치통이 몹시 고통스러워서 지금 문을 닫고 깊이 칩거하고 있으니, 공부한 것은 말할 만한 거리가 없습니다. 근래에 《주역》을 보고 싶으나 이곳에는 그 책이 없고 함께 읽을 사람도 없습니다. 박 상사(朴上舍)와 유씨(柳氏)들 측에 혹 《주역》이 있거든 구해서 가져오면 좋겠습니다. 곤중(昆仲) 또한 한번 방문해 줄 수 있을지 모르겠습니다. 그 공부 정도를 살펴보고 그와 함께 의문점을 토론해 보고 싶습니다.

이성미에게 답함 계묘년(1663, 현종4) 6월 27일

答李聖彌 癸卯六月二十七日

보내온 편지를 통하여 자식을 잃은 애통한 일이 있음을 알았으니 나를 몹시 상심하고 참담하게 합니다. 거취는 응당 자친(慈親)의 가르침에 따라 결정해야 하니, 어찌 임의대로 할 수 있겠습니까. 이곳의 나는 만 마리 소가 당기듯이 만류하기 때문에 참으로 하루를 보내기가 어렵습니다.

질문한 말들은 자득한 묘(妙)를 볼 수 있어 감히 비평할 수 없으나 의심하지 않았던 부분에 지혜가 생기게 하니, 그대는 참으로 나를 도와주는 사람입니다. 다만 희이(希夷)의 설은 어느 책에 나오는지 모르겠습니다. 팔도 구해(八圖九解)의 소(疏)는 묘하기는 묘합니다만, 지금 계몽(啓蒙)의 책임을 맡고 있어 한가한 서책을 섭렵해서는 안 되므로 우선 그윽하고 고요한 날을 기다려야 할 것이고, 시무(時務)가 눈앞에 있으니 제자(諸子)의 성리(性理)를 다시 점검한다면 좋을 듯합니다.

용규(龍奎)가 가서 배우고 있으니, 응당 엄한 독려를 받을 것이기에 매우 다행이지만 만약 그가 집으로 돌아온다면 적막해질 것입니다. 이 아이들은 음성이 매우 거친데도 그 병통을 고치지 않으니, 한단(邯鄲)의 걸음걸이[7]와 다르지 않습니다. 예를 갖추지 못합니다.

7 한단(邯鄲)의 걸음걸이 : 남의 좋은 점을 배우려다가 자신이 가진 것마저 잃어버리는 것을 말한다. 초(楚)나라 수릉(壽陵)에 사는 여자(餘子)라는 사람이 한단에 가서 맵시 있는 걸음걸이를 3년 동안 배웠으나 제대로 배우지 못하고 수릉에서의 걸음마저 잃어버려 결국 엉금엉금 기어서 돌아왔다고 한다. 《莊子 秋水》

이성미에게 답함 계묘년(1663, 현종4) 9월 13일
答李聖彌 癸卯九月十三日

시(詩)를 부봉(副封)한 편지가 도착하니 더욱 나를 놀라고 기쁘게 합니다. 더구나 인재 수십여 명이 모두 그대의 문하에서 나왔다는 소식을 들었습니다. 영재를 얻어 교육하는 것은 성인(聖人)이 즐거워한 바이니,[8] 비록 수응(酬應)하기가 어렵더라도 어찌 그 번거로움을 꺼리겠습니까. 너무도 기뻐서 잠을 이루지 못하는 것도 깨닫지 못합니다. 손님들로 어수선하고 마음이 바빠서 잠시 이렇게 대략 적어 올립니다. 시는 화답할 겨를이 없으니, 나중의 인편을 기다리려고 합니다.

8 영재를……바이니 : 맹자가 군자의 세 가지 즐거움을 말하였는데, 그중 세 번째 즐거움으로 천하의 영재를 얻어서 교육하는 것을 들었다. 《孟子 盡心上》

이성미에게 답함 을사년(1665, 현종6) 8월 11일

答李聖彌 乙巳八月十一日

오래도록 서울로 보내는 편지를 끊어 안부를 주고받지 못하였던 것은 고구(故舊)를 박대해서가 아니었는데, 지금 직동(稷洞) 편에 부쳐 온 편지를 받게 되니, 내 마음에 몹시 위로됩니다. 나는 근심과 괴로움이 층층이 쌓여 조금도 얼굴을 펼 날이 없으니, 스스로 가련할 뿐입니다. 전후로 내리신 성지(聖旨)는 지극히 융숭하니, 만약 조금이라도 나아갈 수 있는 형편이 된다면 어찌 한번 은명(恩命)에 사례하고자 하지 않겠습니까마는 끝내 감히 마음을 내지 못하여 머뭇거리며 몸 둘 바를 모르고 있을 뿐입니다.

용손(龍孫)은 독한 학질을 앓은 뒤에 아직 완전히 회복되지 않아 길을 나서기가 몹시 어려운 데다가 망인(亡人)의 연사(練事)가 다음 달 초에 잡혀 있습니다. 또 그가 근간에 매일 공부에 몰두하여 왕래로 인하여 마음을 어지럽히려고 하지 않기 때문에 짐짓 보내지 않는 것이지, 감히 권한이 내 손에 있어 이렇게 조종한다고 생각하는 것은 아니니, 부디 이령(李令)을 만나면 이러한 뜻을 상세하게 말해 주는 것이 어떻겠습니까?

제백(濟伯)[9]에게는 따로 편지를 보내지 않습니다. 그가 이양이(李養而)[10]에 대하여 질문한 것을 말하자면, 참으로 그러한 일이 있었으니,

9 제백(濟伯) : 구시경(具時經)으로, 본관은 능성(綾城), 자는 제백, 호는 독락재(獨樂齋)이다. 송시열의 문인이다.

당시에 문답한 뜻은 다음과 같습니다. "병자호란의 일은 합려(闔廬)와 휘흠(徽欽)의 원수[11]에 비하면 차이가 있으니 오늘날 단지 설욕해야 한다고 하면 될 것이다. 북경이 격파된 것은 또한 유적(流賊)으로 인한 것이지만 이 오랑캐는 단지 오노(吳奴)가 끌어들인 것으로 말미암을 뿐이니 또한 군상(君上)을 살해한 원수와는 다르다." 다만 듣건대 북경이 격파된 뒤에 만력황제(萬曆皇帝)의 손자가 남방(南方)에서 즉위하여 홍광(弘光)이라는 연호를 세웠다가 오랑캐에 함락되었다고 하니, 이 말이 헛소문이 아니라면 우리나라가 저 오랑캐를 원수로 여기는 것은 어찌 의심할 여지가 있겠습니까. 다만 만 리 밖의 일이라서 그 허실을 알기 어려울 뿐입니다. 모쪼록 이것을 제백에게 말해 주기를 바랍니다.

10 이양이(李養而) : 이지렴(李之濂)으로, 본관은 함평(咸平), 자는 양이(養而), 호는 치암(恥庵)이다.

11 합려(闔廬)와 휘흠(徽欽)의 원수 : 불공대천(不共戴天)의 원수를 말한다. 합려는 오왕(吳王) 부차(夫差)의 아버지로, 월왕(越王) 구천(句踐)에게 대패하여 죽었다. 휘흠은 송나라 흠종(欽宗)과 휘종(徽宗)으로, 금나라의 침입을 받아 포로로 잡혀갔다.

이성미에게 답함 정미년(1667, 현종8) 1월 8일

答李聖彌 丁未正月八日

오래전부터 계획한 일이 어긋난 줄을 일찍이 알았는데, 이에 뜻밖에 심부름꾼을 보내어 전해 온 편지를 받게 되니, 그리워하던 마음에 몹시 위로가 됩니다. 나는 추위를 무릅쓰고 돌아와서는 복통을 거듭 앓아 무료하게 홀로 누워 있을 뿐입니다.

관직을 수행하는 도리는 대저 《소학(小學)》 책에 모두 갖추어져 있으니, 이를 버리고 별도로 구한다면 매우 잘못된 것입니다. 다시 모쪼록 《주자어류(朱子語類)》 외임편(外任篇)을 가져다가 주자(朱子)가 행한 바를 살펴본다면 비록 꼭 들어맞지는 않더라도 크게 어긋나지는 않을 것입니다. 대개 백성을 사랑하는 것을 근본으로 삼아 청렴함과 신중함으로 자신을 지키는 것이 핵심의 방도일 것입니다. 또 모름지기 충신(忠信)하고 가식이 없는 사람을 찾아 관속(官屬)으로 삼아서 성심으로 맡겨야 할 것이니, 이것이 성인(聖人)이 말한 "유사(有司)에게 먼저 맡긴다."[12]라는 것입니다. 또 차라리 졸렬할지언정 공교하게 하지 말 것이니, 이것이 어찌 사대부의 정치 요체가 아니겠습니까. 또 보건대 젊은 사람들이 한번 관리가 되고 나면 영원히 서책을 내버리고 평생토록 골몰하게 되니, 이것은 몹시 경계할 만한 점입니다. 그대가 어찌 또한 이와 같겠습니까.

12 유사(有司)에게 먼저 맡긴다 : 중궁(仲弓)이 정치에 대하여 묻자, 공자가 말하기를 "유사에게 먼저 맡기고, 작은 허물을 용서하며, 어진 인재를 등용하라."라고 하였다. 《論語 子路》

이성미에게 답함 계축년(1673, 현종14) 12월 9일

答李聖彌 癸丑十二月九日

국휼(國恤) 중의 연상(練祥)은 고례(古禮)가 어떠한지는 막론하고 국가의 금령(禁令)에 대사(大祀), 중사(中祀), 소사(小祀)를 모두 폐한다는 조문이 있으니, 이른바 대사, 중사, 소사는 반드시 사가(私家)를 함께 지칭하는 것은 아니나 묘사(廟社)와 능침(陵寢)을 이미 모두 정지하거나 폐한다면 사대부 집안에서 감히 홀로 은제(殷祭)를 거행할 수 없는 것입니다. 그래서 예법을 아는 사대부 집안에서는 으레 국휼의 졸곡(卒哭) 뒤에 날을 가려서 거행하고 기일(忌日)에 이르러서는 완전히 일이 없어서는 안 되기 때문에 단지 단헌(單獻)의 예(禮)로 곡하면서 날짜를 물려서 거행한다는 뜻을 아울러 고하는 것입니다.

《예기(禮記)》〈증자문(曾子問)〉에 "관직에 있는 적자(適子)와 서자(庶子)……"라고 하였는데, 옛날 군상(君喪)에 관직에 있는 자는 모두 임금의 처소에 있었기 때문에 그 예법이 이와 같았던 것입니다. 후세에는 모두 친상(親喪)을 위주로 하여 모두 사차(私次)에 있게 되니, 고례의 조문을 가지고서 형제간에 차이가 있다고 해서는 안 될 것입니다.

고례는 임금의 복(服)을 중하게 여겼기 때문에 임금의 복을 입고 있으면 감히 사적인 복을 입을 수 없다는 조문이 있는 것입니다. 그러나 옛날과 지금은 편의가 다릅니다. 그저 군상에 성복(成服)한 때에는 잠시 임금의 복을 입었다가 다시 사적인 복을 입는 것이니, 이것이 경중(京中)의 사대부 간에 통행하는 예법입니다.

국휼 중의 제사에 고기를 사용하는지는 《상례비요(喪禮備要)》에 자세히 보입니다. 그러나 퇴계(退溪 이황(李滉))가 어떤 사람에게 답한 편지에 소찬(素饌)을 사용한다는 설이 있으나 다른 사람의 질문에 또 그렇지 않다고 답한 것이 있으니, 이러한 부분은 모름지기 잘 선택하여 거행해야 할 것입니다.

국상(國喪)에 전함(前銜)의 복에 대해서는 절로 관문(關文)이 있으니, 이에 의거하여 거행해야 할 것입니다.

국상에 졸곡 전에 담월(禫月)이 이미 지나갔으면 상제(祥祭) 뒤에 그대로 담제(禫祭)를 지내지 않고 평상을 회복하고, 담월이 아직 지나가지 않았으면 비록 상제와 같은 달일지라도 또한 거행할 수 있으니, 대개 고례에 상제와 담제는 절로 같은 달이기 때문입니다.

이성미에게 답함 계축년(1673, 현종14) 12월 19일

答李聖彌 癸丑十二月十九日

천만뜻밖에 상을 당한 그대의 편지를 멀리서 받고서 일상의 기거를 대략 알게 되니, 위로되고도 감사한 마음을 말로써 다 형용할 수 없습니다. 나는 여강(驪江)에서 돌아오자마자 곧 병들어 누웠으니, 처음에는 시령병(時令病) 같았으나 위중한 상태에 이르러 여러 병증이 교대로 일어나고서야 비로소 필시 회생하지 못할 줄로 생각했습니다. 지금은 다행히 생기가 조금 생겼으나 아직 병석을 떠나지 못하고 있으니, 만일 별도의 증세가 생긴다면 살아날 가망이 없을 듯합니다.

편지에서 말씀한 것은 대면하지 않고서 다 말하기 어렵습니다. 대저 천장(遷葬)은 비록 사대부 집안일지라도 만부득이한 일이라서 가볍게 의논할 수 없기 때문에 "장차 시신과 널을 잃게 될 것이다."[13]라고 하는 것입니다. 하물며 제왕의 능침이야 말할 것이 있겠습니까. 지금 이렇게 옛 능침이 이미 한 자쯤 열려서 현궁(玄宮)이 무사함을 분명히 알게 된 뒤에도 내가 선조(先朝)에 망극한 은혜를 입은 사람으로서 남들의 말을 두려워하여 감히 도로 봉축(封築)하자는 의안을 내놓지 못한다면, 이천(伊川)이 영소릉(永昭陵)[14]을 의논하였던 일로 비추어 볼 때

13 장차……것이다 : 《송자대전수차(宋子大全隨箚)》 권8에 "《의례(儀禮)》 〈상복기(喪服記)〉 개장(改葬) 주석에 '분묘(墳墓)가 붕괴되어 장차 시신과 널을 잃게 되는 것을 이른다.'라고 하였다."라고 하였다.

14 영소릉(永昭陵) : 송 인종(宋仁宗)의 능(陵)이다. 이천 정이(程頤)가 부필(富弼)을 대신하여 영소릉의 안장(安葬)에 대해 논하는 소를 지어 신종(神宗)에게 올리도록

충효의 죄인을 면하지 못할 것입니다. 그래서 자신을 책망하는 단서를 대략 진언하였다가 성상께서 죄안(罪案)이라고 여기시는 지경에 이르고 말았으니, 이는 실로 나의 사려가 미치지 못한 것입니다. 세상 사람들이 이로 인하여 시끄럽게 떠들며 나를 공격하는 데에 여력을 남기지 않지만 일의 옳고 그름은 군왕이 노여워하고 노여워하지 않는 것과 관련되지 않음을 전혀 알지 못합니다. 공부(工部)가 개탄한 것이야 실로 깊이 사랑하는 마음에서 나온 것이니 어떤 다른 뜻이 있겠습니까. 그러나 나머지 사람의 경우는 천만 마리 모기와 파리가 미친 듯이 앵앵거리는 것과 똑같을 뿐이니, 어찌 나의 터럭 하나라도 움직이게 할 수 있겠습니까. 곽세건(郭世楗)의 상소[15]로 말하자면, 일찍이 그 초본(草本)을 보았으나 한바탕 웃음거리도 전혀 되지 못하였습니다. 신덕왕후(神德王后)를 부묘(祔廟)한 것을 잘못되었다고 하는 데에 이르러서는 그 패역(悖逆)이 극심하니, 영남의 풍습이 이 지경에 이르렀을 줄은 생각지 못하였습니다.

황계(黃溪)로 옮겨 가려는 계획은 매우 좋습니다. 내가 병이 혹 회복되고 그대가 거처를 과연 옮긴다면 내가 비록 늙고 병들었으나 책을 들고 행장을 꾸려 예전의 유람을 이어갈 것입니다. 이는 비록 자주 하지는 못하더라도 한 해에 한 번 정도 거행한다면 괜찮을 듯합니다.

부필에게 권한 일이 있다. 《二程全書 卷45 代富弼上神宗皇帝論永昭陵疏》

15 곽세건(郭世楗)의 상소 : 《송자대전수차》 권8에 "당시 영남 사람 곽세건이 소를 지어 현(縣)과 도(道)를 통해 올렸다가 도백(道伯)이 물리치자 그가 직접 올리려고 상경하였으나 또한 올리지는 않았다."라고 하였다.

삼년상 안에 자녀의 혼인은 비록 종자(宗子)가 주관하더라도 초례(醮禮)와 예부(禮婦)[16] 등은 모두 부모의 일이기 때문에 예법을 지키는 집안에서는 고수하여 거행하지 않는 것입니다. 전날 빌려 간 《의례통해(儀禮通解)》는 나중 인편에 돌려주는 것이 어떻겠습니까?

16 예부(禮婦) : 시부모가 신부에게 예를 표하는 것을 말한다.

이성미에게 답함
答李聖彌

심의(深衣)의 깃〔領〕에 대해서는 《가례(家禮)》에서 치수를 말하지 않고 다만 가선이 2치라고만 하였습니다. 만약 고례(古禮)에 깃이 2치라고 한 말에 의거하면 이른바 가선 2치가 그 깃을 남김없이 다 가리게 될 것이니, 그렇다면 깃을 단 의미가 없어집니다. 그래서 《가례보주(家禮補註)》에는 고례에 깃이 2치라고 한 것에 의거하여 가선을 1치 반으로 정하였기 때문에 지금 사람들이 이를 따르고 있습니다. 그러나 《가례》의 제도와 어긋나는 점이 있으니, 어떻게 해야 할지 모르겠습니다. 깃의 길이는 의당 심의의 길이와 같아야 하므로, 이른바 가선을 그 위에 두른다는 것은 바로 깃을 가리켜서 말한 것입니다. 그러나 1치 반의 가선은 의당 치마의 옆과 아랫단을 아울러 둘러야 할 것입니다.

상복(喪服)의 곡령(曲領 동구래깃)은 의당 깃 안에 달아야 하니, 밖에 단다는 말은 듣지 못하였습니다.

혼백(魂帛)을 넣는 상자는 그 형세의 순하고 편리함으로 말한다면 의당 가로로 놓아야 하니, 세로로 놓는다는 설은 듣지 못하였습니다.

월삭(月朔)에는 다시 하실(下室)에서 궤식(饋食)을 하지 않는다고 하였으니, 《의례(儀禮)》 주(注)에 의거하면 하실은 곧 연침(燕寢)으로, 지금의 내당(內堂)과 같습니다.

조석곡(朝夕哭)에는 《가례》에 의거하면 배례(拜禮)가 없습니다.

묘역(墓域)이 한곳에 있으면 토신제(土神祭)는 따로따로 지낼 필요가 없을 듯하다고 하였으니, 이는 무엇을 말하는지 모르겠기에 감히 의견을 내지 못합니다.-이는 구묘(舊墓)를 가리키는 것입니까, 신묘(新墓)를 가리키는 것입니까? 신묘나 구묘를 막론하고 묘역이 한곳에 있으면 토신제를 어찌 따로따로 지낼 필요가 있겠습니까.-

두 묘소가 같은 산에 있었으나 지금 한 묘소는 옮기고 한 묘소는 그냥 둔다면 의당 두 묘소에 다 고유(告由)하여야 합니다.

부모의 빈소(殯所)를 함께 둘 수 없는 것은 예법에 명문(明文)이 있습니다. 무릇 상주는 장사가 끝나기 전에는 모두 손수 분향(焚香)하고 강신(降神)하는 예(例)가 없으니, 의당 복(服)이 가벼운 사람이 대신 거행하게 해야 합니다.

어머니 상중에 아버지를 개장(改葬)할 때는 아버지의 복을 입어야 합니다. 대개 아버지의 장사가 끝나기 전에 감히 그 복을 바꾸지 않는 것은 전후의 상에 차이가 없기 때문입니다.

개장도 일체 초상 때와 같으므로, 분향하고 강신할 때 의당 축관(祝官)을 정하여 거행해야 합니다.

부모의 빈소를 함께 둘 수 없다면 영좌(靈座)를 각기 마련해야 한다는 것은 어찌 다시 의심할 것이 있겠습니까. 상주는 항상 아버지 빈소에 있어야 하는 것은 높은 쪽에 통할되기 때문입니다. 부모의 상(喪)이 동시에 도중(塗中)에 있으면, 아버지의 상사를 먼저 치르고 어머니의 상사를 뒤에 치러야 하니, 혼례(昏禮)를 상고해 보면 알 수 있습니다.

옛사람이 사당을 조(祖)라고 하였으니, 비록 아버지를 계승한 사당이라도 또한 조라고 할 수 있습니다. 그렇다면 며느리를 장사하려 할 때, 어찌 시부모에게 하직하지 않을 수 있겠습니까.

증조(曾祖)에게 부제(祔祭)하는 것은 결코 옳지 않습니다. 조묘(祖廟)가 멀리 있으면 허위(虛位)를 마련하여 지방(紙榜)으로 거행해야 하고, 만약 종자(宗子)가 없으면 또한 족인(族人)이 대신 거행하도록 하는 것이 관례입니다.

현훈(玄纁)은 고례(古禮)에 널의 동쪽에 놓았고 《개원례(開元禮)》에서도 그대로 따랐습니다. 《가례》에서는 널 옆에 놓았으니 이미 옆이라고 하였다면 관곽(棺槨)의 사이를 가리키는 듯합니다. 또 모든 절목(節目)은 이미 고례를 따르지 않으면서 지금 이 현훈만 어찌 그렇게 하지 않는지 모르겠습니다.

망건(網巾)의 예법은 황조(皇朝)에서 나왔습니다. 이는 《가례》에서 말하지 않은 것이니, 사용하거나 사용하지 않거나 크게 득실(得失)이 없습니다.

초우(初虞)와 재우(再虞)는 《가례》에서 이미 관차(館次)에서 거행하도록 허용하였으니, 묘소에서 거행하여도 안 될 것이 없을 듯합니다.

이성미에게 보냄 병진년(1676, 숙종2) 12월 24일

與李聖彌 丙辰十二月二十四日

심부름꾼이 멀리서 이르러 그대의 편지를 전해 주어 그대가 가볍지 않은 고통을 겪고 있다는 사실을 알게 되었습니다. 일찍이 동춘당(同春堂 송준길(宋浚吉))의 면례(緬禮)에 다녀온 사람을 통하여 그대의 모습이 좋지 않다는 소식을 듣고 이미 몹시 걱정하고 있었습니다. 집이 가난하여 의약을 쓰기가 필시 쉽지 않으리라고 생각하나 조금이라도 치료를 늦추어서는 안 될 것입니다. 나는 병세가 일정하지 않고 노부(老婦)의 생사도 때맞추어 듣지 못하여 마음만 타들어 갈 뿐입니다. 세월이 몹시 빨리 흘러 늙은 사람은 죽음이 닥쳐오고 장성한 사람은 노쇠해 가나 학문은 더 진보하지 못하고 나태해지는 것만 볼 뿐이니, 몹시 걱정되고 두렵습니다. 봄이 되어 날이 온화하니 모쪼록 병이 조금 나아지는 때 고요히 앉아 책을 읽어서 이치를 보며 몸을 살피는 실제 공부를 해 나가기를 천만번 바랍니다.

이성미에게 답함 정사년(1677, 숙종3) 12월 25일

答李聖彌 丁巳十二月二十五日

한 해가 다해 가는 이때 그대를 그리워하느라 마음이 몹시 괴로웠는데, 갑자기 이렇게 편지가 도착하니 이와 같은 위로가 어디 있겠습니까. 올해의 창황한 상황은 참으로 말로써 다 형용할 수 없습니다. 그러나 도랑에 버려지려는 나의 뜻[17]은 오히려 줄어들지 않으니, 스스로 생각건대 이로 인하여 죽게 되면 거의 성현의 유훈(遺訓)을 저버리지 않게 될 것입니다.

뜻하지 않게 멀리서 나의 처지를 안타깝게 여겨 이렇게 구휼하는 물품을 보내 주니, 목마른 물고기가 서로 적셔 주는 일이기에 그저 가련하게 보일 뿐입니다. 나는 며칠 사이에 치질 증세가 너무나 심합니다. 이는 추위가 갑자기 혹독해져서 그러한 듯하니, 걱정을 말로써 다 할 수 없습니다.

박생(朴生)이 이미 귀양 갔다는 소식을 들었으니, 서북(西北)의 어느 곳인지 모르겠습니다. 대저 굶주림을 참고 글을 읽는 것은 참으로 소동파(蘇東坡)가 말한 "걱정 속에 즐거움이 있다."라는 것이지만 대부분 그렇게 하지 못하고 있으니, 이는 탄식할 만합니다. 그러나 어찌 유독

17 도랑에……뜻 : 분수에 맞지 않는 일은 죽음을 무릅쓰고 받아들이지 않으려는 뜻을 말한다. 제(齊)나라 경공(景公)이 부정한 방법으로 우인(虞人)을 부르자 우인이 가지 않으니, 경공이 그를 죽이려고 하였다. 이에 공자가 칭찬하기를 "지사는 시신이 도랑에 버려질 것을 잊지 않고, 용사는 싸우다가 자기 머리를 잃을 것을 잊지 않는다."라고 하였다. 《孟子 滕文公下》

귀양 간 사람만 책망하겠습니까. 무릇 평탄한 처지에 있는 사람들이 더욱 개탄스럽습니다. 나머지 이야기는 하나하나 다 말하지 못합니다.

이성미에게 보냄 기미년(1679, 숙종5) 6월 13일

與李聖彌 己未六月十三日

일이 이 지경에 이르고 말았으니, 그저 이를 편안히 받아들여야 할 뿐입니다. 머뭇거리는 처신은 한갓 남의 이목을 번거롭게 할 뿐 일에는 도움이 되지 않으니, 속히 돌아가는 것만 못할 듯합니다. 《대전문목(大全問目)》은 모쪼록 단단히 보관해 두었다가 손자 아이 편에 돌려보내 주면 매우 좋겠습니다. 양직(養直)에게는 따로 편지를 보내지 못합니다. 이는 이른바 몇 마디 이별의 말이라는 것입니다. 부디 진중하기를 바랍니다.

이성미에게 답함 경신년(1680, 숙종6) 12월 24일
答李聖彌 庚申十二月二十四日

올해가 다해 가서 그대를 그리워하는 마음이 몹시 간절하던 차에 갑자기 그대의 안부 편지를 받으니, 나도 모르게 위로가 됩니다. 나는 처음에 한번 사은(謝恩)한 다음 돌아가려고 하였으나 갑자기 대상(大喪)을 만나 감히 돌아가겠다는 말을 하지 못하였고, 중간에 거듭 교외로 나갔다가 어제는 또 여중요순(女中堯舜)이 온공(溫公)을 만류하였던 고사[18]와 같은 일을 당하여 다시 도성에 들어왔습니다.[19] 그러나 스스로 돌아보건대, 쇠약하고 피로하여 힘을 바칠 만한 곳도 없이 단지 낭패할 계책만 더하기 때문에 한밤중에 방황하면서 어떻게 해야 할지 모르고 있을 뿐입니다. 하늘의 노여움과 백성들의 원망은 극도에 달하였다고

18 여중요순(女中堯舜)이……고사 : 여중요순은 여인 중의 요순이라는 말로, 송나라 영종(英宗)의 후비(后妃)인 선인황후(宣仁皇后) 고씨(高氏)를 가리킨다. 선인황후는 아들 신종(神宗)이 죽자 어린 철종(哲宗)을 도와 섭정하면서 왕안석(王安石)의 신당을 몰아내고 사마광(司馬光) 등을 등용하여 원우(元祐)의 성세(盛世)를 이룩하였으므로 사람들이 여중요순이라고 일컬었다. 당시 사마광이 고향으로 돌아가려고 하자 편지를 보내어 만류하였다고 한다. 《宋史 英宗宣仁聖烈高皇后》 온공은 사마광의 시호이다.

19 나는……들어왔습니다 : 《송자대전》 부록 권13 〈묘표〉에 "곧이어 왕후 김씨가 승하하자 즉시 돌아와서 곡림(哭臨)하고 왕명을 받들어 왕비의 묘지문을 지어 올렸다. 선생은 다시 차자를 남기고 교외로 나오니, 주상은 도승지를 보내어 그대로 머물며 보도(輔導)할 것을 간곡히 부탁하였다. 한편 자성(慈聖)께서도 시정(寺正) 김석연(金錫衍)을 보내어 언찰을 하사하였다. 이에 선생은 이는 여중요순이 편지를 보내어 사마광을 머물도록 한 것과 같다고 여겨서 특별한 은혜에 감격하며 명을 받들어 도성에 들어갔다."라고 하였다. 자성은 명성왕후(明聖王后)를 가리킨다.

할 만하나 소멸시키거나 위로할 만한 방책은 바람을 잡듯이 막연하고, 조정의 여러 공 또한 단지 걱정만 할 뿐이니, 어찌하고 어찌하겠습니까. 나는 질병이 갈수록 심해져서 단지 병든 학이 산을 그리워하는 생각만 할 뿐이라서 의사(意思)가 무료합니다. 대략 이렇게 남의 손을 빌려서 답장을 쓰느라 하나하나 다 말하지 못합니다.

이성미에게 답함
答李聖彌

"처(妻)는 조모에게 부묘(祔廟)하고 자식은 부친에게 부묘한다."라는 것은 본래 《가례(家禮)》의 예문(禮文)입니다. 〈상례비요도(喪禮備要圖)〉는 실로 여기에서 나온 것이니, 어찌 의심할 것이 있겠습니까. 감실(龕室)은 비록 갖추지 못하였더라도 병풍으로 막는다면 감실을 이룰 수 있으니, 부묘한 신위를 서향(西向)하는 데에 방해되는 바가 없을 것입니다.

처(妻)의 기일(忌日)과 비(妣)의 기일이 같은 날이라면 한곳에 신위를 설치하여 함께 제사하는 것이 순조롭고 편리한 듯하나 이미 근거할 만한 경전이 없으니 새로운 예법을 만들어 내기 어렵습니다. 또 비(妣)의 기일에 곡하면서 제사를 거행하는 것은 하위(下位)에 방해되는 바가 없습니다. 그런데 처의 아들 같은 경우는 그 어머니에게 곡하지 않을 수 없으나 압존(壓尊)되어 곡할 수 없는 의리가 생기게 되니, 부제(祔祭)를 보면 알 수 있습니다. 대개 변례(變禮)에 만약 막히는 곳이 있으면 예법을 어기게 되는 것이니, 그렇다면 앞뒤로 나누어 제사하는 것이 허물을 줄이는 방법이라서 더 좋을 듯합니다.

장례 때 신주를 미처 만들지 못하였다면 추후에 합독(合櫝)하는 것을 조금도 늦추어서는 안 됩니다. 응당 신주가 이루어지기를 기다렸다가 즉시 제사를 올려 고하고 합부(合祔)해야 하니, 어찌 기제(忌祭)나 시제(時祭)까지 기다리겠습니까. 고할 때 또한 '추후에 합부한다'는 뜻을 옛 신주에 고해야 할 것입니다.

이성미에게 답함 갑자년(1684, 숙종10) 2월 9일

答李聖彌 甲子二月九日

삼산(三山)의 길에서 스치고 지나간 일이 몹시 아쉬웠는데, 이에 보내온 편지를 받고서 서로의 거리가 가까워진 줄을 알게 되어 기쁩니다. 나는 근래에 병이 심하여 쓰러져 누운 채로 날을 보내고 있으니, 장래의 일이 어떻게 될지 모르겠습니다.

벼슬길에 오른 뒤에 즉시 돌아오는 것은 형세상 할 수 없는 일이니, 벼슬을 그만두기 전에는 모름지기 지극히 신중히 하여 나의 바람에 부응하여야 할 것입니다. "도를 어기면서까지 백성의 칭찬을 구하지 말며 백성의 뜻을 거스르면서까지 자신이 바라는 것을 따르지 말라."[20]라는 것은 비록 성인(聖人)이 천하에 군림하는 도이기는 하지만, 한 고을을 다스리는 일 또한 이와 같아야 할 것입니다. 우연히 후지(厚紙)를 얻었기에 이처럼 적어 한 통을 보내니, 자리 오른쪽에 놓아두는 것이 어떻겠습니까? 그대를 염려해서가 아니라 지구(知舊) 간의 경계로써 당연한 일입니다.

덕질(德姪)은 두창(痘瘡)이 거의 나았으니, 사가(私家)의 다행입니다. 제부(弟婦)의 발인은 19일에 있을 듯하니, 이 일을 마치면 형세상 모름지기 병을 무릅쓰고 도성을 나가야 할 것입니다. 영상(領相)의 만사(挽詞)를 적을 종이와 《사략(史略)》은 보내 준 대로 잘 도착하였습니다.

20 도를……말라 : 순(舜) 임금의 신하 익(益)이 순을 경계한 말로, 《서경》 〈대우모(大禹謨)〉에 보인다.

이성미에게 보냄 갑자년(1684, 숙종10) 2월 16일

與李聖彌 甲子二月十六日

어제의 답장은 받아 보았습니까? 관청의 일은 점점 잘 이루어지고 있습니까? 범 문정(范文正)이 그 형의 아들에게 보낸 편지에 주자(朱子)가 적은 글[21]에 "너는 벼슬살이에 조심할 것이며 일을 속여서는 안 된다. 동료들과 화목하고 예의를 갖출 것이며, 일이 있으면 단지 동료들과 상의하고 서리들과 상량하지 말며, 고을 친척들이 군에 와서 장사하도록 해서는 안 된다. 자신은 한결같이 마음을 깨끗하게 하여 사적인 이익을 추구하지 말라."라고 하였으니, 이는 비근한 내용이어서 알기가 쉽고 행하는 데에도 어려움이 없기 때문에 한번 말해 보는 것입니다.

듣건대 제부(弟婦)의 영구(靈柩)가 18일에 이곳을 지난다고 하니, 이날 갔다가 돌아오려고 하나 아마도 습조(習操)의 행사와 겹쳐 만나지 못할 듯합니다.

21 범……글 : 《회암집(晦庵集)》 권81에 실려 있는 〈발범문정공가서(跋範文正公家書)〉를 가리킨다.

이성미에게 답함 갑자년(1684, 숙종10) 5월 26일

答李聖彌 甲子五月二十六日

편지를 보고서 그대 손자의 이질 증세가 가볍지 않은 줄을 알게 되니, 염려되기 그지없습니다. 듣건대 의원 이시귀(李時龜)가 의술이 자못 정밀하다고 하니, 모쪼록 그를 불러서 치료하면 어떻겠습니까?

말씀한 윤(尹)의 일은 이 어찌 서로 계교(計較)할 것이 있어 이렇게까지 분분하단 말입니까. 돈암서원(遯巖書院)의 일을 운운한 것은 남들이 만약 듣는다면 필시 코웃음을 지을 것입니다. 대저 주자(朱子)를 탄핵한 글은 추악한 설이 낭자하였고 끝에는 역당(逆黨)으로까지 내몰았으나 주자는 그저 "늘그막의 영광은 간당의 당적에 이름을 올린 것일세."[22]라고 하고 자신을 변명하는 말이 하나도 없었습니다. 주자뿐만 아니라 그 문인 제자에 이르러서도 또한 한마디 말이 없었으니, 이것이 오늘날 마땅히 본받아야 할 바가 아니겠습니까. 모름지기 지구(知舊) 간에 이것을 서로 알려서 그 분분한 의견을 힘껏 중지시키는 것이 어떻겠습니까?

세 가지 맛있는 물건은 참으로 감사합니다. 다만 여러 번 관청의 인편을 번거롭게 한 것은 몹시 마음이 편안하지 않습니다. 병을 무릅쓰고 적느라 예를 갖추지 못합니다.

22 늘그막의……것일세 : 주희의 시에 "늘그막의 영광은 간당의 당적에 이름을 올린 것이고, 지난날의 부끄러움은 시신(侍臣)의 갓을 쓴 것이네.〔老去光華奸黨籍, 向來羞辱侍臣冠.〕"라고 하였다.《晦庵集 卷9 蒙恩許遂休致陳昭遠丈以詩見賀已和答之復賦一首》

이성미에게 보냄 정묘년(1687, 숙종13) 4월 8일

與李聖彌 丁卯四月八日

근래에 어떻게 마음을 가누고 있습니까? 종경(宗慶)의 모씨(母氏)를 말하자면, 그 소문을 듣고 나 자신도 모르게 의기가 솟구쳐 오릅니다. 김제(金弟)의 따님이고 그대의 며느리이니 의당 정숙하고 신중할 것이지만 곧은 성품이 하늘로부터 타고난 사람이 아니면 어찌 이에 미칠 수 있겠습니까. 슬픔에 그 정성을 다하는 일은 남들이 만류할 수 없다고 하더라도 9년 동안 소식(素食)을 행하고 사계절 내내 같은 옷을 입고 있으니, 건강을 해치는 것은 말로 다 표현할 수 없습니다. 성인이 제정한 상례의 제도를 지키지 못할 뿐만 아니라 늙은 시아버지와 어린 아이에게 효도와 자애를 온전히 행하지 못하게 될까 두렵습니다. 일찍이 듣건대 내범(內範)과 규훈(閨訓)과 예학(禮學) 등의 책을 널리 섭렵하였다고 하니, 응당 그 대의(大義)를 알고 있으리라 생각합니다. 모쪼록 때때로 타이르고 위로해 주기를 바랍니다. 나 또한 편지를 부칩니다. 예를 갖추지 못합니다.

김회숙[23] 진수 에게 보냄

與金晦叔 震粹

그대 집안의 여러분은 상을 치르며 잘 견디고 있는지 모르겠습니다. 상중의 그대 체후 또한 어떠합니까? 상을 치르느라 부인을 병들게 해서는 안 된다는 설이 《의례(儀禮)》에 있습니다. 무엇보다 그대가 여러 달 동안 구병(救病)한 뒤라서 기력이 몹시 염려스럽습니다. 만일 몸이 손상되어 병이 난다면 이는 우리의 책임이니, 뒷날 지하에서 그대의 부친을 뵐 수 없을 것입니다. 모름지기 십분 자중자애해야 할 것입니다. 일찍이 그대에게 나아가 이러한 슬프고 아픈 마음을 말하고 싶었으나 매양 그곳으로 향하기만 하면 쇠잔한 눈물을 견디지 못하겠으니, 옛사람이 서주(西州)의 문으로 다니지 못하였던 것[24]은 참으로 이 때문입니다.

모레 제사가 있어 출입할 수 없으니, 제사를 지낸 뒤에 가겠습니다. 붓을 잡고 편지를 쓰자니 목이 메어 겨우 완성하였습니다. 그대의 부친께서 이를 양해해 주실지 모르겠습니다.

23 김회숙(金晦叔) : 김진수(金震粹)로, 본관은 경주(慶州), 자는 회숙이다. 송애(松崖) 김여경(金餘慶)의 아들이다.

24 옛사람이……것 : 서주는 진(晉)나라의 명재상인 사안(謝安)이 살던 곳이다. 사안은 평소 그의 생질인 양담(羊曇)을 애지중지하였는데, 사안이 죽자 양담은 수년 동안 슬픔에 잠겨 음악을 듣지 않고 사안이 있던 서주의 문으로 다니지 않았다고 한다. 《晉書 謝安列傳》

김회숙에게 보냄

與金晦叔

연영(燕塋)에서 돌아왔다는 소식을 들었으나 내가 두루 돌아볼 수 없었으니, 그저 그대를 생각하는 마음만 간절합니다. 듣건대 그대는 사무가 몹시 많아 책을 보는 데에 전념할 수 없다고 하니, 바라건대 모쪼록 번다한 일을 조절하는 것이 어떻겠습니까? 나는 비록 종적이 편안하지는 못하나 이로 인하여 인사를 더욱 사절하게 된다면 책에 응당 조금은 공을 들일 수 있을 것입니다.

김회숙에게 보냄 계묘년(1663, 현종4)

與金晦叔 癸卯

근일 몹시 추운데 상중의 생활을 잘 견뎌 내는지 모르겠습니다. 가장(家狀)의 초고는 자세히 살펴보건대 사실에 부합하고 의리가 정대하니, 매우 좋고 좋습니다. 그 미비한 부분은 대략 윤색을 가하였으나 아, 내가 차마 이 일을 담당할 수 있겠습니까. 우선 눈물을 참고 봉하여 돌려보내니, 살펴보고 받아 주는 것이 어떻겠습니까?

김회숙에게 답함 갑진년(1664, 현종5)

答金晦叔 甲辰

오늘 상촌(上村)의 계회(契會) 약속이 있어 그 걸음에 그대를 방문하려고 하였으나 갑자기 부종 증후가 있어 결국 가지 못하여 지금 한탄하던 중에 이렇게 그대의 편지를 받게 되니 위로되고 감사하기 그지없습니다. 보내온 제사 음식은 받고서 목이 멥니다. 정송강(鄭松江)이 일찍이 "담로(湛老)와 율옹(栗翁)이 오늘 돌아가시니, 종전과 같은 소식(素食)은 늙어서 할 수가 없네."라고 읊은 적이 있었는데,[25] 지금 이러한 처지에 벌써 이르게 될 줄은 생각지도 못하였습니다. 근간에 한번 만나 적조한 회포를 풀겠습니다. 예를 갖추지 못합니다.

25 정송강(鄭松江)이……있었는데 : 송강은 정철(鄭澈)의 호이고, 담로는 정철의 스승인 담재(湛齋) 김인후(金麟厚)이고, 율옹은 율곡(栗谷) 이이(李珥)를 가리킨다. 이 시는 〈정월십육일작(正月十六日作)〉이라는 제목으로 《송강집(松江集)》 권1에 실려 있다. 김인후와 이이의 기일이 모두 1월 17일이다.

김회숙에게 답함 경술년(1670, 현종11)

答金晦叔 庚戌

사람을 시켜서 보낸 문안 편지를 멀리서 받으니 얼굴을 마주한 듯하여 몹시 위로됩니다. 지난번의 일[26]은 지금까지도 마음이 무너집니다. 모두 곤궁한 나의 운명이 초래한 것이니, 다시 누구를 원망하고 탓하겠습니까. 무엇보다 성상의 은덕이 하늘과 같아 죽은 사람을 살리고 뼈에 살이 돋아나게 할 뿐 아니라 특별한 은수(恩數)가 뜻밖에 더해지고 덕음(德音)이 더욱 높아지시니, 밤낮으로 감격의 눈물만 흘릴 뿐, 보답할 길을 알지 못하겠습니다.

올해의 흉작은 이곳저곳이 모두 같은 상황이라서 장차 한 사람도 살아남지 못하게 되고 말 것이니, 어찌하고 어찌하겠습니까. 구제하는 방도는 오직 실상을 파악하여 서로 속이지 않게 하고 일찍 도모하여 혜택을 받지 못하는 곳이 없게 하는 데에 달려 있으니, 이것이 바로 지극히 중요한 일입니다. 이러한 때에 지방관이 된 그대는 집에서 지내면서 죽음을 스스로 걱정하는 나보다 걱정이 심할 것입니다. 그대가 밤낮으로 부지런히 힘써서 굶어 죽는 사람이 하나도 없게 하기를 바랄 뿐이니, 그렇게 되면 몹시 다행이겠습니다.

26 지난번의 일 : 《송자대전수차》 권8에 "이세직(李世直)의 고변(告變)이다."라고 하였다. 1670년 9월 공산(公山) 사람 이세직이 종각(鐘閣)에 난입하여 형조에 체포되었는데, 그가 조사 과정에서 송시열이 충청 감사 이홍연(李弘淵) 등과 모여 역모를 꾸몄다고 거짓으로 고한 일을 가리킨다. 《顯宗實錄 11年 9月 15日》

나는 변고를 만난 뒤로 더욱 세상일에 관여하고 싶지 않습니다. 다만 산중에 양식으로 쓰는 도토리마저 다하여 부득이 이달 20일 뒤로 가족을 데리고 회덕(懷德)으로 돌아가려고 하니, 추위를 당하여 곤란을 겪는 이 광경이 어떠하겠습니까.

두 가지 음식은 고맙게 잘 받았습니다. 앞에서 지적한 일은 몹시 염두에 둘 만하니, 사람을 죽이고 재물을 빼앗는 환란을 면할 수 있다면 도망가는 것은 작은 일입니다.

김회숙에게 보냄 임자년(1672, 현종13)

與金晦叔 壬子

어제의 만남은 긴절하지 못하였습니다. 나는 오늘 일찍 제사 지내는 일로 병을 무릅쓰고 기동하였으나 병세가 더해지는 증후가 느껴지니, 걱정되고 걱정됩니다. 보내 준 생일 선물을 말하자면 그대의 지극한 마음을 매우 잘 알고 있으나 어제 임실(任實)이 보낸 선물 또한 받을 수가 없었으니, 이는 주자(朱子)의 유훈(遺訓)을 들었기 때문입니다. 어떤 사람이 "생신에 자제들의 수연 술잔을 받을 수 있습니까?"라고 묻자, 주자가 "아니다."라고 하였고, "의복으로 바꿀 수 있습니까?"라고 하자, "아니다. 일절 남의 선물을 받지 않는다."라고 하였으니, 대개 생일은 부모님이 수고하신 날이라 차마 남에게서 하례하는 물건을 받을 수 없기 때문입니다. 내가 그대를 보는 것이 태아(泰兒)[27]와 다르겠습니까. 태아에게는 허락하지 않았는데 그대의 선물을 받는다면 이는 태아와 다르게 보는 것이니, 어찌 차마 이렇게 하겠습니까. 또 만약 떳떳한 법을 바꾼다면 곧 불안하고 위태롭게 되고 말 것이니, 그대가 모쪼록 양해해 주기를 바랍니다. 마침 멀리서 온 손님이 문밖에 도착하여 이만 줄입니다.

27 태아(泰兒) : 송시열의 장남 송기태(宋基泰)를 가리킨다.

송희장[28] 광식 에게 답함
答宋希張 光栻

서늘한 기운이 들녘에 들어오는 계절이라서 자네를 그리워하는 마음이 이전보다 배로 심하던 중에 지금 멀리서 보내온 편지를 받아 보니 위로되고 후련하기 그지없네. 나는 병중에 처하여 걱정으로 날을 보내고 있으니, 괴롭고 괴롭다네.

《소학(小學)》을 읽고 있다는 사실을 알게 되니, 곧 실질에 힘쓰고 있음을 볼 수 있겠네. 만약 이 책에서 힘을 얻는 곳이 있다면 뜻이 성실하지 않을까 걱정할 필요가 없으니, 어찌 이것을 근심으로 삼겠는가. 일상생활을 하는 사이에 자신의 과실을 점점 알게 되는 것이 바로 학문의 힘을 얻는 곳이니, 한번 이것으로 시험해 보면 어떻겠는가? 나머지 이야기는 몹시 바빠서 이만 줄이네.

28 송희장(宋希張) : 송광식(宋光栻)으로, 본관은 은진(恩津), 자는 희장이다. 송준길(宋浚吉)의 아들이다. 송시열의 외조모와 송준길의 외조모는 모두 이윤경(李潤慶)의 딸로 자매 사이이다.

송희장에게 보냄 기묘년(1639, 인조17) 5월 3일

與宋希張 己卯五月三日

관례(冠禮)를 행한 지 얼마 되지 않아 또 부모의 대를 잇는 혼인을 치르게 되었으니, 필시 스스로 돌아보면서 조심하고 두려워하는 마음을 갖지 않겠는가. 아니면 보통의 일로 등한히 보아 넘기고 있는가? 처음에는 함께 가서 이전에 들었던 것으로 조언하려고 하다가 결국 이 생각을 거두어들였으나 우려되는 마음은 여전히 가시지 않는다네. 혈기가 아직 안정되지 않고 체질도 잔약하니, 무엇을 경계해야 할지 알 수 있을 것이네. 군자의 도는 그 단서가 부부 사이에서 시작되고[29] 여자는 기르기가 어려우니,[30] 예(禮)로써 거느리는 일을 느슨하게 해서는 안 될 것이네. 귀와 눈을 즐겁게 해 주는 것은 마음이 휘둘리기 쉬우니, 정신을 제대로 다잡아야 하네. 이 몇 마디 말은 비록 천근(淺近)하나 실상은 심오한 것이네. 천근하게 보면 천근하고 심오하게 생각하면 심오하니, 오직 자네가 어떻게 보느냐에 달려 있을 뿐이네. 부디 소홀히 하지 말기를 바라고 바란다네. 대부(大府)께서 초례(醮禮)에 명하실 말씀에 필시 이보다 더 절실한 것이 있겠지만 부자간에는 실로 말하기 어려운 점이 있을 것이기에 아끼지 않고 다 이야기하는

29 군자의……시작되고 : 자사(子思)가 말하기를 "군자의 도는 단서가 부부에게서 시작되니, 그 지극함에 미쳐서는 천지에 밝게 드러난다."라고 하였다. 《中庸章句 第12章》

30 여자는 기르기가 어려우니 : 공자가 말하기를 "여자와 소인은 기르기가 어려우니, 가까이하면 불손하고 멀리하면 원망한다."라고 하였다. 《論語 陽貨》

것이네.

끝으로 염천(炎天)의 노정(路程)에 조심하고 자중하여 병 때문에 부모님께 걱정을 끼치지 말기를 바라네. 예를 갖추지 못하네.

송희장에게 답함 병술년(1646, 인조24) 3월 1일

答宋希張 丙戌三月一日

그리움으로 몹시 괴로워하던 중에 자네의 편지를 받으니 한 글자가 천금처럼 소중하네. 편지를 보낸 뒤로 부모님을 모시고 지내는 일상이 더욱 좋은지 모르겠네. 나 또한 별다른 일은 없으나 편안히 앉아 글을 읽지 못하는 것이 가탄스러울 뿐이네.

천궁(川芎)과 대황(大黃)은 몇 뿌리만 남아 있어 모두 뽑아 보내네. 듣건대 백약(百藥)이 여색을 삼가는 하나의 일만 못하다고 하였네. 그러므로 여기에 긴절하게 힘을 쓸 것이고 저것을 병을 치료할 수 있는 믿을 만한 약재로 여기지 말기를 바라네. 한번 웃은 뒤에 부디 나의 말을 염두에 두는 것이 어떻겠는가? 금앵(金櫻) 또한 옮겨서 보내네. 예를 갖추지 못하네.

송희장에게 답함 경자년(1660, 현종1) 7월 16일

答宋希張 庚子七月十六日

멀리서 보낸 편지가 갑자기 도착하니, 병든 나의 마음이 놀라고 위로되네. 과거 시험 날이 이미 가까워졌는데, 공부는 어느 정도로 되었는가? 나는 날마다 새로운 병증이 더해져서 하나의 몸이 여러 병의 공격을 견디기가 어려우니, 어찌하고 어찌하겠는가.

황생(黃生)[31]을 두고 실수한 것이 없다고 한다면 잘못된 것이네. 그러나 우리가 어찌 불쌍히 여기고 측은해하는 마음을 견딜 수 있겠는가. 그가 본 바와 마음에 둔 바가 단지 이와 같을 뿐이거늘 외간(外間)의 분분한 말들이 그치지 않으니, 또한 특이한 일이네.

세 자루 붓은 몹시 다행이네. 응시하는 사람에게 없어서도 안 될뿐더러 내 것도 몽당붓이 된 지 오래되었네. 지금 곽란을 앓느라 남의 손을 빌려서 적었네. 예를 갖추지 못하네.

31 황생(黃生) : 황세정(黃世楨)으로, 본관은 회덕(懷德), 자는 주경(周卿), 호는 제곡(霽谷)이다. 송준길, 김집(金集), 송시열에게 수학하였고, 기해예송(己亥禮訟) 때 송시열을 지지하다가 진도에 유배되었다.

송희장에게 보냄 경자년(1660, 현종1) 7월 22일
與宋希張 庚子七月二十二日

앞에 보낸 편지는 받아 보았는가? 근래 지내는 형편은 어떠한가? 나는 병이 든 것 이외에 말할 만한 것이 없네.

회옹(晦翁 주희(朱熹))이 "향리는 비록 궁벽하고 적적하기는 하지만 도리어 한가한 시비(是非)도 없다."라고 하였는데, 오늘날의 향리가 옛날의 향리와 다른 것은 어째서인가. 황생(黃生)은 이미 강음(江陰)으로 갔는가? 초형(草兄 이유태(李惟泰))은 아직 만나 보지 못하였으나 방금 그의 편지를 받아 보건대 황생의 일을 말할 수 없을 듯하니, 또한 어떻게 하겠는가. 이제부터는 묵묵히 있어야 할 것이네. 아이에게도 이 편지를 즉시 전해 주게.

송희장에게 답함 임인년(1662, 현종3) 8월 12일

答宋希張 壬寅八月十二日

떠나갈 때 서로 만나지 못하여 지금까지도 스스로 몹시 아쉬워한다네. 방금 보내온 편지를 받아 보건대 부족하다는 말이 없으니, 이미 속되지 않은 규모라 하겠네. 보내온 물품이 모두 신선하고 향기로운 것을 보고서 또 아랫사람들이 공경하고 두려워하여 감히 태만하게 하지 못하는 마음을 이를 통하여 유추할 수 있으니, 나의 기쁜 마음이 어떠하겠는가. 의심스러운 부분이 있을 때 길보(吉甫 윤선거(尹宣擧)) 등 여러 사람에게 물어보면 앉아서 읊조리는 흥취[32]가 있을 뿐만 아니라 습지(習池)[33]의 즐거움도 더할 수 있을 것이니, 여러 가지 아름다움을 함께 누린다고 할 것이네.

이곳의 상황을 말하자면, 아이는 병중에 조금 생기를 찾았으나 나는 설사로 괴롭게 날을 보내고 있으니, 힘들고 힘드네. 아이의 병은 보내온 물품을 얻고서 더욱 차도가 있으니, 몹시 다행스럽고 다행스럽네.

32 앉아서 읊조리는 흥취 : 지방관이 정사를 속관에게 맡기고 한가롭게 지내는 것을 가리킨다. 후한(後漢) 때 성진(成瑨)이 남양 태수(南陽太守)가 되어 잠질(岑晊)을 공조(功曹)로 삼고 그에게 공사(公事)를 다 처리하도록 맡겨 두니, 민간에서 노래하기를 "남양 태수는 바로 잠공효이고, 홍농 성진은 앉아서 읊조리기만 하네.〔南陽太守岑公孝, 弘農成瑨但坐嘯.〕"라고 하였다. 《後漢書 黨錮列傳序》 공효(公孝)는 잠질의 자이다. 당시 송광식이 이산 현감(尼山縣監)으로 있었다.

33 습지(習池) : 습가지(習家池)로, 아름다운 정원과 못의 대표로 알려져 있다. 진(晉)나라 산간(山簡)이 양양 태수(襄陽太守)로 있으면서 구경을 나가게 되면 습씨(習氏) 집안에 가서 연못 위에 배를 띄우고 술 마시며 노닐었다고 한다. 《晉書 山濤列傳 山簡》

송희장에게 답함

答宋希張

편지를 받아 보니 몹시 위로되네. 황우(黃寓) 마을에는 말한 것처럼 마련하여 보내었네. 본래 병증이 조금 회복된 뒤에는 주변 병증이 가장 무서운 법이네. 무엇보다 마음을 평안하게 하는 것이 묘한 비법이니 전날 이를 시험해 보려 하였으나 마음이 안정되지 않아 이루지 못하였네. 억지로 평안하게 하려고 하면 도리어 병을 만들게 되네. 단지 주위에 신경 쓰이는 일이 없는 것이 제일 좋으니, 한번 시험해 보면 어떻겠는가?

송희장에게 보냄 계묘년(1663, 현종4) 4월 13일

與宋希張 癸卯四月十三日

전날의 편지는 우연히 분실되고 말았으니 가탄스럽네. 함께 보낸 물건은 이 은진(李恩津)이 만든 공책일 뿐이지만 율곡(栗谷)의 행장(行狀) 모양으로 몹시 정밀하고 좋게 만든 것이었으니, 이와 함께 잃어버린 것이 가석하다네.

향교의 위차(位次)는 김후(金侯)가 정한 것은 필시 망녕된 것이네. 우리나라 제현(諸賢)을 정주(程朱)와 나란히 제향하면 움츠러드는 마음이 없을 수 있겠는가. 응당 《고사촬요(攷事撮要)》를 옳은 것으로 삼아야 할 듯하네. 두 분 정자(程子)를 동서(東西)로 나누는 문제는, 주자의 설을 상고해 보면 한(漢)나라 이전에는 오른쪽을 높게 여겼다고 하였으니 오른쪽은 서쪽인데 주자가 정한 바는 명도(明道)가 동쪽에 있으니, 지금 이것을 표준으로 삼아야 할 것이네.

황상중(黃尙中)은 나와 사마시에 함께 합격한 상주(尙州) 사람인 듯하네. 황상정(黃尙正)은 어릴 때부터 양현(兩賢)을 존모(尊慕)하였다고 하니, 이들은 혹시 형제간이 아닌지 모르겠네. 그러나 황상정은 순수하고도 순수한 사람이지만 지금 듣건대 황상중은 이쪽저쪽으로 다리를 걸친 사람으로 담장 머리의 풀처럼 몹시 흔들린다고 하네. 그러나 또한 이 말이 옳은지 옳지 않은지는 모르겠네.

초려(草廬 이유태(李惟泰))는 그의 편지를 보건대 길보(吉甫 윤선거(尹宣擧))가 비록 오더라도 그는 따르지 않겠다고 하니, 어떤 연유가 있는지 모르겠네. 이만 줄이네.

송희장에게 답함 계묘년(1663, 현종4) 9월 12일
答宋希張 癸卯九月十二日

어제 정종(定宗)을 통하여 편지를 받으니 위로가 되었네. 동쪽 행차는 결국 그만두지 못하는가? 서자(徐慈)의 일은 놀랍고 참혹하네. 자건(子健)의 죽음은 애통함을 견디지 못하겠네. 그의 지극한 행실은 어느 곳에서 얻을 수 있겠는가.

나는 별다른 일이 없이 그런대로 잘 지내고 있네. 정상(貞相)[34]이 당초 결혼을 간청하였을 때 감당하지 못할 혼처인 줄은 알았으나 손태산(孫泰山) 문하의 뜻[35]이 없지 않아 허락하였다가 속고 말았으니, 부끄럽고 후회스럽기 그지없다네. 어찌 두 번이나 대면하여 약속하고 이어서 혼인 날짜를 재촉까지 하였다가 까닭 없이 약속을 저버리는 경우가 있단 말인가. 정승의 집안도 이와 같으니 백성들이 이를 본받게 되는 것이 마땅하다 하겠네. 자네에게 자녀가 있기 때문에 감히 이

34 정상(貞相) : 정릉(貞陵)에 사는 정승이라는 말로, 이경석(李景奭)을 가리킨다. 《송자대전수차》 권8에 "이경석에게 외손녀가 있었다. 선생의 맏아들 동지공(同知公)이 서울에 있을 때 한림공(翰林公)과 혼인하기를 청하였다가 뒤에 약속을 저버렸다."라고 하였다.

35 손태산(孫泰山) 문하의 뜻 : 손태산은 태산에 은거하였던 북송(北宋)의 학자 손복(孫復)을 가리킨다. 《송자대전수차》 권8에 "이 문정(李文定)이 손복을 만나 보고 딸들을 시집보내기를 원하니, 손복이 말하기를 '재상의 딸은 공후(公侯)에게도 시집보내지 않거늘 산골짜기에서 나물도 제대로 먹지 못할 사람에게 시집보내려고 하니, 내가 상공의 어짊을 이루어 드리지 않을 수 없다.'라고 하고 드디어 장가들었다."라고 하였다. 이 문정은 이적(李迪)으로, 문정은 그의 시호이다.

일을 가지고서 경계하는 것이네. 사신(士臣)에게 보내는 위로 편지를 전달해 주기 바라네. 이만 줄이네.

송희장에게 보냄 계묘년(1663, 현종4) 9월 12일

與宋希張 癸卯九月十二日

아침에 편지 한 통을 돌아가는 인편에 부쳤는데, 자네의 편지가 방금 도착하니, 그리워하던 내 마음에 위로가 되네. 편지에서 말한 뜻은 참으로 옳네. 이 늙은이[36]는 병자호란을 겪은 뒤로 남들에게 비웃음을 당하였으나 경인년(1650, 효종1) 이후로 지나치게 추허(推許)를 받아 파양(坡楊)의 서원에서 모두 그의 글을 청하였네. 그 자신 또한 사양하지 않고 감당하였으나 내 생각에는 또한 파양의 속견(俗見)[37]일 뿐이네. 시남(市南 유계(兪棨))은 대학사(大學士)이니, 어찌 좋지 않겠는가. 모름지기 바꾸어서 도모해야 하나 흔적이 남지 않도록 해야 할 것이네. 아침에 보낸 편지에서 이 늙은이에게 다시 불만스러운 일이 있어 대략 경계하였는데, 지금 보내온 편지의 내용이 이와 같으니, 또한 기이하다네. 이만 줄이네.

36 이 늙은이 : 《송자대전수차》 권8에 "이 늙은이는 정상(貞相)을 가리킨다."라고 하였다. 정상은 정릉에 사는 정승이라는 말로, 이경석(李景奭)을 가리킨다.

37 파양의 속견(俗見) : 《송자대전수차》 권8에 "죽림서원(竹林書院) 상량문을 처음에 정상에게 부탁하려고 하였기 때문에 이렇게 말한 것이다."라고 하였다.

송희장에게 답함 계묘년(1663, 현종4) 11월

答宋希張 癸卯十一月

보내온 편지와 통문(通文)의 견본(見本)은 다 잘 받아 보았네. 그중에 유사(有司)가 구함(具銜)해야 한다는 설은 참으로 소견이 있는 말이니, 여산(礪山)으로 쓰는 것이 매우 타당하네. 또 생각건대 이 일은 실로 호백(湖伯)이 주장한 것이니, 호백 또한 써넣어야 하네. 실로 통서(統緖)를 계승하는 일이니, 신로(愼老 김집(金集))일지라도 무엇이 해롭겠는가. 주 감세(朱監稅)[38]가 회암(晦庵 주희(朱熹))을 찬양하였으나 혐의쩍은 것이 없었고 정자(程子)의 아들도 정자를 바로 선생(先生)이라 칭하였으니, 고인들이 이렇듯 천하의 공도(公道)를 따르고 개인의 사사(私事)를 따르지 않았네. 그러나 '삼(三)' 자는 '제(諸)' 자로 고치는 것이 좋을 듯하네. 미촌(美村 윤선거(尹宣擧))이 개정한 곳이 모두 원본(原本)보다 나으니, 이것을 따라 쓰면 되겠네.

호산(壺山 술 이름)은 쪽빛보다 더 푸르다고 할 만하네. 방금 원객(遠客)들을 대접하였으니 참으로 다행이네.

38 주 감세(朱監稅) : 주희의 중자(仲子)인 주야(朱埜)로, 감세는 그의 관명이다.

송희장과 송성백[39] 기후 에게 보냄
與宋希張宋誠伯 基厚

삼여(三餘)의 날은 옛사람이 아끼던 바이니, 날로 새로워지는 공부가 있으리라 생각하네. 하물며 두 사람이 한자리에 모인 데 있어서이겠는가. 나 또한 오래도록 분잡한 일에 골몰하다가 이곳으로 와서 산창(山窓)에 기대어 앉아 있으니, 존양(存養)하고 성찰(省察)하는 공부를 감히 완전히 폐하지는 못하지만 단지 흙을 떠다가 황하를 메우는 정도의 일에 불과하니 그저 두려울 뿐이라네. 기후(基厚) 조카에게서는 편지가 없으니 이상하고 이상하네. 학업을 마친 뒤에는 영동(永同)의 담제(禫祭)에 올 수 있을 것이니, 그때 내가 있는 곳을 방문해 주면 되겠네.

39 송성백(宋誠伯) : 송기후(宋基厚)로, 자는 성백, 호는 문도재(問道齋)이고, 송시열의 종질(從姪)이다.

송성백에게 보냄 무인년(1638, 인조16) 6월

與宋誠伯 戊寅六月

자네의 기질은 돈독함이 가상하나 병통은 전적으로 협소한 데에 있다네. 돈독하므로 드러난 과실은 없으나 협소하므로 끝내 펼쳐 나가기가 어려우니, 이는 자네가 극기(克己) 공부를 해 나가면서 잠심(潛心)하여 힘쓰지 않을 수 없는 것이라네. 대저 이 학문을 위하여 죽기를 각오한 뒤에 빨리 이루려거나 지름길을 좋아하는 뜻이 조금도 없으면 마음이 넓어지기를 기약하지 않아도 저절로 넓어질 것이니, 이것이 아마도 병통을 치료하는 좋은 약제일 듯하네. 이는 내가 평소 앓는 병에 지금 치료 약으로 쓰고 있는 것이니, 어디에서 이 약제를 얻었는지 묻지 말게나.

변아(變兒)에게 《양정편(養正篇)》[40]을 겸하여 배우게 하고 싶어 이 종이 다섯 폭을 작은 책자로 만들어 등사하여 보내니, 자획의 크기는 원본대로 하여 속히 만들어 주면 좋겠네.

40 양정편(養正篇) : 정경세(鄭經世)의 저술이다.

송성백에게 보냄
與宋誠伯

스승의 문하[41]에 있은 지 며칠이 되었으며 배운 것 또한 얼마나 되는가? 지난번에 보낸 답장은 읽어 보았는가? 나는 그래도 굶어 죽는 지경은 면하였으니, 정자(程子)가 "입이 있으면 스스로 먹게 된다."라고 한 말이 진실로 나를 속이지 않은 것이네. 다만 하나의 일도 하지 못한다면 왕신민(汪信民)[42]의 죄인이 되지 않겠는가. 그저 두려울 뿐이라네.

일찍이 《가례(家禮)》를 배운 것 이외에 다른 책에는 미치지 못하였는가? 노선생(老先生 김장생(金長生))이 돌아가시던 해에 곧 "일생토록 《가례》를 보았으나 끝내 의문스러운 부분이 남는다."라고 하였으니, 이는 보면 볼수록 의문스러운 곳이 생기기 때문이네. 선생처럼 순수하고 독실한 분도 오히려 이러한 걱정이 있었거늘, 다른 사람이야 또 말해서 무엇 하겠는가. 오직 바라건대 생각을 꼼꼼하게 하고 기운을 화평하게 하여 완전하게 이해할 수 있도록 한다면 매우 좋겠네.

변아(變兒)는 기질이 가볍고 맑아서 선을 따르기 또한 쉬울 것이나 교만하고 나태한 성격이 이미 이루어졌으니, 고치기가 매우 어려울 것이네. 지금 또 내 곁을 떠나갔으니, 남들이 그의 마음을 흔들어 놓게

41 스승의 문하 : 《송자대전수차》 권8에 "춘옹(春翁) 송준길(宋浚吉)의 문하를 가리키는 듯하다."라고 하였다.

42 왕신민(汪信民) : 송(宋)나라 임천(臨川) 사람이다. 왕신민이 말하기를 "사람이 언제나 나물 뿌리를 씹어 먹기를 각오한다면 어떤 일도 해낼 수 있을 것이다."라고 하였다. 《小學 善行》

되는 것을 내가 어떻게 하겠는가. 몹시 걱정될 뿐이네. 《양정편(養正篇)》은 등사하여 이미 공부를 시작하였는가? 예를 갖추지 못하네.

송성백에게 답함 무인년(1638, 인조16) 10월
答宋誠伯 戊寅十月

그리워하던 중에 편지를 받고서 자네의 근황을 모두 알게 되니 위로되는 마음이 적지 않네. 나 또한 이전처럼 지내고 있을 뿐이네.

자네가 이처럼 오고 싶어 하였으나 나 또한 힘이 모자라서 함께 올 길이 없었으니 몹시 안타까울 뿐이네. 원대(遠大)[43]와 석구(碩耉)가 와서 자못 부지런히 공부하고 있으니 내 마음에 몹시 위로되네. 이정(李正)[44]은 꽃이 필 때 서로 만날 기회가 있을 듯하니 그때 함께 돌아온다면 얼마나 다행이겠는가. 그러나 근래에 자네의 기운이 충실하지 않아 병증이 자주 침범한다는 소식을 들었네. 이는 이치를 억지로 탐색하고 사색을 지나치게 하여 초래한 것이니, 모쪼록 생각을 온전히 길러 쾌활하기를 구해야 할 것이고, 급박하거나 조급하여 화락한 기상을 절대로 손상하지 말아야 좋을 것이네. 책을 보다가 통하지 않는 곳이 있더라도 나중에 알게 되는 데에는 문제가 없을 테니, 이 뜻을 부디 생각해 보기 바라네. 새벽에 앉아 있다가 적었네. 예를 갖추지 못하네.

43 원대(遠大) : 송준길의 아들 송광식의 소자(小字)이다.

44 이정(李正) : 상의원 정(尙衣院正)을 지낸 이성연(李聖淵)을 가리킨다. 본관은 한산(韓山), 자는 충원(沖遠)이다.

송성백에게 보냄 기묘년(1639, 인조17) 11월

與宋誠伯 己卯十一月

이미 겨울이 되어 한 해가 다해 가는 이때, 자네가 공부를 통해 얻은 소득이 올해를 헛되이 저버린 지경에는 이르지 않았는지 모르겠네. 예서(禮書)는 이미 난숙하게 익혀서 《시전(詩傳)》으로 바꾸어 보고 있는가? 모든 일에 그리운 심정을 견디지 못하겠네.

나의 거취 문제는 다시 어디에서 물어봐야 하겠나. 다만 처음에는 한번 대궐에 들어가서 간담을 드러내고 피를 짜내어 만에 하나라도 성은에 보답하려 하였으나 이 마음이 중간에 저상(沮喪)하여 끝내 임금을 배반하는 신하가 되고 말았네. 한밤중에 생각해 보면 눈물이 눈에 가득 차니, 아! 슬프도다.

올해 겨울 또한 산에 들어갈 계획을 하니, 혹 함께 모일 수 있다면 얼마나 다행이겠는가. 저버리지 말기를 바라고 바라네.

○ 아무개 어른의 뜻은 대개 나에게 모친이 계시고 또 망극한 성은을 생각하면 등한시할 수 없다는 것이네.

송성백에게 보냄 기축년(1649, 인조27) 2월

與宋誠伯 己丑二月

흐린 봄 날씨가 개지 않은 이때 어버이를 모시며 공부하는 생활이 어떠한지 모르겠으니, 그리운 마음이 날로 쌓여만 가네. 나는 다행히 그런대로 잘 지내고 있으나 갑자기 마을에 전염병이 닥쳐와서 편안히 지낼 수 없게 되었으니 역병을 걱정하느라 애타는 마음이 어떠하겠는가.

술곡(述谷)[45] 형을 만났을 때 석실(石室)의 문장[46]을 상의하였는가? 술곡 형이 말하기를 자네가 "이 문장은 크게 본뜻을 잃었으니, 사용하지 않는 편이 낫다."라고 하였다고 하니, 참으로 그렇게 말하였는가? 이러한 문장은 단지 단안(斷案)을 보아야 하네. 예컨대 이른바 벽립천인(壁立千仞)[47]이라는 것은 실은 주자(朱子)가 증자(曾子)를 칭탄(稱歎)하면서 증자의 홍의(弘毅)[48]와 역책(易簀)[49]과 "6척의 어린 임금을

45 술곡(述谷) : 부훤당(負暄堂) 송시담(宋時倓)을 가리킨다. 송시열의 종형으로, 예산(禮山)의 술곡에 우거하였다.

46 석실(石室)의 문장 : 청음(淸陰) 김상헌(金尙憲)이 지은 습정공(習靜公) 송방조(宋邦祚)의 묘갈(墓碣)이다. 석실은 김상헌의 또 다른 호이다. 송방조는 송시열의 숙부이다.

47 벽립천인(壁立千仞) : 암벽이 천 길이나 높이 솟아 있음을 뜻하는 말로, 선비의 드높은 기상과 성대한 기운을 비유한다.

48 홍의(弘毅) : 마음이 넓고 뜻이 굳셈을 말한다. 증자가 말하기를 "선비는 홍의하지 않으면 안 되니, 임무가 무겁고 길이 멀기 때문이다."라고 하였다. 《論語 泰伯》

49 역책(易簀) : 대자리를 바꾸는 것으로, 현인(賢人)의 죽음을 가리키는 말이다. 증자가 운명할 때 계손(季孫)에게 받은 대자리에 누워 있었다. 동자(童子)가 그것이 대부

맡길 만하며 제후국의 명을 부탁할 만하며 대절(大節)에 임하여서도 빼앗을 수 없다."[50]라는 등의 말로써 실증한 것이니, 이 문장이 어찌 대수롭지 않게 본 것이겠는가. 또 "잠잘 때도 이불에 부끄럽지 않다."[51]라고 한 것은 바로 송대(宋代)의 대유(大儒)가 공부한 참되고 절실한 곳이니, 이것이 어찌 심상한 말이겠는가. 장지(張誌)[52]에는 단지 선인(善人)으로 단정하였을 뿐이니, 선인은 바로 바탕은 아름다우나 아직 학문하지 못한 사람을 가리키는 것이네. 이러한 말들과는 그 차이가 현격하거늘 자네는 장지가 도리어 낫다고 하니, 위로 옛사람을 논평하는 자들이 차라리 선인으로 여길지, 아니면 증자와 채 선생(蔡先生 채원정(蔡元定))으로 여길지 알지 못하겠네. 그 밖에 과연 긴요하지 않은 문장이 있기는 하나 본디 문장을 지을 때는 응당 이처럼 하는 것이니, 한유(韓愈)나 구양수(歐陽脩)의 비지(碑誌)를 한번 살펴보면 비록 대현(大賢)의 일일지라도 굳이 일마다 찬양하지는 않았다네. 설사 이 문장에 크게 사용할 수 없는 부분이 있더라도 다시 응당 저쪽과 반복하

가 사용하는 대자리라서 신분에 맞지 않는다고 지적하자, 증자가 말하기를 "내가 정도를 얻고서 죽으면 그만이다."라고 하고 다른 자리로 바꾸게 한 뒤에 곧 운명하였다. 《禮記 檀弓上》

50 6척의……없다 : 증자가 말하기를 "6척의 어린 임금을 맡길 만하며 제후국의 명을 부탁할 만하며 큰 절조에 임하여 그 절개를 빼앗을 수 없다면 군자다운 사람인가? 군자다운 사람이다."라고 하였다. 《論語 泰伯》

51 잠잘……않다 : 송나라 채원정이 귀양지에서 배우러 온 생도들에게 써 준 훈계의 말이다. "홀로 다닐 때는 그림자에 부끄럽지 않고, 홀로 잠잘 때는 이불에 부끄럽지 않을 것이니, 내가 죄를 얻었다고 하여 해이하게 하지 말라."라고 하였다. 《宋史 儒林列傳 蔡元定》

52 장지(張誌) : 계곡(谿谷) 장유(張維)가 지은 습정공 송방조의 묘지(墓誌)이다.

여 토론하고, 저쪽에서 끝내 마음을 돌리지 않거든 주자가 범씨(范氏)의 곡절을 논한 것[53]처럼 의리를 내세워서 절교를 고해야지 이처럼 목소리를 높여서는 안 될 듯하니, 어떻게 생각할지 모르겠네. 만일 무방하지 않다고 여기거든 상량해 보고 알려 주기 바라네. 나머지 이야기는 하나하나 다 말하지 못하네.

53 주자가……것 : 범씨는 송나라 명재상인 범중엄(范仲淹)과 그의 아들 범순인(范純仁)을 가리킨다. 범중엄은 여이간(呂夷簡)과 사이가 좋지 않다가 다시 화해하여 정사를 함께 하였다. 범중엄이 죽은 뒤에 구양수가 지은 신도비명(神道碑銘)에 "여공(呂公)이 다시 재상이 되고 공(公) 또한 재기하여 기용되었다. 이에 두 공이 환연(驩然)히 서로 약속하여 힘을 다하여 국적(國賊)을 평정하였다."라고 하였다. 그러자 범중엄의 아들 범순인이 자기 아버지는 화해한 적이 없다고 하여 비문에서 이 문구를 빼 버렸다. 주희가 이에 대하여 "범순인은 구양수에게 부친의 진심을 자세히 아뢰고 그 처분을 따랐어야 하고 만약 끝내 서로 의견이 맞지 않는다면 의리에 입각하여 구양수와의 관계를 끊었어야 옳다."라고 하였다. 《晦庵集 卷38 答周益公書》

송성백에게 답함 경인년(1650, 효종1) 입춘 다음 날
答宋誠伯 庚寅立春後日

한 해가 새로워진 이때 어버이를 모시고 지내는 생활이 더욱 좋다고 하니 위로되고 기쁘네. 나는 예전처럼 지내고 있으나 단지 질병이 자주 이어져서 괴롭고 괴롭네.

전후로 보낸 편지는 모두 받아 보았고 일기(日記)와 한간(韓簡)도 그대로 잘 받았으나 그 뒤로 인편이 없어 답장하지 못하였으니, 몹시 안타까웠네.

거취에 관한 설은 매우 좋다네. 상소로 사직을 간청하였다가 도리어 따뜻한 비답을 받게 되어 더욱 낭패스럽네. 그러나 서울과 영남의 흉흉한 소문에 의하면, 내가 강적(强敵)의 분노를 돋우는 이유는 도리어 움츠리고 들어가서 스스로 벗어날 계교를 부리는 것이라고 하며 위로 꾸짖고 아래로 싸움으로써 피난까지 하는 자가 있다고 하네. 그래서 동지들이 감히 돌아가지 못하고 힘껏 나를 불러 환란을 함께하려고 하는 것이니, 나는 실로 벗어날 마음이 없네. 그러나 직명을 가지고 올라가면 온당하지 못할 듯하여 이 때문에 주저할 뿐이네. 이러한 경우는 요컨대 정밀하게 생각하여 내 마음이 편안한 곳으로 결정해야 하니, 그렇게 하면 죽고 사는 문제는 말할 거리가 못 될 것이네. 나머지 이야기는 그저 대면할 때를 기다리겠네.

송성백에게 보냄 경인년(1650, 효종1) 2월

與宋誠伯 庚寅二月

홍백(興伯)[54]이 왔을 때 자네의 근황을 대략 알게 되니, 위로가 되었네. 나는 지난달 20일 사이에 경연(經筵)에 들어가서 사욕을 이기고 백성을 보호해야 한다는 말씀을 힘껏 진달하였으나 모두 가납되지 못하여 즉시 두 번 피혐하고 세 번 아뢰고 세 번 상소를 올린 뒤에 돌아왔다네. 돌아오고 나서 국사가 갑자기 이 지경에 이르러 국가의 존망이 한 번 호흡하는 사이에 결판나게 되었네. 다시 어리석은 충정을 몹시 바치고 싶으나 자주 간언하면 욕을 당하는 법[55]이니 어떻게 하겠는가. 곧바로 성상께 아뢰고 싶으나 아뢸 길이 없네. 이만 줄이네.

54 홍백(興伯) : 송시열의 종질(從姪) 송기륭(宋基隆)의 자(字)이다.

55 자주……법 : 공자의 제자 자유(子游)가 말하기를 "임금을 섬김에 자주 간하면 욕을 당하고, 붕우 간에 자주 충고하면 소원해진다."라고 하였다. 《論語 里仁》

송성백에게 답함
答宋誠伯

9월에 보내온 편지에는 여러 가지 규간(規諫)하는 말이 있었으나 편지가 몹시 늦게 도착하였고 뒤에 또 인편이 없어 답장하지 못하였으니, 몹시도 아쉽다네. 영남으로 갈 일이 있다는 소식을 들었는데, 지금 이미 집으로 돌아왔는지 모르겠네.

나는 병이 날로 깊어 가고 나이도 날로 많아지니, 만약 다시 한가하게 세월을 보낸다면 처음 먹었던 마음을 영원히 저버리게 될 것이네. 그래서 이제부터 마음에 맹세하고는 여러 가지 한가한 일을 없애고 책을 들고 산에 들어가서 병을 다스리며 책을 보려고 계획하지만, 영험한 하늘의 도움을 받아 만에 하나라도 요행히 이룰 수 있을지 모르겠네.

앞 편지에서 운운한 것은 비록 사람들의 말과 같지는 않겠으나 또한 그렇게 된 묘맥(苗脈)이 있을 테니, 저 분분한 말들이 어찌 괴이할 것이 있겠는가.

흥룡(興龍)[56]은 물과 바위가 깨끗하고 빼어나며 또 민간의 시끄러운 소리와 격리된 곳에 있기 때문에 참으로 몇 년을 지낼 계획을 하려고 하였으나 자네의 뜻과 같은 조희온(趙希溫) 어른의 말을 듣고서 또한

56 흥룡(興龍) : 《송자대전수차》 권6에 "흥룡은 회덕 남쪽으로 소제(蘇堤) 몇 리 부근에 있다. 선생이 옥천(沃川)에서 회덕으로 이사하였을 때 처음 살던 곳이다. 지금 남간정사(南磵精舍)가 여기에 있는데, 뒤에 흥농(興農)으로 이름이 바뀌었다."라고 하였다.

다시 중간에 그만두도록 하였네. 다만 사람을 거절하거나 세상을 피하지 못한다면 지금 가더라도 어찌 멈추어지겠는가. 홍백(興伯) 조카가 옥천 고을이 편리하다고 말하나 이는 병이 없는 사람이 남의 질통(疾痛)을 알지 못하는 것이니, 저곳에서 탄환을 끼고 기다리는 자들이 몇이나 되는지 모를 정도이네. 금년 여름 양소(陽疏)[57]의 설은 공산(公山)에서 나왔는데, 필시 맹랑한 말은 아니었으나 무엇 때문에 중지되었는지 모르겠네. 그러나 나중에 반드시 금산(錦山)의 일[58]이 다시 없을 줄을 어찌 보장하겠는가. 이 때문에 두려워서 오히려 결연히 돌아가는 것이 늦음을 몹시 안타깝게 여기는 것이네. 이만 줄이네.

57 양소(陽疏) : 이태양(李泰陽)의 상소를 가리킨다. 1667년(현종8) 8월 영남 유학(幼學) 이태양이 응지 상소(應旨上疏)를 통하여 조정의 과격한 무리가 당파를 심어 나라를 그르친다고 비난하였다. 《顯宗實錄 8年 8月 6日》

58 금산(錦山)의 일 : 《송자대전수차》 권3에 "금산의 향인(鄕人) 박정(朴珽)이 김자점(金自點)의 의도를 받들어 이유태(李惟泰)를 무고하고 욕보이니, 금산의 선비들이 일제히 분개하여 박정을 배척하려 하였다. 신면(申冕)이 또 사람들을 사주하여 사류(士流)를 모함하고 선비들을 고문하여 장차 큰 재앙을 일으키려고 하자, 송광식(宋光栻)이 소를 올려 변론하고 신원하였다."라고 하였다.

송성백에게 답함

答宋誠伯

지난번 갔을 때 서로 만나지 못하였으니, 서운한 마음이 어찌 끝이 있겠는가. 이에 흥백(興伯) 조카가 전해 준 편지를 받고서 어버이를 모시고 지내는 일상이 편안한 줄을 알게 되니, 깊이 위로되고 위로되네. 나는 근간에 정사(精舍)에 있으면서 옛 책 한두 권을 조금 익혀서 학문하려는 뜻이 생긴 듯하나 또한 기력이 이전과 같지 않음을 느끼니, 저 8, 9십 세에도 학문에 힘써 게을리하지 않았던 이들은 어떠한 골격을 지녔던 것인가. 마른 오동나무를 보내니, 떨어진 거문고 꼬리에 붙인다면 좋을 것이네. 나머지 수많은 일은 다 말하지 못하네.

송성백에게 답함 기유년(1669, 현종10) 9월

答宋誠伯 己酉九月

타우(打愚 이상(李翔)) 형제가 전해 준 안부 편지를 받게 되니, 위로되고 후련한 마음이 마치 술에서 깨어나는 듯하네. 나는 근래 치통을 앓는 데다가 감기까지 겹쳐서 이불을 끼고 신음하고 있으니, 의사(意思)가 무료할 뿐이네. 초강(楚江)은 언제 건널 수 있겠는가? "궁중과 결탁하였다.〔結奧援〕"라는 세 글자는 누구에게서 나왔는지 모르겠으나 저들이 격노할 말이 될 것이니, 반드시 말을 주고받을 때 신중하여야 하네. 자네는 가만히 이야기하기를 좋아하니, 자신도 모르는 사이에 실수로 말을 잘못할까 몹시 두렵네. 대개 시사(時事) 문제를 절대로 언급하지 않으면 거의 괜찮을 것이네. 이만 줄이네.

송성백에게 답함 임자년(1672, 현종13) 11월
答宋誠伯 壬子十一月

편지가 도착하여 그리워하던 마음이 풀리네. 나는 윤우(尹友 윤문거(尹文擧))의 죽음으로 애통함이 날로 심해지고 이어 여아(女兒)들이 사상(死傷)하는 근심이 있어 고요한 가운데에 책을 보려던 처음 계획이 모두 어긋나고 말았으니, 세상을 살아가는 즐거움이 없는 것을 몹시 한탄한다네.

변생(卞生)[59]은 많은 사람이 불처럼 분노하는 중에 처사가 하나도 합당하지 않건마는 즐거운 마음으로 행하고 있으니, 비록 그를 구원해 내고 싶어도 어떻게 할 수가 없네. 일찍이 그에게 답한 편지에서 단지 문중자(文中子)가 자신을 닦을 뿐 분변하지 않았던 일[60]만 거론하였으니, 그가 어떻게 여길지 모르겠네.

별지(別紙)에서 말한 것은 참으로 이른바 "인생 만사 없는 일이 없다."[61]라는 것이네. 적자(適子)가 크게 악하고 무도하여 폐기당하게

59 변생(卞生) : 《송자대전수차》 권7에 "변생은 곧 변양(卞揚)이다. 지씨(池氏) 집안의 변례(變禮) 문제로 동춘당(同春堂) 송준길(宋浚吉) 문하를 돕다가 체포되기까지 하였다."라고 하였다.

60 문중자(文中子)가……일 : 문중자는 수(隋)나라 왕통(王通)의 사시(私諡)이다. 《격몽요결(擊蒙要訣)》 〈접인장(接人章)〉에 "옛날 어떤 사람이 비방을 중지시키는 방법을 묻자, 문중자가 대답하기를 '자신을 닦는 것보다 좋은 방법이 없다.'라고 하였다. 더 말해 주기를 청하자 '분변하지 말라.'라고 하였다."라고 하였다.

61 인생……없다 : 두보(杜甫)의 〈가탄(可歎)〉 시에 "하늘 위의 뜬구름이 흰옷 같더

되면 응당 이미 죽어서 후사가 없는 경우처럼 그 차자(次子)를 세우는 것이네. 그렇게 하지 않으면 차자가 어찌 감히 천륜을 넘어 부친의 명을 받들 수 있겠는가. 단지 "도망간다.〔逃〕"라는 한 글자만 있을 뿐이니, 소소한 절목은 따질 것이 못 되네. 또 근래의 일을 가지고 말하자면, 박화숙(朴和叔)이 주자(朱子)의 설로 민업(閔業) 집안의 변례(變禮)에 대답하였고 나 또한 화숙(和叔) 역시 전해 받은 바가 있다고 여겼었네.[62] 지금 비난하는 말이 사방에서 일어나고 있으니, 이러한 일은 상관하지 않는 것이 옳을 듯하네. 이만 줄이네.

니, 잠깐 사이에 변하여 푸른 개처럼 바뀌었네. 옛날이 가고 오늘이 오는 것 모두 한때이니, 인생 만사 없는 일이 없구나.〔天上浮雲似白衣, 斯須改變如蒼狗. 古往今來共一時, 人生萬事無不有.〕"라고 하였다. 《杜少陵詩集 卷21》

62 박화숙(朴和叔)이……여겼었네 : 민업이 죽자 광증(狂症)이 있는 아들 민세익(閔世益)에게 집상(執喪)시킬 수가 없으므로, 호상(護喪)한 사람들이 박세채(朴世采), 송시열과 상의하여 민세익의 아들 민신(閔愼)으로 하여금 상주가 되게 한 일을 말한다. 화숙은 박세채의 자이다.

송성백에게 답함 계축년(1673, 현종14) 2월

答宋誠伯 癸丑二月

빈번히 편지를 받아 보니 얼굴을 한번 대하는 듯하네. 연기(燕岐)에서 온 여러 글[63]은 열람한 뒤에 돌려보내네. 다만 이 사람은 본래 모(某) 문하의 뛰어난 제자이거늘 무엇 때문에 이렇게까지 예법을 범하고도 털끝만큼도 미안해하는 뜻이 전혀 없이 마치 당연한 것처럼 여긴단 말인가. 괴이하고 괴이한 일이네. 제문(祭文)에 이르러서는 또 하나의 설이 있네. 주자(朱子)가 일찍이 어떤 사람에게 답하여 말하기를 "옛날 사람이 상을 치르는 중에는 말을 수식하지 않았습니다. 이는 슬픈 마음이 가득하므로 수식할 수 없기 때문이었거늘, 지금 그대의 글은 수식이 심하고 또 장차 떨쳐서 자긍심을 가지려고까지 합니다. 그대는 정성스러운 마음이 지극하지 않고 화려하게 꾸미는 마음이 항상 그 슬픔보다 지나치니, 이를 살펴보지 않을 수 없습니다."라고 하였으니, 주자의 이 설은 어찌 오늘날 마땅히 경계해야 할 바가 아니겠는가. 이만 줄이네.

63 연기(燕岐)에서……글 : 《송자대전수차》 권7에 "동춘당(同春堂) 송준길(宋浚吉)을 처음 연기에 장사 지냈으니, 계축년 2월이었다. 여러 글은 장사 지낼 때의 뇌문(誄文)이나 만사(挽詞) 등인 듯하다."라고 하였다.

송성백에게 답함 계축년(1673, 현종14) 2월

答宋誠伯 癸丑二月

산에 있을 때 답장을 받아 보았네. 예법을 범하는 일은 남들이 비록 스스로 행할지라도 자신은 스스로 행하지 않아야 곧 옳을 것이네. 슬픔을 무릅쓰고 혼인하는 것은 윤증(尹拯)조차 면하지 못한 일이니, 이 사람을 책망하기는 더욱 어려울 것이네. 송촌(宋村)의 초상[64] 때 보통 사람과 너무도 같은 자네들의 모습을 보고 부득이 말한 것이네. 장차 하관할 때 또한 모름지기 지름길로 그곳에 이르러 광중(壙中)에 임하였다가 즉시 고요한 곳으로 물러나 있거나 혹은 그대로 돌아오거나 혹은 반곡(返哭)을 전송한 뒤에 돌아와도 모두 괜찮을 것이네. 이만 줄이네.

64 송촌(宋村)의 초상 : 《송자대전수차》 권7에 "동춘당의 초상을 가리킨다. 대개 문도공(問道公) 송기후(宋基厚)가 동춘당의 기년복(朞年服)을 입어 지금 상중에 있으므로 아래 구절의 '하관할 때 지름길로 그곳에 이르러 광중에 임하였다가 즉시 물러난다.' 라는 설이 있는 것이다."라고 하였다.

송성백에게 답함 계축년(1673, 현종14) 3월
答宋誠伯 癸丑三月

연달아 편지를 받아 보고 위로가 되었네. 다만 편지마다 반드시 괴로워하는 말이 있으니, 아마도 분수를 편안하게 여기는 뜻이 아닌 듯하네. 연평(延平) 선생이 주자(朱子)에게 "떨쳐 버리려고 해도 떨쳐 버릴 수 없는 큰 근심이 있거든 그저 견딜 수 없는 큰 환란을 만났던 옛사람을 생각하며 자신과 비교하면 그래도 조금 안정이 될 것이다."라고 일러 주었는데,[65] 주자가 말하기를 "뒷날 일을 겪고서 힘을 얻는 곳이 있음을 깨달았다."라고 하였으니,[66] 부디 이것으로 한번 처결해 보는 것이 어떻겠는가? 황생(黃生) 같은 사람은 자신의 분수를 지키지 못하여 낭패를 당하는 일이 많이 있으니, 이 또한 경계할 만한 일이네.

나는 병이 예전과 같아 따로 말할 만한 일이 없네. 이만 줄이네.

65 연평(延平)……주었는데 : 연평은 주희의 스승 이동(李侗)의 호이다. 이 말은 《송원학안(宋元學案)》 권39 〈예장학안(豫章學案)〉에 보인다.

66 주자가……하였으니 : 주희가 이동의 "옛사람의 견디기 어려웠던 환란으로 자신에게 견주어 보라."라는 말을 듣고 처음에는 그 말을 그리 옳게 여기지 않았으나 뒷날 일을 겪고서야 "도리어 힘을 얻는 곳이 있음을 깨달았다."라고 하였다. 《晦庵集 卷45 答廖子晦》

송성백에게 답함 계축년(1673, 현종14) 7월

答宋誠伯 癸丑七月

연달아 편지를 받아 보고 위로가 되었네. 중씨(仲氏)의 첫 기일(忌日)이 어느덧 닥쳐오니, 비통한 심정을 어찌 견뎌 낼지 모르겠네. 오늘 아침에 신위(神位)를 설치하여 통곡하였으나 다음 달 초하루 이후에는 감히 상기(喪期)를 넘길 수 없으므로 신위를 거두어야 하니, 어느 곳에서 이 슬픔을 쏟아 낼지 모르겠네. 예법에 형제의 상중에도 상을 당한 이에게 가서 조문하는 것을 이미 허락하였으니 상제(祥祭)와 연제(練祭)에 가서는 안 된다는 뜻은 보지 못하겠네. 혼사는 나 또한 염려하지만 그렇게 한 경우를 아직 찾지 못하였네. 아이가 일찍이 말하기를 "이 대헌(李大憲)의 아들이 민공서(閔公瑞)의 사위가 되었을 때 그렇게 하였습니다."라고 하였으니, 모쪼록 아이가 돌아오기를 기다린 뒤에 의논해 보아야 하겠네. 마포(馬浦)의 변례(變禮)는 응당 그 처(妻)의 장례를 기다린 뒤에 제사를 거행해야 할 것이니, 《예기(禮記)》에 "한집에 살던 사람이 죽으면 그 죽은 사람이 신첩(臣妾)일지라도 장례를 지낸 뒤에 제사를 지낸다."라고 하였네. 첩(妾)의 명정(銘旌)은 시속에서 모군(某郡) 모씨(某氏)로 적고 있네. 이것이 과연 예법에 부합하는지는 모르겠으나 시속을 따라도 무방할 듯하네.

송성백에게 답함 갑인년(1674, 현종15) 1월

答宋誠伯 甲寅正月

순석(淳錫) 편에 어제 전해 온 편지를 받고 여러 가지 일을 잘 알게 되었네. 노부(老婦)는 가서 모이기가 어렵지 않으나 이와 같은 혹한에 병든 사람이 어떻게 길을 나서겠는가. 다만 주인집의 걱정거리만 될 뿐이네. 대공복(大功服)을 입는 사람에게는 장례를 지낸 뒤에 관례(冠禮)를 주관하도록 허락한 것은 《가례(家禮)》에 분명한 가르침이 있으니, 모든 일에 구애될 것이 없을 듯하네. 또 지금 세상에 많이들 친영(親迎)을 거행하기 때문에 위요(圍繞)[67]의 관례를 없앴고, 이 때문에 친영을 하지 않는 사람 또한 위요를 없애고 있네. 이미 위요를 없앴다면 그 보호하고 온 사람을 상대로 작은 술자리를 마련하는 것에 불과할 뿐이니, 이것이 무슨 혐의할 거리가 있겠는가. 이웃 고을 또한 군이 초대할 필요 없이 단지 간략함을 따르는 것이 매우 좋겠네. 이만 줄이네.

67 위요(圍繞) : 《송자대전수차》 권7에 "나라의 풍속에 혼인하는 집안에서 으레 친척과 지구(知舊)를 초청하여 이들이 빙 둘러싸서 혼례를 거행한다."라고 하였다.

송성백에게 보냄 갑인년(1674, 현종15)

與宋誠伯 甲寅

통곡하고 통곡할 뿐이네. 방금 청안(淸安)으로부터 부음(訃音)을 들었으나 집안에 탈것이 없어 아이들 또한 즉시 보낼 수가 없네. 나는 성복(成服)한 뒤에 말을 구하여 가서 겸하여 장례의 일을 의논하려고 하네. 상주는 함께 거주한 친척이 주관하게 한다는 예문(禮文)으로 보면 형제 중에 가장 연장자가 응당 맡아야 할 것이네. 그러나 이처럼 하면 그대로 선조의 제사를 받든다는 혐의가 생기기 때문에 세속에서 굳이 피하는 일이 있는 것이네. 만약 그렇다면 주부(主婦)가 응당 이 일을 맡아야 하지만 예법에 또 부인이 상례를 주관하는 것은 끝내 예가 아니라고 하였으니, 어떻게 해야 할지 모르겠네. 내 생각으로는 무엇보다 서둘러 후사를 세운 뒤에 사람을 서울로 보내어 조정의 허락을 재빨리 받아 낸다면 모든 일이 다 순조로워질 것이네. 이 일은 구질(久姪)의 손에 달려 있으니, 이는 한마디 말로써 정할 수 있을 것이네. 모쪼록 늦추지 말아야 하니, 어떻게 여길지 모르겠네. 사정이 애통하고 절박하여 다 말하지 못하네.

송성백에게 답함 갑인년(1674, 현종15) 5월 7일
答宋誠伯 甲寅五月七日

소성(小誠)이 와서 편지를 전해 주니 위로되고 후련하기 그지없네. 나는 근래에 풍증(風症)이 있으나 약물을 얻기가 쉽지 않아 부득이 뜸을 뜨니 뜸 뜬 상처가 온몸에 생겨서 괴로움을 형용하기 어렵네.

국상에 달려가지 못한 것은 어찌 감히 옛날 현인을 본받으려는 것이겠는가. 당초 병중에 돌아온 뒤로 다시 나아가지 못하였던 것은 병이 아직 낫지 않았기 때문이네. 발인 시기에 맞추어 달려가려고 하나 또한 어찌 기약할 수 있겠는가. 다만 대죄(待罪)하는 상소는 아직 비답을 받지 못하였고 박화숙(朴和叔 박세채(朴世采))이 같은 죄를 지은 사람으로서 아직 석고대죄하고 있으니, 비록 달려가더라도 감히 대궐에 이르는 것은 의리상 감히 할 수 없는 일이네.

춘형(春兄 송준길(宋浚吉))이 남긴 상소문은 그가 죽음을 무릅쓰고 작성할 때 어찌 묵혀 두려고 하였겠는가. 생각건대 성상의 은혜가 끝내 아득하기 때문에 단지 자루 속에 보관된 옛 종이로 남겨졌을 뿐이네. 그 뒤로 은혜가 몹시 융숭해졌고 의리 또한 변하게 되었으니, 후인들이 어찌 감히 가려 둘 수 있겠는가.

신랑은 영원히 심씨(沈氏) 집안을 버렸는가? 굶주린 사람은 먹이기가 쉽다는 말이 어찌 나를 속이겠는가. 이만 줄이네.

이중경[68] 상길 에게 답함 계축년(1673, 현종14) 4월 9일

答李重卿 相吉○癸丑四月九日

연산(燕山)에서 뿔뿔이 흩어진 뒤로 오랫동안 소식을 듣지 못하여 그리운 마음이 더욱 간절하던 차에 지난번 심부름꾼을 보내어 전한 편지를 받고 말해 준 내용을 대략 알게 되니 내 마음에 몹시 위로되었네. 태학의 통문은 열람하고 돌려보내네. 그러나 청원(淸院)에서 이미 지봉익(池鳳翼)[69]을 원적(院籍)에 도로 올려놓았으면 큰 근본이 이미 바로잡힌 것이고 또 스스로 자신의 잘못을 깨달아 고칠 것이니, 이후로 굳이 깊이 공격할 필요는 없을 것이네. 그러나 변생(卞生)의 일[70]은 대략 해명해야 하지만 지응일(池應一)은 이미 처벌하였으니 또한 지금 와서 다시 말할 것은 없네. 대개 태학에서 청원의 통문에 회답하지 않고 회원(懷院)에만 회답한 것은 피차간의 결론이 몹시 다르기 때문이니, 또한 분위기를 따라 가볍게 좇아가서는 안 될 것이네. 반드시

68 이중경(李重卿) : 이상길(李相吉)로, 본관은 함평(咸平), 자는 중경이다. 송준길의 문인이다.

69 지봉익(池鳳翼) : 청주(淸州) 사람으로, 지약해(池若海)의 양자이다. 지약해가 죽은 뒤에 족보를 얻어 보니, 지봉익과 지약해는 족형제 사이였다. 그때 지약해는 이미 죽었고 지봉익은 양모(養母) 유씨의 견제를 받아 파양의 소장을 올리지 못하다가 임종 때에 그 아들에게 유언으로 부탁하였다. 아들 지응구(池應九)가 윤선거, 송시열, 송준길에게 자문하니, "마땅히 후사를 파하고 본종(本宗)으로 돌아가야 한다."라고 하였다. 이에 지응구가 유씨에게 간청하여 예조(禮曹)에 소장을 올려 파양하였고, 유씨는 다시 지봉익의 아들 지응삼(池應三)으로 후사를 잇게 하였다. 《肅宗實錄 1年 4月 27日》

70 변생(卞生)의 일 : 변생은 변양(卞揚)이다. 93쪽 주59 참조.

말을 공정하게 하여 신중하고 돈후한 기풍을 잃지 않는 것이 어떻겠는가? 그대 고을 군수의 잘못은 참으로 가석한 일이네. 그러나 단지 신해년(1671)에 매몰하였던 것처럼 한다면 머물게 하는 것은 다만 쫓아내는 일이 될 것이니, 모름지기 이러한 사정을 헤아려서 고을의 기풍을 무너뜨리지 않는 것이 좋을 듯하네. 천장(遷葬)할 때의 우제(虞祭)는 마땅히 그 날짜를 벗어나서는 안 될 것이나 군이 공역을 마친 뒤를 기다릴 필요는 없네. 그러나 개장(改葬)할 때의 우제는 구준(丘濬)의 《가례의절(家禮儀節)》에 나오니, 그저 주자의 설을 따르는 것이 아마 타당할 듯하네. 어떻게 여길지 모르겠네.

별지

별지의 첫 번째 조목에 최우(崔友)[71]가 운운한 것은 옛날 우계(牛溪)가 율곡(栗谷)의 문인이 질문한 편지에 답한 것으로, 이는 두 선생의 연보(年譜) 가운데에 들어 있으니, 점검해 보면 알 수 있을 것이네. 지난번에 미촌(美村 윤선거(尹宣擧))을 반곡(返哭)하기도 전에 그 문인들이 속히 제향하자는 의논을 발의하였으나 논한 바가 분명하지 않았네. 동춘(同春 송준길(宋浚吉)) 형이 일찍이 말하기를 "우리가 노선생(老先生)을 위하여 이 일을 논정(論定)한 것은 소상(小祥)이 지난 뒤에 있었으니, 그렇다면 우리가 잘못한 것인가?"라고 하였으니, 이 말에 의하면 오늘의 일은 처리할 바를 알 수 있을 것이네. 대저 스승과 부형을 높이고 받드는 길은 이러한 일에 있지 않고 그저

71 최우(崔友) : 최세경(崔世慶)을 가리키는 듯하다. 본관은 해주(海州), 자는 선여(善餘)이다. 송시열의 문인이고 윤문거(尹文擧)의 사위이다.

그 일을 잘 계승하였던 점을 본받는 데에 있으니, 완급(緩急)과 명실(名實)의 사이는 실로 오늘날 마땅히 알아야 할 바이네.

이중경에게 답함 갑인년(1674, 현종15) 1월 18일

答李重卿 甲寅正月十八日

멀리서 심부름꾼을 보내어 이렇게 소식을 알려 주니 나를 비루하게 여기지 않아 감사하기는 하나 또한 마음이 편치는 않다네. 나의 병은 이렇게 지루하게 이어지는 데다가 설한(雪寒)까지 겹쳐서 병세가 갑자기 심해질 형세가 있으니, 절로 위태로울 뿐이네.

서원의 일은 의론이 이미 정해졌으니, 어찌 군이 계속하여 나에게 물을 필요가 있겠는가. 또 우계(牛溪)가 귀봉(龜峯 송익필(宋翼弼))과 해주 유생 오희순(吳希舜)에게 답한 편지를 읽을 때마다 선현(先賢)의 겸손하고 신중한 덕을 볼 수 있으니, 우매한 나의 견해를 사문(斯文)의 중대한 일에 간여시키고 싶지 않다네. 기억하건대 지난번 춘형(春兄 송준길(宋浚吉))의 초상 때 자네가 최덕산(崔德山 최세경(崔世慶))의 말을 운운하기에 내가 대략 우계의 편지로 답장하였으나 아직 그 설을 궁구해 보지는 못하였네. 소지(小紙)에서 말한 열명(列名)하는 일은 여쭈어볼 만한 곳에 반드시 여쭈어본 뒤에 결정하고 절대로 경솔하게 처리하여 후회하는 일이 없어야 하니, 그렇게 하면 몹시 좋겠네.

이중경에게 답함 을묘년(1675, 숙종1) 7월 1일

答李重卿 乙卯七月一日

지난달 10일에 보내온 편지는 비록 늦게 받아 보았으나 그리워하던 마음에 몹시 위로되었네. 이곳의 일은 은병(殷炳)이 차례로 돌아가서 대략의 근황을 말하였으리라 생각하네. 무엇보다 한단(邯鄲)의 상소[72]는 이미 호향(互鄕)[73]에 함께 살면서 필시 위세를 잃은 이전의 말에 빛을 더해 빛나게 하는 일을 만들어 윤휴(尹鑴)에게 아첨하여 진취(進取)를 도모한 것이니, 참으로 이른바 먹는 자는 몹시 맛이 있으나 먹히는 자는 몹시 괴롭다는 것이네. 그러나 또한 어떻게 하겠는가. 그저 어떤 경우에나 항시 나의 의리를 밝힐 뿐이네.

지씨(池氏) 집안을 조사하는 일[74]은 이미 다시 시작되었는가? 이 일은 내가 이의직(李義稷) 때문에 한 번 지응구(池應九)에게 답장한 뒤로는 간여한 바가 전혀 없는데도 저들이 반드시 끌어들이려고 하니 그 실정이 교묘하네. 다시 조사할 때 이러한 뜻을 대략 드러낸다면

72 한단(邯鄲)의 상소 : 조수선(趙守善)의 상소를 말한다. 《송자대전수차》 권6에 "조수선이 용인(龍仁)에 살면서 윤휴의 사주를 받고 상소하여 송시열을 국문(鞫問)하자고 청하였다. 당시 윤휴의 아들 의제(義濟)가 적상산(赤裳山) 사고(史庫)에서 돌아와서 《인조실록》에 송시열이 효종(孝宗)을 배척한 말이 있다고 하여 사화(史禍)를 일으키려 하였으나 허적(許積)이 이를 저지하였다."라고 하였다.

73 호향(互鄕) : 노(魯)나라의 고을 이름으로, 풍속이 나쁜 지역을 가리킨다. 공자가 말하기를 "호향 사람들과는 더불어 말하기 어렵다."라고 하였다. 《論語 述而》

74 지씨(池氏)……일 : 102쪽 주69 참조.

보는 사람들이 혹 그 정상을 밝게 살펴 줄지 모르겠네.

지금 이렇게 형편이 어려운 나를 구휼해 주는 의리는 몹시 고맙고 고맙네. 참으로 이른바 "곤궁을 구제하는 인정이야 친밀하다지만 벼슬길에 오를 일은 아득히 멀어졌네."라는 것이니, 한바탕 웃음을 터뜨릴 만하네. 이만 줄이네.

이중경에게 답함 경신년(1680, 숙종6) 12월 8일

答李重卿 庚申十二月八日

그대들의 편지는 그리워하던 내 마음에 몹시 위로되었네. 신민(臣民)이 복이 없어 성후(聖后 인경왕후(仁敬王后))께서 승하하시니, 온 백성의 애통한 심정이야 다시 말하여 무엇 하겠는가.

나는 당초 대궐로 들어가서 사은(謝恩)한 뒤 즉시 돌아올 길을 찾았으나 갑자기 국상을 당하여 외람되이 지문(誌文)을 지으라는 명을 받고는 성 밖에 와서 머물며 여러 가지 어려움을 다 겪었네. 지금은 그 일이 대략 완수되어 오늘 아침에 들어가서 아뢴 뒤에 내일 응당 수성(隋城 수원(水原))으로 가서 인산(因山)이 끝나기를 기다릴 것이네.

국휼(國恤)의 졸곡(卒哭) 뒤에 대사(大祀)와 소사(小祀)를 운운한 것은 서원을 함께 가리켜서 말한 것인지 알지 못하겠네. 어떤 사람은 "오늘 주상이 이미 복을 벗고 대사와 소사를 일체 다 거행하시니 비록 장례 전일지라도 신민의 모든 제사는 거행하지 못할 이유가 없다."라고 하고, 어떤 사람은 "주상이 비록 이와 같이 하시더라도 신민은 자최복(齊衰服)을 몸에 입고 재궁(梓宮)이 빈소에 있으니 성급히 국가의 예법과 같게 할 수 없다."라고 하며 이 두 가지 설로써 논의가 분분하여 결론이 나기가 어렵네. 더구나 이 사액 서원(賜額書院)의 경우는 반드시 예조(禮曹)에 물어본 뒤에 거행한다면 아마도 후회가 없을 것이네. 통문(通文)에 관한 일 또한 모름지기 편리한 대로 거행하면 되니, 어찌 굳이 먼 곳까지 와서 물을 필요가 있겠는가.

지난여름에 익사한 사람의 일은 지금까지도 측은하여 마치 내가 그를 물에 빠뜨린 듯하네. 예조의 회계(回啓)는 이렇게 백사(百司)가 황급하고 분주한 날을 당하여 아마 이 일에 미칠 겨를이 없을 듯하니, 국장(國葬)이 끝난 뒤를 천천히 기다렸다가 다시 예조에 물어보는 것이 편안할 듯하네. 그러나 내가 이미 남쪽으로 떠나 버리면 물어보는 일 또한 쉽지 않을 것이니, 모쪼록 호조 판서에게 간청해 보는 것이 어떻겠는가?

이중경에게 보내고 겸하여 백달 마을의 여러 사람에게 보임

신유년(1681, 숙종7) 12월

與李重卿兼示白達諸人 辛酉十二月

그대들의 안부를 묻는다네. 나는 질병이 지금까지 낫지 않아 고요히 죽을 날만 기다리고 있을 뿐이네.

가만히 고할 이야기가 있네. 소제(蘇堤)[75]의 별서(別墅)는 당초에 지을 까닭이 없다고 여겨서 불가하다는 뜻을 고하였으나 그대들이 함께 모일 장소를 스스로 만드는 것이라고 말하였기 때문에 그만두게 할 말이 없었고, 또 조그마한 땅을 아까워한다는 혐의가 있어서 다시 말을 하지 않았던 것이네. 지금 김극돈(金克惇)을 통하여 듣건대 친분이 있는 고을 원에게 지원을 부탁하지 않을 수 없다고 하니, 이는 몹시 생각이 짧은 것이라고 할 만하네. 지난날 서원을 짓는 공역이 해를 이어 그치지 않자 이웃 고을에서 부역하던 자들의 비방과 원성이 길을 가득 채웠고 도움을 주던 고을 원조차도 이마를 혹 찌푸리게 되었네. 내가 춘형(春兄 송준길(宋浚吉))에게 사정을 고하니 춘형 또한 응당 경계해야 한다고 하였네. 대저 학궁(學宮)도 오히려 그러하거늘 하물며 그대들이 스스로 처소를 만든다고 해 놓고 고을 원에게 부탁하는 말을 하기까지 한다면 의리상 좋지 못할 뿐만 아니라 일에도 해로운 바가 있을 것이네. 모쪼록 바라건대 속히 철회하여 떠도는 말들을 잠재운다면 몹시 다행이겠네. 이 집은 비록 그대들의 처소라고 이름하였지만

75 소제(蘇堤) : 지금의 대전광역시 소제동으로 송시열의 본가가 있는 마을이다.

나에게도 혐의가 없을 수 없네. 늙은 내가 남들에게 죄를 얻지 않도록 해야 될 것이니, 다시 모쪼록 헤아려 주기를 바라네.

이중경에게 답함 임술년(1682, 숙종8) 9월

答李重卿 壬戌九月

편지를 보고서 제수하는 명이 있었음을 알았으니, 기뻐하고 축하하는 마음이 끝이 없다네. 홍룡(興龍)[76]의 일은 입에 올려서 또 다른 문제를 야기하지 않으면 매우 좋겠네. 목소리를 내는 것이 조금 어긋나기만 하면 곧 병통을 이루게 되니, 장씨의 셋째 아들이 사람을 때렸는데 이씨의 둘째 아들이 목숨을 잃게 될지도 모르겠네.

행차하는 길에 나를 방문해 준다면 아마 작별의 정을 펼칠 수 있을 것이네. 나는 오늘 아침에 은혜로운 소명(召命)을 받았고 녹사(錄事) 등 담당 관리가 저녁에 또 내려올 것이니, 나의 황공한 마음은 말로 형용할 수 없네.

76 홍룡(興龍) : 89쪽 주56 참조.

이중경에게 답함 임술년(1682, 숙종8) 10월

答李重卿 壬戌十月

어제 방문해 주고 오늘 또 편지를 보내오니 감사하는 마음을 다 형언할 수 있겠는가. 나의 문장을 새겨 넣겠다는 이야기는 몹시 생각을 깊이 하지 않은 말인 듯하네. 자네는 이 관서(官署)에서 대대로 벼슬하는 사람이 아니니 이미 떠나간 뒤에 나를 좋아하지 않는 자들이 뽑아 버릴지 어찌 알겠는가. 부디 다시는 생각하지 말기 바라네. 만약 여양(驪陽 민유중(閔維重))과 의논해 본다면 반드시 나의 말을 옳다고 할 것이네.

공덕소(功德疏)[77]는 당시 조정 신하들이 황제를 축원하는 소(疏)이네. 서방(西方)은 부처를 이르네. 불가에서 축원할 때 반드시 무량(無量)을 일컬으니, 무량은 무궁(無窮)이라는 뜻이네.[78] 질문으로 인하여 언급한 것이니, 편지가 도착하거든 살펴보는 것이 어떠하겠는가? 끝으로 여행길에 진중하기를 비네.

77 공덕소(功德疏) : 주희(朱熹)의 〈천신절공덕소(天申節功德疏)〉를 가리킨다. 《주자대전차의(朱子大全箚疑)》 권85에 "소(疏)는 축원하는 글이다. 송나라 때 주현(州縣)에서 으레 임금의 생일에 불가의 일을 사용하여 글을 지어 축원하였다."라고 하였다.

78 서방(西方)은……뜻이네 : 〈천신절공덕소〉의 "서방의 무량함과 같다.〔等西方之無量〕"라는 구절을 설명한 것이다. 《晦庵集 卷85》

이중경에게 답함 정묘년(1687, 숙종13)

答李重卿 丁卯

오늘의 나소(羅疏)[79]는 실로 나의 소(疏)로 인하여 생긴 것이고, 내가 소를 올린 것은 부득이한 일이었으니, 윤선거(尹宣擧)가 강도(江都)에서 죽지 않았던 일로 그 아들이 권순장(權順長)과 김익겸(金益兼)을 헐뜯었고 이어 그 당여(黨與)가 다시 삼학사(三學士)를 갑절로 더 헐뜯었기 때문이네. 저 권순장, 김익겸, 삼학사가 황조(皇朝)를 위하여 대의를 밝혔던 것은 실로 청천백일(靑天白日)과 같으니, 저 헐뜯는 자들이 어찌 정명수(鄭命壽)[80]와 다르겠는가. 그러나 그 당여가 몹시 강성하여 앞다투어 서로 그를 추중(推重)하고 있네. 그 근원은 실로 윤휴(尹鑴)의 사설(邪說)에서 나왔기 때문에 날마다 윤휴의 잔당들과 그 정의(情義)가 점차 친밀해지는 것이니, 지난번 이영홍(李永鴻)의 일에서 엿볼 수 있네. 내가 세도(世道)와 종국(宗國)에 관한 우려가 지극하여 감히 소를 올렸던 것이니, 참으로 오늘의 사건이 생길 줄

79 나소(羅疏) : 나양좌(羅良佐) 등이 올린 소를 말한다. 1687년 2월 4일에 송시열이 상소를 올려 윤선거 부자를 비난하자 3월 17일에 윤선거의 문인인 나양좌, 성지선(成至善), 조득중(趙得重)이 상소를 올려 윤휴와의 관계와 강도에서의 일에 대해 자세하게 변론하였다.《肅宗實錄 13年 2月 4日, 3月 17日》

80 정명수(鄭命壽) : 평안도 천인 출신으로 강홍립(姜弘立)의 군대를 따라 청나라에 갔다가 포로가 되었으나, 조선의 사정을 자세히 밀고하여 청나라 황제의 신임을 얻었다. 병자호란 때 청나라 장수 용골대(龍骨大)와 마부대(馬夫大)의 통역관으로 입국하여 청나라 힘을 배경으로 온갖 위세를 부렸다.

알았네. 그러나 저쪽의 소를 대략 보면, 윤선거를 선원(仙源 김상용(金尙容))과 청음(淸陰 김상헌(金尙憲))의 대절(大節)에다 비견하였네. 이는 이업(李鄴) 같은 자도 위사(衛士) 당기(唐琦)[81]와 같이 논할 수 있다는 말이니, 해괴하고 가소로운 일이네.

저들이 나를 욕하면서 하지 못하는 일이 없었으니, 필시 서로 쾌재를 부르며 술잔을 들고 축하할 것이네. 그러나 나는 황조를 위하고 주자(朱子)를 위하여 이 같은 욕을 먹었으니, 욕이 더욱 깊을수록 영광이 더욱 클 것이네. 지구(知舊) 중에 혹 나를 위로하는 이가 있으나 이는 나의 마음을 알지 못하는 사람이네. 자네의 뜻 또한 혹 이러하리라고 여기기 때문에 이처럼 해명하는 것이네.

○ 윤선거가 난리를 겪은 뒤의 사실은 볼만하였기 때문에 나 또한 그를 칭찬하였던 것이네. 그러나 그 아들이 실록청(實錄廳)에 보낸 글을 보니, 제 아버지는 죽을 만한 의리가 없었다고 하며 도리어 대의를 위하여 죽은 이들을 헐뜯었고, 또 "아버지는 남한산성으로 가서 자기 아버지를 만나 본 뒤에 죽으려고 한 것이다."라고 하였네. 그러나 이미 죽어야 할 의리를 알았다면 어찌 반드시 장소를 가려서 죽을 필요가 있겠는가. 더구나 자기 아버지를 만나고 나서는 자기 아버지가 스스로 죽지 못하고 그 아들이 죽도록 할 리가 전혀 없네. 그렇다면 윤선거의 속마음은 과연 어떠한 것인가? 그 글을 본 뒤로는 전날 망녕되이 칭찬한 것을 몹시 뉘우쳤네.

81 이업(李鄴)……당기(唐琦) : 이업은 송(宋)나라 원수(元帥)이고, 당기는 송나라 위사이다. 이업이 금(金)나라에 항복하자 당기가 분을 참지 못하여 기왓장으로 저격하였으나 뜻을 이루지 못하고 피살당하였다. 《宋史 忠義列傳 唐琦》

이중경에게 보냄 무진년(1688, 숙종14) 9월

與李重卿 戊辰九月

국상(國喪)의 애통함은 어찌 끝이 있겠는가. 신민(臣民)의 박복함이 이 지경에 이를 줄을 어찌 상상이나 하였겠는가.

별지의 내용은 잘 알겠네. 내가 비록 어리석다 하더라도 일찍이 문묘(文廟)에 종사(從祀)하는 것이 합당한지에 관한 설을 주장한 적이 없네. 종사란 얼마나 중대한 일인가. 나와 같은 식견으로 감히 그 가부를 논할 수 있겠는가. 예전에 우리 고을 선비들이 문원(文元 김장생(金長生)) 노선생(老先生)의 종사를 청하는 상소를 올리려고 하였으나 내가 감히 힘껏 저지하며 "이 일을 어찌 가볍게 발의할 수 있겠는가."라고 하였네. 나의 선사(先師)에 대하여서도 감히 망녕되이 가하다고 하지 못하였거늘, 하물며 이미 종사한 선현을 어찌 감히 불가하다고 하겠는가. 다만 이동보(李同甫 이희조(李喜朝))에게 연문(連門 김장생 문파)과 파문(坡門 성혼(成渾) 문파)의 의견이 서로 맞지 않은 연유를 대략 설명하면서 잠깐 선사에 관한 논의를 인용하였던 것이네. 듣건대 저들이 이것으로 성을 내며 멋대로 헐뜯다가 위로 선사에까지 미쳤다고 하네. 이는 실로 내가 언행을 삼가지 못한 죄이니, 후회한들 무슨 소용이 있겠는가. 그러나 선사 또한 일찍이 우계(牛溪 성혼)를 존숭하지 않은 적이 없었으나 항상 "율곡은 동방의 주자이니 그와 같은 사람은 없다."라고 하였네. 이는 바로 공문(孔門)의 제자들이 공자를 높여 "요순(堯舜)보다 낫다."라고 한 것[82]과 같으니, 이것이 어찌 요순을 헐뜯는 뜻이겠는가. 저들의 상소가 만약 올라간다면 나 또한 상세하게 진달하여 선사에 대한 무함을 따져서 밝힐 것이네. 듣건대 저들이 영남 인사와 함께 호응하여 일어나서 나 또한 퇴계를 모욕한다고 하네. 나는 일찍이 나만큼 퇴계를 존숭하는 사람은 없다고 스스로 생각하였네. 그런데 지금 이러한 지목을 받고 보니, 두렵기도 하고 또한 가소롭기도 하네.

82 공문(孔門)의……것 : 공자의 제자 재아(宰我)가 말하기를 "내가 선생님을 관찰하건대 요순보다 훨씬 나으시다."라고 하였다. 《孟子 公孫丑上》

이중경에게 답함 무진년(1688, 숙종14) 11월

答李重卿 戊辰十一月

손자 아이가 저승으로 떠난 뒤로 심회가 더욱 좋지 않아 죽을 때가 머지않았다고 스스로 생각하던 중에 이렇게 멀리서 보낸 편지를 받게 되니, 내 마음에 몹시 위로되네.

편배(編配)는 비록 가벼운 형률(刑律)이기는 하지만 또한 임금의 명이니, 군(郡)의 경계를 넘어서는 안 될 듯하네. 듣건대 조중봉(趙重峰 조헌(趙憲)) 선생이 통진(通津)에서 귀양살이하고 있을 때 김포(金浦)에 친상(親喪)이 났으나 또한 감히 달려가지 못하였다고 하네. 이천(伊川 정이(程頤))이 귀양 갈 때 숙모와 하직하기를 청하였으나 허락받지 못한 일을 두고 주자(朱子)는 요옹(了翁 진관(陳瓘))이 명을 듣고 즉시 귀양길에 올랐던 것만 못하다고 하였고, 광무제(光武帝)가 곽후(郭后)를 폐할 때의 일을 두고 주자는 질운(郅鄆)이 힘껏 대의를 진술하여 그 잘못을 바로잡지 못함으로써 신하 된 자가 어려운 일을 면려하고 선(善)을 진언하려고 하지 않아 그 임금을 해치는 죄를 크게 열어 놓게 된 것을 책망하였네. 주자의 밝은 가르침이 이미 이와 같으니, 후학이 어찌 감히 다시 다른 의론을 실없이 보탤 수 있겠는가.

타우(打愚 이상(李翔))의 일은 처음에 악(惡)을 싫어하는 마음에서 나왔으나 처사에 혹 좋지 못한 점이 있어 그를 원수처럼 미워하는 자들이 이리저리 죄를 얽어 내어 마침내 사판(仕版)에서 삭제하는 지경에 이르도록 만든 것이네. 그 원인을 따져 보면 단지 지난날 모인(某人)을 준엄하게 공격하여 원망과 비방이 세상에 넘치도록 하였기 때문이니, 모인의 위세는 두렵고 두렵네.

이중경에게 답함 기사년(1689, 숙종15) 1월

答李重卿 己巳正月

새해의 문안 편지가 멀리서 이르니, 위로되고 감사하기 그지없네. 손자 아이의 장일(葬日)은 이달 29일로 정해졌네. 오랫동안 도빈(塗殯)[83] 상태로 있어 도려내는 듯한 아픔이 배로 더하니, 어찌하고 어찌하겠는가.

타우(打愚 이상(李翔))가 당한 일을 말하자면, 그의 처사에 잘못한 바가 없지는 않으나 그를 좋아하지 않는 자들이 담처럼 둘러서서 이 지경에 이른 것이네. 이는 이치와 형세상 그렇게 될 수밖에 없었던 일이니, 어찌 괴이할 것이 있겠는가. 윤휴(尹鑴)가 윤이흠(尹以欽)을 위하여 가마(加麻)한 것은 대단히 풍교(風敎)를 해치고 시속을 무너뜨리는 일인데도 이윤(尼尹 윤증(尹拯))이 "윤휴는 언론과 식견이 실로 남들보다 훨씬 뛰어난 점이 있다."라고 하였으니, 비록 이 한 가지 일을 전적으로 가리킨 것은 아닐지라도 이 일도 아마 그 속에 포함될 수밖에 없을 듯하네. 타우는 굽은 것을 바로잡다가 너무 곧게 한 것이라고 할 만하니, 지금 시대는 곧음도 오히려 용납되기 어렵거늘 하물며 너무 곧게 함에 있어서이겠는가. 애석하고 개탄스럽네.

내가 당한 일을 말하면, 망녕되이 피사(詖辭), 음사(淫辭), 사사(邪辭), 둔사(遁辭)를 막는 말을 하다가 원한이 온 세상에 넘치게 하여

83 도빈(塗殯) : 장사를 치를 때까지 안전하게 보관하기 위하여 관에다 진흙을 발라 밀봉하는 것을 말한다.

이 지경에 이른 것이네. 그러나 한유(韓愈)가 말하기를 "이 도(道)가 나로 말미암아 조금이라도 전해질 수 있다면 비록 몸은 죽더라도 여한이 전혀 없을 것이다."라고 하였으니, 나도 가만히 스스로 사양하지 않고 몰래 이따금 이 말을 되뇌곤 하네.

우계(牛溪) 선생에 대해서는 내가 어찌 털끝만큼인들 비난한 적이 있겠는가. 시배(時輩)들이 나의 죄를 만들어 내려고 이 말을 지어낸 것이네. 이후로 무한한 사달이 생기더라도 그들이 초래한 것이니, 나와 무슨 상관이 있겠는가.

송자대전

제80권

書서

박징지[1] 태징 에게 답함 경자년(1660, 현종1) 2월 28일
答朴徵之 泰徵○庚子二月二十八日

작별한 뒤로 해가 바뀌었고 봄철이 또 무르익어 가는데, 편지로 내 심정을 전할 인편이 없지는 않았으나 지금 나로서는 처신을 감히 남들처럼 할 수 없어 한결같이 스스로 금지하였을 뿐입니다. 천만뜻밖에 받은 그대의 편지는 직접 얼굴을 마주하여 내 마음을 토로하는 것과 다름이 없으니, 어떤 기쁜 일이 이것과 견줄 수 있겠습니까. 참으로 감격하는 마음을 견디지 못하겠습니다.

나는 머리끝부터 발끝까지 죄 아닌 것이 없기 때문에 단지 몸을 죽여서 중외(中外)에 사죄하기를 생각하나 이루지 못하고 있을 뿐입니다. 지난번에 성상께서 별유(別諭)를 내려서 병중에도 만나 보려고 하셨습니다. 성상의 뜻이 여기에 이르렀으나 무슨 면목으로 다시 맑은 조정에 들어갈 수 있겠습니까. 게다가 또 질병이 침범하여 걸음을 내디딜 방도가 없어 그저 대죄하는 글을 올렸으나 아직 어떻게 하라는 지휘를 받지 못하여 지금 이렇게 삼가 명을 기다리고 있을 뿐입니다. 경중 간에 혹 자세히 살펴서 실로 나의 마음을 편안하게 해 주신다면 몹시 다행이겠습니다.

완상(完相)[2]은 당초에 서로 생각해 주는 것이 정성스럽고 간절하여

1 박징지(朴徵之) : 박태징(朴泰徵)으로, 본관은 반남(潘南), 자는 징지이다. 송시열의 문인이다.

2 완상(完相) : 완남부원군(完南府院君) 이후원(李厚源)을 가리킨다.

다 하지 않는 말이 없다가 끝내 구설에 곤액을 당하여 지금 이미 천고의 사람이 되고 말았으니, 살아 있는 나는 어찌 슬픔과 부끄러움을 견딜 수 있겠습니까. 어제 그가 남긴 편지를 보았는데, 더욱 눈물이 쏟아지게 합니다.

만나서 회포를 펼칠 길이 없으니, 단지 더욱 자중자애하여 멀리 있는 나의 마음에 부응해 주기를 빌 뿐입니다.

박징지에게 답함 신축년(1661, 현종2) 1월 18일

答朴徵之 辛丑正月十八日

섣달 그믐날[3]에 운기를 따라 죽게 되는 일은 모면하였습니다. 지금 이 신정(新正)에 그대가 신명의 도움을 받아 일상이 화락하며 부모님을 모시고 지내는 생활에 경사가 많은 줄을 편지를 보고 알게 되니, 기쁘고도 몹시 감사합니다. 지난겨울에 보내온 편지는 질병으로 괴로워하느라 여태 답장을 쓰지 못하였으니, "상자 가득한 편지에 답장하지 못하였다."[4]라는 소동파(蘇東坡)의 게으름에다 가만히 견주어 보고 또한 당시의 고아하고 너그러웠던 군자로써 그대를 추중(推重)합니다.

깊이 반성하라고 한 말은 여러 번 반복하여 읽자 두려운 마음이 드니, 어리석고 게으른 나를 경계하는 바가 많습니다. 다만 서로의 거리가 멀기 때문에 그대의 선(善)을 보고서 배우는 이익을 얻지 못하는 것이 아쉽습니다.

끝으로 추위가 아직 매서운 이때 부모님을 모시고 더욱 신명의 도움을 받기를 바랍니다.

○ 금창(錦昌)[5] 합사(閤史)는 편안하십니까? 가만히 듣건대 그 부친

3 섣달 그믐날 : 다 끝나서 더 이상 희망이 없다는 뜻으로, 임종을 표현하는 불가(佛家)의 말이다.

4 상자……못하였다 : 소식(蘇軾)이 이르기를 "안부 편지가 언제나 상자에 가득하나 한 해가 끝나도록 답장하지 못하였다."라고 하였다. 《宋子大全隨箚 卷8》

5 금창(錦昌) : 소현세자(昭顯世子)의 사위 금창부위(錦昌副尉) 박태정(朴泰定)이다.

의 정원에 건련(乾蓮)이 있다고 하니, 나는 소문만 듣고 보지 못한 지가 오래되었습니다. 만일 혹 인연이 있어 뿌리를 한 치 얻어 이 산의 사이에 심을 수 있게 된다면 참으로 태화봉(太華峯)의 옥정련(玉井蓮)[6]이 부럽지 않을 것입니다. 다만 이 부탁의 말을 드리기가 어려운 것이 아쉬울 뿐입니다.

6 태화봉(太華峯)의 옥정련(玉井蓮) : 한유(韓愈)의 〈고의(古意)〉에 "태화산 산봉우리 옥정에서 나는 연은, 꽃 피면 너비 열 길에 뿌리 배와 같다네. 시원하기 눈서리 같고 달기는 꿀 같으니, 한 조각만 입에 넣어도 오랜 병 낫는다네.〔太華峯頭玉井蓮, 開花十丈藕如船. 冷比雪霜甘比蜜, 一片入口沈痾痊.〕"라고 하였다. 《古文眞寶 前集 卷4》

박징지에게 답함 신축년(1661, 현종2) 10월 6일
答朴徵之 辛丑十月六日

뜻밖에 사람을 시켜 편지로 안부를 물어 주니, 나를 돌보아 주는 마음에 몹시 감사합니다. 더구나 진심으로 충고해 주는 말을 듣게 되니, 내가 평소 남에게 이러한 말을 듣는 일이 거의 없기 때문에 나를 깊이 사랑하는 마음에 감동하고 또 이러한 곧고 미더운 벗을 가진 것을 스스로 축하하게 됩니다.

다만 이 일은 곡절이 매우 많습니다. 일전에 안성(安城)에는 쟁송의 단서가 있음을 대략 알았으므로 즉시 이곳을 포기하였습니다. 마침 문외(門外)[7]의 삼상(三喪)이 이곳에 왔다는 소식을 듣고는 속히 아들 녀석에게 알리고 또한 따라서 장사 지내게 하였습니다. 그러나 문외의 젊은이들이 지리(地理)가 길하고 이치에도 맞는 곳을 까닭 없이 버린다고 하면서 드디어 그 상여를 옮겨 갔습니다. 그러나 아들 녀석의 뜻에는 아버지가 포기한 곳을 아들이 감히 아까워할 수 없으며 또 단지 그 생모(生母)를 별록(別麓) 몇 리쯤에 안장하면 남들과 절로 상관이 없으리라 생각하여 그저 저 사람의 산 기슭에 우선 초빈(草殯)하였기 때문에 저 사람들이 아들 녀석까지 함께 의심하게 된 것입니다. 그러나 장사가 끝나면 여러 가지 의심이 저절로 풀릴 것입니다.

선질(善姪)의 상을 말하자면, 그 아들이 이미 길지(吉地)라고 여겨

7 문외(門外) : 《송자대전수차(宋子大全隨箚)》 권8에 "신문외(新門外)이니, 선생의 아들 동지공(同知公)의 생가(生家)이다."라고 하였다.

서 그곳을 포기하지 않는 데다가 도리도 내 아들과는 절로 차이가 있으니, 내가 감히 금하지 못할 뿐 아니라 그 또한 어찌 나에게 금지당하려고 하겠습니까. 그러나 근래에 듣건대 안성 땅은 많은 사람이 길지가 아니라고 하고 혹은 장차 그대로 서원(西原)으로 돌아가야 한다고 그대처럼 말하기도 하니, 혹 그대에게 부끄러움을 끼치지 않을지도 모르겠습니다. 무릇 이렇게 자세히 이야기하는 것은 감히 스스로 변명하려는 것이 아니라 진실로 감히 그대에게 숨길 수 없기 때문입니다.

증자(曾子)가 말하기를 "군자는 덕으로써 사람을 사랑한다."라고 하였고, 거백옥(蘧伯玉)[8]은 홀로 군자가 되는 것을 부끄럽게 여겼으니, 이후로 내게 미치지 못하는 점이 있거든 그대가 게을리하지 말고 부지런히 지적해 주면 내가 비록 몹시 못났으나 아마도 소인이 되는 일은 면할 수 있을 것입니다. 그렇게 해 주기를 간절히 빕니다. 겸중(謙仲) 또한 그렇습니다. 많은 이야기는 몹시 어수선하여 다 하지 못합니다.

8 거백옥(蘧伯玉) : 춘추(春秋) 시대 위(衛)나라의 어진 대부이다.

박징지에게 답함 신축년(1661, 현종2) 12월

答朴徵之 辛丑十二月

세모(歲暮)의 내 마음은 그대를 생각하지 않은 날이 없습니다. 어제 나의 동생 편에 그대의 편지를 전해 받았는데, 종이에 가득한 자세한 말은 몹시도 나의 정신을 일깨우고 가슴을 씻어 냅니다. 사람에게 다섯 가지 인륜이 있습니다. 회옹(晦翁 주희(朱熹))이 이르기를 "네 가지[9]에 그 도리를 다하기를 구하지 않기 때문에 붕우(朋友)의 도는 쓸모가 없어져서 폐기한다."라고 하였으니, 우리 부자(父子)가 고향 마을에서 죄를 면한 것은 실로 그대가 충고해 준 덕분입니다. 그러니 회옹의 시대에 폐기되었던 붕우의 도가 오늘날에 폐기되지 않아 내게서 직접 보게 될 줄을 어찌 생각이나 하였겠습니까. 이 때문에 감격하고 사모하는 마음이 가슴속에 더욱 벅차오릅니다. 겸중(謙仲) 또한 그렇습니다.

나는 큰 종기를 앓은 뒤로 원기가 소진되었고 남은 독기와 불씨가 가만히 틈을 보다가 다시 일어날 기세가 있어 항상 스스로 두려워하고 있습니다. 보내 준 달력과 전약(煎藥)은 너무도 감사합니다. 달력은 항상 책상에 놓아두고서 천 리 밖에 있는 그대 얼굴을 대신할 것입니다. 그렇게 하면 1년 360일 경책하지 않는 날이 없을 것이니, 진실로 감히 물건으로만 보지 않을 것입니다.

새해가 되어 가는 이때 오직 시절을 따라 날로 향상하기를 빕니다.

9 네 가지 : 오륜 중의 부자유친(父子有親), 군신유의(君臣有義), 부부유별(夫婦有別), 장유유서(長幼有序)를 가리킨다.

박징지에게 답함 병오년(1666, 현종7) 4월 12일
答朴徵之 丙午四月十二日

전후로 보내온 편지는 내 마음을 몹시 기쁘고 후련하게 합니다. 게다가 또 시어(詩語)가 너무도 뛰어나서 매양 한번 읊조릴 때마다 나도 모르는 사이에 시원한 기운이 사람을 맑아지게 합니다.

영남의 일은 어찌 괴이할 것이 있겠습니까. 허물이 실제 나에게 있으니, 어찌 감히 남을 탓하겠습니까. 지금 깊은 산속에서 글을 읽고 있습니다. 때때로 마음에 맞는 곳이 있으면 인륜을 어지럽힌 죄가 모두 내 몸에 모여 있는 사실도 모르게 됩니다. 행조(行朝)에서 하유(下諭)하신 뜻이 간곡하나 또한 감히 나가지 못하고 있으니, 이후로 어떤 죄목이 되고 말지 모르겠습니다.

서로 만날 기약이 없으니, 무더워지는 계절에 더욱 자중자애하기를 바랍니다.

박징지에게 답함 병오년(1666, 현종7) 5월 15일
答朴徵之 丙午五月十五日

어제 이우(李友) 편에 받은 그대의 편지는 참으로 정다운 이야기를 귀로 듣는 듯하니, 얼마나 위로되고 기쁜지 모르겠습니다.

나는 지금 몇 상자의 책을 들고 다시 낙양산(洛陽山)으로 들어왔으나 단지 그대와 더불어 물소리와 산빛 속에 함께 앉아 있지 못하는 것이 몹시 아쉬울 뿐입니다.

그대의 편지는 종이에 가득하지만 나는 단지 적막한 몇 글자에 불과할 뿐이니, 아마도 파공(坡公)의 큰 술잔에 가득한 벌주(罰酒)[10]를 받게 될 듯합니다. 이만 줄입니다. 모두 묵묵히 이해해 주기를 바랍니다.

10 파공(坡公)의……벌주(罰酒) : 파공은 동파(東坡) 소식(蘇軾)을 가리킨다. 소식의 시에 "만약 청산을 마주하여 세상일을 말하거든, 의당 큰 술잔으로 자네에게 벌주를 먹이리라.〔若對靑山談世事, 當須擧白便浮君.〕"라고 하였다.《東坡全集 卷4 贈孫莘老七絶》

박징지에게 답함 무신년(1668, 현종9) 5월 22일

答朴徵之 戊申五月二十二日

이번에 관청의 인편을 통하여 삼가 그대의 문안 편지를 받고서 무더위 속에 상중의 체후를 잘 지탱하고 있다는 소식을 알게 되니, 위로되고도 감사한 마음을 말로 다 형용할 수 없습니다.

나는 다섯 번이나 면직을 청하는 소장(疏章)을 올렸으나 윤허를 받지 못하였을 뿐 아니라 지극한 선유(宣諭)가 갈수록 간곡해지니, 더욱 더 조심스럽고 두려워서 몸 둘 바를 모르겠습니다. 위란(危亂)을 구제할 책무는 세상에 따로 담당할 사람이 있을 것이니, 이것이 어찌 못나기 짝이 없는 내가 걱정할 바이겠습니까.

정정(鄭正 정양(鄭瀁))이 갑자기 천고의 사람이 되고 말았으니, 세상에 어찌 다시 이러한 사람이 있겠습니까. 통곡하고 통곡합니다. 나는 다시 친구 중에 지기(知己)가 없게 되었으니, 외롭고 쓸쓸한 이 사람은 누구를 의지하겠습니까. 무엇보다 봉화(奉化)에 장사 지내는 일은 당초에 남의 말을 듣지 않고 갑자기 큰 계획을 정하여 오늘의 일이 있을 줄을 생각하지 못한 것이니, 오늘의 형세는 어찌 곤란하지 않겠습니까. 또 듣건대 그 땅은 매우 좋지 않다고 하니, 비록 풍수가의 설은 미덥지 못한 점이 있다고 하더라도 또한 완전히 믿지 않을 수도 없습니다. 내 생각에 진천(鎭川) 근처에다 조금도 흉함이 없는 땅을 구하여 이 형을 장사 지냈다가 다음번에 봉화 묘소로 이장하여 마침내 대대의 묘역이 되게 한다면 온당할 듯하기 때문에 이미 본가(本家)와 여러 도(道)의 방백(方伯)과 의논하였는데, 그대의 뜻은 어떠한지 모르겠습니다. 만일 불가하다고 여기지 않는다면 바라건대 저 집안의 의논할 만한 사람과 의논해 보는 것이 어떻겠습니까?

많은 이야기는 하나하나 다 말하지 못합니다.

박징지에게 답함 기유년(1669, 현종10) 4월 21일

答朴徵之 己酉四月二十一日

방금 미촌(美村 윤선거(尹宣擧))의 부음(訃音)을 듣고 비통한 심정이 간절하던 차에 갑자기 그대가 편지를 보내 매우 지극히 조상(弔喪)하니, 더욱 나로 하여금 눈물을 더하게 합니다. 이 친구는 우리 중에 나이가 조금 젊고 또 강건하며 기운찼는데, 어찌 갑자기 이 지경에 이르리라고 생각하였겠습니까. 통탄하고 통탄합니다. 그대의 편지를 통하여 근래에 부모님을 모시고 지내는 일상이 평안하고 좋은 줄을 알게 되니, 위로되고 기쁘기 그지없습니다.

나는 좋은 모습이 하나도 없으니, 몰려오는 비방을 어찌 모면할 수 있겠습니까. 그 당시 마침 소명(召命)이 세 차례나 이르러 감히 소(疏)를 올리지 않을 수 없었습니다. 그러나 발끈하는 성질이 완전히 없어지지 않아 나도 모르게 말이 입에서 튀어나와서 고려하는 바가 없었던 것이니,[11] 서울의 친구들이 모두 깜짝 놀라 편지를 보내어 갖가지로 꾸짖었습니다. 이는 기질에 의한 병통이므로 끝내 고치지 못한 채로 지낸 지가 오래되었습니다. 지금 화를 초래하리라는 가르침을 받고 나니, 더욱 두려움을 더하게 됩니다.

유우(兪友)의 장례는 미루어져서 지금에 이르렀으니, 슬픈 마음을 견디지 못하겠습니다. 그러나 다행히도 그대가 가까이에 있으니, 좋은

11 말이……것이니 : 《송자대전수차》 권8에 "소를 올려 삼전도비문(三田渡碑文)을 지은 이경석(李景奭)을 공박하자 온 세상이 시끄러워졌다."라고 하였다.

쪽으로 지휘하여 낭패를 당하는 지경에 이르지 않게 하기를 간절히 바랍니다. 마침 제사 지낼 일이 있어 하나하나 다 말하지 못합니다.

박징지에게 답함 계해년(1683, 숙종9) 9월

答朴徵之 癸亥九月

그대를 생각하는 일념은 그저 그리워하는 것일 뿐만이 아니었는데, 지금 보내온 편지를 받고서 그대의 평안한 근황을 상세히 알게 되니, 위로되고 감사한 심정을 다 형언할 수 없습니다. 나는 빈산에 엎드려 누워서 문을 닫고 병을 치료하고 있으니, 이는 모두 성상께서 내려 준 은혜이지만 보답할 길이 없어 단지 화봉(華封)의 축원[12]만 드릴 뿐입니다. 이미 돌아갔다가 다시 돌아왔다는 소식을 듣게 되니 어진 사람의 마음을 알 수 있습니다. 한 지방의 백성들이 굶어 죽는 일을 모면할 수 있게 되었으니, 이 또한 남다른 일이라 하겠습니다.

현석(玄石 박세채(朴世采))이 세도(世道)를 위하여 벼슬길에 나섰다가 조정의 의론이 갈라지고 분열되어 멀리 해서(海西)로 물러나 숨었으니, 한밤중에 이를 생각할 때마다 탄식을 금할 수 없습니다. 이것은 누구의 잘못인지 모르겠지만, 반드시 책임질 사람이 있을 것입니다.

나는 이미 한가한 백성이 되었으니, 시사(時事) 문제에 절대로 입을 열지 않았습니다. 그러나 지금 그대에게 잠시 이렇게 계율을 깨뜨리고 언급하였으니, 혹 양해해 주리라 생각합니다.

술과 게 이외에도 다시 건어물 두 종을 선물해 주니, 참으로 감사하기 그지없습니다. 나의 병은 초가을부터 차츰 심해지다가 이제는 치료

12 화봉(華封)의 축원 : 화(華)라는 땅의 봉인(封人)이 수(壽), 부(富), 다남자(多男子)라는 세 가지 일로 요(堯) 임금에게 축원하였다고 한다. 《莊子 天地》

하기 어려운 지경이 되었습니다. 이치와 형세가 그러하니, 고요히 죽을 날을 기다릴 뿐입니다. 이만 줄입니다. 예를 갖추지 못합니다.

박징지에게 답함 갑자년(1684, 숙종10) 11월

答朴徵之 甲子十一月

산을 나가거나 산에 들어오거나 항시 근심을 마주하게 되니, 이는 실로 운명이 궁한 사람의 상례(常例)입니다. 그러나 그대의 정다운 편지를 받고 보니 참으로 이곳에 온 것이 헛되지 않습니다. 당초 출발할 때 큰 병이 나리라고는 참으로 예상하였으나 또한 이처럼 심할 줄은 몰랐습니다. 병든 아이는 자신의 병을 잊고 나를 몹시 걱정합니다. 비록 서로 위로해 주고 있으나 소용이 없어 그저 측은한 마음으로 지켜만 볼 뿐이니, 이곳의 정경이 어떻고 어떻겠습니까.

국련(國練)[13]이 이미 닥쳐와서 소명(召命)하는 전지(傳旨)가 연이어 내려오니, 잠시 도성에 들어가지 않을 수 없으나 장차 성상의 은의(恩義)를 저버리지 않을 수 없을 것이니, 어찌하겠습니까.

서울의 편지는 어제저녁에 받았으니, 말뜻이 정중하여 더욱 나를 감동하게 합니다. 시사 문제가 이 지경에 이른 것은 하늘이 실로 만든 것이니 크게 탄식만 할 뿐입니다. 그러나 조금이라도 부지할 희망은 단지 그대의 가문에 있고 그대 가문에서 믿을 수 있는 사람은 그대이지 않겠습니까. 그대에게 세도를 걱정하는 뜻이 없는지 모르겠습니다. 한밤중에 일어나 앉아 자신도 모르게 길게 탄식합니다.

문을 닫고 혀를 감추어 온 지 오래되었으나 지금 그대에게 감히 이러

13 국련(國練) : 국상(國喪)이 지난 지 1년 만에 지내는 소상을 말한다. 1683년 12월 5일에 왕대비인 명성왕후(明聖王后) 김씨가 승하하였다. 《肅宗實錄 9年 12月 5日》

한 말을 하게 되니, 또한 풍병을 앓는 소치가 아니겠습니까. 양(陽)의 기운이 점점 자라나는 이 계절에 더욱 보중(保重)하기를 빕니다.

박징지에게 답함 병인년(1686, 숙종12) 12월

答朴徵之 丙寅十二月

천 리 멀리서 그리워하는 마음이 하루하루 쌓여 가던 중에 지금 전혀 뜻밖에 이렇게 그대의 문안 편지를 받게 되니, 이 마음이 후련하고 위로되어 진실로 난초같이 향기로운 말을 직접 듣는 것과 차이가 없습니다. 그 기쁘고 다행한 마음을 어찌 다 말할 수 있겠습니까.

나는 아손(兒孫)의 병 때문에 3년 동안 걱정하고 괴로워하느라 쇠병(衰病)이 더욱 심해져서 어지럽고 멍하게 날을 보내고 있습니다. 비록 땅 위에서 숨을 쉬고 있으나 실은 살아 있는 사람의 의취(意趣)가 없으니, 어찌하고 어찌하겠습니까.

평소에 계획하는 바는 없고 오직 서책만 근심을 잊는 물건으로 삼아 왔습니다. 그러나 지금은 완전히 내던져 버려서 때때로 뜻에 와닿는 곳이 있더라도 미처 몇 장을 읽기도 전에 마음이 어지러워서 책을 덮으면 도리어 꿈속의 일처럼 아득해지니, 비록 종전에 아까운 세월을 헛되이 저버린 것을 후회하지만 어찌 미칠 수 있겠습니까. 그저 이렇게 지내다가 죽고 말 것이니, 스스로 슬퍼할 뿐입니다. 서로의 거리가 너무도 멀어 얼굴을 대하고 만날 기약이 없으니, 그저 더욱 진중하여 멀리 있는 내 마음에 부응하기를 빌 뿐입니다.

박징지에게 답함 정묘년(1687, 숙종13) 5월
答朴徵之 丁卯五月

동보(同甫)[14] 편에 그대의 편지를 전해 받으니, 자신도 모르게 마음과 정신이 시원해져서 구름을 헤치고 하늘을 보는 듯한 기분이 듭니다. 더구나 지난봄의 흉작에도 바위 사이에서 초췌함을 면한 사실을 알게 되니, 이는 지인들이 축하하고 위로할 일입니다.

근래의 사건은 참으로 회옹(晦翁 주희(朱熹))이 말한 "늘그막의 영광"[15]이라는 것입니다. 그대가 이러한 사실을 모르고 나를 위로하는 뜻이 있으니, 가만히 부끄러운 마음이 듭니다. 서로 이별한 지 오래되었으니, 치아와 머리카락이 어떠한지 모르겠습니다. 마주 앉아 서로 비교할 수는 없으나 내가 달마다 달라지는 것으로 헤아려 보면 물처럼 희거나 옻처럼 검지는 못할 것입니다.[16] 만날 길이 아득히 없으니, 무더워지는 날씨에 더욱 자중자애하기를 바랍니다.

14 동보(同甫) : 이희조(李喜朝)로, 본관은 연안(延安), 자는 동보, 호는 지촌(芝村)이다. 이단상(李端相)의 아들이고 송시열의 문인이다.

15 늘그막의 영광 : 주희의 시에 "늘그막의 영광은 간당의 당적에 이름을 올린 것이고, 지난날의 부끄러움은 시신의 갓을 쓴 것이네.〔老去光華奸黨籍, 向來羞辱侍臣冠.〕"라고 하였다. 《晦庵集 卷9 蒙恩許遂休致陳昭遠丈以詩見賀已和答之復賦一首》

16 물처럼……것입니다 : 《송자대전수차》 권8에 "물과 같고 옻과 같다는 것은 치아와 머리카락을 가리킨다. 수(水)는 마땅히 빙(氷)으로 써야 한다. 한유(韓愈)의 시에 '옛날 처음 급제했을 때를 추억해 보면, 각각 소년으로 일컬어졌었지. 그대의 턱에 처음 수염이 돋았고, 나의 치아는 얼음처럼 맑았었지.〔憶昔初及第, 各以少年稱. 君頤始生須, 我齒清如氷.〕'라고 하였다."라고 하였다.

이하경[17] 담 에게 답함

答李厦卿 橝

부인의 습의(襲衣)에 대하여 어떤 옷을 사용하는지를 질문하지 않고 단지 대(帶)만 질문하니, 혹 다른 뜻이 있는 것입니까? 고례(古禮)에 의거하면 부인 또한 심의(深衣)를 사용해야 하니,-《의례(儀禮)》 부인상복조(婦人喪服條)에서 볼 수 있습니다.- 그렇다면 심의의 대(帶)를 사용하는 것은 의심이 없고, 부인의 복(服)에 질(絰)은 있고 관(冠)은 없다는 것은 의심할 여지가 없습니다.

삽(翣)은 《가례(家禮)》에 보삽(黼翣), 불삽(黻翣), 운삽(雲翣)을 분명하게 말하였습니다. 세 가지의 제도는 옛날과 비록 다르더라도 사부(士夫)가 보삽과 불삽을 사용하지 못한다는 예문(禮文)은 없습니다. 또 《가례》는 순전히 사부의 제도인데도 오히려 이 두 가지를 붙여 둔 것은 감히 알지 못할 점이 있습니다. 또 단지 준격(準格)[18]한다고 하였을 뿐이나 당시의 제도는 상고하여 알 수 없으니, 아마 구준(丘濬)의 《가례의절(家禮儀節)》에서 사(士)는 운삽 2개를 사용한다고 말한 것은 실제로 송(宋)나라 제도에 의거한 것이 아니겠습니까? 만약 그렇다면 송나라 제도에 대부(大夫) 이상은 보삽과 불삽을 사용한 것이 아니겠습니까? 감히 단언하지는 못합니다.

17 이하경(李厦卿) : 이담(李橝, 1629~1717)으로, 본관은 전의(全義), 자는 하경, 호는 사은당(四隱堂)이다. 송시열의 문인이다.

18 준격(準格) : 송나라 제도에 의거하는 것을 말한다.

아버지가 계시면 아버지가 상주가 되니, 그렇다면 발인조(發引條)에서 말한 주인(主人) 이하의 주인은 어찌 아버지가 아니겠습니까. 어찌 아들이 먼저이고 아버지가 나중일 리가 있겠습니까.

현훈(玄纁)은 《가례》에서 널의 곁에 놓았기 때문에 우리 집안에서는 널과 덧널 사이에 둡니다. 《개원례(開元禮)》에서 널의 동쪽에 올린다고 한 것은 고례를 따른 것입니다.

상중에 망건(網巾)을 사용하는 것은 《가례》에 예문(禮文)이 없으니, 왜냐하면 망건의 제도가 명(明)나라 시대에 나왔기 때문입니다. 그렇다면 사용하거나 사용하지 않는 것은 크게 시비(是非)할 것이 없습니다.

연제(練祭) 때 수갈(受葛)[19]은 《가례》를 따라 사용하지 않아도 괜찮습니다. 그러나 세속에서 구준의 《가례의절》을 따라 사용한 지가 이미 오래되었으니, 이를 따르더라도 또한 무방할 듯합니다.

할아버지가 살아 계실 때 어머니를 위하여 복을 입는다[20]는 것을 두고 《상례비요(喪禮備要)》에서는 의리로 유추해 보면 강복(降服)해야 할 듯하다고 하였으나 이 또한 단언한 것이 아닙니다. 어떤 사람이 할아버지는 손자를 누르지 않는다고 이른 것은 실로 근거가 있는 말입니다.

첩손(妾孫)이 적조모(嫡祖母)를 위하여 복을 입고 적모(嫡母)가 첩자(妾子)를 위하여 복을 입는 것은 아직 상고하지 못하였다고 운운한

19 수갈(受葛) : 갈포(葛布)로 만든 수질(首絰)이나 요대(腰帶)를 착용하는 것이다.

20 할아버지가……입는다 : 적손(嫡孫)이 아버지가 죽고 조부가 계실 때 어머니를 위하여 복을 입는 경우를 말한다.

것은 전혀 의리에 맞지 않습니다. 첩손이 적조모를 위하여 복을 입는 것은 여러 손자와 같아야 하고 적모가 첩자를 위하여 복을 입는 것은 어머니가 중자(衆子)의 복을 입는 것과 같아야 합니다.

첩자가 군모(君母)[21]의 친족을 위하여 복을 입는 것은 단지 종복(從服)[22]일 뿐이니, 어찌 이것으로 인하여 드디어 그 외친(外親)의 복을 입지 않을 리가 있겠습니까. 오직 승중(承重)한 사람은 감히 복을 입지 못할 뿐입니다.

우제(虞祭)는 단지 장사 지낸 뒤에 혼기(魂氣)가 방황하기 때문에 제사하여 안정시키기 위한 것이니, 개장(改葬)할 때도 어찌 다르겠습니까. 그러나 처음 장사 지낼 때와는 차이가 있기 때문에 주자(朱子)가 "개장을 마치면 전(奠)을 드린 뒤에 돌아온다."라는 말을 하였으니, 이는 인정상 그만둘 수 없는 것입니다. 구씨(丘氏)가 반드시 왕숙(王肅)의 뜻을 따른 까닭은 감히 알지 못할 바가 있습니다. 그러나 세속에서 따라서 사용한 지 이미 오래되었으니, 아마 갑자기 바꾸기가 어렵지 않겠습니까.

21 군모(君母) : 아버지의 적처(嫡妻)를 가리킨다.

22 종복(從服) : 자신이 응당 입어야 할 복을 입는 것을 정복(正服)이라 하고, 자신이 그 복을 입을 위치가 아니나 타인의 복제를 따라서 그에 상응하는 복을 입는 것을 종복이라 한다.

이하경에게 답함 병오년(1666, 현종7) 7월

答李厦卿 丙午七月

〔문〕 예(禮)에 신하가 임금을 따라 복을 입는 제도가 있고 또 사(士)는 가신(家臣)이 없어 임금으로 일컬을 수 없다는 설이 있으니, 사(士)를 이미 임금으로 일컬을 수 없다면 사에게 장례가 있을 때 그 노복은 종복(從服)할 수 없는 것입니까? 우리나라 노비의 법에는 절로 군신의 의리가 있거늘 주인에게 삼년상이 있는데도 그 사가(私家)에서 부리는 노비가 종복하지 않는 것은 온당하지 않은 듯하니, 어떻게 여기실지 모르겠습니다.

〔답〕 여기에는 분명한 예문(禮文)이 없습니다. 그러나 대략 첩이 여군(女君)을 따라 여군의 친척을 위하여 복을 입는 의리에 의거하면 비록 자부(子婦)의 노비가 구고(舅姑)를 위하여 종복하더라도 또한 근거가 없는 것은 아니니, 어떻게 여길지 모르겠습니다.

〔문〕 모든 상에 아버지가 계시면 아버지가 상주가 됩니다. 그러나 아버지는 아들의 첩을 위하여 이미 복이 없으니 그 상을 주관하는 것은 온당하지 않을 듯합니다. 어찌 그 아버지가 주관하겠습니까. 아니면 그 아들이 주관합니까?

〔답〕 아버지는 아들의 첩에 대해 높고 또 복이 없으니, 낮추고 굽혀서 그 상을 주관해서는 안 될 듯합니다. 그 남편은 〈잡기(雜記)〉의 "첩의 상을 주관하게 되면 스스로 부제(祔祭)를 지낸다."라는 예문에 의거하여 첩의 상을 주관해야 할 듯합니다.

〔문〕 예(禮)에 이르기를 "아버지에게 폐질(廢疾)이 있어 손자가 할아버지의 후사가 되면 또한 참최삼년복(斬衰三年服)을 입는다."라고 하였으나 《상례비요》에는 이를 빠뜨렸으니, 혹 이것이 제후의 예법이어서 사대부에는 미치지 못한 것입니까? 또 예에 "집안에 천질(天疾)이 있는 사람은 사당에 들어갈 수 없다."라는 설이 있으니, 그 아버지의 신주가 이미 사당에 들어가지 못하게 되면 그 아들이 할아버지의 후사를 이을 것입니다. 이는 온당하지 못할 듯하니, 어떻게 해야 할지 모르겠습니다.

〔답〕 임금의 경우에는 하늘이 내린 자리를 잠시도 비워 둘 수 없기 때문에 대를 이은 임금에게 폐질이 있으면 그 아들이 아버지를 대신하여 마땅히 즉위해야 하니, 그렇다면 응당 그 복을 입어야 합니다. 대부의 경우에는 비록 폐질이 있을지라도 단지 궤전(饋奠)을 주관할 뿐이니, 어찌 그 아들이 궤전을 대신 집행한다는 이유로 성급히 그 아버지의 자리를 대신할 수 있겠습니까. 이는 인정과 이치로 볼 때 몹시 온당하지 못한 듯합니다. 그러나 명확한 예문이 없으니, 응당 《의례(儀禮)》에서 조상(趙商)이 문답한 것[23]을 참조하여 행해야 할지, 의견을 내기가 몹시 어렵습니다. "천질이 있는 사람은 사당에 들어갈 수 없다."라는 설은 어느 책에 나옵니까? 비록 이러한 설이 있더라도 진실로 그 아들이 있다면 장차 어떻게 그 아버지를 그렇게 처리할 수 있겠습니

23 조상(趙商)이 문답한 것 : 조상은 후한(後漢) 사람으로, 정현(鄭玄)의 제자이다. 조상이 묻기를 "아버지에게 폐질이 있어 상사(喪事)를 감당할 수 없으면 그 조부의 복은 어떻게 합니까?"라고 하니, 정현이 답하기를 "천자나 제후의 상에는 모두 참최복(斬衰服)이고 기년복(朞年服)은 없다."라고 하였다.

까. 지난번에 한 종인(宗人)이 와서 말하기를 "동생이 폐질이 있어 장가들기 전에 죽었는데, 장차 부묘(祔廟)하려고 하자 집안의 의론이 허락하지 않는다."라고 하였습니다. 내가 대답하기를 "예법은 내가 알지 못하겠으나 인정으로 말하면 부모는 폐질이 있는 아들에 대하여 사랑하는 마음이 더 클 것이니, 어찌 일실(一室)에서 함께 흠향하려 하지 않겠는가."라고 하였는데, 그 사람이 끝내 어떻게 처리하였는지 모르겠습니다.

〔문〕 예(禮)에 이르기를 "동자(童子)는 질(絰)은 착용하고 관건(冠巾)은 쓰지 않는다."라고 하였고, 《상례비요》에 이르기를 "동자는 관을 쓰지 않으니, 어찌 건(巾)과 질(絰)이 있겠는가."라고 하여 두 가지 설이 이미 다르고 지금 세상에 거행하는 자들 또한 같지 않습니다. 어느 설이 옳습니까?

〔답〕 옛사람 또한 두 가지 설이 있었으니, 예를 거행하는 사람이 선택하여 따르면 될 듯합니다.

〔문〕 아버지가 계실 때 어머니와 처를 위하여 모두 15개월 동안 복을 입고 상을 마칩니다. 그러나 고례(古禮)에 "아버지가 계시면 처를 위하여 부장기복(不杖朞服)을 입고 부장기복을 입으면 담제(禫祭)를 지내지 않는다."라고 하였으니, 아버지가 담제를 지내지 않았으면 그 아들 또한 담제를 지내지 않습니까? 중자(衆子)의 상에 그 처는 또한 담제를 지내야 하니, 그 아버지는 비록 이미 복을 벗었더라도 그 제사를 주관할 수 있습니까?

〔답〕 처상(妻喪)에 아버지가 비록 복을 벗었더라도 여전히 그 제사를

주관한다는 것은 이미 주자(朱子)의 정설이 있습니다.

〔문〕《가례》에는 "오직 부모의 기일에 슬픔을 다하여 곡한다."라고 하였고, 《가례의절(家禮儀節)》에는 "조부모를 평소에 모셨던 사람 또한 똑같이 슬픔을 다하여 곡한다."라고 하였으니, 손자가 비록 평소에 모시지 않았더라도 그 숙부가 제사에 참여하면 똑같이 슬픔을 다하여 곡하는 것이 어떻겠습니까?

〔답〕《가례》에는 단지 "주인 이하"라고만 하였으나 《가례의절》에는 평소에 섬겼던 손자에까지 미루어 나간 것입니다. 지금 또 평소에 섬기지 않았던 사람에까지 일일이 미루어 나간다면 어찌 다할 기약이 있겠습니까. 그저 근거가 있는 것만 따르는 것이 온당할 듯합니다.

〔문〕심상(心喪)하는 사람도 서찰에 또한 소상(疏上)이라고 일컫습니까?

〔답〕온당하지 않은 듯합니다.

이하경에게 답함
答李廈卿

〔문〕 승중(承重)하는 손자가 조부모 혹은 증조부모 혹은 고조부모의 상을 당하면 그 처(妻)가 마땅히 종복(從服)해야 한다는 것은 선유(先儒)의 정론이 이미 있고, 그 모친과 조모와 증조모 또한 마땅히 "따르는 자가 죽었더라도 그대로 복(服)을 입는다."라는 예문(禮文)에 의하여 상복을 입어야 할 것입니다. 다만 남편이 미처 승중하기 전에 일찍 죽은 사람의 경우는 그 복이 예(禮)에 명확한 예문이 없고 《상례비요(喪禮備要)》 중에도 단정하는 말이 없습니다. 지금 혹 이러한 일을 당한 사람은 장차 어디에 근거하여 상복을 입어야 합니까?

〔답〕 증조와 고조를 승중하는 증손, 현손은 실제 그 조부와 부친을 대신하는 것입니다. 그 조부와 부친은 마땅히 삼년복을 입어야 하기 때문에 증손, 현손 또한 삼년복을 입는 것이니, 그렇다면 그 조부와 부친의 처의 복을 알 수 있을 듯합니다. 그러나 여러 노선생(老先生)에게는 이미 정론이 없으니, 지금 억측으로 단정하기 어렵습니다.

〔문〕 시집간 남편 형제의 손녀를 위하여 응당 시마복(緦麻服)을 입어야 하는데 〈상례비요도(喪禮備要圖)〉에 "복이 없다."라고 한 것은 어째서입니까?

〔답〕 아마 《상례비요》를 전사(傳寫)할 때 잘못한 듯하니, 응당 한 등급을 내린다는 조목의 "사친(私親)도 그를 위하여 복을 입을 경우에 또한

그렇게 한다."라는 예문을 참고하여 판단해야 할 것입니다.

〔문〕 예(禮)에 "엄(掩)[24]은 누인 비단으로 만든다. 길이는 5자이고 그 끝을 가른다."라고 하였는데, 그 주석에 이르기를 "그 끝을 가르는 것은 장차 항중(項中)에서 매고 또 돌려서 턱 아래에서 매기 위해서이다."라고 하였습니다. 이른바 항중은 목덜미인 듯하니, 그러한지 모르겠습니다.

〔답〕 돌려서 턱 아래에서 맨다는 글로 보면 한쪽 끝을 가른다는 뜻인 듯하나 《의례소(儀禮疏)》에 또 "뒤의 두 끈"이라는 글이 있으니, 이는 양쪽 끝을 모두 가른다는 뜻인 듯합니다. 두 가지 설이 각각 하나의 뜻인지, 감히 단언하지 못하겠습니다.

〔문〕 〈상복(喪服)〉 소(疏)에 "아버지가 돌아가신 뒤 삼 년 안에 어머니가 돌아가시면 그대로 기년복을 입는다."라고 하였고, 두원개(杜元凱)는 이르기를 "아버지를 이미 장사 지내고 나서 어머니가 돌아가시면 어머니 복을 입는다."라고 하여 두 설이 이미 차이가 있는데도 《상례비요》에 두 가지 설을 모두 수록하고 단정하는 의론이 없으니, 지금 혹 이러한 상을 당한 사람이 있으면 어느 것을 따라야 하겠습니까?

〔답〕 이는 큰 절목이건만 선유의 정론이 없으니 의견을 내기가 몹시 어렵습니다. 단지 제시한 두 설을 가지고서 말하면 〈상복〉 소는 범연하게 말한 것이고 두씨(杜氏)의 설에 이르러서야 바야흐로 아버지를 장

24 엄(掩) : 죽은 사람의 머리를 감싸는 물건이다.

사 지내기 전과 지낸 후의 차이를 자세히 구분하였습니다. 이 밖에 명확한 예문(禮文)이 없다면 부득이 어머니가 아버지의 장례 전에 죽으면 기년복을 입고 장례 후에 죽으면 삼년복을 입어야 합니다. 이처럼 한다면 근거가 없는 데에 이르지는 않을 것입니다. 다만 〈상복〉 소는 "아버지가 돌아가시면 어머니를 위하여〔父卒則爲母〕"의 '즉(則)' 자를 어머니를 위하여 기년복을 입는 증거로 삼았으나 반드시 그렇다는 이유를 전혀 보지 못하겠습니다. 그러나 황면재(黃勉齋 황간(黃幹))가 이미 《의례경전통해속(儀禮經傳通解續)》에 수록하였기 때문에 가볍게 의논하기가 어려울 듯하니, 어찌하고 어찌하겠습니까.

〔문〕 율곡 선생이 이르기를 "조전(朝奠)한 뒤에는 혼백(魂帛)을 상자에 넣어서는 안 되고 석전(夕奠)한 뒤에 비로소 상자에 담아 휘장 안에 들여놓는다."라고 하였습니다. 이는 《가례(家禮)》에 이미 명확한 예문이 없는데도 혼백을 까닭 없이 종일 내어다 두는 것이니, 어떻게 해야 할지 모르겠습니다.

〔답〕 열고 닫으며 내어놓고 들여놓는 것은 몹시 번거로운 일이니, 단지 제사 때 신주를 모시는 예법에 따라 보자기〔帕〕로 독(櫝)을 대신하여 열고 거두어들이면 어떻겠습니까? 대개 《가례》에 명확한 예문이 없을 때는 그저 일의 편리함을 따르면 될 뿐입니다.

〔문〕 부모의 상중에 조부모가 돌아가시면 승중한 사람은 평상시 어떤 복을 입어야 합니까?

〔답〕 은혜로 보면 부모가 무겁고 조부모가 가벼우나 분수로 보면 조부모가 높고 부모가 낮습니다. 그러므로 《예기대전(禮記大全)》에서 "은

애(恩愛)로써 부모를 따라 차등하여 올라가고 의리로써 조상을 따라 순차적으로 내려오는 것이니, 한편으로 가벼워지고 한편으로 무거워짐은 도리상 그러한 것이다."라고 한 것이니, 부모에게 삼년복을 입고 조부모에게 기년복을 입는 것은 은혜를 위주로 하여 그러한 것입니다. 만약 조부모와 부모가 함께 돌아가셨다면 응당 의리로 판단하여 높은 사람을 위주로 해야 할 듯합니다. 이미 "부모를 대신하여 조부모 복을 입는다."라고 한다면 그 평상시 조부모 복을 입는 것은 곧 부모의 효심을 따르는 것이고, -원문 결락- 부모를 위하여 예의를 융숭하게 하는 도리에 손상이 없을 것이니, 어떻게 여길지 모르겠습니다.

〔문〕 이금(侇衾)[25]은 시속의 제도에 세로 폭 네 면에다 모두 아래로 늘어뜨린 가로 폭을 두어 관을 덮기에 편리하게 합니다. 어떤 사람이 이르기를 "선생의 집안에서 사용하는 이금은 검은 비단을 위에 두고 붉은 비단을 아래에 두는데, 제도는 홑이불과 같다."라고 하니, 그렇습니까? 그 제도가 만약 명확한 근거가 없다면 시속을 따르는 것도 혹 무방하지 않겠습니까?

〔답〕 고례(古禮)에는 곧바로 금(衾)이라 하고 다만 식(識)이 없었을 뿐입니다. 지금 시속의 제도는 널의 형태와 같아 위로부터 아래로 넣어 가니, 어느 책에 나오는지 모르겠습니다. 우리 집안에서는 과연 옛날 제도를 따르고 있으니 사용하기에 몹시 편리합니다. 시속의 제도는 아래로 넣어 갈 때 몹시 어렵고 매끄럽지 못하여 불편합니다.

25 이금(侇衾) : 시신이나 널을 덮는 이불이다.

이하경에게 답함

答李廈卿

《가례》에 의거하면 윤달을 계산하지 않아야 할 듯하나 장자(張子 장재(張載))의 설에 의하면 마땅히 계산해야 할 듯합니다. 장자의 설은 대개 대상(大祥)과 담제(禫祭)의 사이를 이르는 것이고 대상과 담제를 이르는 것이 아닙니다. 대저 주자(朱子)는 항상 대상 달에 담제를 지내는 것을 옳다고 여겼고 한 달의 사이를 두는 것을 잘못이라고 여겼습니다. 하물며 그 사이에 또 윤달을 계산하지 않을 수 있겠습니까. 그렇다면 주자의 뜻은 《가례》와 같지 않은데도 《가례》에서 고치지 않은 것은 시왕(時王)의 예법을 따른 것입니다.

이하경에게 답함 을묘년(1675, 숙종1) 4월 8일

答李廈卿 乙卯四月八日

이매(魑魅)[26]가 사는 이 지방까지 멀리서 보낸 편지가 도착할 줄 몰랐으니, 기쁘고 후련한 심정을 말로써 다 표현할 수 없습니다. 이곳은 실로 사람이 살 수 있는 땅이 아니니, 바다와의 거리가 십 리도 안 되어 사나운 바람이 날마다 불어와서 살이 에이는 듯합니다. 이런 까닭으로 몇 달이 되지도 않아 부기(浮氣)가 여러 번 생겨났고 2월 중순쯤에는 피가 마구 흘러내려 거의 일어날 수 없는 지경이 되었는데, 지금은 기침이 매우 잦아서 경각 사이에 숨이 끊어지고 막힐 듯한 증세가 있습니다. 이것으로 보면 몇 달 동안 목숨이 이어지는 것 또한 바랄 수 있는 바가 아니니, 하늘이 양기(陽氣)를 회복하여 재앙을 내린 것을 뉘우친다는 그대의 말은 어찌 몹시 잘못된 것이 아니겠습니까.

김윤(金尹) 운운한 것에 대해서는 필시 변론하려고 하면 피로하게 될 것입니다. 다만 이 네 가지 일로 윤자인(尹子仁), 성여중(成汝中)에게 물어보면 알 수 있을 것입니다. 이상하게 생각되는 점은 윤자인과 성여중 등 제군이 그 거짓되고 어그러진 일을 밝히려는 말을 아직 한마디도 하지 않은 것이니, 오늘날의 인정을 또한 알 수 있게 합니다. 그렇다면 또한 물어보지 않는 편이 나을 것입니다. 앓고 있는 병이 지금 괴로워서 하나하나 다 말하지 못합니다.

26 이매(魑魅) : 전설 속에 나오는 산택(山澤)의 도깨비이다. 순(舜) 임금이 사흉(四凶)을 사방의 변방으로 유배 보내어 이매를 막게 하였다고 한다. 《春秋左氏傳 文公18年》

윤여량[27] 명우 에게 답함 신묘년(1651, 효종2) 2월

答尹汝良 明遇○辛卯二月

〔문〕 상례(喪禮)를 살펴보건대, 개장(改葬)할 때 주인 외에는 모두 소복(素服)에 포건(布巾)을 쓰고 평상시에는 현관(玄冠)과 흑대(黑帶)로 바꾼다고 하였습니다. 이렇게 국상을 당하면 또한 상복을 바꾸는 일이 있습니까?

〔답〕 고례(古禮)에 "자신의 몸에 임금의 상복을 입게 되면 감히 사적인 상복을 입을 수 없다."라고 하였습니다. 그러나 옛날과 지금은 마땅함이 다르니, 잠시 사적인 상복을 입고 임하지 않을 수 없습니다.

〔문〕 국휼(國恤) 중에 후토제(后土祭)를 지낼 때 응당 국상의 복(服)인 흰 의관을 착용하고 거행해야 합니까?

〔답〕 말한 것이 옳은 듯합니다.

〔문〕 널 앞에 제물을 차릴 때 영좌(靈座)를 설치한다는 의절이 없으니, 먼 땅으로 행상(行喪)할 때 또한 설치하지 않는 것입니까?

〔답〕 《상례비요》에 영악(靈幄)과 영좌를 먼저 설치한다는 예문(禮文)이 있고 또 막소(幕所)의 영좌 앞에 나아가서 우제(虞祭)를 거행한다는 예문이 있으니, 다시 상고해 보기 바랍니다.

《예기》에 "장사 지낼 때는 가벼운 상을 먼저 지내고 무거운 상을

27 윤여량(尹汝良) : 윤명우(尹明遇)로, 본관은 파평(坡平), 자는 여량이다.

뒤에 지내며, 제사 지낼 때는 무거운 제사를 먼저 지내고 가벼운 제사를 뒤에 지낸다."라고 하였으니, 지금 무거운 상의 우제를 지낸 뒤에 가벼운 상의 우제를 지낸다면 마땅할 듯합니다. 만약 무거운 상을 지내는 중에 가벼운 상의 우제를 지내는 것이 온당하지 않다고 여긴다면 주자(朱子)의 설을 따라 가벼운 상을 개장할 때 단지 전례(奠禮)만 거행하더라도 또한 괜찮을 것입니다.

윤여량에게 답함
答尹汝良

《가례(家禮)》 소주(小註)에 주자(朱子)의 설을 인용하여 "졸곡(卒哭) 뒤에 사시(四時)의 시제(時祭) 날을 만나면 최복(衰服)을 입고서 궤연(几筵)에만 제사하고 검은 상복을 입고서 가묘(家廟)에 정해진 제사를 지내는 것이 옳다."라고 하였으니, 졸곡 뒤에도 이처럼 하거늘 하물며 심상인(心喪人)은 이미 길복(吉服)으로 갈아입었으니, 담제(禫祭)와 길제(吉祭)에 참여하는 것이 무슨 온당하지 못한 이치가 있겠습니까. 재기(再期 두 번째 기일)에는 단지 평상시 기제(忌祭) 축문(祝文)을 사용할 뿐입니다. 그러나 아버지가 계시면 아버지가 상주가 되니, 그대 부친 영감께서 상주가 되어 처에게 고하는 양식을 사용해야 합니다. 평상으로 회복하는 시기는, 길제를 지내는 달 정일(丁日)이나 해일(亥日) 혹은 제사 지내기에 마땅한 날 중에 대략 마음으로 헤아려 보아 이날 길제를 행해야겠다고 생각하는 날입니다. 이것을 기준으로 삼는다면 근거할 바가 없지는 않을 듯합니다. 망일(望日)에 참례한 뒤 평상으로 회복하더라도 어찌 안 될 것이 있겠습니까. 이미 그달에 속한다면 일찍 하거나 늦게 하더라도 모두 무방할 것입니다.

선비(先妣)의 신주(神主)는 초기(初忌) 날에 어느 사당에 부(祔)합니까? 만약 봉사(奉事)에게 출가한 자씨(姊氏)가 주관하는 사당에 부한다면 이 사당의 시제 날에는 응당 동서(東西)의 부식(祔食)하는 반열에 두어야 할 것이고, 만약 파평군(坡平君)의 사당에 부한다면 이 사당의 제일(祭日)에도 응당 이처럼 해야 할 것입니다. 그 축문에는 모두 주제자(主祭者)를 상주로 삼아 "모친(某親) 모씨(某氏)를 부식한다."라고 하니, 어찌 여러분이 평상을 회복했는지에 구애되겠습니까.

부친의 대상(大祥) 날에 승중(承重)한 손자는 부친의 상복을 벗고 나서 잠시 담복(禫服)을 입고 제사를 마친 뒤에 도로 조부의 상복을 입을 뿐이고 부친의 담제는 이로 인하여 거행하지 못합니다. 부친의 아들들은 단지 27개월의 상기(喪期)를 계산하여 이달에 하루를 택하여 설위(設位)하여 곡한 뒤에 담복을 벗습니다.

선정(先正)이 이르기를 "조부상 중에 부친상을 당한 사람은 장례 전에는 부친의 빈소에 소식(素食)을 쓰고 우제(虞祭)를 지낸 뒤로는 고기를 올린다."라고 하였으니, 이는 우제를 지낸 뒤로는 부친을 신명으로 여기기 때문입니다. 지금 이 집안에 부친의 우제가 이미 지나갔다면 당연히 고기를 써야 할 듯하나 조부상이 빈소에 있다면 말하기 어려운 점이 있을 듯합니다. 일찍이 보건대 신독재(愼獨齋 김집(金集)) 선생이 문원공(文元公 김장생(金長生))의 소상(小祥) 때 인목왕후(仁穆王后)의 국상을 당하였는데, 성복(成服) 전에 궤연에 소식을 쓰며 말하기를 "돌아가신 부친이 살아 계신다면 비록 노쇠하더라도 또한 성복 전에는 마땅히 소식을 거행하였을 것이고, 또한 이미 우제를 지냈다고 하여 전혀 소식을 쓰지 않지는 않았을 것이다."라고 하였습니다. 명확한 예문(禮文)이 없는 이러한 곳은 단지 인정과 예문을 참작하여 거행할 뿐입니다.

윤여량에게 답함
答尹汝良

가을이 깊고 바람이 거세어 멀리 그대를 그리워하는 마음이 배로 간절하던 차에 그대의 편지가 이때 도착하니 위로되고 후련한 마음이 어떠하겠습니까.

나는 병이라는 한 글자 외에 괴롭게도 다른 일이 없으나 또한 분수에 따라 버텨 나가고 있습니다. 그런데 갑자기 새로운 은명(恩命)을 받아 또 포만(逋慢)[28]의 죄를 더하니, 그저 스스로 황공할 뿐입니다.

《이정전서(二程全書)》는 유의하겠다는 말을 들으니 참으로 감사하고 감사합니다. 앞서 송광식(宋光栻)에게 종이 20속(束)을 보내었고 지금 또 10속을 보내니, 인쇄하든 구매하든 간에 편의대로 처리하여 속히 보내 주기를 바랍니다. 모자라는 약재가 참으로 많습니다. 벗들 또한 현포(玄圃)[29]의 주인이 아니니, 도규(刀圭)[30]를 어찌 항상 얻을 수 있겠습니까. 우습습니다.

조카아이는 어리석고 몽매하니, 부디 바라건대 언제 어디서나 힘껏 일깨워 주시면 어떻겠습니까? "자제가 차라리 한 해가 다하도록 글을 읽지 않을지언정 하루라도 소인을 가까이해서는 안 된다."라고 하였으

28 포만(逋慢) : 직무를 회피하거나 태만하게 하는 것을 말한다.

29 현포(玄圃) : 신선이 산다는 곳으로, 곤륜산(崑崙山) 정상에 있다고 한다.

30 도규(刀圭) : 선가에서 약을 담는 작은 용기를 말한다. 전하여 선약 또는 의술을 뜻한다.

니, 이는 유원성(劉元城)[31]의 말로서 회암(晦庵 주희(朱熹)) 부자(夫子)가 칭찬한 바입니다. 조카아이에게 모쪼록 이것으로 자주 경책해야 하고 그대 또한 알지 않아서는 안 될 것입니다.

31 유원성(劉元城) : 북송(北宋)의 명신 유안세(劉安世)로, 원성은 그의 봉호이다.

윤여량에게 답함 신축년(1661, 현종2) 6월
答尹汝良 辛丑六月

얼굴을 보지 못한 지가 이렇게 오래되었으니 그리워하는 마음이 더욱 지극해집니다. 잡초가 울타리를 에워싼 이곳에 갑자기 그대의 편지가 전해 오니 기쁘고 위로되는 마음을 어찌 다 형언할 수 있겠습니까.

나는 봄부터 지금까지 역병이 치성하여 슬하에 전염된 사람이 셋이나 되지만 떠나가려 해도 갈 만한 곳이 없어 이렇게 위태로운 지역에 앉아 있으니, 끝내 어떻게 될지 모르겠습니다. 다만 국사가 위난(危難)에 처했지만 전혀 보존할 형세가 없으니, 자신의 일이야 어찌 말할 것이 있겠습니까.

편지에서 말한 진휼 정책은 조목이 상세히 갖추어져서 다른 사람의 본보기가 될 만하니, 이렇게 시행하여 온 고을에 굶어 죽은 사람이 전혀 없는지 모르겠습니다. 정자(程子 정호(程顥))가 이르기를 "말단의 관리가 진실로 만물을 사랑하는 데 마음을 둔다면 사람에 대해 반드시 구제하는 바가 있을 것이다."라고 하였는데, 하물며 그대가 지금 맡은 직책은 말단에 그치지 않는 데이겠습니까. 이렇게까지 마음을 다하는 것이 마땅하다 하겠습니다. 다만 현재 백성이 죽는 상황이 이전보다 심하니, 관청의 창고에 아직 남은 곡식이 있는지 모르겠습니다.

만나 볼 길이 없으니, 가뭄과 무더위에 더욱 자중자애하기를 바랍니다. 예를 갖추지 못합니다.

별지

올해 봄 백성이 죽은 원인은 굶주림뿐만이 아니니, 냉지(冷地)에서 노처(露處)하여 목숨을 잃게 된 경우가 많았습니다. 진잠(鎭岑) 고을 원은 미리 흙집을 지어 거처하게 하였기 때문에 죽은 사람이 매우 적었으니, 매양 다른 고을이 이처럼 하지 못하는 것을 몹시 아쉽게 여겼습니다. 지금 편지에서 하신 말씀은 진잠 고을과 똑같으니, 백성을 깊이 사랑하는 사람은 그 일 또한 같음을 알 수 있습니다.

○ 부민(浮民)의 죽음은 참으로 구휼하지 않을 수 없습니다. 다만 토착한 양민과는 경중에 차이가 있으니, 시행하는 것 또한 응당 후하고 박한 차이가 있어야 할 것입니다. 이곳에서는 혹 후하고 박함을 반대로 시행하는 경우도 있고 또한 똑같이 보아 구별이 없는 경우도 있어 도리어 양민을 온전하지 못하도록 하니, 이를 알지 않아서는 안 될 것입니다. 대저 《주자대전(朱子大全)》에 구황(救荒)하는 일이 매우 상세하게 실려 있으니, 여가가 있는 날 부디 살펴보고 준행하여 시험해 보는 것이 어떻겠습니까?

○ 상사(上使)가 그대의 소청에 허락하지 않는 것이 없으니, 서로 간의 신뢰가 깊음을 알 수 있습니다. 성인의 가르침에 "윗사람에게 신임을 얻지 못하면 백성을 다스릴 수 없다."[32]라고 하였으니, 참으로 그러합니다. 이곳은 위아래가 서로 의심하여 참으로 노여운 눈으로 노려보며 백성의 일에 관심을 두지 않고 있으니, 세도가 가탄스럽습니다.

32 윗사람에게……없다 : 공자가 말하기를 "아랫자리에 있으면서 윗사람에게 신임을 얻지 못하면 백성을 다스릴 수 없다."라고 하였다. 《中庸章句 第20章》

윤여량에게 답함 임자년(1672, 현종13) 1월

答尹汝良 壬子正月

병든 나는 인간사가 막히고 끊겨서 그대 부인이 세상을 떠난 일과 은전(恩典)이 더해진 일을 모두 듣지 못하였고, 소식을 겨우 듣게 되어서도 형편이 서로 어긋나서 조문과 하례를 모두 행하지 못하였습니다. 그러나 우러르며 그리워하는 마음은 일찍이 조금도 해이해진 적이 없었는데, 갑자기 인편을 통하여 이렇게 그대의 편지를 받고 인하여 새해 선물까지 얻게 되니, 부끄럽고 감사한 마음이 더할 수 없이 함께 밀려옵니다.

나는 큰 병을 앓은 뒤에 겨우 목숨을 지탱하고 있습니다. 그저께 가형(家兄)의 병이 위중하다는 소식을 듣고 허겁지겁 돌아와서 병든 두 사람이 서로 지키고 있으니, 이곳의 정경은 말하지 않아도 알 수 있을 것입니다.

지난해에 그대의 진휼 절목(賑恤節目)을 보고서 몹시 경탄한 뒤로 백성을 다스리는 관리를 대할 때마다 이야기하였는데, 과연 포상을 받게 되었습니다. 그러나 그대의 마음에는 우연히 찾아온 은전이라 여겨서 기뻐할 만한 것이 못 되겠지만 그렇다고 또한 감히 사양할 수도 없는 일이니 그저 형편대로 맡겨 두어야 합니다. 앞으로의 일은 단지 이전의 절목대로 하면 되고 '게을리하지 말라.〔毋倦〕'[33]라는 두 글자를

33 게을리하지 말라 : 자로(子路)가 정사에 대해 묻자 공자가 말하기를 "몸소 행하고 애써서 행해야 한다."라고 하였다. 더 자세히 말해 주기를 청하자, "게을리하지 말아야

더한다면 족합니다. 상소하는 한 가지 일을 말하자면, 반드시 먼저 도신(道臣)과 상의하여야 하고 도신이 직접 처분할 수 없는 일이어야 이를 의논할 수 있으니, 만약 서둘러 먼저 이러한 일을 거행한다면 아마도 마땅한 일이 아닐 듯합니다.

서로의 거리가 너무 멀어 여러 가지 일을 마주하여 논할 길이 없으므로 그저 그립고 서글픈 마음만 더할 뿐입니다. 예를 갖추지 못합니다.

한다."라고 하였다. 《論語 子路》

윤여량에게 답함 계축년(1673, 현종14) 2월
答尹汝良 癸丑二月

한 해가 넘도록 소식을 듣지 못한 것은 일의 형세상 그러한 것이었지만 그대를 그리워하는 마음은 절로 그만둘 수 없었습니다. 지금 이렇게 편지를 보내어 자세히 일러 주시니 마음을 몹시 위로되고 후련하게 합니다. 다만 질병에 대한 걱정이 있다는 소식을 듣게 되었습니다. 이는 주 부자(朱夫子 주희(朱熹))가 유씨(劉氏) 부인을 잃은 뒤에 벼슬살이하면서 염려하였던 크나큰 일이니, 멀리서 염려하는 마음이 실로 작지 않습니다.

동춘당(同春堂 송준길(宋浚吉))이 마침내 세상을 떠나고 말았으니, 애통한 마음이 절절한 것은 어찌 사사로운 정 때문일 뿐이겠습니까. 나는 세전(歲前)에 멀리 달려가서 영결하고 인하여 초종(初終)을 지내다가 자신도 모르게 외감(外感)에 걸렸습니다. 돌아와서는 곧 크게 아파서 갑자기 위태로운 지경에 이르렀다가 다행히 오늘 목숨을 유지하고 있으나 남은 증세가 아직도 괴로우니, 어찌하고 어찌하겠습니까.

질문하신 스승을 위한 복에 대하여 말하자면, 단고(單股 한 가닥)의 환질(環絰) 및 백포건(白布巾)에다 백포삼(白布衫)을 함께 입는 것을 "조복(弔服)에 가마(加麻)한다."라고 하니, 저곳에서 스승을 위해 복을 입는 사람들은 모두 이처럼 합니다. 띠〔帶〕는 베로 만들거나 면(綿)으로 만들거나 모두 무방하거늘, 어찌 굳이 얻기 어려운 모시를 사용하겠습니까. 관직에 있는 사람은 형편상 자유롭게 움직일 수 없습니다. 장사 지낸 뒤를 기다리더라도 끝내 혹 직접 잔을 올리지 못할 수 있으니, 어쩌면 장사 지내기 전에 사람을 시켜서 대신 하게 하는 편이 낫지 않겠습니까. 예를 갖추지 못합니다.

윤여량에게 답함 계축년(1673, 현종14) 8월

答尹汝良 癸丑八月

그대의 편지가 와서 아들을 잃은 슬픈 일이 있었음을 알게 되니, 어진 가문의 재앙이 어찌 이 지경에 이른단 말입니까. 이 일은 비록 천만 마디 말로도 그 참혹한 심정을 조금도 위로할 수 없을 것입니다. 그러나 "슬퍼해도 소용없다.〔無益〕"라는 두 글자는 다소 절실할 수 있으니, 모쪼록 이 말을 항상 염두에 두는 것이 어떻겠습니까?

나는 삼가 직무를 수행하려고 서울로 왔는데 복토(復土)[34]하기를 기다렸다가 동쪽으로 돌아가려고 합니다.[35] 다만 그사이에 날짜가 아직 많이 남아 나를 미칠 지경이 되게 합니다.

별지에서 하신 말씀은 잘 알겠습니다. 다만 이 선생(李先生)의 "솔숲 계수나무숲에서 글을 읽으며 초심을 얻으리라.〔讀得初心松桂間〕"라는 시구[36]의 '득(得)' 자는 허자(虛字)인 듯한데, 지금 이 '득초(得初)'를

34 복토(復土) : 하관(下棺)한 뒤에 파낸 흙을 다시 덮어 봉분을 만드는 것을 말한다.

35 나는……합니다 : 《송자대전》 부록 권6 〈연보〉 숭정(崇禎) 46년(1673) 조(條)에 따르면, 현종이 계축년 6월에 효종의 능인 영릉(寧陵)을 홍제동(弘濟洞) 영릉(英陵) 곁으로 옮기려고 하면서 송시열에게 천릉지문(遷陵誌文)을 찬진(撰進)하라고 명하였다. 8월 초에 현종의 부름을 받고 도성에 들어갔다가 9월 초에 지문을 쓰고 도성을 나왔다.

36 이……시구 : 《송자대전수차》 권8에 "이는 곧 퇴계 이 선생이 진보 현감(眞寶縣監) 문봉(文峯) 정유일(鄭惟一)에게 보낸 시구인데, 윤명우(尹明遇) 공이 이 고을에 부임하여 득초(得初)를 당(堂)의 이름으로 삼으려고 하였다."라고 하였다. 이 시는 《퇴계집》 권3에 〈기진보정자중성주(寄眞寶鄭子中城主)〉라는 제목으로 실려 있다.

당(堂)의 이름으로 삼는다면 득실(得失)의 '득' 자로 본 듯하므로 아마 선생의 본뜻이 아닐 것입니다. 게다가 이른바 '초심(初心)'도 가리키는 바를 알지 못하여 이 부분 또한 말을 구사하기가 어렵습니다. 이 때문에 말씀처럼 따를 수가 없으니, 바라건대 고을의 유생들과 상의한 뒤에 다시 제시해 주면 부족한 글이나마 군이 아끼지 않고 짓겠습니다. 성대한 선물은 참으로 감사합니다. 예를 갖추지 못합니다.

윤여량에게 답함 갑인년(1674, 현종15) 1월
答尹汝良 甲寅正月

봉사(奉事)에게 출가한 그대 자씨(姊氏)가 세상을 떠난 지 어느덧 이미 해를 넘겼으니, 슬프고 애통한 심정이 더해 마지않을 것입니다. 그 현숙하고 명철하고 신중하고 정성스러운 모습을 어느 곳에서 얻을 수 있겠습니까. 지난해 10월에 그 부음을 듣고는 속히 편지를 보내어 조문하려고 하였으나 그 당시 신병(身病)으로 몹시 고통스러운 나머지 석 달 동안 생사의 기로에 처해 있었고 게다가 또 지역이 후미져서 인편이 없었기 때문에 끝내 조문 편지를 보내지 못하였습니다. 이번에 이렇게 멀리서 보내온 그대의 문안 편지를 받게 되니, 감사하고 부끄러운 마음이 함께 일어나는 것을 말로 다 표현할 수 없습니다.

책자로 보여 준 내용은 앞뒤를 반복하여 읽어 보니 경책해 주는 바가 많을 뿐만이 아닙니다. 요구한 글은 어리석음을 무릅쓰고 지어서 올리니, 그 취사 여부는 바라건대 진보(眞寶)와 예안(禮安)의 제현(諸賢)과 의논하여 결정하면 어떻겠습니까? 다만 이 선생(李先生)의 시어(詩語)는 끝내 해석하기 어려운 점이 있으니, 그렇다면 필시 논쟁의 단서가 될 것입니다. 삼가 말씀한 것처럼 선생의 편지 중의 말로 바꾸었으니,[37] 제현의 뜻에 어떻게 여길지 모르겠습니다.

37 선생의……바꾸었으니 : 득초(得初)를 청생(淸省)으로 바꾼 것을 말한다. 이황이 정유일(鄭惟一)에게 보낸 편지에 "대개 마음을 맑게 하고 일을 생략하는 것을 중요한 법으로 삼을 뿐이다.〔大槪淸心省事, 爲要法耳.〕"라고 하였다. 《退溪集 卷26 答鄭子中》

새해 선물은 몹시 감사하고 또 송구합니다. 나의 병은 아직 시원스레 낫지 못하고 있으니, 어쩌면 이로 인하여 드디어 일어나지 못하게 되지 않겠습니까. 조물주의 명을 고요히 기다릴 뿐입니다. 예를 갖추지 못합니다.

별지

"솔숲 계수나무숲에서 글을 읽으며 초심을 얻으리라.〔讀得初心松桂間〕"라는 구절은 과연 한유(韓愈)의 시[38]에 나오는 것입니다. 그러나 만약 보내온 편지의 뜻처럼 '초심을 얻는다'는 의미로 본다면 그 '독(讀)' 자는 어디에 붙겠습니까? 장차 '읽어서 얻는다'는 의미로 보려고 하면 읽은 바가 어떤 책인지 모르지 않겠습니까? '득(得)' 자를 허자(虛字)로 본 것은 대개 문봉(文峯 정유일(鄭惟一))이 한유의 시에서 말한 '초심', '솔숲 계수나무숲'이라는 시를 읽는다는 뜻으로 이해하려는 것입니다.[39] 그러나 이 또한 불안하고 어긋남을 느끼게 되어 두 가지 견해가 모두 통하지 않으니, 의미가 미상인 구절로 놓아두고 다른 말로 고치는 편이 나으므로 그 편지 중의 청생(淸省)

이에 관한 자세한 내용은 《송자대전》 권143 〈진보현청생당기(眞寶縣淸省堂記)〉에 실려 있다.

38 한유(韓愈)의 시 : 한유의 시에 "산수 좋은 고을의 수령으로 나가서, 솔숲 계수나무숲에서 글을 읽노라. 자질구레한 일들 시원히 내버리니, 뜻밖에도 나의 초심을 얻게 되네.〔出宰山水縣, 讀書松桂林. 蕭條捐末事, 邂逅得初心.〕"라고 하였다. 《韓昌黎集 卷4 縣齋讀書》

39 대개……것입니다 : 송시열의 견해에 따르면 이 시구는 "정자중이 한유의 초심과 송계를 읊은 시를 읽으리라."라는 뜻이 된다.

이라는 글자를 취한 것입니다.

○ 보내온 편지에서 말한 "만약 폐단을 바로잡는 방책으로 오로지 '일을 생략하는 것〔省事〕'[40]만을 법으로 삼는다면 또한 시행하기 어려울 듯하다."라는 것은 아마도 《소학》에서 말한 일이라는 것은 곧 사적이거나 부정한 일이고 공적인 일이 아님을 상고하지 않은 듯합니다.

○ 전일(專一)하지 못함을 알아서 전일함에 힘을 쓰며 정밀(精密)하지 못함을 알아서 정밀함에 힘을 쓰는 것이 곧 채찍질하고 권면하는 일이니, 어찌 뒤의 편지에서 말하는 바를 기다릴 필요가 있겠습니까. 주 부자(朱夫子 주희(朱熹))가 일찍이 "그 병을 아는 것이 이미 치료할 수 있는 약이다."라고 하였으니, 이는 진실로 지극한 의론입니다.

○ 장중(莊重)하게 함양(涵養)하고 침잠(沈潛)하여 연구하는 것은 비록 앞의 편지 때문에 말한 것이 아닙니다마는 이러한 공부는 언제나 어디서나 모두 잠시도 버려둘 수 없는 것입니다.

○ 선현(先賢)이 한가롭게 주고받은 말 또한 진실로 심의(心意)를 일으켜 주는 점이 있습니다. 그러나 어찌 일도양단하듯 통쾌하고 간절한 말들과 같겠습니까.

○ 해후(邂逅)는 기약하지 않았으나 우연히 얻는다는 뜻입니다.

○ 대혜(大慧)는 조사(祖師)의 호(號)입니다.

40 일을 생략하는 것 : 《동몽훈(童蒙訓)》에 말하기를 "관직을 맡은 사람은 요컨대 마음을 맑게 하고 일을 생략하는 것을 근본으로 삼아야 한다."라고 하였다. 《小學 嘉言》

신만천[41] 만 에게 답함 기해년(1659, 효종10) 1월 16일

答申曼倩 曼○己亥正月十六日

고향 마을을 떠나온 뒤로 그대를 그리워하는 한마음은 일찍이 조금도 해이한 적이 없었습니다. 뜻밖에 이렇게 보내 준 편지를 받고 삼가 연제(練制 소상(小祥))가 이미 지나간 줄을 알게 되니, 서글픈 마음이 갑절이나 더 절절해집니다. 나는 경솔하게 나와서 이러한 낭패를 당하였으니 밤낮으로 걱정하고 두려워하나 어떻게 될지를 모르겠습니다.

자세하게 일러 준 말씀은 사랑하고 염려해 준 것이어서 깊이 감사하게 생각하고, 또 그대의 뜻이 어디에 있는지를 알기 때문에 슬프고 감개한 심정을 견디지 못하겠습니다. 나도 이러한 마음이 없는 사람은 아니지만 단지 지금 세상은 의리가 어두워지고 막혀서 원대한 일을 언급하면 머리를 흔들고 혀를 움츠려서 감히 기운을 내지 못하고 있으니, 이와 같은 기상으로 어떻게 담당할 수 있겠습니까. 일찍 돌아가서 자신이 처음 먹었던 마음으로 돌아가느니만 못할 것입니다.

말씀한 세 사람 중에 두 사람은 이미 천거되었고 윤(尹)은 끝내 나오지 않고 있습니다. 홍(洪)은 어제 당상관에 올라 영장(營將)이 되었고 이(李)는 일찍이 듣지 못한 사람이니, 이제 응당 하나하나 시험해 봐야 하겠습니다. 무릇 생각하는 바가 있으면 부디 인편을 통하여 일러 주시

41 신만천(申曼倩) : 신만(申曼, 1620～1669)으로, 본관은 평산(平山), 자는 만천, 호는 주촌(舟村)이다. 시호는 효의(孝義)이고, 송시열의 문인이다. 《주촌신방(舟村新方)》이라는 의서를 편찬하였다.

는 것이 어떻겠습니까? 나머지 이야기는 편지를 가지고 온 사람이 서서 독촉하기 때문에 하나를 말하고 만 가지는 버려둡니다.

신만천에게 보냄 기해년(1659, 효종10) 9월 21일

與申曼倩 己亥九月二十一日

심한 병으로 거의 죽을 지경이 되어 뜻이 식은 재와 같던 중에 천만뜻밖에 갑자기 심부름꾼을 통해 보내온 문안 편지를 받게 되니, 놀랍고 위로되는 나머지 도리어 송구한 마음이 더해집니다.

내가 앞서 보낸 편지는 감히 귀장(歸葬)을 불가한 일이라고 여겼던 것은 아닙니다. 일찍이 그대가 예산(禮山)을 그다지 길지(吉地)라고 여기지 않는 것을 알고 뒷날 만일 다시 이장할 일이 생기게 된다면 오늘 다시 더욱 상세히 살펴보느니만 못하리라고 생각한 것입니다. 나의 뜻이 이와 같아 그대에게 고하지 않을 수 없었는데, 이로 인하여 다시 두 가지 계획을 하게 될 줄 어찌 생각했겠습니까. 만약 귀장한 뒤에 다시 다른 의논이 없어 영원히 천만년의 편안한 유택(幽宅)이 된다면 어찌 더할 나위 없이 좋지 않겠습니까. 이는 단지 여러 상주의 뜻이 어떠한가에 달렸을 뿐입니다.

나는 병이 날로 더욱 괴로워져서 이제는 식음을 완전히 폐하고 오직 침석(枕席)에 누워만 있으니 아마 다시 살아서 돌아가지 못할 듯합니다. 외롭게 누워서 신음하는 나머지 때때로 눈물이 침석에 가득한 것을 보게 되니 어째서 그러한지 모르겠습니다. 천만 가지 이야기는 남겨 둡니다. 병을 무릅쓰고 억지로 답장을 적느라 하나하나 다 말하지 못합니다.

신만천에게 답함 경자년(1660, 현종1) 1월 4일

答申曼倩 庚子正月四日

사람을 시켜서 보낸 편지를 이렇게 받게 되니, 나를 돌보아 주는 사랑에 몹시 감사할 뿐입니다. 한 해가 또 바뀐 이때, 삼가 효자의 망극한 마음이 갑절로 더해질 것이라 생각하니, 어찌하고 어찌하겠습니까.

영릉(寧陵 효종)에 대한 말씀은 정히 내 마음과 부합하니, 자신도 모르게 눈물이 턱을 타고 흘러내립니다. 적의(賊醫)[42]가 복귀한 일이 조보(朝報)에 떠들썩하니, 천지간에 살아 있는 것이 부끄러울 뿐입니다.

나는 처음에 오늘 사산(沙山)으로 가서 택령(澤令)[43]을 조문하고 이어서 산서(山西)로 향하여 비석으로 쓸 만한 돌을 살펴보고 몇 곳을 둘러본 뒤에 잠시 그대를 만나고 돌아오려 하였습니다. 그러나 어제 상소의 비답을 받아 보니 직명(職名)을 체차해 주지 않아 나의 처지가 편안하기 어렵기 때문에 형세상 모름지기 산간(山間)에 머물 수밖에 없어 곧바로 돌아왔습니다. 나머지 이야기는 조만간 틈을 타서 한번 방문할 때를 기다렸다가 나누려고 하니, 부디 나를 보러 오려고 계획하지 않는 것이 어떻겠습니까?

42 적의(賊醫) : 《송자대전수차》 권8에 "기해년(1659, 효종10)의 내의(內醫) 유후성(柳厚聖) 무리를 가리킨다."라고 하였다.

43 택령(澤令) : 《송자대전수차》 권3에 "아마도 사우당(四友堂) 송국택(宋國澤) 공인 듯하니, 그의 자(字)가 택지(澤之)이다."라고 하였다.

신만천에게 답함 경자년(1660, 현종1) 5월 13일

答申曼倩 庚子五月十三日

그대의 편지가 도착하여 위로되고 기쁩니다. 노복을 얻는 대로 곧 잃어버린 것은 또한 하나의 기이한 일입니다. 방금 받은 무중(武仲)의 편지에, 윤휴(尹鑴)의 기염이 몹시 혹독하여 비로소 나의 견해에 감복하게 된다고 하였습니다. 나의 말이 차라리 증명되지 못하더라도 국가가 복을 받는 것이 어찌 지극한 소원이 아니겠습니까. 두려워할 만하고 탄식할 만합니다. 부디 묵묵히 마음에만 담아 두기를 바랍니다. 이만 줄입니다.

신만천에게 보냄 경자년(1660, 현종1) 12월 19일

與申曼倩 庚子十二月十九日

소식을 듣지 못한 지가 몇 달이 되었으니, 어떤 책을 읽었는지 모르겠습니다. 책 중에 음미하는 맛이 있어 세간의 일이 나의 즐거움을 해치지 못하는 바가 있습니까? 사람의 마음은 지극히 텅 비었기 때문에 만약 이를 유지하는 방법이 없다면 비록 바깥일에 흔들리지 않으려고 하여도 될 수 없을 터이니, 모름지기 용맹하게 힘을 쓰는 것이 어떻겠습니까? 나는 이미 위태로운 지경은 벗어났으나 음식을 먹어도 맛을 몰라 피로함이 날로 심해지니, 정상인으로 회복되지 못할까 두렵습니다.

신만천에게 보냄 신축년(1661, 현종2) 1월

與申曼倩 辛丑元月

그대는 주자서(朱子書)를 몇 권까지 읽었습니까? 많이 읽으려고 하지 말고 단지 익숙하게 읽으려고 해야 할 것입니다. 양기(良器)[44]는 이우(尼憂) 때문에 서울로 갔다는 소식을 들었는데, 이미 무사히 잘 다녀왔습니까? 나는 날마다 병석에 누워 있어 살아 있더라도 또한 죽은 사람일 뿐이니, 나에게 세의(歲儀)를 갖추지 말고 굳건히 앉아 책을 보기를 지극히 바랍니다. 매번 서울의 일을 들을 때마다 자신도 모르게 한심해집니다.

44 양기(良器) : 신성(申晟)으로, 본관은 평산(平山), 자는 양기, 호는 청산(靑山)이다. 신만(申曼)의 아우이다.

신만천에게 답함

答申翮倩

그대의 편지를 받아 보고 위로되었습니다. 지금의 조정은 태평성대를 기대하고 있으니, 모름지기 출입과 남들과의 대화를 끊어야 하고 또 모름지기 힘껏 농사를 지어 스스로 의지할 계책을 세워야 할 것입니다. 그렇게 하지 않으면 절로 구차하고 비천한 지경에 들어가서 끝내 수습할 수 없게 될 것입니다.

신만천에게 답함
答申旉倩

어제 그대의 편지와 약재가 진천(鎭川) 관아로부터 도착하였는데, 모아 둔 약재에 없었던 것이라서 지금 막 저울로 달아 조제하였습니다. 지금 앓고 있는 병은 이명(耳鳴)이 그치지 않는 것과 음식 생각이 여전히 없는 것과 땀이 수시로 절로 나는 것이니, 이러한 병증이 제거되고 나면 정상인과 같아질 것입니다. 그러나 나의 병은 이미 조물주의 처분에 맡겨 두었습니다.

무엇보다 그대가 "행실을 높게 하되 말은 공손하게 하라."[45]라는 경계를 알지 못하여 친한 사람들에게 모두 편안하기 어려운 일이 있게 하였으니, 이 병을 다스리는 일을 더욱 서두르지 않을 수 없습니다. 이를 다스리는 데에는 다른 방법이 없습니다. 단지 문을 닫고 책을 보아 옛사람의 말을 음미하며 지금 세상의 일을 잊는 것뿐이니, 그렇게 하면 모든 친구가 함께 그 복을 받을 것입니다. 전날 상세하게 일러 주지 않은 것은 아니나 다시 이렇게 말하는 것은 약석(藥石)이 되는 말은 번거로움을 꺼리지 않기 때문이니, 어떻게 생각할지 모르겠습니다.

45 행실을……하라 : 공자가 말하기를 "나라에 도가 있을 때는 말을 높게 하고 행실을 높게 하며, 나라에 도가 없을 때는 행실은 높게 하되 말은 공손하게 하여야 한다."라고 하였다. 《論語 憲問》

신만천에게 보냄

與申㬅倩

출사(出仕)한 뒤에 부귀(富貴) 때문에 마음이 변하지 않을 수 있어야 하니, 처음부터 끝까지 속으로부터 밖에 이르기까지 한결같이 오직 이러한 뜻을 가진다면 가능성을 보고 벼슬에 나아가며 어려움을 알고 벼슬에서 물러나게 되어 당연히 느긋하게 여유가 있을 것입니다. 그렇지 않으면 이른바 입신이 한번 잘못되자 만사가 와해(瓦解)된다는 것이 지극히 두려워할 만하니, 이는 다른 사람이 간여하여 알 수 있는 바가 아닙니다. 그때 이(李) 사또가 한쪽만 거론하여 물었기 때문에 대답 또한 한쪽만 거론하였던 것입니다. 그가 만약 양쪽을 거론하여 물었다면 대답 또한 응당 위처럼 갖추어 말하였을 것이니, 그대의 뜻에 어떻게 생각할지 모르겠습니다. 손님들이 가득한 자리라 조심스러워서 하나하나 말하지 못하니, 부디 읽어 보고 즉시 없애어 남겨 두지 말기 바랍니다.

신만천에게 답함

答申曼倩

아침에도 먹지 못하고 저녁에도 먹지 못한다고 하니, 염려되는 마음을 견디지 못하겠습니다. 그러나 죽지 않은 것이 다행이니, 다만 다른 일은 버려두고 농사에 힘써서 앞날을 수습하는 계책으로 삼기를 빌 뿐입니다. 어떻게 생각합니까? 회옹(晦翁 주희(朱熹))은 힘껏 농사지어 자급자족하는 것이 호연지기를 기르는 한 가지 방법이라고 하였으니, 진실로 힘껏 농사짓지 못한다면 죽음이라도 면해야 할 처지가 되었을 때 구차한 마음이 들지 않을 수 없기 때문입니다. 하물며 지금 그대의 일은 구차한 데에 그치지 않음에 있어서이겠습니까.

비가 내려서 뒤뜰을 갈았으나 약재의 종자를 얻지 못하고 있으니, 지황(地黃), 회향(茴香), 향부자(香附子) 등 무릇 심을 만한 약재를 하나하나 보내 준다면 매우 좋겠습니다.

신만천에게 답함
答申昻倩

가난과 질병이 모두 급박하다는 소식을 듣게 되니 이 때문에 걱정됩니다. 일을 벗어 버리는 것은 내가 말한 지 이미 오래되었으나 그대가 크게 유념하지 않고 있으니, 참으로 도량이 남보다 뛰어남을 알겠습니다. 그러나 이와 같은 줄을 알아 여기에 이르지 않게 함으로써 이 몸이 항상 텅 비고 한가한 지경에 있도록 하는 것이 참된 도량일 것입니다.

역량(役糧) 한 말을 보내니, 죽을 끓여서 하루를 지탱할 수 있지 않겠습니까. 이후로는 모든 일을 모름지기 착실하게 처리하여 오늘처럼 낭패하는 일이 다시 없도록 한다면 다행이겠습니다. 부비(浮費)를 절약하지 않은 폐단은 집안과 나라가 어찌 다르겠습니까.

나는 감기가 몹시 위중하여 지금 이렇게 깊이 누워 있으니 답답하고 괴롭습니다.

신만천에게 답함 정미년(1667, 현종8) 3월 12일

答申澷倩 丁未三月十二日

보내온 시를 여러 번 음미하노라니 문득 앓던 병이 달아나 버립니다. 저들은 상벌이 분명하고 그 강성함은 원래 우리가 대적할 바가 아닙니다. 또 "세 가구만 남더라도 진(秦)나라를 멸망시킬 수 있다."[46]라는 말을 이후로 끝내 감히 입 밖에 낼 수 없다면 어찌 몹시 애통한 일이 아니겠습니까. 이만 줄입니다.

46 세……있다 : 반드시 원수를 갚는 것을 말한다. 《사기(史記)》 〈항우본기(項羽本紀)〉에 "초(楚)나라가 세 가구만 남더라도 진나라를 멸망시키는 자는 필시 초나라 사람일 것이다."라고 하였다.

신만천에게 답함 정미년(1667, 현종8) 4월 20일

答申曼倩 丁未四月二十日

여러 약을 복용하자마자 곧 하혈(下血)의 증후가 없어졌습니다. 단지 오늘 한가한 이야기를 하지 않고 한가한 수작을 없애는 것이 병을 다스리는 더욱 중요한 치료법입니다. 그러나 이를 실행하지 못하고 묵은 뿌리나 썩은 잎사귀 속에서 약을 찾으려는 것은 또한 말단에 불과할 뿐이니, 이는 붕우들이 함께 경계해야 할 일입니다.

신만천에게 보냄 정미년(1667, 현종8) 6월 24일

與申曼倩 丁未六月二十四日

근황이 어떠합니까? 복건(福建)에서 표류해 온 중국인 95명은 변발하지 않고 명나라의 의관(衣冠)을 하고서 스스로 말하기를 "명나라 사람으로 행상(行商)하러 일본으로 향하다가 풍랑을 만나 제주에 정박하게 되었다."라고 하였습니다. 지금 제주의 보고를 보면 이와 같으니, 참으로 그러하다면 명나라의 한 줄기 명맥이 아직 끊어지지 않은 것입니다. 하늘의 뜻을 혹 믿을 수 있는 것입니까? 이만 줄입니다.

신만천에게 답함 정미년(1667, 현종8) 11월

答申曼倩 丁未十一月

이별의 회포가 여전하던 중에 이렇게 그대의 편지를 받으니, 그리운 마음에 조금 위로가 됩니다.

시마복(緦麻服)의 경우는 성복(成服)한 뒤에 즉시 술을 마시고 고기를 먹는 것을 허락하였으니, 이날에 관례(冠禮)를 거행하여도 또한 무방할 듯합니다. 그러나 만약 하루 안에 길사(吉事)와 흉사(凶事)가 겹치는 것을 온당하지 않게 생각한다면 날짜를 조금 물려도 괜찮을 터이니 모쪼록 잘 헤아려서 처리해야 합니다.

이곳 아이들의 두역(痘疫)은 모두 크게 걱정할 것이 없습니다. 단지 며느리가 이달 18일에 세상을 떠났을 뿐입니다.

신만천에게 보냄 무신년(1668, 현종9) 10월 16일
與申曼倩 戊申十月十六日

창장(滄丈)[47]의 죽음은 그 애통한 마음이 한량이 있겠습니까. 세상에 어찌 다시 이런 사람이 있겠습니까. 세도가 이미 변하였으니 이 사람이 어찌 그렇게 되지 않을 수 있겠습니까. 그러나 시사(時事)가 이와 같으니 그의 죽음이 나를 몹시 부럽게 합니다. 그가 병이 없이 편안히 죽음을 맞이한 것에서 더욱 신명이 어진 사람을 보우한 것을 알 수 있습니다. 그러나 나라를 걱정하는 마음은 죽음에 이르러서도 더욱 돈독하였으니 상상컨대 필시 저승에서 눈을 감지 못하지 않겠습니까. 삼가 미음을 보내니 부디 그대 부인을 위로해 주는 것이 어떻겠습니까?

47 창장(滄丈) : 창강(滄江) 어른이라는 말로, 창강 조속(趙涑)을 가리킨다. 조속은 신만(申曼)의 장인이다.

신만천에게 답함 병진년(1676, 숙종2) 1월 24일

答申曼倩 丙辰正月二十四日

보내온 편지는 매우 위로됩니다. 이러한 시절을 당하여 아첨하지 않고 영합하지 않는 자가 드뭅니다. 더구나 그대는 두려워하지도 않고 힘들어하지도 않아 우의를 변하지 않으니, 여기에서 족히 선대의 가르침을 저버리지 않음을 볼 수 있습니다. 지금 정원 사이의 연못과 정자는 모두 예전 모습 그대로입니까? 이를 생각하면 몹시 슬퍼져서 눈물이 흘러내립니다.

나는 사람과 병 때문에 그저 목숨이 고개를 한 번 돌리는 사이에 달려 있으니, 고요히 죽음을 기다릴 뿐입니다. 황류(黃流)[48]는 어찌 자당(慈堂)의 뜻이겠습니까. 이 때문에 마음이 몹시 서글퍼집니다. 끝으로 문을 닫고 글을 읽어 멀리 있는 나의 마음에 부응하기를 바랍니다. 하나하나 다 말하지 못합니다.

48 황류(黃流) : 누른빛의 울창주로, 귀한 인재를 뜻한다. 《시경》 〈대아(大雅) 한록(旱麓)〉에 "아름다운 저 옥찬에, 황류가 담겨 있도다.〔瑟彼玉瓚, 黃流在中.〕"라고 하였다.

황군미[49] 진 에게 답함 병신년(1656, 효종7) 2월 9일

答黃君美 璡○丙申二月九日

작별한 지 이미 오래되어 그리운 마음이 날로 쌓여 가던 중에 이렇게 지난달 17일에 보낸 편지를 받고서 삼가 부모님을 모시고 지내는 체후가 편안한 줄을 알게 되니, 위로되는 마음을 이루 다 형언할 수 없습니다.

상중의 나[50]는 애통함을 품고 죽음을 참으며 여러 번의 계절을 보내었으나 원망하고 사모하는 심정은 하소연할 길이 없고 그저 완악한 목숨이 오래도록 유지되는 것을 한탄할 뿐입니다. 실음(失音) 증세는 그대가 보내 준 약재 덕분에 해가 바뀐 뒤에 문득 없어졌으나 다만 두 다리가 깎아지른 칼등처럼 야위었으니, 이는 대개 기운이 아래로 내려가지 않아 그러한 것입니다. 유 지사(柳知事)에게 물어보고 싶으나 만나지 못하고 있습니다. 보내온 약제는 참으로 감사합니다. 예전 약제가 떨어진 지 10여 일 만에 지금 다시 잇게 되니, 더욱 다행이고 다행입니다.

근간에 무슨 책을 보십니까? 주서(朱書)를 복습합니까? 오늘날 모종의 의론은 정주(程朱)의 학설을 벗어던지고 신기하고 쾌락한 별도의 법을 힘써 주장하고 있으니, 참으로 이른바 몹시도 사람을 놀라게 한다는 것입니다. 어찌하고 어찌하겠습니까. 우리는 그저 졸법(拙法)을 삼

49 황군미(黃君美) : 황진(黃璡, 1634~1666)으로, 본관은 창원(昌原), 자는 군미, 호는 아술당(蛾述堂)이다. 송시열의 문인으로, 송시열이 지은 묘표(墓表)가 있다.

50 상중의 나 : 송시열은 1655년 3월 9일에 모친상을 당하였다.

가 지켜서 함께 따라 죽으면 될 뿐이니, 어떻게 생각하십니까? 끝으로 황망하여 편지의 모습을 갖추지 못합니다.

황군미에게 답함 병신년(1656, 효종7) 10월 3일

答黃君美 丙申十月三日

시열(時烈)은 이마를 조아려 재배하고 말씀드립니다. 지난번에 멀리서 찾아 주는 은혜를 입어 나를 돌보고 염려해 주는 마음을 매우 잘 알았으나 다만 떠나려는 뜻이 매우 급하여 조금도 만류하지 못한 것을 한스럽게 여겼습니다. 지금 이렇게 편지를 받고서 식구들 모두 복된 줄을 알게 되니, 나의 마음에 감사하고 또 위로됩니다.

상중인 나는 어제 무덤의 여막(廬幕)으로 돌아왔는데, 작은 일이 생겨서 장차 순월(旬月) 동안 머물 계획입니다. 학생 몇 명이 함께 따르고 있으나 더불어 토론할 만한 사람이 보이지 않습니다.

보내온 편지를 자세히 살펴보건대 문세(文勢)와 의미(意味)에 몹시 내력을 갖추었으므로 나도 모르는 사이에 마음과 눈이 함께 열리게 되니, 나에게 몹시 큰 은혜를 준 것입니다. 이러한 정력에다 이 젊은 세월을 아껴서 부지런히 정진한다면 무슨 이치라도 밝히지 못하겠으며 아무리 멀더라도 이르지 못하겠습니까. 더구나 자질구레한 문의(文義)의 사이야 말할 것이 있겠습니까.

상중의 나는 마음과 눈이 날로 쇠퇴하는 데다가 묘소의 일이 몹시 크기 때문에 힘이 마음에 부응하지 못하여 이따금 분노하는 일이 있으니, 이는 아마 평소 함양한 공부가 없어 그러한 것이기에 너무나 부끄럽고도 송구합니다. 약이(藥餌)는 가난하여 계속 이을 수 없었는데 그대의 말을 듣고는 그 지극한 정성에 매우 감사드립니다.

황군미에게 답함 병신년(1656, 효종7) 12월 1일
答黃君美 丙申十二月一日

상중에 그리워하던 차에 이렇게 사람을 시켜서 보내온 편지를 받게 되니, 감사하고 위로되는 마음이 교차합니다. 상중의 나는 죽음을 참고 구차하게 연명하며 또 저물어 가는 계절을 보게 되니, 원통하고 애통한 심정이 더할 바가 없지만 어찌하고 어찌하겠습니까. 이달 초부터 거듭 감기를 앓아 여러 번 위독한 지경에 이르렀습니다. 그래서 서울에 증세를 기록하여 물었으나 아직도 알려 주는 바가 없으니, 주경(周卿 황세정(黃世楨))이 아직 도성에 있지 않아 그러한지 모르겠습니다. 어제부터 겨우 머리를 들 수 있으나 침식을 완전히 폐하였으니 끝내 지탱할 수 있을지 모르겠습니다. 지난해에는 위장병으로 거의 죽을 지경이 되었으나 실로 그대가 보내 준 좋은 약재 덕분에 오늘이 있는 것입니다. 지금 다시 이렇게 좋은 약재를 받고는 봉함을 뜯어 급히 삼키자 곧바로 생기를 얻게 되니 감사한 마음을 어찌 다 형언할 수 있겠습니까.

편지에서 나태하다고 운운한 것을 이야기하자면, 그대가 힘을 쓰는 데 게을리하지 않기 때문에 조금이라도 간단(間斷)이 있으면 곧 이와 같음을 깨닫게 되는 줄로 정히 알겠습니다. 단지 이렇게 깨닫는 것이 바로 병을 낫게 하는 약이니, 마침내 활연관통(豁然貫通)하는 날을 보게 될 것입니다.

질문하신 몇 조목은 경솔하게 답하여 보내기는 하지만 너무도 불안한 마음을 견디지 못하겠습니다. 벗들과 편지를 왕래하는 일이 없지는 않으나 이러한 내용으로 질문하는 사람은 거의 없습니다. 지금 보내온 편지를 받고 마음과 눈이 모두 열려 마치 무이정사(武夷精舍)에서 주자(朱子)를 모시고 문인들의 질문에 참여하여 듣는 듯하니, 얼마나 다행인지 모르겠습니다.

요구하신 나의 저작을 말씀드리자면, 예전에 일찍이 남들의 요청에 부응하여 지은 몇 곳의 묘갈명은 그 초본(草本)이 회덕(懷德) 집에 보관되어 있고 소본(疏本) 또한 그러합니다. 그러나 저곳에는 그것을 찾아낼 사람이 없으니, 만일 병이 낫게 되면 조만간에 찾아서 올리겠습니다.

수많은 이야기는 남겨 둡니다. 병을 무릅쓰고 근근이 적느라 편지의 모양을 이루지 못하였습니다.

황군미에게 보냄 경자년(1660, 현종1) 7월 13일

與黃君美 庚子七月十三日

근황이 어떠합니까? 식구들은 모두 편안합니까? 그대의 백씨(伯氏)가 다시 상의원(尙衣院)으로 옮겨 간 일은 필시 조정에서 남의 심사를 헤아려 주어 그렇게 된 것이니, 너무도 감사하고 다행합니다.

나는 기운이 더욱 평온하지 않아 밤낮 쓰러져 누워 있고 더욱 준엄해지는 고을의 비평까지 더해져서 운신할 곳이 없도록 하니 두렵고 두렵습니다. 그대가 낭패를 당하여 떠나간 것은 참으로 나의 운명이 박하여 무고한 지인들에게 누를 끼친 것이니, 그대를 보기가 부끄럽습니다. 지난날 책망받을 때 "나에게 있는 것이 부족하여 이렇게 된 것이다."라고 한 것은 참으로 격언(格言)이니, 밤낮 가슴에 담아 두어 감히 잊지 못합니다. 이후의 편지에서도 모쪼록 통렬히 경책해 주는 것이 실로 군자가 사람을 사랑하는 도리이니, 부디 그렇게 하기를 바랍니다. 예를 갖추지 못합니다.

황군미에게 보냄 임인년(1662, 현종3) 6월 5일

與黃君美 壬寅六月五日

천하의 일은 통곡을 금할 수 없으니,[51] 오늘날 이러한 회포를 함께할 사람으로는 그대가 아니면 누가 있겠습니까. 하늘이 어질지 못하여 차마 이 지경에 이르게 한 것이니, 어찌하고 어찌하겠습니까.

의윤(義尹)이 또 생사의 기로에 처해 있으니, 더욱 차마 말하지 못하겠습니다. 생각건대 이 소식을 들으면 그대 마음이 다시 무너져 내릴 것입니다.

나는 연이어 상사(喪事)를 당하여 비와 더위를 무릅쓰다가 새로운 병을 얻었으니, 만약 이로 인하여 갑자기 죽어 저곳의 일을 듣지 않게 된다면 다행이고 다행이겠습니다. 전날 부탁한 바는 단단히 숨겨서 감히 남들이 보지 못하도록 하겠습니다. 이만 줄입니다.

51 천하의……없으니 : 《송자대전수차》 권8에 "영력황제(永曆皇帝)가 이해 청나라에 해를 당하였다."라고 하였다.

황군미에게 답함 임인년(1662, 현종3) 10월 15일

答黃君美 壬寅十月十五日

전후로 편지를 보내 준 지 이미 오래되었으나 어제 비로소 받게 되니, 그리워하던 마음에 몹시 위로됩니다.

내가 앓는 병은 아직 그대로입니다. 가속(家屬)은 월초(月初)에 먼저 보내어 강촌(江村)에 머물며 쉬게 하였고, 나와 손자 아이는 오늘 아침에 뒤따라 도착하여 조그마한 처소에 들어와서 지내니, 참으로 한 몸을 편안하게 할 만합니다. 다만 길이 멀고 힘이 모자라서 서책을 모두 예전 처소에 남겨 두었기 때문에 지내기가 몹시 무료하니, 바라건대 그대가 소장한 서책을 배에 실어 보내 주는 것이 어떻겠습니까? 이것이 만약 쉽지 않으면 《주자대전(朱子大全)》 한 질을 노복 편으로 보내 주면 좋겠습니다. 배와 땔나무를 허락해 주어 감사합니다.

어느 때 함께 만날 수 있겠습니까? 며칠 뒤에 민지숙(閔持叔) 교리(校理)가 약속이 있어서 왔다가 글을 받은 뒤에 즉시 돌아갈 것이니, 만일 바깥사람이 보고 싶지 않으면 이때를 살펴서 오면 되겠습니다. 그러나 이 친구는 사람이 매우 좋아 관인(官人) 같지 않으니, 또한 군이 피혐할 것은 없습니다. 이만 줄입니다.

황군미에게 답함 계묘년(1663, 현종4) 1월 26일

答黃君美 癸卯正月二十六日

이별한 뒤로 어느덧 한 해가 지났으니 그리운 마음이 마치 목이 메는 듯합니다. 백제서(百濟書)는 어디서 보게 되었습니까? 후련하고 위로되는 마음을 이루 형언할 수 없습니다. 지금 돌아가서 어버이를 모시며 모든 일이 편안합니까?

나는 새해 들어 크게 병을 앓아 거의 죽을 지경이 되었습니다. 지금은 비록 조금 안정되었으나 또한 아무런 의사도 없고 우두커니 궁벽한 산속에 앉아 그저 새벽부터 밤늦도록 강송하던 소리만 기억할 뿐이니, 이후로 다시 만나서 나물을 씹어 먹으며 이 학문을 토론할 수 있을지 모르겠습니다.

가형이 서소문(西小門) 안에 우거하고 있으니, 간혹 그곳을 방문하여 이 편에 몇 글자 짧은 편지를 부쳐서 나의 그리워하는 마음을 위로해 주면 좋겠습니다. 부디 더욱 면려하기를 바랍니다. 예를 갖추지 못합니다.

황군미에게 보냄
與黃君美

혼천의(渾天儀)가 뜻한 대로 작동된다는 소식을 들으니, 매우 다행입니다. 그 속도가 천체의 운행과 합치하려면 응당 누공(漏孔)의 대소(大小)를 진퇴(進退)의 절도로 삼아야 합니다. 그러나 올 때 혼천의를 가지고 온다면 대면하여 헤아려 볼 수 있을 것입니다.

아침저녁으로 이미 서늘한 기운이 감도니, 색동옷을 입고 부모를 즐겁게 해 드리는 계획[52]을 정히 너무 늦추어서는 안 될 것입니다. 보내준 서과(西瓜) 4개와 감과(甘瓜) 14개를 손자 아이들과 함께 모여서 시원스레 씹어 먹으니, 이는 참으로 드물게 있는 일입니다.

52 색동옷을……계획 : 춘추 시대 초(楚)나라 사람 노래자(老萊子)는 효성으로 어버이를 봉양하여 나이 일흔에 색동옷을 입고 어린아이의 놀이를 하여 어버이를 기쁘게 하였다. 《小學 稽古》

황군미에게 답함 계묘년(1663, 현종4) 7월 5일

答黃君美 癸卯七月五日

그대를 그리워하는 마음이 간절하던 중에 이렇게 문안 편지를 받게 되니, 이보다 더한 위로가 무엇이 있겠습니까.

나는 예전부터 앓아 오던 질병 외에 산곽(疝霍)[53]을 심하게 앓다가 겨우 소생하였고 손자 아이는 이미 오래전에 건강을 회복하였습니다. 벼랑 위에 집을 짓는 일은 재목만 마련할 수 있다면 공인(工人)을 얻지 못할까 걱정하지는 않습니다.

편지에서 말씀하신 지주(地主)와 주고받았다는 이야기는 너무 지나치다고 할 만합니다. 저 사람이 비록 선하지 못하더라도 나와 무슨 상관이 있길래 이처럼 분란을 일으킨단 말입니까. 또 남이 나를 의심한다고 하여 이렇게 하였다면 그 사의(私意)가 발동한 것임을 더욱 알 수 있으니, 이는 정히 성찰(省察)하고 극치(克治)해야 할 곳입니다. 다만 그 지주가 말한 "운고(雲膏)[54]를 취하여 갔다."라는 이야기는 끝내 이해되지 않으니, 이 때문에 마음이 몹시 답답합니다. 대저 수렴과 과묵은 언제나 그렇게 해야 할 것이지만 이러한 때에는 더욱 뜻을 더해야 하니, 부디 양찰(諒察)하기 바랍니다. 이만 줄입니다.

53 산곽(疝霍) : 아랫배가 아프면서 토하고 설사하는 병이다.

54 운고(雲膏) : 비와 이슬 또는 차(茶)를 가리키기도 한다.

황군미에게 보냄 을사년(1665, 현종6) 6월 21일
與黃君美 乙巳六月二十一日

갑사(岬寺)에서 만나 작별한 뒤로 한결같이 서로 안부를 묻지 못하였는데, 지금 혹심한 더위에 부모님을 모시면서 학문하는 정황이 어떠합니까? 너무도 그립고 그립습니다.

나는 행조(行朝)로부터 수원(水原)까지 나아갔다가 돌아왔습니다. 지금 듣건대 도성에서 나에 대한 비방이 떠들썩하게 일어나 심지어 팔을 걷어붙이고 꾸짖는 자도 있다고 하니, 두려운 마음에 움츠리고 숨느라 몸을 둘 곳이 없습니다.

〈왕정첩발(王程帖跋)〉은 오래전에 이미 부응하여 지었으나 감히 가볍게 내놓지 못하였습니다. 지금 진안(鎭安) 편을 통하여 원첩(原帖)과 함께 올리니, 만일 고칠 만한 곳이 있으면 자세히 일러 주어 잘못된 부분이 적도록 하는 것이 어떻겠습니까?

지금 속히 짐을 꾸려 산골짜기로 들어가서 《주자대전(朱子大全)》과 《주자어류(朱子語類)》 등의 책을 복습하고 싶으나 모시고 있는 홀로된 누이의 질병이 자못 가볍지 않기 때문에 계획이 점점 어긋나고 있으니, 참으로 이른바 "이날이 가석하다."[55]라는 것입니다. 이만 줄입니다.

55 이날이 가석하다 : 주희가 말하기를 "늙고 병이 많아 뒷날의 만남을 기약할 수 없으니 이날이 족히 가석합니다."라고 하였다. 《晦庵集 卷35 與劉子澄》

황군미에게 답함
答黃君美

전후로 보내 준 세 통의 편지는 차례로 잘 받았으니, 참으로 감사합니다. 다만 내가 이해되지 않는 점이 있으니, 그대가 애틋한 심정으로 서울로 갔던 것은 단지 혼정신성(昏定晨省)하려는 계획이었거늘 무슨 까닭으로 다시 따로 한 곳에서 지내며 스스로 외롭게 한단 말입니까? 생각건대 부득이한 사정이 있는 것입니까? 이 때문에 깊이 염려가 됩니다.

나는 노년의 남은 시간이 몹시 가석합니다. 그래서 이 깊은 곳에 들어와서 문을 닫고 글을 읽고 있는 것이니, 이미 시의(時義)에 어긋나지 않았고 노년의 바람도 만에 하나 이룰 수 있을 것입니다. 그러나 단지 기력이 흐리고 모자라서 책을 덮으면 곧바로 다시 아득해지니, 전날 소년 시절을 헛되이 보낸 것이 매우 후회될 뿐입니다.

그대의 백씨(伯氏)는 현재 부모님 곁에 있습니까? 몹시 편지를 쓰고 싶으나 서울로 보내는 편지는 부득이한 경우가 아니면 감히 쓰지 않겠다는 다짐을 깨뜨릴 수 없으니, 부디 나를 위하여 이 뜻을 전해 주기를 바랍니다.

한단(邯鄲)의 설[56]은 무엇을 말하는지 모르겠으니, 소라고 부르든 말이라고 부르든[57] 내맡겨 둔 지 이미 오래되었습니다. 강절(康節 소옹

56 한단(邯鄲)의 설 : 《송자대전수차》 권8에 "조씨(趙氏)라는 사람의 설이나 내용은 미상이다."라고 하였다. 한단은 춘추 시대 조(趙)나라의 서울이다.

(邵雍))의 "눈에 가득한 운산은 모두가 즐거움이니, 한 터럭 영욕이야 놀랄 것 없다네.〔滿目雲山俱是樂, 一毫榮辱不須驚.〕"라는 시구를 우연히 기억하고 애오라지 다시 그윽이 읊조리며 한바탕 웃어 봅니다.

내 아우에게 보내는 편지는 번거롭겠지만 전해 주면 다행이겠습니다.

57 소라고……부르든 : 시비는 다른 사람에게 맡기고 자신은 상관하지 않는다는 뜻이다. 《장자(莊子)》〈천도(天道)〉에 "지난날 자네가 나를 소라고 부르면 소라고 여겼고 나를 말이라고 부르면 말이라고 여겼다."라고 하였다.

정만창[58] 보연 에게 답함 정유년(1657, 효종8) 2월 24일

答鄭晩昌 普衍○丁酉二月二十四日

상중에 그대를 그리워하던 차에 멀리서 보내온 편지를 받고서 어버이를 모시고 지내는 일상이 쾌적한 줄을 알게 되니 너무도 위로되고 감사합니다.

나는 아직도 숨을 쉬며 살아 있어 대상일(大祥日)이 이미 닥쳤으니, 오장이 무너지고 땅을 구르는 애통한 심정이 갑절로 절실하여 다시 무슨 말을 하겠습니까.

보내온 편지에서 말한 늙음과 병듦과 죽음과 괴로움이란 정히 석씨(釋氏)가 이를 두려워한 나머지 출가하여 인륜을 끊을 계획을 하였던 까닭입니다. 그 견해가 매우 낮고 그 도량이 매우 좁아 정주(程朱) 등 여러 노선생(老先生)이 말로써 물리쳐서 조금도 용서하지 않았거늘 어찌 그대가 다시 이러한 식견을 가진단 말입니까. 이는 우리 유가의 학문에 입두처(入頭處)를 가지지 못하였기 때문에 마음을 쓰고 힘을 쓸 곳이 있는 줄 알지 못함으로써 생각이 경솔하여 문득 이러한 공견(空見)에 의해 잘못된 것입니다. 이는 매우 두려워할 만한 일이니, 오직 바라건대 날마다 경서를 가지고 번다함을 참고 괴로움을 견디며 싫어하지 않고 그만두지 않아 참으로 성현의 의취(意趣)를 보게 된다면 이러한 망상이 사라지고 떨어져 나가는 것을 절로 보게 되리니,

58 정만창(鄭晩昌) : 정보연(鄭普衍, 1637～1660)으로, 본관은 영일(迎日), 자는 만창이다. 송시열의 문인으로, 송시열이 그의 묘지명을 지었다.

어떻게 생각하십니까? 조만간에 혹 서로 만날 수 있으면 다시 상량하여 하나의 의견으로 합치될 수 있을 것입니다.

○ 그대는 모(某) 방백(方伯)이 주는 감영 미곡(米穀)을 억지로 받고 싶지 않겠으나 서로 친후한 사이에 그 형적을 드러내지 않고자 한다면 받았다가 서재(書齋)의 승려에게 주어 서재의 일에 보태도록 하는 것이 어떨지 모르겠습니다. 만약 이미 마음을 바꾸었다면 가져와서 공부할 양식으로 삼아도 괜찮을 것이니, 헤아려 보기를 바랍니다.

정만창에게 보냄 정유년(1657, 효종8) 6월 24일

與鄭晩昌 丁酉六月二十四日

그대의 탁월한 의론을 듣지 못하고 청수한 외모를 보지 못한 채 세월이 오래 흘러가서 곧 내 가슴에 티끌과 흙이 가득 찬 것을 느끼게 됩니다. 근일에 그대의 정황은 어떠합니까? 만법(萬法)이 모두 공(空)이라는 견해에 잘못되지 않을 수만 있다면 다행이겠습니다.

나는 친상(親喪)을 치른 끝에 질병이 침범하여 세상에 오래 살지 못할 줄을 스스로 압니다. 성상께서 이러한 사실을 살피지 못하고서 거듭 소지(召旨)를 내리고 또 중한 예물을 하사하시니, 힘을 다하여 사직을 아뢰어 단지 견책을 기다릴 뿐입니다.

일찍이 다시 오려는 뜻이 있었는데, 방해되는 일이 없지는 않습니까? 다만 정주(程朱)의 말씀을 돈독히 믿어 깊이 생각하고 실천한다면 행보에 여유가 있을 것이니, 그렇게 되면 내가 장차 경전을 들고서 질의할 것입니다. 부디 더욱 자중자애하기를 바랍니다. 하나하나 다 말하지 못합니다.

정만창에게 보냄 무술년(1658, 효종9) 4월 21일

與鄭晩昌 戊戌四月二十一日

그대가 돌아간 뒤로 의사(意思)가 무료해져서 솔바람 소리와 시냇물 소리가 모두 이별의 그리움에 이입(移入)되어 처량하고 괴로운 소리를 만들어 내고 있습니다. 지금 깊은 산속에서 고요히 서책을 마주하여 위로 성현을 벗하며 그들의 경계를 조금이나마 엿보고 있는지 모르겠습니다. 아니면 혹 적료함을 견디지 못하여 내키는 대로 등산하여 심신(心身)에 무익한 짓을 하고 있지는 않습니까? 그리운 심정을 견디지 못하겠습니다.

나는 위장병이 예전과 같아서 더위가 이르면 필시 더욱 심해지겠지만 서책 공부는 완전히 폐하는 데에 이르지는 않았습니다. 무엇보다 물러나기를 구하다가 벼슬을 얻어 어느덧 아경(亞卿)의 호칭을 갖게 되었으니, 빈산의 초동과 목부가 사는 마을에 매우 걸맞지 않은 일입니다. 집안의 옛 제도는 전에 의논한 대로 이미 보내었습니다. 그대가 저술한 화의(華儀)가 완성되거든 나에게 보여 주기를 바랍니다. 병세가 어지러워서 이 일을 이해할 수 없기에 감히 마음이 같은 그대를 번거롭게 합니다. 끝으로 더욱 자중자애하고 스스로 면려하기를 빕니다. 이만 줄입니다.

정만창에게 답함

答鄭晩昌

정중한 그대의 편지는 이별 뒤의 그리운 마음에 족히 위로됩니다. 다만 걸맞지 않은 비유는 나를 황공하여 불안하게 만듭니다.

내가 이곳에 온 이유는 단지 수공전(垂拱殿), 연화전(延和殿) 주차(奏箚)[59]를 송설(誦說)하여 우리 임금에게 올리기 위해서이니, 이 일을 마치면 곧 흥룡(興龍)[60] 시냇가의 사람이 될 것입니다.

오늘날 응당 《맹자》를 읽어야 하지 않겠습니까. 모름지기 '잃어버린 마음을 찾는다.〔求放心〕', '조장하지 말라.〔勿助長〕' 등의 말을 맹렬히 살펴서 공부해야 할 것입니다.

만일 산에 들어가거든 산중의 약재를 많이 캐어 와서 산재(山齋)에서 함께 병든 몸을 구제하는 재료로 삼는다면 좋겠습니다. 이만 줄입니다.

59 수공전(垂拱殿), 연화전(延和殿) 주차(奏箚) : 주희가 수공전, 연화전 등에서 고종(高宗)에게 올린 주차를 말한다. 《회암집(晦庵集)》 권13에 〈계미수공주차(癸未垂拱奏箚)〉, 〈신축연화주차(辛丑延和奏箚)〉가 실려 있고, 권14에 〈무신연화주차(戊申延和奏箚)〉가 실려 있다.

60 흥룡(興龍) : 회덕(懷德) 부근의 지명이다. 《송자대전수차》 권4에 "흥룡은 회덕 남쪽 소제(蘇堤) 몇 리 부근에 있다. 선생이 옥천(沃川)에서 회덕으로 이사하였을 때 처음 살던 곳이다. 지금 남간정사(南磵精舍)가 있는데, 뒤에 흥농(興農)으로 이름을 바꾸었다."라고 하였다.

정만창에게 보냄 무술년(1658, 효종9) 12월 10일

與鄭晩昌 戊戌十二月十日

그리움으로 한창 괴로워하던 중에 그대 부친의 편지를 통하여 면종(面腫)을 앓고 있다는 소식을 듣게 되니, 걱정하고 염려하는 마음이 몹시 절절합니다.

나는 지금까지도 머물고 있으나 밤낮으로 두려워하며 조처할 바를 모르겠습니다. 대궐로 향하는 마음은 일찍이 잊은 적이 없지만 실행할 때는 말할 때와 같지 않고 남들 마음은 내 마음과 같지 않으니, 참으로 이른바 "이곳에 온 것을 스스로 후회하지만 떠나려 해도 떠나가지 못한다."[61]라는 것입니다. 나머지 이야기는 하나하나 다 말하지 못합니다.

61 이곳에……못한다 : 주희가 재상 왕회(王淮)의 추천을 받아 양절동로(兩浙東路)의 상평다염공사(常平茶鹽公事)를 맡았을 때 왕회에게 보낸 편지에 나오는 말이다. 《晦庵集 卷26 上宰相書》

정만창에게 답함 기해년(1659, 효종10) 1월 10일

答鄭晩昌 己亥正月十日

매번 그대를 생각하느라 밥 한술 뜨는 사이에도 여러 번 목메던 중에 지금 멀리서 보내온 편지를 받아 보니, 마치 갈증에 마실 것을 얻은 듯합니다. 더구나 산중의 진미를 선물로 받게 되니, 이 마음이 훨훨 날아 벌써 그늘진 벼랑과 끊어진 절벽 사이에 앉은 듯합니다. 이를 통하여 내 흉금을 씻을 수 있어 얼마나 다행인지 모르겠습니다.

편지에서 한 말씀은 내가 감당할 바가 아니나 그대의 지상(志尙)이 큰 것을 가만히 기뻐하게 됩니다. 나는 우(禹) 임금도 아니고 안연(顔淵)도 아니어서 단지 낭패거리만 만들고 있으니, 밤낮으로 부끄러워서 절로 병이 날 지경입니다.

오래지 않아 응당 손을 여미고 산으로 돌아갈 것이니, 부디 조만간 방문해 주기를 바랍니다. 어제 이생 담(李生橝)을 보았는데, 마치 그대를 보는 듯하여 위로되었습니다. 이만 줄입니다.

정만창에게 답함 기해년(1659, 효종10) 3월 5일

答鄭晩昌 己亥三月五日

그리워하던 중에 멀리서 보내온 문안 편지를 받은 데다 자세하게 부탁한 뜻은 못난 내가 감당할 수 있는 바가 아니니, 감사하고 부끄러운 마음이 교차하여 말할 바를 모르겠습니다.

나는 시류(時流)와 몹시 맞지 않아 참으로 이른바 "말하더라도 들어줄 사람이 누구이겠는가."라는 것이니, 나 홀로 걸어가서 함께할 무리가 없습니다. 만약 그대가 와서 함께할 수 있다면 그 즐거움이 응당 어떻겠습니까. 그러나 어찌 바랄 수 있겠습니까.

근래 듣건대 초우(草友 이유태(李惟泰))가 움직일 뜻이 있다고 하니, 과연 그렇게 된다면 얼마나 다행이겠습니까. 그러나 또한 기약할 수 없습니다.

간혹 《무후전서(武侯全書)》와 주자(朱子)의 주차(奏箚)를 읽을 때면 장대한 마음이 전혀 없지는 않지만 돌아보건대 누구와 더불어 한 개나 반 개라도 해낼 수 있겠습니까. 몹시 탄식할 만합니다. 마침 박한영(朴漢英)이 돌아가는 편을 통하여 이렇게 대략 써서 보냅니다. 예를 갖추지 못합니다.

정만창에게 답함 기해년(1659, 현종 즉위년) 10월 3일
答鄭晩昌 己亥十月三日

지난번 급작스레 이별한 뒤로 그리운 생각이 더욱 깊던 차에 편지가 멀리서 도착하니 위로되고 후련한 마음이 배가 됩니다. 나는 묵묵히 깊이 누워 지내는 생활이 도리어 산중과 같아 맛이 없지 않습니다.

편지에서 운운한 말씀은 몹시 두려워서 삼가게 합니다. 그대처럼 나이가 젊고 힘이 강한 사람도 오히려 이러한 탄식이 있거늘 하물며 이렇게 노쇠한 나는 다시 장차 어떻게 하겠습니까. 젊어서 힘쓰지 못하여 늙어서도 알려진 바가 없으니, 하늘이 남자를 낳은 뜻을 참으로 저버리게 되었습니다.

질병으로 고생한다는 소식을 들었습니다. 마음을 맑게 하고 일을 줄이면 절로 원기가 회복될 것이니, 선정(先正)이 양심(養心)과 양병(養病)은 같은 방법이라고 한 말을 깊이 체인(體認)해야 할 것입니다.

어제 그대의 부친이 방문하여 경책해 주는 말씀을 들었는데 내 마음을 몹시 시원하게 하였습니다. 이만 줄입니다.

정만창에게 보냄 경자년(1660, 현종1) 2월 1일
與鄭晩昌 庚子二月一日

그때의 병상(病狀)은 잠시도 잊을 수 없는데, 지금은 어떠합니까? 모쪼록 마음을 보존하고 생각을 거두어들여서 시원스레 원기를 회복해야 할 것입니다. 늙은 나는 죽을 날이 날로 닥쳐오니 비록 병이 침범하더라도 크게 염려하지 않고 편안히 받아들일 뿐입니다. 남쪽 지방은 바람과 기운이 바다에 가까워서 산속과 같지 않을 터이니, 모쪼록 적절한 방법을 찾아봐야 할 것입니다. 대저 일을 줄이고 마음을 화평하게 한다면 장기(瘴氣), 연기, 불, 구름 속일지라도 물이 가득 찬 병에는 물이 들어오지 못하는 것[62]과 같으니, 어떻게 생각할지 모르겠습니다.

62 물이 가득……것 : 정호(程顥)가 말하기를 "빈 그릇에 물을 넣으면 물이 저절로 들어가지만, 만약 그릇에 물을 채워서 이것을 물속에 둔다면 물이 어떻게 들어갈 수 있겠는가. 대개 마음속에 주장이 있으면 진실하니, 진실하면 외환(外患)이 들어오지 못하여 자연히 일이 없게 되는 것이다."라고 하였다. 《近思錄 卷4 存養》

정만창에게 답함 경자년(1660, 현종1) 2월 17일

答鄭晚昌 庚子二月十七日

같은 병을 앓아 서로 가련히 여길 뿐 서로 만날 길이 없지만 먼 곳에 있는 내 마음은 하루도 그대를 생각하지 않는 날이 없습니다. 방금 보내온 편지를 받으니 얼굴을 마주한 듯하여 몹시 위로됩니다.

나는 문을 닫고 잘못을 반성하면서 구차히 아침저녁을 보내고 있습니다. 어제 받은 성상의 교지는 몹시 간절한 내용이지만 또한 조정으로 달려가지 못하고 소장을 올려 죄를 청한 뒤에 공경히 엎드려서 처분을 기다리고 있습니다.

병을 치료하는 데에는 다른 신묘한 방법이 없습니다. 옛사람의 시에 "온갖 보양하는 방법은 모두가 헛된 것이니, 그저 마음을 다잡는 것이 중요한 치료법이네.〔萬方保養皆虛僞, 只有操心是要規.〕"라고 하였으니, 애오라지 그대를 위하여 외워 봅니다. 이만 줄입니다.

정만창에게 답함 경자년(1660, 현종1) 3월 8일

答鄭晚昌 庚子三月八日

지난번에 서공(徐公)이 와서 그대의 병이 위독하다고 말하여 몹시 걱정하고 있었습니다. 그런데 지금 편지에 적힌 글자를 보니, 비록 전날의 필획과 같지는 않으나 그래도 염려할 만한 정도의 기력은 아니니, 부디 함양(涵養)하는 공력을 더하여 서서히 효과를 거두어 보는 것이 어떻겠습니까? 나는 원기가 이미 무너져서 실로 용고기를 먹더라도 소용이 없을 터인데 하물며 돼지고기도 못 먹는 처지인 데야 말할 것이 있겠습니까.

보내온 죽실(竹實)은 산간(山間)에서 요기하기에 꼭 알맞으니, 참으로 감사합니다. 이만 줄입니다.

정만창에게 답함 경자년(1660, 현종1) 5월 17일

答鄭晩昌 庚子五月十七日

그대의 편지를 보니 마치 얼굴을 마주 대한 듯합니다. 다만 약을 먹어도 효과를 보지 못한다는 소식을 들으니 몹시 염려됩니다. 병을 치료하는 방법은 꼭 마음을 기르는 방법과 같으니, 마음에 잊지도 말고 억지로 조장하지도 말아[63] 서서히 그 흐름대로 맡겨 두어야 할 것입니다. 조금 줄어들면 곧바로 병이 물러났다고 여기고 조금 더해지면 곧바로 병이 위독하다고 여기니, 이렇게 하면 정신이 어지럽게 흔들릴 뿐 아니라, 의약 또한 처방하기 어려울 것입니다. 대개 마음을 화평하게 하고 기운을 차분하게 하는 것이 병을 조리하는 훌륭한 방법입니다. 앞 편지에서 한 말도 함께 살펴보면 좋겠습니다. 이만 줄입니다.

63 마음에……말아 : 맹자가 말하기를 "반드시 기운을 기르는 일에 종사하고 효과를 미리 기대하지 말아서 마음에 잊지도 말며 억지로 조장하지도 말아야 한다."라고 하였다. 《孟子 公孫丑上》

송자대전

제81권

書서

조복형[1] 근 에게 답함 무술년(1658, 효종9) 11월

答趙復亨 根○戊戌十一月

그리워하던 중에 그대의 편지를 받으니, 위로되고 감사하기 그지없습니다. 나는 병의 증상이 종전과 같아 칩거하여 날을 보내고 있을 뿐입니다.

"예전에 벗었던 상복을 다시 입고 우제(虞祭)를 지내면 없앤다."[2]라고 하였는데, 여기서 우제라는 것은 초우(初虞)를 가리키는 듯하나 감히 단정하여 말하지는 못하겠습니다.

부친상에 모친의 묘를 옮길 경우, 그 제사의 선후 문제는 극히 처리하기가 어렵습니다. 만약 정례(正禮)로써 말한다면, 대개 초우는 모두 하루 중에 있으니, 부친의 우제를 지낸 뒤에 곧 모친의 우제를 행한다면 미처 지내지 못할 이치가 없을 것입니다. 그러나 민간의 우제는 으레 저물녘이 되어 지내니 이것이 난처해지는 까닭입니다.

형제의 상에는 빈소를 모시고 있더라도 가서 보는 것을 이미 허락하였으니,[3] 장사 지낼 때 가는 것은 또한 무방할 듯합니다.

1 조복형(趙復亨) : 조근(趙根, 1631~1680)으로, 본관은 함안(咸安), 자는 복형, 호는 손암(損庵)이다. 송시열의 문인이다.

2 예전에……없앤다 : 《예기》 〈상복(喪服)〉에 "형제의 상을 당하였을 때 상기(喪期)가 다 차면 상복을 벗었다가 장사 지낼 때가 되면 예전에 벗었던 상복을 다시 입는다. 곧바로 우제와 졸곡을 지내면 문(免)을 하고, 만일 곧바로 우제를 지내지 않으면 없앤다."라고 하였다.

3 형제의……허락하였으니 : 《예기》 〈단궁 상(檀弓上)〉에 "빈소를 모시고 있을 때,

명정(銘旌)의 칭호는 예문(禮文)에 없다면 사인(士人)의 처와 같이 유인(孺人)으로 칭하는 것이 또한 부득이한 데서 나온 듯하니, 시속을 따르는 것이 마땅할 듯합니다. 나머지 이야기는 손님들 때문에 어수선하여 대략 적고 다 말하지 못합니다. 예를 갖추지 못합니다.

○ 우제는 머무는 곳에서 거행한다는 예문[4]이 있습니다. 이에 의거하여 부친의 우제를 막차(幕次)에서 거행한 뒤에 모친의 우제를 이어서 거행하는 것이 편리할 듯하니, 어떻게 여길지 모르겠습니다.

먼 곳에 사는 형제의 상을 듣게 되면 시마복(緦麻服)을 입는 사이일지라도 반드시 가야 한다."라고 하였다.

4 우제는……예문 : 《가례집람(家禮輯覽)》 〈상례(喪禮) 우제(虞祭)〉에 "머무는 곳에서 초우제(初虞祭)를 지낸다."라고 하였다.

조복형에게 답함 무술년(1658, 효종9) 12월 17일

答趙復亨 戊戌十二月十七日

어제의 방문은 매우 감사합니다. 지금 편지에서 한 말씀은 엄절하고 정직하여 나를 부끄럽게 하고 또 감복하게 합니다. 그러나 형세상 그렇게 하지 않을 수 없는 점이 있으니, 주자(朱子)가 말한 "이러한 풍조를 당하여 굳건히 버티고 서 있지 못한다."라는 것입니다. 그렇다면 단지 몸을 이끌고 속히 떠나가서 초심을 잃는 일이 없도록 해야 할 것입니다. 지극히 사랑해 주는 은혜를 입었으나 보답할 수가 없습니다. 만날 날을 기다렸다가 하나하나 이야기하겠습니다.

조복형에게 답함 기해년(1659, 효종10) 2월 5일
答趙復亨 己亥二月五日

그대를 만날 때마다 조용히 이야기를 나누지 못하다가 이렇게 경책해 주는 편지를 받게 되니, 감사한 마음을 견디지 못하겠습니다.

옹저(癰疽)를 치료하던 관원이 갑자기 관직에 오르고[5] 곧은 선비들의 바람이 도리어 낮아지며 수재(守宰)를 잘못 옮기고 발탁하였다는 계사(啓辭)가 또 묘당에서 나왔으니, 이는 떠나갈 만한 큰 명분이 되기 때문에 출처에 대한 작정이 흉중에 묵묵히 정해져 있었습니다. 지난번 옹저에 관한 일로 올린 사헌부의 계사에서 나의 주장을 인용하자 즉시 윤허하셨으니, 이는 성상의 마음에 이미 뉘우치고 깨닫는 단서가 있었던 것입니다. 또 그저께 연중(筵中)에서 묘당의 여러 일을 무중(武仲 유계(兪棨))에게 전담시켰으니, 성상의 뜻이 어디에 있는지를 더욱 알 수 있습니다. 그러므로 우선 이렇게 떠나가는 걸음을 더디게 하는 것입니다. 그러나 용감하게 결행하고 뜻이 굳은 사람의 눈으로 보면 무디고 지루하다고 할 만합니다만 차마 곧바로 떠나가지 못하는 것은 정히 나에게 간절한 일념이 남아 있어서입니다. 그러나 이후로 만일 다시 이전과 같은 일이 있다면 어찌 감히 하루해가 다하기를

5 옹저(癰疽)를……오르고 : 내의(內醫) 조징규(趙徵奎)가 사복시 주부에 제수된 일을 말하는 것으로 보인다. 《송자대전수차(宋子大全隨箚)》 권3에 "내의 조징규가 약물을 의논한 공로로 특별히 사복시 주부에 제수되자, 선생이 경연에서 불가함을 아뢰고 춘옹(春翁) 송준길(宋浚吉)이 대사헌으로서 어명을 도로 거두어들일 것을 계청하였는데, 아마도 이 일을 가리키는 듯하다."라고 하였다.

기다리겠습니까.

잡다한 사람이 있다고 한 말씀을 이야기하자면, 진실로 또한 그러한 사람이 있습니다. 감히 스스로 귀와 눈을 좁히지 못하여 널리 묻고 찾다 보니, 그 가운데에 어찌 남들에게 만족스럽지 못한 사람 또한 천거 대상 속에 끼어드는 일이 없겠습니까. 그러나 큰 줄기가 정돈되고 나면 소소하게 섞여 있는 것은 장차 우리에게 병폐가 되지 못할 것입니다. 그래서 이러한 사람들을 달갑게 여기지 않다가 분란을 더하고 싶지 않기 때문에 우선 그대로 놓아둘 뿐입니다.

신장(申丈)[6]이 옷깃을 여미고 고향으로 돌아갔으니, 나를 끝없이 감탄하고 부럽게 합니다. 나머지 수많은 이야기는 마침 바깥사람을 접대하느라 하나하나 다 말하지 못합니다.

6 신장(申丈) : 《송자대전수차》 권8에 "신장은 신백원(申百源)인 듯하다."라고 하였다. 신백원은 신석번(申碩蕃, 1596~1675)으로, 본관은 평산(平山), 자는 중연(仲衍), 호는 백원이다.

조복형에게 답함 기해년(1659, 효종10) 4월 24일
答趙復亨 己亥四月二十四日

보내온 편지는 몹시 위로됩니다. 나는 병이 날로 더욱 심해져서 연일 성상께 애걸하지만 아직까지 윤허를 받지 못하고 있으니, 몹시 괴롭고 괴롭습니다.

내가 앞 편지에서 말한 뜻은, 그저 치지(致知)와 격물(格物)은 단지 하나의 일일 뿐이니 이미 격물한 뒤에 또다시 치지하는 것이 아니라는 것입니다. 이는 마치 거울을 닦는 사람이 티끌과 먼지를 쓸어 없애는 것과 같으니, 여기서 거울을 닦는다는 말은 별다른 일이 있는 것이 아닙니다. 보내온 편지에서 이른 "격물 공부는 비록 물욕(物欲)을 쓸어 없애는 데에 있으나" 등의 말은 내가 편지에서 말한 본뜻을 완전히 잃은 것입니다. 그 아래에서 논한 물격(物格)과 지지(知至)의 설도 명백하지 않습니다. 만약 "물격은 때가 없어진 것을 이르고 지지는 거울이 밝아진 것을 이른다."라고 한다면 뜻이 명백하고 막힘없을 것이니, 어떻게 여길지 모르겠습니다.

조복형에게 답함 기해년(1659, 효종10) 윤달 그믐

答趙復亨 己亥閏月晦日

편지가 도착하여 위로되고 기쁩니다. 나는 지난번에 학질과 유사한 병을 앓아 지금 겨우 차도를 보이나 아직 병석을 떠나지 못하고 있으니, 괴롭고 괴롭습니다.

치지(致知)와 격물(格物)은 본래 한 가지 일이기 때문에 "치지는 격물에 있다."[7]라고 한 것이니, 이는 공부로써 말한 것입니다. 그 공효를 논할 것 같으면 반드시 사물의 이치가 각각 그 지극한 곳에 이른 뒤에야 내 마음의 지식 또한 따라서 지극해지지 않음이 없는 것이니, 그 입언(立言)한 뜻이 부득불 이와 같은 것입니다. 비유하자면 거울에서 먼지와 때를 제거하는 것이 거울을 밝히는 일이고 이미 먼지와 때를 제거하고 난 뒤에 또 따로 거울을 밝히는 방법이 있지 않은 것과 같습니다. 이것이 "치지는 격물에 있다."라는 설입니다. 그러나 반드시 먼지와 때가 다 제거된 뒤에 이 거울의 본체가 다 밝아지는 것이니, 이것이 "물격(物格)한 뒤에 지지(知至)한다."[8]라는 설입니다. 그렇다면 이른바 "물격한 뒤에 지지한다."라는 말에서 중점은 전적으로 격(格)과 지(至) 두 글자에 있습니다. 평상시 이렇게 이해하고 있는데, 옳은지

7 치지는 격물에 있다 : 《대학장구(大學章句)》 경(經) 1장에 "그 뜻을 성실히 하고자 하는 사람은 먼저 그 지식을 지극히 하였으니, 지식을 극진히 하는 것은 사물의 이치를 궁구하는 데에 있다.〔欲誠其意者, 先致其知, 致知在格物.〕"라고 하였다.

8 물격(物格)한 뒤에 지지(知至)한다 : 《대학장구》 경 1장에 "사물의 이치가 이른 뒤에 지식이 지극해진다.〔物格而后知至〕"라고 하였다.

모르겠습니다. 만일 혹 그렇지 않다고 여긴다면 다시 가르쳐 주는 것이 어떻겠습니까?

정포은(鄭圃隱 정몽주(鄭夢周))은 일생토록 중국의 문화로 오랑캐를 변화시키려고 마음먹었습니다.[9] 원(元)나라 사신을 물리치기를 청하는 일[10]에 이르러서는 그 우뚝한 본마음이 청천백일과 같았으니, 허공(許公)[11]이 오랑캐에 변화된 것과 어찌 같은 선상에 놓고 말할 수 있겠습니까.

9 정포은(鄭圃隱)은……마음먹었습니다 : 정몽주가 원나라 문화를 물리치고 명나라를 문화를 받아들이려고 한 것을 말한다. 맹자가 말하기를 "나는 중화의 가르침으로 오랑캐를 변화시켰다는 말은 들었고 오랑캐에게 변화당하였다는 말은 듣지 못하였노라."라고 하였다. 《孟子 滕文公上》

10 원(元)나라……일 : 1375년(우왕1) 이인임(李仁任)이 북원(北元)의 사신을 맞아들이려고 할 때, 정몽주가 박상충(朴尙衷), 김구용(金九容) 등 10여 인과 함께 상소하여 사신을 받아들이지 말기를 청하였다. 정몽주는 이 일로 죄를 얻어 언양에 유배되었다. 《포은집(圃隱集)》 권3에 〈청물영원사소(請勿迎元使疏)〉가 실려 있다.

11 허공(許公) : 송말(宋末) 원초(元初)의 학자 허형(許衡)을 가리킨다. 원나라에 출사하여 국자 좨주(國子祭酒), 집현대학사(集賢大學士) 등을 지냈다.

조복형에게 답함 기해년(1659, 현종 즉위년) 7월 16일

答趙復亨 己亥七月十六日

조금 소식이 막혀서 그리운 마음이 더하던 차에 편지가 도착하니 몹시 위로됩니다. 나는 더위로 인한 병이 오래도록 낫지 않아 괴롭고 괴롭습니다.

출가한 사람이 친정 부모를 위하여 삼년복을 그대로 입는 것은 예법에 크게 어긋나니, 만일 그것이 잘못임을 안다면 빨리 그만두어야 할 것입니다. 마땅히 삭망(朔望)에 고유(告由)하고 복을 없애는 것이 예법에 없는 데에서 예법을 얻는 것일 듯하니, 어떻게 생각할지 모르겠습니다.

오래지 않아 도성에 들어갈 것이니, 그때 서로 볼 수 있을 듯합니다.

조복형에게 답함 경자년(1660, 현종1) 5월 7일

答趙復亨 庚子五月七日

멀리서 보내온 편지는 몹시 위로됩니다. 근래의 일은 그저 늙은 나의 운명이 박하여 많은 사람에게 누를 끼친 것일 뿐이니, 부끄러운 심정을 견디지 못하겠습니다.

부모님을 모시고 책을 보며 날마다 아름다운 정취가 있으리라 생각합니다. 나도 이러한 정취가 전혀 없지는 않으나 사슴이 산중에 있더라도 목숨이 푸줏간에 걸려 있는 것과 같으니,[12] 언제 어떤 화기(禍機)가 생길지 모르겠습니다.

단지 신명의 도움이 더하기를 빕니다. 예를 갖추지 못합니다.

12 사슴이……같으니 : 당(唐)나라 서유공(徐有功)이 벼슬을 사양하며 말하기를 "신이 듣건대 사슴이 산림을 뛰어다니고 있으나 목숨은 푸줏간에 걸려 있다고 하니, 형세가 그렇게 만드는 것입니다."라고 하였다. 《新唐書 徐有功列傳》

조복형에게 답함 경자년(1660, 현종1) 11월 1일
答趙復亨 庚子十一月一日

그대의 편지를 받고서 부모님을 모시고 지내는 일상이 편안한 줄을 알게 되니, 위로됩니다. 나는 근근이 지내고 있을 뿐입니다.

보내온 종이에 졸렬함을 무릅쓰고 〈출사표(出師表)〉를 쓰고 있으나 아직 끝내지 못하였습니다. 글자가 제 모양을 이루지 못할 뿐 아니라 오늘날 세상에는 비단부채에다 차가운 숲을 그리는 것[13]과 같습니다. 그러나 절개가 높은 젊은이에게 준다면 크게 안 될 것도 없으니, 응당 뒷날의 인편을 기다리겠습니다.

13 비단부채에다……것 : 시속에 흔들리지 않고 지조를 굳게 지키는 것을 비유한 말이다. 소식(蘇軾)이 〈귀거래사(歸去來辭)〉를 쓰고 적은 발문에 "모국진(毛國鎭)이 나에게 글씨를 청하며 말하기를 '임하(林下)에 펼쳐 놓고 완상하겠노라.'라고 하므로, 그를 위하여 도잠(陶潛)의 〈귀거래사〉를 써서 주었다. 그러나 모국진이 어찌 임하에 묻혀 있을 사람이겠는가. 비유하자면 오늘날 차가운 숲이나 눈 내리는 대나무를 많이 그린 비단부채는 당세에 얻기 어려운 것과 같으니, 가령 묘당에 있게 한다면 더욱 볼만할 것이다."라고 하였다. 《宋子大全隨箚 卷12》

조복형에게 답함 신축년(1661, 현종2) 4월

答趙復亨 辛丑四月

말씀한 뜻은 삼가 잘 알겠습니다. 나의 거취는 곧 강호(江湖)의 한 마리 오리[14]만도 못하여 어떤 영향도 미칠 수 없습니다. 단지 하루를 머물면 하루의 해를 끼칠 뿐이니, 자신에게만 불리할 뿐이 아닙니다.

두 차례 등대(登對)하여 나눈 이야기는 어떤 내용인지 모르겠습니다. 만약 어제와 그제의 일이라면 나 또한 보지 못한 것입니다.

별지의 내용은 사랑하고 염려해 준 것이어서 몹시 감사합니다. 그러나 이 일은 나에게 이미 잘못한 책임이 있습니다. 주상이 이미 그 아버지의 뜻을 빼앗았으니, 할아버지가 어찌 손자의 마음을 빼앗지 않을 수 있겠습니까. 아이 광윤(廣尹)이 연일 편지를 보내어 함께 돌아가지 말라고 하니, 대개 그 늙은 누이가 더욱 위태롭기 때문입니다. 그래서 이미 잠시 머물겠다고 허락하였습니다. 많은 이야기는 우선 남겨 둡니다. 예를 갖추지 못합니다.

14 강호(江湖)의……오리 : 양웅(揚雄)의 〈해조(解嘲)〉에 "아침에 권력 잡으면 경상(卿相)이 되고 저녁에 권세 잃으면 필부(匹夫)가 되니, 비유하자면 마치 강호의 언덕이나 발해(渤海)의 섬에는 네 마리의 기러기가 모여도 많아지지 않고 한 쌍의 오리가 날아가 버려도 적어지지 않는 것과 같다."라고 하였다.

조복형에게 답함 신축년(1661, 현종2) 5월

答趙復亨 辛丑五月

편지를 받아 보니 위로되고 감사합니다. 단비가 흡족하게 내리지 않았는데 풍파만 크게 일어나고 나그네의 뜻은 돌아가기를 재촉하나 맑은 한강을 아직 건너지 못하고 있으니, 이곳의 광경을 용면(龍眠)[15]이 그려 내도록 할 수 없어 몹시 아쉽습니다.

아이는 다시 다른 증세가 없다고 하니, 이로부터 점점 소생할 길을 찾는다면 얼마나 다행이겠습니까. 어제 성상께서 다시 병의 경중을 하문하였다는 소식을 듣고 부자(父子)가 감읍하며 장차 어떻게 보답할지 그 길을 모르고 있습니다.

글을 지어 올리기 위하여 거처를 옮겨 교외로 나왔으니, 이는 병이 유행하는 지역과 가까운 곳에서는 감히 지어 올릴 수 없기 때문입니다. 며칠이 지난 뒤면 응당 상소 한 통을 올려 돌아가겠다고 고할 것입니다. 이만 줄입니다.

15 용면(龍眠) : 송(宋)나라 화가 이공린(李公麟)의 호이다. 용면산(龍眠山)에 살면서 용면거사(龍眠居士)라 자호하였다.

조복형에게 답함 신축년(1661, 현종2) 10월

答趙復亨 辛丑十月

두 번의 편지는 기쁘고도 위로됩니다. 내가 그대의 곧고 미더운 말을 여러 번 귀로 들어 소인이 되어 버리지 않은 것이 얼마나 다행인지 모르겠으니, 스스로 축하를 그만둘 수 없습니다. 그러나 이 일[16]은 몹시 곡절이 있지만 내가 구구하게 변명하기를 좋아하지 않고 그저 나를 사랑하는 사람들이 알아주기를 바라기 때문에 징지(徵之 박태징(朴泰徵))의 편지 중에 간략히 언급만 한 것입니다.

만나서 이야기할 길이 없어 종이를 대하고 그리워할 뿐입니다. 그저 크게 자중자애하기를 빕니다. 이만 줄입니다.

16 이 일 : 《송자대전수차》 권8에 "선생의 아들 동지공(同知公) 본생친(本生親)의 장지(葬地)에 관한 일이다."라고 하였다.

조복형에게 답함 임인년(1662, 현종3) 1월 21일

答趙復亨 壬寅正月二十一日

기갈(飢渴)에 음식을 생각하듯 그대의 덕음(德音)을 잊지 못하는 이때 마침 그대의 안부 편지를 받게 되니, 내 마음이 놀라고 위로되어 마치 뜨거운 곳을 물로 씻어 내는 듯합니다.

지난번의 일은 실로 그대의 좋은 충고에 힘입어 아이와 종손(從孫)들이 향리의 악평을 면할 수 있었으니, 온 종족이 감사하게 생각하며 늙은 나는 이보다 더 고맙게 여깁니다. 지금 이 정초에 부모님을 모시고 학문하는 일상에 더욱 신명의 도움이 있으리라 생각합니다.

나는 가까운 지역으로 옮겨 와서 우거하고 있습니다. 자못 산천의 좋은 경치가 있어 여기서 풍송(諷誦)하다가 죽으면 될 뿐이니, 이 밖에 다시 무엇을 원하겠습니까.

보내온 종이는 반 정도 썼습니다. 스스로 한번 살펴보고는 몹시 지워 버리고 싶으나 그렇게 하지 못하고 있습니다. 그러나 조만간에 다 써서 올리겠습니다.

조복형에게 답함 임인년(1662, 현종3) 6월 28일

答趙復亨 壬寅六月二十八日

편지를 가지고 온 사람에게 번번이 어디에 있는지를 물어서 그대가 오래도록 교장(交莊)에 있으면서 힘껏 농사지어 자급하고 있는 줄을 알게 되니, 이는 참으로 주 부자(朱夫子 주희(朱熹))가 말한 호연지기를 기르는 하나의 방법이기에 부러움과 감탄을 견디지 못하겠습니다. 다만 글을 읽는 일은 더욱 조금도 폐할 수 없으니, 주객(主客)의 구분을 어떻게 하고 있는지 모르겠습니다. 그대 부친의 득실 문제는 이미 부질없는 일로 간주하고 있으리라 생각합니다. 그러나 지구(知舊)의 마음을 말하자면 석연치는 못합니다.

나는 근래에 종중에 일이 많았고 크고 작은 상고(喪故)가 연이어진 데다가 질병까지 침범하니, 이후로 바로 닥쳐올 일은 스스로 헤아려 보건대 멀지 않았습니다. 이에 날은 저물고 갈 길이 먼 것에 대한 근심은 이에 이르러 더욱 절실해집니다. 책을 읽는 공부를 감히 완전히 폐하지는 못하나 기력이 날로 줄어들고 곁에 훌륭한 벗이 없으니, 몹시 스스로 가련할 뿐입니다.

다른 집안에서 부탁받은 글은 형편에 따라 응하여 지어 보내지만 묵혀 둔 것이 아직 백여 개나 되니, 이 일이 곧 절로 난처합니다. 만일 함께 상량할 만한 사람을 얻어 반년의 시간을 들인다면 이 부담에서 벗어날 수 있겠지만 그렇게 할 수가 없습니다. 정히 멀리 떨어져 있어 부디 자중자애하기를 빌 뿐입니다.

조복형에게 답함 임인년(1662, 현종3) 10월 12일

答趙復亨 壬寅十月十二日

그리워하던 중에 그대의 편지를 받아 보니, 자세하게 깨우쳐 준 뜻이 모두 정성에서 나온 것이라서 몹시 고맙고 고맙습니다. 이로 인하여 부모를 모시고 공부하는 일상이 편안한 줄을 알게 되니, 더욱 위로됩니다. 농사를 지으며 애써 글을 읽는 것은 옛사람의 떳떳한 법이거늘 지금 그대에게서 이를 보게 되니, 어찌 부러움과 감탄을 견딜 수 있겠습니까.

편지에서 언급한 주 부자(朱夫子)의 말은 참으로 조섭(調攝)하는 요체입니다. 그러나 부자가 늘 스스로 말하기를 "비록 병이 들었더라도 또한 한편으로 일을 하고자 한다."라고 하였으니, 이것이 어찌 부지런히 힘써 쉬지 않는 일이 아니겠습니까. 그저 기(氣)가 지(志)를 따르지 않을까 염려될 뿐이니, 만약 따라 준다면 주자를 본받지 않고 누구를 본받겠습니까. 다만 나는 한결같이 병들고 게을러서 서책을 버리려고 하지 않아도 저절로 버려지게 됩니다.

그대의 예전 이름은 참으로 전아(典雅)하지 않습니다. 그러나 최호(崔顥)는 그저 당(唐)나라의 시인일 뿐인데도 정 백자(程伯子 정호(程顥))가 이름으로 사용하였고, 유자후(柳子厚 유종원(柳宗元))는 또 비문(伾文)[17]의 당류였는데도 장횡거(張橫渠 장재(張載))는 자후(子厚)라

17 비문(伾文) : 《송자대전수차》 권8에 "왕비(王伾)와 왕숙문(王叔文)이다. 당나라 순종(順宗) 영정(永貞) 연간에 권세를 부렸는데, 유종원과 유우석(劉禹錫) 등이 이들

는 자(字)를 같이 사용하였습니다. 그러나 두 부자(夫子)가 대현(大賢)이 되는 데에 방해되지 않았으니, 이것이 어찌 이름에 달려 있겠습니까. 다만 마을 이름이 좋지 않은 것은 증자(曾子)도 오히려 싫어하였고[18] 전국(戰國) 시대의 절후(節侯)[19]도 짐짓 이를 버리려고 하였으니, 그 보존한 마음이 정대함을 볼 수 있습니다. 그러니 어찌 안 된다고 하겠습니까.

그대의 자를 말하자면, 편지에서 제시한 것은 "오성(五性)이 마음에 근본한다."라는 뜻을 취하였으니, 그렇다면 '심(心)' 자가 완비한 듯합니다. 그러나 천하의 이치는 동정(動靜) 두 글자에서 벗어나지 않으므로 주자(周子 주돈이(周敦頤))는 "서로 근본한다.〔互根〕"라고 이야기하였고, 소자(邵子 소옹(邵雍))는 "음은 양에 근본하고 양은 음에 근본한다."라고 말하였으니, 근본 중에는 음양과 동정보다 더 큰 것이 없습니다. 만약 이러한 뜻을 취하려고 한다면 '호(互)' 자를 사용하더라도 또한 좋겠습니다. 또 소자와 주자(朱子)가 복괘(復卦)를 하늘의 근본으로 여겼으니, 이 또한 뜻을 취할 수 있을 것입니다. 오직 어떻게 선택하는가에 달려 있을 뿐입니다.

이하경(李廈卿 이담(李橝))의 일은 개탄스럽습니다. 세도(世道)가

에게 붙었다. 헌종(憲宗)이 즉위하여서는 왕숙문의 도당을 미워하여 유종원을 귀양 보냈다."라고 하였다.

18 마을……싫어하였고 : 《송자대전수차》 권8에 "이름이 승모(勝母)인 마을에 증자가 들어가지 않았다."라고 하였다. 효자인 증자가 '어머니를 이긴다'라는 마을 이름을 싫어한 것이다.

19 전국(戰國) 시대의 절후(節侯) : 《송자대전수차》 권8에 "전국 시대의 제후 중에 큰 절개를 가진 자를 이르는 듯하나 어떤 사람을 가리키는지는 미상이다."라고 하였다.

이 지경에 이르렀으니 어찌하고 어찌하겠습니까. 지금 편지를 보내면서 또 주 부자가 요자회(廖子晦)에게 일러 주었던 말[20]을 들어 권면하였으니, 하경으로서는 의당 그렇게 할 것입니다. 그러나 일찍이 보건대 주자가 곤경을 당한 친지를 가만히 보호해 주면서 친구에게 부탁한 적이 있었으니, 오늘날 우리도 어찌 차마 무관심할 수 있겠습니까. 그러나 노추(老醜)한 나는 베풀 만한 힘이 없고 또 멀리 밖에 있으니, 오직 그대에게 기대할 수밖에 없습니다. 기백(畿伯)은 징지(徵之 박태징(朴泰徵))와 한집안 사람이니 혹 도움을 얻을 수 있겠습니까? 한번 도모해 보기를 바랍니다. 나머지 많은 이야기는 마침 민 대간(閔大諫)의 인편을 만나 선 자리에서 적느라 다 말하지 못합니다. 예를 갖추지 못합니다.

20 주……말 : 주희가 말하기를 "동파(東坡) 소식(蘇軾)은 체포되었을 때 얼굴이 흙빛으로 변하였고 이천(伊川)은 부릉(涪陵)으로 귀양 갈 때 또한 들어가서 숙모에게 고하려고 하였으나 오직 요옹(了翁) 진관(陳瓘)만은 명을 듣고 즉시 떠났다."라고 하였다.《晦庵集 卷45 答廖子晦》

조복형에게 답함 계묘년(1663, 현종4) 7월
答趙復亨 癸卯七月

보내온 편지를 연속하여 읽노라니 문득 묵은 병이 몸에서 떠나가는 것을 느낍니다. 나는 병들어 누운 지 벌써 석 달이 되었습니다. 그 사이에 병이 차도를 보이다가 위독해졌다가 일정하지 않아 위독할 때는 필시 죽게 되어 이 세상에 영원히 분분한 일이 없어질 것이라 스스로 생각하였는데 곧이어 살길을 얻어 소생하게 되니, 어찌 다행과 불행의 사이가 아니겠습니까.

이우(李友)에 대하여 말하자면, 서울로 돌아갈 때의 편지를 얻어 보니, 그 슬퍼하는 뜻이 나로 하여금 눈물을 흘리게 합니다. 어쩌다 얻은 것을 내버리는 것이 버리지 않는 것보다 낫겠지만 자당(慈堂)의 뜻 또한 거스르기 어려운 점이 있을 것입니다. 다만 찾아와서 배우는 사람이 없다면 함부로 앉아 있을 수 없으니, 이는 몹시 명백한 일이기에 모쪼록 이것으로 충고해 주어 길을 헤매지 않도록 한다면 매우 다행이겠습니다.

그대는 근래에 무슨 책을 보고 있습니까? 이곳에서는 수십 명이 함께 공부하고 있습니다. 그 가운데에 기대할 만한 사람이 없지는 않으나 모두 부형에 의하여 시문(時文)에 끌려들어 가니, 이것이 매우 가석한 노릇입니다.

양직(養直)에게 보내는 편지를 부디 전해 주는 것이 어떻겠습니까? 양직은 어버이를 봉양하며 매우 곤궁하게 지내고 있습니다. 때때로 적게나마 도와주자는 뜻을 부디 어버이를 모실 때 아뢰어 보는 것이 어떻겠습니까?

둘째 손자는 학문이 매우 진보하여 할아버지가 이해하지 못하는 곳을 그가 간혹 시원스레 설파하기도 하니, 노경에 이와 같은 손자를 얻어 자못 힘입는 바가 있습니다.

조복형에게 답함 갑진년(1664, 현종5) 4월 29일

答趙復亨 甲辰四月二十九日

보내온 편지와 몇 수의 시를 풍영(諷詠)한 뒤로 문득 묵은 병이 몸에서 떠나가는 것을 느낍니다. 나는 다행히 큰 병은 면하고 있으나 기혈이 날로 점점 쇠퇴해지니 세상에 오래 살아 있기가 어려운 줄을 스스로 압니다.

근래의 일[21]은 매우 경악할 만하니, 어찌 이른바 늙은 나의 운명이 박하여 많은 사람에게 누를 끼치는 것이 아니겠습니까.

별지는 호상(湖上)에 놓아두고 잊고서 가져오지 않았기 때문에 하나하나 대답할 수 없습니다. 다만 여러 전(傳)이 미덥지 못하다고 주자(朱子)가 여러 번 말하였으니, 범명우(范明友)의 가노(家奴)에 관한 일[22]을 보면 알 수 있습니다. 단지 〈소융(小戎)〉 시의 주석[23]과 주자의

21 근래의 일 : 《송자대전수차》 권8에 "김만균(金萬均) 공이 청나라 사신을 기피하자 서필원(徐必遠) 무리가 상소하여 배척한 일을 가리키는 듯하다."라고 하였다.

22 범명우(范明友)의……일 : 주희가 말하기를 "《춘추(春秋)》를 배우는 사람은 천착하는 설이 많다. 《후한서(後漢書)》 〈오행지(五行志)〉 주석에 '한(漢)나라 말에 범명우의 가노의 무덤을 판 일이 있었는데 가노가 그때까지 살아 있었다. 범명우는 곽광(霍光)의 사위이다. 그 가노가 곽광 집안의 일과 황제를 폐위하고 즉위시킨 일을 이야기한 것이 《한서(漢書)》의 기록과 부합되는 것이 많았다.'라는 내용이 실려 있다. 내가 예전에 《춘추》를 배우는 사람에게 말하기를 '지금 이처럼 천착하는 것은 또한 문제 될 거리가 없겠지만 어느 날 땅속에서 공자의 가노가 나와 당시 공자의 뜻이 그렇지 않았다고 말할까 걱정될 뿐이다.'라고 하였다."라고 하였다. 《朱子語類 卷83 春秋綱領》

23 소융(小戎) 시의 주석 : 〈소융〉은 《시경》 〈진풍(秦風)〉의 편명이다. 주희의 《시집전

〈무오당의서(戊午黨議序)〉를 정론으로 삼아야 옳을 것입니다. 그러나 저 북론(北論)[24]은 어찌 함께 비교할 것이 있겠습니까. 일찍이 듣건대 그 사람이 이익(李翊)을 자신의 모친을 죽인 사람으로 여겨서 송광식(宋光栻)과 서소문(西小門)의 여러 민씨(閔氏)에게 눈물을 흘리며 말하였으나 얼마 지나지 않아 이익에게 화해하기를 청하였다고 합니다. 이처럼 남을 원수로 여기는 것이 너무 갑작스럽고 어버이를 잊어버리는 것이 너무 빠르니, 그가 오늘의 의론을 주장하는 것은 괴이할 바가 없습니다. 단지 온 세상 사람들이 바람에 휩쓸리듯 옳다고 하니, 천리(天理)가 민멸되고 인심(人心)이 어두워지는 것을 볼 수 있어 이것이 한심한 노릇입니다. 그러나 내가 할 책무는 다하였으므로 이제부터 입을 닫고 스스로 반성할 뿐이니, 또한 일이 줄어듦을 느낍니다.

○ 근래의 소문은 그대의 아우가 필시 알렸으리라 생각합니다. 대저 오늘날의 일이 이 지경에 이르렀으니, 두려움을 견디지 못하겠습니다. 하루 이틀의 일정으로 달려가서 죄를 청하는 상소를 올리고 돌아오려 하였으나 춘형(春兄 송준길(宋浚吉))이 만류하기에 우선 중지하였으니, 이후의 처신을 응당 어떻게 해야 하겠습니까? 모쪼록 가르쳐 주기를 바랍니다.

(詩集傳)》에 "서융(西戎)은 진(秦)나라의 신하들이 더불어 같은 하늘 아래에서 살 수 없는 원수이다. 양공(襄公)이 위로 천자의 명령을 받들어 국인(國人)들을 거느리고 가서 정벌하였다. 그러므로 그 종역(從役)하는 자의 가인(家人)들이 먼저 이처럼 수레와 갑옷의 성대함을 과시하고, 뒤에 그 사정(私情)에 미쳤으니, 의로써 군대를 일으키면 비록 부인이라도 또한 적에게 용감하게 달려들어야 함을 알아 원망하는 바가 없는 것이다."라고 하였다.

24 북론(北論) : 《송자대전수차》 권8에 "서필원이 당시 북백(北伯)이었기 때문에 북론이라 한 것이다."라고 하였다.

조복형에게 답함 병오년(1666, 현종7) 3월 13일
答趙復亨 丙午三月十三日

편지가 오고 겸하여 별지까지 받으니, 위로되고 기쁘기 그지없습니다. 영남의 일[25]은 정말 장대합니다. 그러나 단 태위(段太尉)[26]가 이르기를 "한 명의 부상병을 죽인다고 어찌 군위(軍威)를 성대히 떨치겠는가."라고 하였으니, 오늘의 일은 또한 너무 간략하지 못하다고 할 만합니다. 저 강희공(康熙公)[27]이야 어찌 이야기할 것이 있겠습니까. 말하면 입이 더러워집니다. 그러나 척리(戚里)의 사람[28]이 계적성현(係籍聖賢)[29]이

25 영남의 일 : 《송자대전수차》 권8에 "영남의 일은 황연(黃壖)의 상소를 가리킨다. 상소에 참여한 선비가 1400여 명이었기 때문에 아래에 장대하다는 말이 있는 것이다."라고 하였다.

26 단 태위(段太尉) : 당나라 덕종(德宗) 때 태위에 추증된 단수실(段秀實)이다. 그는 요영언(姚令言)의 반란 후 주자(朱泚)에게 덕종을 다시 맞이할 것을 권하였다. 주자가 스스로 황제가 되려 하자 단수실은 홀(笏)로 주자의 면상을 쳐서 부상을 입히고 끝내 죽음을 당하였다. 《舊唐書 段秀實列傳》

27 강희공(康熙公) : 《송자대전수차》 권8에 "김수홍(金壽弘)을 가리킨다. 청나라 강희(康熙) 연호를 축문에 적었기 때문에 이렇게 말한 것이다."라고 하였다.

28 척리(戚里)의 사람 : 《송자대전수차》 권8에 "청풍(淸風) 국구(國舅)를 가리킨다."라고 하였다. 청풍은 현종 비 명성왕후(明聖王后)의 부친인 청풍부원군(淸風府院君) 김우명(金佑明)이다.

29 계적성현(係籍聖賢) : 성현의 명부에 편입된다는 뜻으로, 재상, 대간(臺諫), 국자감(國子監) 등의 요직에 앉는 것을 가리킨다. 《송자대전수차》 권8에 "진동보(陳同甫)가 여백공(呂伯恭)에게 한 말로, 《송감(宋鑑)》에 나온다. 판에 박힌 성현이라는 말과 같으나 가리키는 뜻은 미상이다."라고 하였다.

아니라면 강희공과 영남 사람이 또한 이와 같지 않을 것이니, 모두 애달파할 만합니다. 인생을 살다 보면 온갖 일이 다 생기니, 그대 부친의 편지에 "베개에 기대고서 본다."라고 한 것이 참으로 좋은 말입니다. 어제 태학사(太學士)[30]의 편지를 보니, 강희공이 근래에 나온 것을 크게 슬프게 여겼습니다.

30 태학사(太學士) : 《송자대전수차》 권8에 "문곡(文谷) 김수항(金壽恒)을 가리킨다."라고 하였다.

조복형에게 보냄 무신년(1668, 현종9) 2월 22일

與趙復亨 戊申二月二十二日

그대와 하룻밤 침상을 나란히 하여 보낸 것은 또한 임금의 은혜입니다.[31] 다만 작별한 뒤로 서글픈 정을 견디지 못하겠으니, 은후(隱侯)의 시[32]는 참으로 그 미진함을 징험하게 됩니다.

서울에 도착하거든 나를 위하여 이 대간(李大諫) 영공(令公)에게 인사해 주기를 바랍니다. 잘 알지 못하는 다른 사람에게야 오히려 그럴 수 있겠지만 어찌 형제처럼 여기는 이 영공에게까지 오히려 운운할 것이 있겠습니까. 열 자루의 붓은 수효대로 잘 받았으니, 감사합니다.

31 그대와……은혜입니다 : 《송자대전수차》 권8에 "당시 조근(趙根) 공이 가주서(假注書)로서 전유(傳諭)하였다."라고 하였다.

32 은후(隱侯)의 시 : 은후는 중국 남조(南朝) 양(梁)나라 심약(沈約)의 시호이다. 그의 〈별범안성(別范安成)〉 시에 "평소 젊은 시절에는, 헤어져도 만날 기약이 쉽더니, 그대와 함께 늙어 버린 지금은, 다시 이별할 때가 아니라네.〔生平少年日, 分手易前期, 及爾同衰暮, 非復別離時.〕"라고 하였다. 《古今詩刪 卷9 梁詩》

조복형에게 답함 무신년(1668, 현종9) 6월 18일

答趙復亨 戊申六月十八日

병든 몸이 더위를 당하여 이글거리는 화로 속에 앉은 듯하던 차에 이렇게 그대의 편지를 받게 되니, 맑은 바람에 몸을 씻는 듯할 뿐만이 아닙니다. 그대 부친의 일은 만일 영천(靈川)[33]에 재임할 때처럼 한다면 진실로 마땅함을 얻을 것이지만 그렇게 할 수가 없으니, 오늘날의 일은 달마다 다르고 해마다 같지 않다고 할 만합니다.

나는 질병의 고통이 지난해에 미치지는 않으나 나른하고 피곤함은 배로 더하니, 이것이 무슨 까닭인지 모르겠습니다. 어쩌면 섣달 그믐날[34]의 소식이 아니겠습니까.

거처하는 곳이 견딜 수 없이 낮고 좁아 분암(墳菴)[35]으로 와서 지내고 있으니, 소나무와 잣나무가 푸르고 울창하여 세한(歲寒)의 의취(意趣)가 있습니다. 바람이 불어오면 슬슬(瑟瑟)히 맑게 울리니, 이는 몹시 사랑스럽습니다. 다만 질병으로 매우 혼미하여 뜻을 다하여 책을 볼 수 없습니다. 그래서 장차 세상에 알려지는 것도 없이 죽고 말 터이니, 한갓 스스로 슬피 탄식할 뿐입니다. 춘형(春兄 송준길(宋浚吉)) 또

33 영천(靈川) : 《송자대전수차》 권8에 "고령(高靈)의 다른 이름이다. 조공(趙公) 부친의 임소이다."라고 하였다.

34 섣달 그믐날 : 다 끝나서 더 이상 희망이 없다는 뜻으로, 임종을 표현하는 불가(佛家)의 말이다.

35 분암(墳菴) : 묘소를 보살피기 위하여 세운 암자이다.

한 몹시 초췌하니, 매우 우려됩니다.

별지

별지의 내용은 모두 잘 알겠습니다. 사람을 논할 때는 반드시 그 실정을 따져 봐야 하고 또한 한 가지 일로써 한 사람을 덮어 버려서도 안 되니, 이는 벼슬하는 사람이 응당 알아야 할 바입니다. 이천(伊川)이 온공(溫公)의 급사(給事)에 대한 물음에 대답하지 않았으니,[36] 이는 어묵(語默)을 신중하게 하려는 사람이 마땅히 본받아야 할 바입니다. 회옹(晦翁 주희(朱熹))이 비록 "한두 가지 일은 후회할 만하다."라고 스스로 말하였으나-이천처럼 하지 못한 것을 말합니다.- 친구의 질문에는 일찍이 입을 다물지 않았으니, 이는 후학이 응당 친소(親疎)를 저울질하고 또 자신의 처지를 헤아려서 본받아야 할 바입니다. 그렇다면 당시 손님과 주인이 묻고 답할 때 자신도 모르는 사이에 크게 어긋나 버렸기 때문에 남들의 말이 이와 같은 것이니, 오직 바라건대 그대는 자신의 견해를 고집하지 말고 구설이 많은 이 사람으로 하여금 큰 잘못을 면할 수 있게 해 주면 좋겠습니다.

대저 오늘날의 세도(世道)는 또한 어렵지 않겠습니까. 오직 그

36 이천(伊川)이……않았으니 : 이천은 북송의 유학자 정이(程頤)의 호이다. 온공은 사마광(司馬光)의 시호인데, 그의 자(字)는 군실(君實)이다. 사마광이 일찍이 정이에게 "한 사람을 급사중(給事中) 벼슬에 제수하려고 하는데 누가 할 만한 사람입니까?"라고 묻자, 정이가 말하기를 "처음에 만약 범연히 인재를 논하였다면 말해도 괜찮지만 지금 이미 이처럼 말씀하시니, 제가 비록 적임자가 있더라도 어찌 말할 수 있겠습니까."라고 하였다. 사마광이 말하기를 "공의 입에서 나와서 나의 귀로 들어올 뿐이니, 무슨 해될 것이 있겠습니까."라고 하였으나 정이는 끝내 말하지 않았다. 《近思錄 卷10 政事》

어려움만 생각하여 단지 어려움에 대처하는 방도만 도모한다면 점점 애매모호한 곳으로 빠져들어 회옹이 논한 진순(陳荀)의 폐단[37]과 같음을 면하지 못하게 될 것입니다. 만일 한결같이 자신의 견해에만 내맡겨 두고 시세(時勢)를 헤아리지 않는다면 일에 무익할 것이고 자신에게도 해로울 것입니다.

근래 민씨(閔氏) 형제를 만나 보니, 식견이 낮지 않고 지성으로 나라를 위하였습니다. 그러므로 혹 조금 미진한 곳이 있더라도 또한 하자가 되지 않으니, 어찌 율로(栗老 이이(李珥))가 말한 "사람은 모름지기 식견을 우선으로 여겨야 한다."라는 것이 아니겠습니까. 그러나 식견은 절로 자라나지 않으니, 단지 글을 읽어 이치를 관찰하는 데에 달려 있을 뿐입니다. 이는 어찌 우리가 마땅히 힘써야 할 바가 아니겠습니까.

끝에서 언급한 거취에 관한 말씀은 내가 감히 알 수 있는 바가 아닙니다. 지금 떠돌아다니는 근거 없는 이야기 때문에 스스로 거취를 표명한다면 끝에 가서 수습하는 데에 또 난처한 점이 있을 것입니다. 이는 깊이 생각한 뒤에 한 말씀입니까? 상도(常道)와 어긋나는 일을 할 때는 모름지기 그 종국의 결과를 생각하고 거행해야 할 것입니다.

37 진순(陳荀)의 폐단 : 《송자대전수차》 권8에 "진식(陳寔)과 순숙(荀淑)의 일을 논한 것이다."라고 하였다. 진식과 순숙은 모두 후한(後漢)의 명현(名賢)이다.

조복형에게 답함 무신년(1668, 현종9) 9월 17일

答趙復亨 戊申九月十七日

지척 간에 있으면 만나기 쉽다는 말은 참으로 빈말입니다. 그러나 구름 낀 소나무와 시내 골짜기는 화양동(華陽洞)과 서로 비슷하니, 거의 "숲이 깊어 산길이 어두우니〔林深山路黑〕"[38]라는 시구를 짓고 싶어집니다. 다만 그대 같은 사람은 비록 너무 자주 오더라도 싫지 않으나 형편이 편지에서 말한 바와 같으니, 어찌하겠습니까.

나는 근래에 협통(脇痛)을 앓아 굴신하기가 몹시 어려우니, 괴롭고 괴롭습니다. 석과(碩果)는 참으로 이달의 형상과 부합하니,[39] 정말 고맙습니다. 끝으로 조만간 저녁에 한번 와 주기를 바랍니다.

38 숲이……어두우니 : 주희의 〈사객(謝客)〉 시에 "시골 사람 술을 싣고 와서, 농사 얘기에 저물녘 되었네. 이 뜻 참으로 정성스러우니, 감탄하는 정 어찌 끝이 있으랴. 돌아가거든 자주 오지 말게나. 숲이 깊어 산길이 어두우니."라고 하였다. 《晦庵集 卷6 雲谷雜詩》

39 석과(碩果)는……부합하니 : 석과는 큰 과일이다. 《주역》 〈박괘(剝卦) 상구(上九)〉에 "큰 과일이 먹히지 않는 상(象)이니, 군자는 수레를 얻고 소인은 집을 허물리라." 라고 하였다. 박괘는 9월에 해당하는 괘이다.

조복형에게 답함 무신년(1668, 현종9) 11월
答趙復亨 戊申十一月

벌써 11월이 되어 고향으로 돌아가려는 생각이 더욱 간절하던 차에 이렇게 문안 편지를 받으니, 마치 얼굴을 마주한 듯하여 몹시 위로됩니다.

나는 병증이 날로 심해져서 마음이 위태로워지니, 어떻게 해야 할지 모르겠습니다. 그저께 주상이 사관(史官)을 보내어 들어오게 하므로 병을 무릅쓰고 달려가서 지금 거취 문제를 이야기하고 있습니다. 거취도 아직 정하지 못하였거늘 어느 겨를에 도성에 들어가기를 도모하겠습니까.

박우(朴友)의 편지를 그리워하던 중에 받게 되니, 매우 기쁘고 다행스럽습니다. 그 편지는 넌지시 충고하는 말을 담았으니, 참으로 나를 사랑하는 것이 아니겠습니까. 끝으로 겨를이 있을 때 한번 와 주기를 바랍니다.

○ 오늘의 일을 말하자면 한편으로는 분수상 얻어서는 안 되고 한편으로는 병 때문에 머물 수가 없으니, 거취 문제를 어찌 알기 어렵겠습니까. 또 행조(行朝)의 탑전(榻前)에서 윤허하신 뜻[40]이 아니라면 나도

40 행조(行朝)의……뜻 : 《송자대전수차》 권8에 "이해 2월에 선생이 우상(右相)에 제수되어 모두 12번 상소하였으나 체직을 윤허하지 않았다. 9월에 온궁(溫宮)에 입대(入對)하였을 때, 주상이 함께 가자고 유시하자 선생이 만약 체직해 주신다면 수가(隨駕)하여 올라가겠다는 뜻으로 여러 번 진달하니, 주상이 윤허하였다."라고 하였다.

사직을 아뢸 말이 없지는 않을 것입니다.

표액(表額) 글씨는 써내기는 하였으나 단지 '대(大)' 자의 오른쪽 획이 길고 왼쪽 획이 짧으니, 모쪼록 손질을 가하여 균형이 잡히도록 하는 것이 어떻겠습니까?

조복형에게 답함 무신년(1668, 현종9) 12월 8일

答趙復亨 戊申十二月八日

멀리서 보내온 편지는 후련하고 위로되기 그지없습니다. 내가 오래도록 한강 밖에서 지내는 것이 아무 이유가 없는 듯하나 질병이 가볍지 않아 움직일 수 없기 때문입니다. 형세상 조금 차도가 있기를 기다려야 하고 또 온화한 날이라야 일어나서 출발할 수 있을 것입니다. 무엇보다 성상의 뜻은 비록 알 수 있으나 나에게 이루어 낼 도구가 없으니, 이것이 크게 두려워할 만한 일입니다. 어찌하고 어찌하겠습니까.

듣건대 그대의 건강이 좋지 않다고 하니 염려스럽습니다. 모쪼록 겨를이 있는 날에 《주자어류(朱子語類)》와 《주자대전(朱子大全)》 중에서 오늘날에 마땅한 구절을 힘껏 연구하였다가 함께 만났을 때 토론한다면 좋고 좋겠습니다.

조복형에게 보냄 기유년(1669, 현종10) 2월 24일
與趙復亨 己酉二月二十四日

내가 이 손녀[41]를 현명하게 여겨서 사랑하였기 때문에 지금 그가 요절하여 애통한 심정을 견디지 못하겠습니다. 또 익아(益衙)[42]의 홀로된 며느리가 항상 측은히 여기고 걱정하여 매양 그가 속히 여혼(女婚)을 이루어 의지할 곳이 있기를 바랐건만, 갑작스레 뒤따라 세상을 떠나니 슬프고 가련한 마음이 더욱 간절합니다. 대저 오늘날의 운기(運氣)가 아름답지 못한 줄을 지극히 잘 알겠으니, 이후로 다시 어떤 일이 있을지 모르겠습니다.

손자 주석(疇錫)의 병이 내가 출발하기 전에는 그리 대단하지 않았으나 이미 출발한 날에는 위태롭다는 소식을 들었고 14일부터 23일까지 모두 전혀 지탱할 수 없다는 기별이 오다가 오늘 아침에 조금 나아졌다는 편지를 대략 얻게 되니, 내 마음이 조금 풀릴 뿐입니다.

이번 나의 걸음은 모두 스스로 초래한 일이니, 대개 아뢰어 청한 바는 모두 남들이 몹시 기뻐하지 않는 것입니다. 그러나 사정을 이해하는 사람은 또 모인(某人)[43]이 어리석으면서도 기력이 강하여 종용과

41 이 손녀 : 《송자대전수차》 권8에 "외손녀 윤씨를 가리키는 듯하다. 선생이 그가 요절한 것을 매우 애석하게 여겼으니, 그 제문을 보면 알 수 있다."라고 하였다.

42 익아(益衙) : 익산(益山) 관아이다. 《송자대전수차》 권8에 "선생 숙씨(叔氏)의 임소인데, 조카 송기억(宋基億)이 요절하였다."라고 하였다.

43 모인(某人) : 《송자대전수차》 권8에 "서필원(徐必遠)을 가리킨다. 대개 공물을 재량하여 줄이는 일과 안흥(安興)에 조창(漕倉)을 설치하는 등의 일을 허적(許積)의 뜻

위협을 무엇이든 행하기 때문에 저 사람이 팔을 걷어붙이고 먼저 나섰다가 그 또한 낭패를 당한 것인 줄을 알고 있으니, 이는 가련하게 여길 일이지 미워할 일은 아닙니다. 저 일이 비록 발생하였더라도 또한 반드시 돌아가려는 뜻은 없었는데, 갑작스레 하나의 일이 생겨서 대단히 편안하지 않으므로[44] 결연히 남쪽으로 돌아온 것이니, 이는 묵묵히 이해할 수 있을 것입니다. 돌아와서 새로 병이 났기 때문에 하나하나 다 말하지 못합니다.

별지

주 선생(朱先生 주희(朱熹))의 따님이 계사년(1173)에 태어났고 조씨(趙氏)와 정혼(定婚)하여 이미 납폐(納幣)를 거행한 후에 죽었는데, 조씨가 그대로 선생의 집안과 혼인을 논의하려고 하였습니다. 그 뒤 선생의 손녀사위 중에 조씨가 두 명이 있었으니, 혹 그 사람인 듯하나 미처 상세하게 상고하지는 못하였습니다. 지금 이 죽은 아이도 마침 계사년(1653, 효종4)에 태어났고 그대 집안과 혼사를 정한 후에 요절하였으니, 그 일이 또 같습니다. 죽은 아이에게 14세 되는 동생이 있는데 이는 우리 집안에서 마음대로 할 수 있는 바가 아닙니다. 그러나 그대가 만약 뜻이 있다면 부디 묵묵히 마음에 담아 두었다가 가만히 알려 주기를 바라니, 어떻게 생각할지 모르겠습니다.

에 맞추어 상소하면서 선생을 논척하였다."라고 하였다.

44 하나의……않으므로 : 《송자대전수차》 권8에 "선생이 부마(駙馬) 궁가(宮家)들의 분수에 넘는 행위를 아뢰었으나 주상이 곤란하게 여길 뿐 아니라 시론(時論) 또한 대부분 동조하지 않았는데, 아마 이 일을 가리키는 듯하다."라고 하였다.

서울에 있을 때 요청에 부응하여 지은 글이 실로 많으나 모두 종이 무더기 속에 들어 있어 그 소장된 곳을 자세히 알지 못합니다. 서울에 도착하거든 모쪼록 우리 손자와 진사(進士) 윤이성(尹以性) 형제 혹은 구생(具生)에게 물어보는 것이 어떻겠습니까? 윤 진사는 매우 얻기가 쉽지 않은 사람이니, 모쪼록 그와 함께 절차탁마하기를 바랍니다.

조복형에게 답함 기유년(1669, 현종10) 7월 26일
答趙復亨 己酉七月二十六日

보내온 편지의 내용은 모두 잘 알았습니다. 나는 인생이 얼마 남지 않았음을 스스로 느끼기 때문에 관속으로 들어가기 전에 예전에 배운 이치를 복습하려고 항시 조용한 곳에 들어가서 책을 펴서 읽고 있으나 이 또한 얼마의 시간을 얻을지 모르겠습니다.

회덕 현감(懷德縣監)은 필시 말을 지어내거나 일을 만들어 내는 사람이 아닙니다. 남들의 분분한 이야기는 절로 나와 상관된 일이 아니니, 그저 분분한 대로 맡겨 둘 뿐입니다.

두 집안의 일에 대하여 운운한 말씀[45]은 그대의 뜻이 진실로 두텁고도 깊습니다. 그러나 진실로 군자라면 절로 응당 뜻이 같고 도가 합치하여 처음에는 비록 어긋나더라도 끝에 가서는 반드시 일치하게 되겠지만, 만약 향기로운 풀과 악취 나는 풀, 얼음과 숯불 같다면 형세상 어긋나지 않을 수 없을 것이니, 합치하지 못하는 것이 또 무슨 문제가 되겠습니까. 단지 향기로운 풀이 되고 얼음이 되는 데에 힘을 써서 그의 합치하고 합치하지 않음을 살펴볼 뿐입니다. 만약 말류(末流)로 내달려서 구차하게 같기를 구한다면 눈앞에서는 혹 미봉(彌縫)하여 지나가더라도 끝내 군자의 향기로운 풀이 되지는 못할 것입니다. 나의

45 두……말씀 : 《송자대전수차》 권8에 "선생이 윤선거(尹宣擧)의 일을 책망하자 조공(趙公)이 필시 운운한 것이 있었기 때문에 선생의 답이 이와 같은 것이다."라고 하였다.

뜻이 이와 같으니, 어떻게 여길지 모르겠습니다.

박화숙(朴和叔 박세채(朴世采))은 주자서(朱子書)를 익숙히 읽은 사람인데도 내가 끝내 거절을 당하지 않았으니 매우 영광이고 다행입니다. 그러나 나에게 거절을 당하지 않을 실상이 없지만 또한 남을 속인 죄를 면하지 못할 것이니, 매우 두렵고 두렵습니다.

아무개 대감이 지난겨울에 와서 성고(聖考)의 밀지(密旨)를 말하였는데, 당시에 어찌 나에게 말해 주지 않았습니까? 다른 사람은 혹 스스로 외면할지라도 내가 어찌 감히 먼저 나서지 않겠습니까. 이는 실로 천리(天理)와 인심(人心)을 속일 수 없는 것이니, 내가 믿는 것이 또한 마땅하지 않겠습니까. 교인(校人)이 물고기를 삶아 먹은 것이야 자산(子産)이 알 수 있는 바가 아니니,[46] 어떻게 여길지 모르겠습니다. 여러 가지 이야기는 마침 산방(山房)에 와서 두 손자 아이를 보내느라 매우 어수선하여 이만 줄입니다.

46 교인(校人)이……아니니 : 이치에 맞는 말로 속인다면 나도 속을 수밖에 없다는 뜻이다. 교인은 못을 맡아보던 낮은 관리이다. 정(鄭)나라 자산이 물고기를 선물 받아 교인에게 못에다 기르게 하였는데, 교인이 삶아 먹고서 놓아주었다고 복명하니, 자산이 속아 넘어간 일이 있었다. 이를 두고 맹자가 말하기를 "군자는 이치가 있는 말로 속일 수 있으나 이치가 없는 말로 속이기가 어렵다."라고 하였다. 《孟子 萬章上》

조복형에게 답함 기유년(1669, 현종10) 11월 5일
答趙復亨 己酉十一月五日

서리와 눈이 함께 쌓여 산속이 적막하던 중에 뜻밖에 그대의 편지가 훌쩍 날아와서 봉투를 뜯어 여러 번 읽어 보니, 위로되고 후련한 마음을 견디지 못하겠습니다.

나는 상화(喪禍)가 자주 이어져서 그저께 종질(從姪)을 도로에서 곡하였으니,[47] 슬프고 괴로운 마음이 배로 절절합니다.

별지의 내용은 모두 잘 알겠습니다. 이곳은 궁벽함이 유달리 심하니, 바깥의 일을 어떻게 들을 수 있겠습니까. 비록 유객(遊客)이 방문하는 일이 가끔 있기는 하나 언제나 동파(東坡)의 "세상일을 말하거든 큰 술잔으로 벌주를 먹이리라."라는 시구[48]를 암송할 뿐입니다.

그대의 부친이 끝내 벼슬을 그만둘 수 있었으니, 매우 기쁘고 다행스럽습니다. 그대가 승진하여 벼슬을 옮긴 것은 비록 격례(格例)는 아니나 요직을 사양하고 한직에 나간 것은 의리에 온당한 듯합니다. 이후에도 그대로 또한 한가로울 수 있다면 매우 좋겠으나 아마 행운이 겹치지

47 종질(從姪)을 도로에서 곡하였으니 : 《송자대전수차》 권8에 "야은공(野隱公) 송시영(宋時榮)의 아들 송기륭(宋基隆)이 온정(溫井)에 갔다가 여관에서 세상을 떠나니, 선생이 몸소 가서 치상(治喪)하고 돌아왔다."라고 하였다.

48 동파(東坡)의……시구 : 동파는 송나라 소식(蘇軾)의 호이다. 소식의 〈증손신로(贈孫莘老)〉 시에 "아, 나와 자네는 오랫동안 무리를 떠났으니, 아무 일도 듣지 않아 귀와 마음이 다 식었네. 만일 청산을 마주하여 세상일을 말하거든, 의당 큰 술잔으로 자네에게 벌주를 먹이리라."라고 하였다. 《東坡全集 卷4》

는 않을 듯합니다. 다만 글을 읽어 마음을 윤택하게 하는 일은 정히 늦출 수 없으니, 모름지기 언제 어디서나 이 학문을 잊지 않는 것이 어떻겠습니까? 나는 기력이 더욱 쇠퇴하여 비록 책자를 완전히 내던지는 지경에 이르지는 않았으나 큰 것은 잊어버리고 작은 것은 빠뜨려서 두서를 이루지 못하고 있습니다. 살아 있을 날은 많지 않고 지나간 일은 되돌리기 어려우니, 어찌하고 어찌하겠습니까.

별지

연산군(燕山君)과 광해군(光海君)에게 후사(後嗣)를 두는 일은 선배(先輩) 장자(長者) 중에 언급한 분이 많이 있었으나 단지 감히 공공연하게 이야기하지는 못하였습니다. 두 군(君)이 비록 무도하여 폐위를 당하였으나 선왕(先王)의 명을 받아 한 나라에 군림하였으니, 절로 여느 왕자와는 다를 것입니다.

계해년(1623, 인조1)에 여러 노선생(老先生)이 모두 폐조(廢朝)의 후사를 보전하는 것을 최초의 제일의(第一義)로 삼았으니, 광해군이 폐위되었을 때 수몽(守夢 정엽(鄭曄))은 곡하고 전송해야 한다는 논의까지 하였고 광해군이 죽었을 때 종백(宗伯) 이현영(李顯英)은 거애(擧哀)해야 한다는 의론이 있었습니다. 비록 모두 저지당하여 실행되지는 못하였으나 인심이 어디에 있는지는 알 수 있습니다. 더구나 연산군은 단지 황음(荒淫)하고 살육(殺戮)하였을 뿐, 광해군처럼 패역한 데에는 이르지 않았기 때문에 중종이 반정(反正)하던 날에 그 소식을 듣고 눈물을 흘린 자도 있었으니, 이는 또 계해년의 인심과 차이가 있습니다. 대저 각박하게 하여 잘못되기보다 차라리 후하게 하다가 잘못되는 편이 나으니, 지금 이러한 일종의 의론은 가볍게 논의할 수 없습니다.

계해년에 선사(先師) 문원공(文元公 김장생(金長生))은 고향에 있었고 청음(淸陰) 문정공(文正公 김상헌(金尙憲))은 상중(喪中)에 있었는데 모두 여러 훈구(勳舊) 재신(宰臣)에게 장서(長書)를 보냈으니, 모쪼록 구대(久台)[49]와 영령(永令)[50]에게 그 초본을 구해 보는 것이 어떻겠습니까? 광해군이 죽었을 때 폐세자(廢世子)를 보전하여 그 제사를 주관하게 하지 못한 것을 한스럽게 여긴 사람이 있었다는 이야기를 들은 것 같습니다.

49 구대(久台) : 구지(久之) 대감이라는 말로, 김상헌의 손자 김수항(金壽恒)을 가리킨다. 구지는 김수항의 자이다.

50 영령(永令) : 영숙(永淑) 영감이라는 말로, 김장생의 증손 김만기(金萬基)를 가리킨다. 영숙은 김만기의 자이다.

조복형에게 답함 경술년(1670, 현종11) 2월 11일

答趙復亨 庚戌二月十一日

그리운 회포가 아득히 일어나서 보고 싶어도 볼 수 없는 이때 그대의 편지를 받게 되니, 이 마음에 조금 위로됩니다.

나는 병이 날로 더욱 괴로워져서 죽음만 있을 뿐이니, 오히려 무엇을 바라겠습니까. 일이 없을 때 대략 책자를 보면 간혹 마음에 맞는 부분이 있으니, 종전에 한만(閑漫)한 일에다 세월을 허비한 것을 매우 아쉬워합니다. 그대는 지금 한가한 처지에 있으니 모쪼록 이 학문을 가지고서 힘써 옛사람의 책을 연구하여 근원을 배양하기를 깊이 바라고 바랍니다. 저 천백 마리 파리와 모기가 미친 듯이 앵앵거리더라도 어찌 귓가에 걸릴 것이 있겠습니까.

얼굴을 마주하여 의논할 길이 없으니 단지 스스로 아쉬울 뿐입니다.

조복형에게 답함 경술년(1670, 현종11) 3월 20일
答趙復亨 庚戌三月二十日

안전하게 평탄한 길을 따라가는 것은 무후(武侯)의 병법(兵法)[51]입니다. 그러나 이를 이어 모름지기 팔진(八陣)의 군영(軍營)이 연결된 듯이 하고 화종(華宗)의 허술한 작전을 본받지 말아야 하니,[52] 그렇게 하면 참으로 무후를 잘 배운 것입니다. 그저 우습고 우습습니다.

멀리서 보내온 편지를 받고 부모님을 모시며 지내는 일상이 편안한 줄을 알게 되니, 얼마나 위로되는지 모르겠습니다. 나는 날로 더 노쇠해지니, 저승에 이를 날이 정히 어느 때에 있을지 모르겠습니다. 화숙(和叔 박세채(朴世采))은 보지 못하고 있습니다. 그러나 이곳에서 이 친구를 대할 수 있다면 참으로 매우 기이하고 특별한 일이겠지만 어찌 이것이 가능하겠습니까.

공문서를 처리한 뒤에 책을 읽는 것은 실로 정암(靜菴) 조광조(趙光祖) 선생이 원하였던 바이니, 그대가 만약 이를 해낼 수 있다면 이처럼

51 안전하게……병법(兵法) : 무후는 제갈량(諸葛亮)의 시호이다. 제갈량이 제1차 북벌에 나섰을 때, 위연(魏延)이 정예병 5000을 데리고 자오곡(子午穀)을 통해 장안에 진격하겠다는 계책을 내자 제갈량이 "위험한 길을 지나는 것은 안전하게 평탄한 길을 따라가서 농우를 취하는 것만 못하니 만전을 다하면 반드시 이겨서 걱정이 없을 것이다."라고 하며 받아들이지 않았다. 《資治通鑑 卷71 魏記3》

52 팔진(八陣)의……하니 : 팔진은 고대의 여덟 가지 진법(陣法)이다. 주희가 말하기를 "도학의 글은 무후의 군영(軍營) 보루(堡壘)와 같이 치밀하고 빈틈없어야 하니 화종의 허술한 작전에 견줄 것이 아니다."라고 하였다. 《晦庵集 別集 卷2 劉智夫》 화종은 춘추 시대 송(宋)나라를 배반하였다가 전쟁에 패한 화씨(華氏) 종족을 가리킨다.

좋은 일이 어디 있겠습니까. 나의 막냇동생(송시걸(宋時杰))을 대신할 수 있다면 참으로 좋겠습니다.

조복형에게 답함 경술년(1670, 현종11) 6월 21일

答趙復亨 庚戌六月二十一日

이 내한(李內翰) 측 사람이 그대의 안부 편지를 전해 주니, 기쁘고 후련하기 그지없습니다. 편지를 보낸 뒤로 벼슬하는 일상이 더욱 신명의 도움을 받으리라 생각합니다.

나는 지난 몇 해 동안의 병증이 올여름에 더 심해져서 날마다 탕약을 밥 먹듯 먹고 있으니, 이와 같은데도 지탱할 수 있겠습니까. 다행하게도 깊은 산속에 칩거하여 한가한 시빗거리를 듣지 않기에 자못 편하고 고요함을 느낍니다.

모사(某事)[53]는 비록 내가 힘쓰더라도 또한 해결하기 어려우니, 지금 어떻게 결말이 났는지 모르겠습니다.

〈인술(仁術)〉 시(詩)[54]는 외람되이 부응하여 글씨를 썼으나 종이가 필력처럼 좋지 않아 볼만하지 못하니, 장독 뚜껑으로 쓰면 좋겠습니다.

내가 지은 다른 집안의 글이 많지 않은 것은 아니며 소장(疏章) 또한 적지 않으나 평소 원고를 남겨 두기를 좋아하지 않아서 집안에 등사해 놓은 책자가 하나도 없습니다. 지난해 한원(漢原)[55]에 대한 글을 그

53 모사(某事) : 《송자대전수차》 권8에 "당시 김징(金澄) 공이 장오죄(贓汚罪)의 오명을 입어 형추(刑推)하라는 명이 있기까지 하였는데, 이 일을 가리키는 듯하다."라고 하였다.

54 인술(仁術) 시(詩) : 《송자대전수차》 권8에 "〈인술〉 시는 주자(朱子)의 시이다. 조공(趙公)이 이 시를 선생에게 써 달라고 청하여 응한 것이다."라고 하였다.

55 한원(漢原) : 한원부원군(漢原府院君) 조창원(趙昌遠)이다. 《송자대전》 권166에

집안이 원본을 잃어버려 나에게 요구하였으나 부응하지 못한 것은 이러한 이유 때문입니다. 오직 회덕(懷德)의 박생 세진(朴生世振)이 내가 마침 붓을 잡을 때마다 기록하여 갔으니 이 사람 집에 혹 제법 있을 것이고 그 나머지는 회령(會寧)에서 온 최생 신(崔生愼) 또한 그렇게 하였습니다. 모쪼록 아들 녀석을 통하여 두 생(生)에게 물어보는 것이 어떻겠습니까? 그러나 이때 여러 조(曹)의 아전에 부탁함으로써 말썽을 초래하는 것은 아마도 온당하지 않지 않겠습니까. 다시 생각해 보기를 바랍니다.

황촉(黃燭)은 산간(山間)에 달이 없을 때 관솔불을 태우느라 얼굴을 그을리는 것을 면할 수 있으니, 매우 다행입니다. 이만 줄입니다.

〈한원부원군조공신도비명(漢原府院君趙公神道碑銘)〉이 실려 있다.

조복형에게 답함 경술년(1670, 현종11) 8월 28일

答趙復亨 庚戌八月二十八日

병중에 그대를 그리워하는 마음이 특별히 심하던 차에 홀연히 이달 9일의 편지와 별지를 받게 되니, 위로되고 후련하기 그지없습니다.

나는 지난달에 병이 심하여 이달 초에 의원을 찾았고 그 길로 선영에 도착하였다가 장차 산으로 들어가려고 하였는데, 갑자기 성상의 유지(諭旨)가 있다는 소식을 들었습니다. 이는 필시 나를 불러들이는 명일 것이니, 황공하여 몸 둘 바를 모르겠습니다.

별지의 첫 번째 조목 질문 중에 주자가 연평(延平 이동(李侗))에게 가르침을 받은 뜻을 인용한 것은 장차 주자의 도를 펼쳐 보려는 것일 터이니, 다행스럽기 그지없습니다. 그렇다면 내가 답하는 내용이 또한 어찌 연평이 말한 것에서 벗어나겠습니까.

또 민간에 사치하는 풍속이 이미 고질을 이루어 비록 죽더라도 나쁜 옷을 입거나 나쁜 음식을 먹으려 하지 않으니, 이러한 습속은 어찌 연유한 바가 없겠습니까. 현재 죽는 백성이 매우 많은데도 수령이 죄를 두려워하여 보고하려 하지 않고 또 혹 사람이 죽었다고 말하면 수령이 문득 노여워하기 때문에 사람들이 감히 말하지 못하고 있습니다. 오늘의 일은 이와 같지 않은 것이 없으니, 이러한 유로써 미루어 보면 나머지는 모두 알 만합니다.

또 예로부터 법을 버리고 정치를 잘한 자는 없었는데, 법이 거행되는 것은 반드시 가까운 곳으로부터 시작됩니다. 오늘날 여러 공주(公主)의 저택이 규정을 넘어 백성의 전답을 빼앗고 있으니, 어느 것이든다 국법으로 응당 금지해야 할 바가 아니겠습니까. 이는 모두 성상이 사사로운 뜻을 버리지 않아 초래된 일이니, 이 뜻을 먼저 없애지 않는다면 비록 공맹(孔孟)과 정주(程朱)가 날마다 평소 곁에서 모시고 있더라도 일에는 도움이 되지 않을 것입니다. 그대가 스스로 헤아려 보건대 이러한 일을 진언할 수 있다면 모쪼록 그 지위에 있어야 할 것이고 만일 그렇게 할 수 없다면 시종 사직하고 물러나느니만 못할 것이니, 어떻게 여길지 모르겠습니다.

이산(尼山)에 사당을 세우려는 의논에 대하여 말하자면, 당초에 그 문하의 여러 사람이 미처 반혼(返魂)도 하기 전에 양호(兩湖)의 유생을 모아 두 번 통문을 돌린 뒤에야 간략히 소식을 듣게 되었고 또 혹 너무 급하다는 의론이 있자 또 망설이며 지체하고 있다는 소식을 들었습니다. 그 뒤에 제생(諸生)이 와서 내게 묻기에 대답하기를,

"설사 당초에 질문을 받았더라도 하나의 설을 제시하였을 것이오. 율곡(栗谷 이이(李珥))을 석담서원(石潭書院)에 응당 제향해야 하는 것은 삼척동자라도 어찌 알지 못하겠소. 그러나 우계(牛溪 성혼(成渾))조차도 감히 마음대로 결단하지 못하였으니, 하물며 그보다 못한 사람이 감히 스스로 우계보다 낫다고 할 수 있겠소."

하였습니다. 그 뒤에 또 찾아와서 질문하기에 대답하기를,

"상소하여 아뢴 뒤에 사당을 세우는 것은 이미 조가(朝家)의 법령이 되었으니, 어찌 먼저 이러한 절차를 밟지 않는단 말이오."

하니, 제생이 잘 알았다고 하며 돌아갔습니다. 그런데 지금 내가 사당 건립을 달가워하지 않는다는 말을 보게 되니, 황공한 마음을 견디지 못하겠습니다. 내가 이 일을 어찌 감히 권하거나 저지하겠습니까. 그저 저곳의 제생이 십분 온당하게 일을 처리하여 낭패를 당하지 않기를

바랄 뿐입니다. 지금 듣건대 김 부학(金副學)이 또한 아뢰는 의논을 주관한다고 합니다. 그렇다면 그 형세가 응당 여기에서 벗어날 것이니, 이후로는 사사로이 분쟁할 단서가 없게 될 것입니다.

보내온 종이는 적어서 돌려보냅니다. 목향(木香), 사인(砂仁), 익지(益智), 백두구(白豆蔻)는 내가 복용할 약재로 필요한 것이니, 찾아서 보내 줄 방도가 있겠습니까? 퇴계(退溪 이황(李滉))의 《경서변의(經書辨疑)》를 간절히 얻어 보고 싶으니, 부디 나를 위하여 도모해 주기를 바랍니다. 매우 바빠서 이만 줄입니다.

조복형에게 답함 경술년(1670, 현종11) 10월 3일
答趙復亨 庚戌十月三日

이미 지나간 일이야 어찌할 수 없다지만 장차 다가오는 일은 어떻게 해야겠습니까? 일찍이 진천(鎭川)의 노정(路程)에 있을 때 그대는 내가 서울에 들어간다는 소문을 잘못 듣고 곧바로 돌아갈까 염려하여 사람을 시켜 편지를 보내어 알리게 한 뒤에 바야흐로 산속으로 향하였으니, 이는 반드시 서로 길이 어긋나지 않게 하려는 것이었습니다. 이에 보내온 편지를 받고 보니, 이 때문에 마음이 멍해집니다. 그러나 내가 취할 오늘의 의리는 응당 문을 굳게 닫고 사람을 사절하는 것이니, 비록 그대일지라도 어찌 오지 않는 것이 낫지 않겠습니까.

나는 병이 날로 더욱 깊어지고 운기(運氣)도 이와 같으니, 이 세상에 머물 시간이 얼마 되지 않을 듯합니다. 이후로 서로 만날 기약이 없으니, 더욱 자중자애하여 복이 더하기를 바랍니다. 말지(抹紙)는 감사하게 잘 받았습니다. 많은 이야기는 병으로 인하여 하나하나 다 말하지 못합니다.

조복형에게 답함 경술년(1670, 현종11) 12월 9일

答趙復亨 庚戌十二月九日

보내온 편지의 내용은 삼가 잘 알았습니다. 분지(盆池)[56]의 작은 풍랑은 모름지기 강절(康節)이 베개에 기대어 보는 풍경[57]을 제공할 것입니다.

나는 먹을 양식을 얻기 어려워서 식솔을 데리고 서쪽으로 돌아오지 않을 수 없었으니, 누가 "입과 배는 스스로 찾아서 먹을 수 있다."라고 하였습니까.

사당의 편액은 글씨를 써서 보내니, 모쪼록 아들 녀석과 헤아려서 처리하기를 바랍니다. 오늘 그대를 위하여 원하는 바는 오직 귤을 먹으려는 계책을 하는 것뿐입니다.[58]

56 분지(盆池) : 땅에 동이를 묻고 물을 끌어들여 조성한 작은 연못으로, 관상할 만한 수생(水生) 화초를 심는 용도로 쓰인다.

57 강절(康節)이……풍경 : 강절은 북송의 유학자 소옹(邵雍)의 시호이다. 소옹이 일찍이 벗의 집을 방문하여 낮에 누워 있다가 아이가 장난하는 그림이 그려진 침병(枕屛)을 보고 그 위에 쓰기를 "드디어 은거하여 누워 있는 사람으로 하여금, 베개에 기대어 애들의 장난을 보게 하누나.〔遂令高臥人, 欹枕看兒戲.〕"라고 하였다. 《宋名臣言行錄外集 卷5 邵雍》

58 오직……뿐입니다 : 그대가 귀양 갈 작정을 하고 간언하기를 바란다는 말이다. 《송자대전수차》 권7에 "옛날 귀양지는 대부분 남방에 있었고 귤은 남방에서 생산되므로 이러한 말이 있는 것이다."라고 하였다.

조복형에게 답함 신해년(1671, 현종12) 8월 19일

答趙復亨 辛亥八月十九日

일찍이 그대의 문안 편지를 받았으나 병이 극심하고 지역이 후미져서 답장을 보내지 못하였는데, 지금 선장(善長)의 행차 편에 다시 그대의 편지를 받게 되니, 병중에 위로되는 마음이 더욱 다시 어떠하겠습니까.

나는 병으로 중간에 일찍이 벼슬을 그만두고 죽을 날을 기다리고 있었는데, 다행히 성상의 은혜[59]에 힘입어 오늘이 있게 되었습니다. 그러나 단지 뼈만 남았고 구금(口噤)으로 입을 벌리지 못하며 남아 있는 쇠잔한 목숨도 날이 갈수록 미약해지니, 이와 같은데 어찌 회춘할 가망이 있겠습니까. 옛사람이 "죽음이 문종이 너머에 있는 것과 같다."[60] 라고 한 말 또한 느슨한 비유라고 하겠습니다.

나는 항상 그대가 남쪽의 지방관으로 내려온다면 아마 조용히 이야기를 나눌 수 있으리라 생각하였으나 온갖 일에 꽁꽁 묶여서 벗어날 길이 없을 듯하니, 기유년(1669) 봄에 다급하게 작별하였던 것이 마침

59 성상의 은혜 : 《송자대전》 부록 권6 〈연보〉 숭정(崇禎) 44년(1671) 8월 조(條)에 "5일, 선생이 지난달부터 이증(痢症)이 매우 위중하므로 상이 특별히 태의(太醫)를 보내어 간호하게 하였다."라고 하였다.

60 죽음이……같다 : 정이(程頤)의 숙조(叔祖)가 마흔 살이 되기 전에 집안사람에게 말하기를 "내가 내년에 죽을 것이다."라고 하였고, 몇 달이 지난 뒤에 당(堂) 앞의 집을 가리키며 "나의 죽음은 이 집 너머에 있는 것과 같다."라고 하였고, 또 몇 달 뒤에 방안의 창을 가리키며 "나의 죽음은 이 문종이 너머에 있는 것과 같다."라고 하더니, 얼마 지나지 않아 세상을 떠났다고 한다. 《二程文集 卷13 家世舊事》

내 천고의 이별이 되고 말까 두렵습니다. 국가가 불행하여 위태로움이 이 지경에 이르렀으니, 공사 간의 크고 작은 일들이 장차 어떻게 결정될지 모르겠습니다. 만약 명백하게 한번 죽을 수 있다면 좋겠으나 이 또한 쉬운 일이 아닙니다.

근래에 듣건대 영호남(嶺湖南) 적도(賊徒)의 공초(供招)에 "그 뜻은 이 홍곡(鴻鵠)을 두려워한다."라고 하였다고 하니, 법망에 누락된 자가 만약 다시 만연하게 된다면 갈영(葛榮)과 황소(黃巢)[61] 같은 변란을 누가 막을 수 있겠습니까.

지구(知舊)들이 간혹 나에게 식솔을 데리고 멀리 피하기를 권하지만 온 나라가 끝없이 혼란하니, 장차 어디로 가겠습니까. 참으로 《시경》 〈절남산(節南山)〉에서 말한 "위축되어 달려갈 곳이 없다."라는 것입니다.

군범(君範)[62]에게는 바빠서 따로 답장을 적지 못하니, 이 편지를 함께 읽어 보는 것이 어떻겠습니까?

61 갈영(葛榮)과 황소(黃巢) : 갈영은 북위(北魏) 말 농민 반란군의 우두머리로, 526년에 난을 일으켜 스스로 천자라고 칭하고 국호를 제(齊)라고 하였으나 2년 뒤에 이주영(爾朱榮)에게 잡혀 처형되었다.《魏書 孝莊紀》 황소는 당(唐)나라 말기 농민 반란군의 우두머리로, 878년에 난을 일으켜 장안(長安)을 점령하고 국호를 대제(大齊)라고 하였으나 884년에 사타족(私陀族) 이극용(李克用)에게 진압되어 살해되었다.《新唐書 黃巢列傳》

62 군범(君範) : 조근(趙根)의 아우 조해(趙楷)의 자(字)이다.

조복형에게 답함 신해년(1671, 현종12) 10월 9일
答趙復亨 辛亥十月九日

〈소아(小雅)〉의 시 세 편을 익히는 중에[63] 매양 미치지 못할 듯이 생각하는 것[64]이 가장 절실하고도 중요합니다. 그대가 오늘 맡은 일[65]은 실로 백성의 고락(苦樂)과 관계되니, 그대가 감히 쉽게 여기지 않고 이러한 질문을 한 것이 마땅하다고 하겠습니다. 대저 《주역》 손괘(損卦)와 익괘(益卦)의 위와 아래를 덜거나 더해 주는 뜻[66]은 그 이치가 매우 분명합니다. 하물며 큰 흉년을 만나 백성이 살아남지 못한 뒤의 상황은 또 평상의 해와 다르니 말할 것이 있겠습니까.

나는 본래의 병증이 줄어들기는 하였으나 설사, 학질, 해수(咳嗽)가 연속으로 발작하고 이제는 부기(浮氣)가 정강이에 나타나고 있습니다.

63 소아(小雅)의……중에 : 벼슬살이하면서 소임을 수행하는 중이라는 말로 보인다. 《예기》 〈학기(學記)〉에 "《시경》 〈소아〉의 〈녹명(鹿鳴)〉, 〈사모(四牡)〉, 〈황황자화(皇皇者華)〉 세 편의 시를 익히니, 이는 벼슬살이하며 임금을 섬기는 도리를 기대한 것이다."라고 하였다.

64 매양……것 : 《시경》 〈소아 황황자화〉에 "달려가는 정부여, 매양 미치지 못할 듯이 생각하도다.〔駪駪征夫, 每懷靡及.〕"라고 하였다.

65 오늘 맡은 일 : 《손암집(損庵集)》 〈연보〉에 의하면, 조근(趙根)이 신해년 8월에 경상도 경차관(慶尙道敬差官)에 제수되어 9월에 영남으로 가서 기민을 구제하였다.

66 손괘(損卦)와……뜻 : 《주역》 〈손괘 단(彖)〉에 말하기를 "손(損)은 아래에서 덜어 위에 더하여 그 도가 올라가 행하는 것이다."라고 하였고, 〈익괘 단〉에 말하기를 "익(益)은 위에서 덜어 아래에 더해 주니 백성의 기쁨이 무궁하고 위로부터 아래에 낮추니 그 도가 크게 빛난다."라고 하였다.

이는 의원도 두려워할 증세보다 심하니, 고요히 죽음을 기다리는 일 밖에 다시 무엇을 바라겠습니까. 이런 까닭으로 그대가 앞 편지에서 부탁한 것은 부응할 길이 없고, 어제 받은 지난달 21일의 편지는 다시 마음이 두려워지기는 하지만 나의 의사(意思)가 쇠락하여 또한 자력으로 해낼 수가 없습니다. 오늘 새벽에 기운이 조금 회복될 기미가 있기에 속히 등불을 가져오게 하여 빨리 적어서 올리니, 필시 하자나 빠진 부분이 많을 것입니다. 부디 의흥(義興)과 함께 상량하여 취사하되 안면과 인정에 구애되지 말 것이니, 이는 체면을 따지지 않는 도입니다. 많은 이야기는 기운이 모자라서 이만 줄입니다.

○ 서로 토론할 일이 있을까 봐 본장(本狀)을 공책의 남은 종이에 남겨 두었고 마침 진어(進御)한 글이 있어 소용이 될 만하기에 이에 감히 제출(除出)합니다. 홀로 남은 쇠잔한 백성은 실로 함께 보살펴야 하지만 교활한 관리나 강포한 자들 또한 응당 다스려야 하니, 이는 병아리를 기르는 사람은 반드시 여우와 살쾡이를 제거해야 한다는 뜻입니다. 주 부자(朱夫子 주희(朱熹))가 일찍이 정성을 다하였던 것은 필시 여기에 있었을 것입니다.

조복형에게 답함 임자년(1672, 현종13) 윤7월 22일

答趙復亨 壬子閏七月二十二日

인편으로 보내 준 편지를 받고서 장차 남쪽으로 행차할 일[67]이 있는 줄을 알게 되었습니다. 내려갈 때는 보지 못하더라도 돌아오는 날 과연 서로 만날 수 있다면 얼마나 다행이겠습니까. 다만 직임을 면하려는 뜻을 품었으니, 혐의할 만한 것이 어떤 일인지 모르겠습니다. 그러나 벼슬살이하는 도리상 하루 내직에 앉아 있는 것은 하루 외직에 처하는 것만 못하니, 범 충선(范忠宣)의 가법(家法)[68]이 정히 좋습니다.

나는 슬픔과 괴로움 속에 날을 보내고 있으니, 얼마 지나지 않아 꺾이고 쇠잔하여 죽지 않겠습니까.

67 남쪽으로 행차할 일 : 《손암집》 〈연보〉에 "임자년 윤7월, 전라좌도 경시관(全羅左道京試官)에 차임되었다. 처음에는 경상도에 차임되었으나 공이 3년 만에 영남의 시험을 다시 맡는 것을 온당하지 않게 여겼으므로 이조 판서 이경억(李慶億) 공이 진달하여 바꾸어 차임한 것이다."라고 하였다.

68 범 충선(范忠宣)의 가법(家法) : 충선은 송나라 범순인(范純仁)의 시호이다. 《송자대전수차》 권8에 "범 충선이 서울에서 벼슬할 때마다 아침저녁으로 반찬을 두 가지만 장만하여 자신부터 복첩(僕妾)까지 지나칠 정도로 검약하여 배부르게 먹지 못하는 자가 있었고 정부(政府)에 올라서도 또한 그렇게 하더니, 외직에 보임(補任)되어서는 좋은 음식을 모두 다 넉넉히 마련하였다. 어떤 사람이 그 까닭을 묻자 말하기를 '다른 사람의 진퇴 문제가 내 손에 달려 있고 또한 처자에게 누가 되지 않는 것이 없다. 내가 중앙 관직에 있으려고 하면 수고로우면서 또 부족하게 되고 외직에 있으려고 하면 편안하면서 여유가 있게 된다. 그러므로 나의 곁에 있는 사람들이 아침저녁으로 말하는 것을 보면 반드시 외직을 즐겁게 여기고 서울을 그리워하는 뜻이 없으니, 나에게 또한 하나의 도움이 된다.'라고 하였다."라고 하였다.

조복형에게 답함 임자년(1672, 현종13) 9월 8일

答趙復亨 壬子九月八日

그리운 마음이 한창 지극하던 차에 갑자기 이렇게 편지가 도착하여 벌써 과거 합격자를 발표하고 다시 남쪽으로 내려간 사실을 알게 되니, 막힘 없는 안목으로 인재를 선발하여 사론(士論)이 흡족하게 여기리라 생각합니다.[69] 다만 소동파(蘇東坡)의 설로 인하여 주문(朱門)으로부터 비판을 받지만 않는다면[70] 거의 문제가 없을 것입니다.

나는 형을 장사 지낸 다음 날부터 질병이 크게 발작해서 지금 침석에 누워 있으니, 괴롭고 괴로움을 어떻게 하겠습니까.

낙폭지(落幅紙)[71]는 보내 준 대로 잘 받았으니, 몹시 감사합니다. 군평(君平 김만준(金萬埈))의 돈암서원(遯巖書院)에 관한 일은 응당 그대가 말한 대로 해야 합니다. 이 밖의 나머지 이야기는 모두 그대의 수레가 도착하는 날을 기다리겠습니다.

남쪽으로 이사하려는 의론은 내가 실제 힘껏 주장한 것이니, 대개 이곳의 사우들은 더욱더 쇠퇴하여 함께 글을 강론할 사람이 없으나 돈독하고 확실한 석(石)[72]은 쇠퇴하지 않은 듯하므로 그의 도움을 얻어

69 막힘……생각합니다 : 《손암집》 〈연보〉에 "임자년 8월, 호남으로 가서 과거 시험을 보였는데, 사론이 공평하고 분명하였다고 일컬었다."라고 하였다.

70 소동파(蘇東坡)의……않는다면 : 주희가 일찍이 소식(蘇軾)의 문장을 도용한 사람을 합격시킨 왕 상서(汪尙書)를 비판한 적이 있다. 《晦庵集 卷24 與汪尙書書》

71 낙폭지(落幅紙) : 시험에 떨어진 사람의 답안 종이를 말한다.

72 석(石) : 《송자대전수차》 권8에 "석은 현석(玄石) 박세채(朴世采)를 가리키는 듯

노년에 학문을 마무리하는 터전으로 삼으려는 것일 뿐입니다. 만일 그대가 말한 것처럼 반드시 실학(實學) 군자가 된 뒤라야 이사할 수 있다면 온 세상의 도로에는 떠도는 거지가 전혀 없을 것이니, 어찌 이러한 이치가 있겠습니까. 서로 마주하여 크게 한번 웃지 못하는 것이 몹시 아쉽습니다.

힘껏 농사지으며 수신(修身)한다는 말씀은 참으로 지론입니다. 다시 그와 함께 자세하고 소상하게 토론하여 그가 여기에 힘을 얻을 수 있게 한다면 어찌 사람을 사랑하는 큰 덕이 아니겠습니까.

별지

별지의 내용은 모두 잘 알겠습니다. 근래의 일은 결말이 날 기약이 없으니, 우려되는 마음이 어찌 끝이 있겠습니까. 대저 내 생각에는 그 사람[73]이 안으로 주상의 마음을 갉아먹고 밖으로 민생을 해치니, 떠나가지 않으면 나라가 반드시 망할 것입니다. 그러나 내가 한편으로 생각건대 이 사람은 선대 조정에서 의지하고 중시한 사람이니 지금 그저 조용히 떠나가게 한다면 공사(公私) 간의 일의 체모가 모두 마땅하게 될 것입니다. 그런데 뜻밖에 모형(某兄)[74]이 병중에 갑자기 분개한 감정을 드러내면서 말을 조절할 줄 몰라 논란의 빗장

하다."라고 하였다.

73 그 사람 : 《송자대전수차》 권8에 "허적(許積)을 가리킨다."라고 하였다.

74 모형(某兄) : 《송자대전수차》 권8에 "동춘(同春) 송준길(宋浚吉)을 가리킨다. 허적을 논하면서 노기(盧杞)에 견주었다가 주상의 마음을 크게 거슬렀다."라고 하였다. 노기는 당나라 덕종 때의 간신(奸臣)이다.

을 열어 놓았으니, 일은 매우 바르더라도 초야 인사로서 말하고 침묵하는 절도에 있어 옳은지는 모르겠습니다. 그러나 이는 정히 도가 사라지고 자라나는 즈음에 보존하고 망하게 되는 기틀이니, 만약 《주자서절요(朱子書節要)》 제2편에 실려 있는 정 참정(鄭參政)에게 보낸 편지[75]를 본다면 오늘날 조정에 있는 사람 중에 부끄러워할 자가 많을 것입니다. 더구나 염야(髥也)[76]는 관례에 따라 참여하여 마음을 크게 쏟아 진취(進取)를 도모하였다는 소문을 들었으니, 참으로 그렇다면 나머지 사람들이야 어찌 말할 것이 있겠습니까. 석년(昔年)에 온양(溫陽)에서 상전(賞典)의 일로 논쟁할 때, 이 사람이 자못 척리(戚里)에게 스스로 빌붙는 일이 있었습니다. 그래서 원중거(元仲擧)에게 폄척(貶斥)을 받아 탄핵하는 글이 나오기까지 하였으니, 평소에 사람을 알아보지 못한 안목이 매우 부끄럽습니다. 오늘날 조금이라도 구제할 수 있는 사람은 오직 우상(右相)뿐이지만 그의 역량이 과연 사람들의 뜻에 부응할 수 있을지 모르겠습니다.

75 정……편지 : 《회암집》 권29에 실려 있는 〈여정참정찰자(與鄭參政札子)〉이다. 주희가 말하기를 "시사가 이와 같아 식견 있는 사람들이 한심하게 여기는데도 참정께서는 그 사이에 조용히 있으면서 몸소 그 책임을 맡으려고 하지 않으니, 이는 중외(中外)가 깊이 의심하는 바이지만 나는 오히려 그대가 때를 기다렸다가 행동하리라고 생각합니다. 과연 그러합니까, 그러하지 않습니까? 만약 그러하다면 안위(安危)의 기틀이 날로 서로 멀어질 것이니, 또한 조금도 늦출 수 없는 것입니다."라고 하였다.

76 염야(髥也) : 구레나룻이 무성한 사람이라는 뜻으로, 이상진(李尙眞)의 별칭인 듯하다. 《송자대전수차》 권4에 "염야는 이상진을 가리킨다. 일찍이 듣건대 이상진은 구레나룻이 무성하므로 당시 사람들이 곰 정승〔熊相〕이라고 하였다고 한다. 살펴보건대 《동춘당집》과 초려(草廬)의 편지에 또한 염야라고 칭한 것이 많으니, 아마 당시 남들에게 일컬어지던 별칭인 듯하다."라고 하였다.

대저 내 생각에는 일번인(一番人)[77]이 50년이나 국정을 담당하여 국사를 무너뜨린 것이 이렇게 극심한 지경에 이르렀건만 오히려 그칠 줄 모르고 있으니, 만약 이번 기회로 인하여 다른 사람에게 넘겨준다면 어찌 크게 선한 원우(元祐)의 선류(善流)[78]가 아니겠습니까. 선인(宣仁)은 여인 중의 성인(聖人)이니,[79] 선인이 어찌 선류를 조정에 두어 국맥(國脈)을 오래 이어 가려고 하지 않았겠습니까. 그러나 반드시 선류를 일찍 물러나게 하고 관가(官家)에서 모름지기 원풍(元豐)의 당인(黨人)[80]을 등용하게 한 것은 어째서입니까? 진실로 크게 손상시키고 싶지 않았기 때문일 것입니다. 내가 매양 이러한 내용을 친한 사람에게 말해 보았으나 대답을 듣지 못하였으니, 가탄스럽고 가탄스럽습니다.

77 일번인(一番人) : 당파나 이념을 달리하는 쪽의 사람들을 직접 가리키고자 하지 않을 때 쓰는 말이다.

78 원우(元祐)의 선류(善流) : 원우는 북송 철종(哲宗) 때의 연호이고, 선류는 사마광(司馬光), 여공저(呂公著), 문언박(文彦博) 등의 무리를 가리킨다.

79 선인(宣仁)은……성인(聖人)이니 : 선인은 송나라 영종(英宗)의 후비(后妃) 선인황후(宣仁皇后) 고씨(高氏)를 가리킨다. 선인황후는 아들 신종(神宗)이 죽자 어린 철종을 도와 섭정하면서 왕안석(王安石)의 신당을 몰아내고 사마광 등을 등용하여 원우의 성세(盛世)를 이룩하였으므로 사람들이 여중요순(女中堯舜)이라고 일컬었다. 《宋史 后妃列傳 英宗宣仁聖烈高皇后》

80 원풍(元豐)의 당인(黨人) : 원풍은 송나라 신종의 연호이고, 당인은 신법(新法)을 주장한 왕안석 일파를 가리킨다.

조복형에게 답함 계축년(1673, 현종14) 1월 17일

答趙復亨 癸丑正月十七日

나는 지난해 섣달 초부터 질병이 차츰차츰 침범하여 세밑에는 문득 극심해졌으니, 이는 참으로 섣달 그믐날[81]의 소식이라고 스스로 생각하였습니다. 지금 다행히 대략 되살아났으나 아직도 대자리 사이에 누워 있으니, '어떤 다 갚지 못한 묵은 빚이 있길래 아직도 이렇게 괴로워한단 말인가.'라고 다시 스스로 생각하게 됩니다. 이러한 때 그대 형제[82]의 편지를 갑자기 받았는데, 동춘(同春 송준길(宋浚吉))의 상을 말씀하니, 나도 모르게 눈물이 흘러내려 베개를 적십니다. 이를 어찌 쉽게 바깥사람들과 말하겠습니까. 군범(君範 조해(趙楷))의 편지를 지금 다시 받게 되니, 더욱 감사하고 감사합니다.

어제 서울에 사는 한 후생(後生)이 와서 말하기를 "오늘날 서로 버리지 않을 사람은 오직 복형(復亨)과 계주(季周 이단하(李端夏)) 두 사람뿐이다."라고 하거늘, 내가 웃으면서 백사(白沙)의 말[83]을 거론하며 말하기를 "많고도 많구려. 처음에 나는 한 사람도 없다고 스스로 생각하였소."라고 하였습니다. 이 말이 졸음을 없앨 수 있기 때문에 애오라

81 섣달 그믐날 : 다 끝나서 더 이상 희망이 없다는 뜻으로, 임종을 표현하는 불가(佛家)의 말이다.

82 그대 형제 : 조근과 조해를 말한다.

83 백사(白沙)의 말 : 백사는 이항복(李恒福)의 호이다. 그가 지은 글 중에 "많도다. 이것으로 충분하도다."라는 말이 있다. 《白沙集 卷4 元帥權公碑陰記》

지 적어서 올립니다.

나머지 이야기는 남의 손을 빌려서 적느라 다 말하지 못합니다. 예를 갖추지 못합니다.

조복형에게 보냄 계축년(1673, 현종14) 2월 5일
與趙復亨 癸丑二月五日

앞에 보낸 편지는 읽어 보았습니까? 손자 아이가 결국 과거 시험을 치르러 길을 떠났으니, 어찌 회옹(晦翁 주희(朱熹))의 문호(門戶)를 위한 계책이라는 가르침을 잘못 이해한 것이 아니겠습니까. 《주역》〈익괘(益卦) 상구(上九) 상(象)〉의 정전(程傳)에 '비유(非有)'[84]의 '비(非)' 자는 젊은 날 읽었을 때 일찍이 잘못된 것으로 생각하였고 늙은 뒤에도 소견이 또한 그러하니, 모쪼록 중국판《정전》을 상고하여 알려 주는 것이 어떻겠습니까?

84 비유(非有) : 《정전》에 "유익하게 해 주는 이가 없다는 말은 자신에게 치우침이 있음을 그르게 여긴 말이다.〔云莫益之者, 非有偏己之辭也.〕"라고 하였다.

조복형에게 보냄 계축년(1673, 현종14) 3월 17일

與趙復亨 癸丑三月十七日

이전의 답장은 아직도 감사합니다. 오늘 벼슬하는 일상이 어떠합니까? 나는 장사 지내고[85] 돌아와서는 병이 심해져서 또한 장차 지탱하기가 어려울 듯합니다.

《역전(易傳)》의 오자(誤字) 문제는 제시해 주어 매우 다행입니다. 근래 향속(鄕俗)이 무너져서 책을 보는 일을 완전히 내버리고 있으니, 이러한 문제는 함께 상량할 사람이 없습니다. 중숙(重叔 김만중(金萬重)) 같은 사람들은 질문하여도 번번이 대답하지 않으니, 그대처럼 도움을 얻을 수 있는 사람이 거의 없습니다. 그대가 만일 번거롭게 여기지 않는다면 응당 이를 이어서 계속 질문을 올리도록 하겠습니다.

이 한 통의 봉함한 편지를 부디 즉시 정릉동(貞陵洞) 정경흠(鄭慶欽) 진사에게 전해 주는 것이 어떻겠습니까? 이 사람은 중표(中表)[86] 여동생의 아들로, 김정 수창(金正壽昌)[87] 씨와 통혼한 사람이니, 김정에게 물어보면 그 집안을 알 수 있을 것입니다.

85 장사 지내고 : 《송자대전수차》 권8에 "춘옹(春翁) 송준길(宋浚吉)의 장사를 가리킨다."라고 하였다.

86 중표(中表) : 내외종(內外從) 사촌을 말한다.

87 김정 수창(金正壽昌) : 군자감 정(軍資監正)을 지낸 김수창(金壽昌)을 가리키는 듯하다.

군범(君範 조해(趙楷))에게는 따로 편지를 보내지 못하니, 아쉽고 아쉽습니다.

조복형에게 답함 계축년(1673, 현종14) 8월 11일

答趙復亨 癸丑八月十一日

보내온 편지의 내용은 모두 잘 알았습니다. 나의 병은 다른 증세는 없고 단지 위장이 음식을 받아들이지 않아 입을 대기만 하면 바로 구역질이 납니다. 이 때문에 기력이 날로 손상되어 항상 한열(寒熱)의 증후가 있는데 객지에서는 약물을 구하기가 더욱 어렵습니다. 어제는 강가에 가을바람이 크게 불므로 하류의 사찰로 조금 옮겨 왔습니다. 고요하고 적막함이 화양동과 다를 바 없으니, 이는 조금 기뻐할 만합니다. 그대 또한 몸이 불편하다는 소식을 들었습니다. 공무를 통하여 만날 수 있을 것이라는 기대가 사라지니, 몹시 가탄스럽습니다.

듣건대 성상께서 우의정[88]의 진계(陳啓)로 인하여 우선 초본(草本)[89]을 베껴 올리도록 명하셨다고 하니, 어쩌면 장차 취사하려는 것이 아니겠습니까. 만약 성상께서 버리신다면 아무 일도 없게 될 것입니다. 대개 우의정의 뜻은 사대부 집안의 북칠(北漆)[90]하는 방법처럼 하려는

88 우의정 : 《송자대전수차》 권8에 "곧 퇴우당(退憂堂) 김수흥(金壽興) 공이다."라고 하였다.

89 초본(草本) : 《송자대전수차》 권8에 "〈영릉천릉지(寧陵遷陵誌)〉이니, 선생이 쓴 것이다."라고 하였다.

90 북칠(北漆) : 비석에 글자를 새길 때, 글씨를 쓴 종이의 배면(背面)에 밀랍을 칠하고 거기에다 전면으로부터 비쳐 보이는 글자의 윤곽을 그려서 비석에 붙여 놓고 계속 문질러서 글씨 자국이 내려앉도록 하는 일을 말한다. 직접 비석에다 글씨를 쓰기 어려운 상황일 때 사용하는 방법인 듯하다.

것입니다. 그러나 나는 병이 만약 그치지 않는다면 초본 또한 베낄 수 없으므로 형세상 모름지기 예차(預差)로 결말이 날 것입니다. 그러나 이것은 크게 괘념치 않습니다. 이만 줄입니다.

조복형에게 답함 계축년(1673, 현종14) 8월 16일
答趙復亨 癸丑八月十六日

지금 두모포(豆毛浦)에 도착하였으나 대궐에 들어가서 사은(謝恩)하지 못하고 속히 상소하려다가 종이가 없어 기다리고 있던 차에 갑자기 이렇게 제시해 주는 그대의 편지를 받게 되었습니다. 여강(驪江)에 있을 때 어떤 사람에게 "좁은 길에서 몸을 돌리기 어려울까 두려울 뿐이다."라고 하였더니, 그 사람이 답하기를 "몸을 돌릴 길이 없을까 걱정할 것이 없다."라고 하였는데, 지금 과연 그러합니다.

그대의 질병이 또한 가볍지 않다는 소식을 듣게 되니, 염려되고 염려됩니다.

조복형에게 답함 계축년(1673, 현종14) 11월 19일

答趙復亨 癸丑十一月十九日

산창(山窓)이 적막하여 병중의 심사가 무료하던 차에 이렇게 그대의 편지를 받게 되니, 얼굴을 마주한 것처럼 매우 위로됩니다.

나의 병은 처음에 계절병이나 혹은 상한(傷寒) 증세로 여겼습니다. 날이 가고 달이 지날수록 점점 병이 깊어져 이미 어떻게 할 수 없는 지경에 이르고 말았으니, 운명을 어떻게 하겠습니까. 벌레의 팔뚝과 쥐의 간이 되는 것[91]은 모두 다 뜬구름 밖의 덧없는 일입니다. 하물며 범방(范滂)이 죽으면 재앙이 끝날 터[92]이니, 또 어찌 깊이 염려할 것이 있겠습니까. 소장을 올려 처벌을 기다리는 것은 진실로 편지에서 말씀한 바와 같습니다. 다만 그 일을 확대하고 싶지 않아 이미 사관(史官)의 회계(回啓) 중에 대략 석고대죄하는 뜻을 진술한 것이니, 지금 어찌

91 벌레의……것 : 자연의 무궁한 변화 가운데, 죽어서 자신의 몸이 벌레의 팔뚝이나 쥐의 간이 되는 것을 말한다. 《장자(莊子)》〈대종사(大宗師)〉에 "위대하다. 조화여. 너를 장차 무엇으로 만들려나. 너를 쥐의 간으로 만들 것인가, 너를 벌레의 팔뚝으로 만들 것인가?"라고 하였다.

92 범방(范滂)이……터 : 내가 죽으면 모든 문제가 끝나게 된다는 말이다. 범방은 후한(後漢) 때의 청렴한 선비이다. 환제(桓帝) 때 환관당(宦官黨)의 부패를 공격하다가 당인(黨人)을 끌어모은다는 죄목으로 파직되었다. 그 뒤 영제(靈帝) 때 당인이 죽음을 당하자 범방은 스스로 옥(獄)에 나아가니, 당시 현령 곽읍(郭揖)이 함께 도망하기를 권하였다. 범방이 말하기를 "내가 죽으면 화가 끝날 터이거늘, 어찌 감히 나의 죄로 그대에게 누를 끼칠 것이며 또 노모(老母)로 하여금 유리(流離)하게 하겠는가."라고 하였다. 《後漢書 黨錮列傳 范滂》

감히 이러한 종적으로 다시 성상을 번거롭게 하겠습니까.

귀인(貴人)의 상소[93]는 올리려다가 그만둔 것일지라도 오히려 두려워할 만합니다. 영남 사람의 소본(疏本)[94]은 보았습니까? 이는 어찌 그들과 시비를 따질 필요가 있겠습니까. 영남 인사의 무지함이 이 지경에 이르렀을 줄은 생각하지 못하였습니다.

아문(衙門)의 편액 글자는 행여 병세가 조금 나아지거든 응당 추후에 부응하도록 하겠습니다.

93 귀인(貴人)의 상소 : 《송자대전수차》 권8에 "청풍부원군(淸風府院君)이 선생의 12가지 죄목을 가지고 상소하려 하다가 청성부원군(淸城府院君)에 의하여 저지된 것을 가리킨다."라고 하였다. 청풍부원군은 김우명(金佑明)이고 청성부원군은 김우명의 조카 김석주(金錫冑)이다.

94 영남 사람의 소본(疏本) : 《송자대전수차》 권8에 "당시 영남인 곽세건(郭世楗)이 소를 지어 현(縣)과 도(道)를 통해 올렸다가 도백(道伯)이 물리치자 그가 직접 올리려고 상경하였으나 또한 올리지는 않았으니, 아마 이 상소를 가리키는 듯하다."라고 하였다.

조복형에게 답함 계축년(1673, 현종14) 12월 11일

答趙復亨 癸丑十二月十一日

임 독우(任督郵 임홍망(任弘望))와 이우(李友)가 차례로 그대의 편지를 전해 주니, 비록 매우 위로되고 후련하기는 하지만 병이 들었다는 소식은 너무도 염려됩니다. 혹시 치료하는 데에 옳은 방도를 얻지 못하여 이 지경으로 위중하게 된 것은 아닙니까? 온갖 염려가 생겨납니다.

나의 병은 멈출 듯도 하고 심해질 듯도 하여 끝날 기약이 전혀 없고 원기는 날로 손상되니, 스스로 헤아려 보건대 같은 연배들이 모두 죽었거늘 어찌 홀로 죽지 않을 이치가 있겠습니까. 의약을 포기하고 순하게 받아들이는 것만 못할 듯합니다.

별지의 내용은 삼가 잘 알겠습니다. 귀인(김우명(金佑明))은 그 비난하고 꾸짖은 것이 어떠한지는 막론하더라도 단지 폐부(肺腑)의 지위를 사양하고 강호(江湖)에서 갈매기를 가까이하려 한다[95]는 이 처신은 일의 체모상 몹시 드문 일이니, 때로 다시 한번 웃어 봅니다.

홍애(洪哀)가 비방받는 것을 말하자면,[96] 당초에 혹 이러한 일이 생길까 염려하였기 때문에 두 가지 이야기를 하여 그가 스스로 선택하

95 폐부(肺腑)의……한다 : 청풍부원군 김우명의 상소 중에 나오는 말로 보인다. 290쪽 주93 참조.

96 홍애(洪哀)가……말하자면 : 홍애는 상중에 있는 홍만용(洪萬容)을 가리킨다. 《송자대전수차》 권8에 "그가 사복을 입는 중에 군복을 입었다가 비방을 받았고 그 비방이 또한 선생에게 미쳤기 때문에 조공(趙公)이 필시 아뢴 바가 있어 선생이 이렇게 답한 것이다."라고 하였다.

게 하였습니다. 무엇보다 성복(成服)은 본래 낙정(樂靜 조석윤(趙錫胤))이 행한 바이기 때문에 행할 만하다고 여겼는데, 그가 곧 시비를 따져 보지 않고 따른 것입니다. 그러나 《예기》에 "몸에 군복(君服)이 있으면 감히 사복(私服)을 입지 못한다."[97]라고 한 뜻으로 유추해 보면 임시로 군복을 입는 것이 무슨 큰 해가 있다고 이렇게까지 노하여 꾸짖는단 말입니까. 의아할 뿐입니다. 보내 준 설탕은 참으로 감사합니다.

97 몸에……못한다 : 《예기》 〈증자문(曾子問)〉에 나오는 말이다. 군복은 임금을 위하여 입는 상복이고 사복은 사가(私家)의 친인척을 위하여 입는 상복이다.

조복형에게 답함 갑인년(1674, 현종15) 1월
答趙復亨 甲寅正月

병중에 그리움이 심하던 차에 이렇게 문안 편지를 받고 인하여 수세(守歲)의 정황을 알게 되니, 이보다 더한 위로가 무엇이 있겠습니까.

나의 병은 이미 한 해를 넘겼습니다. 그 고착된 뿌리가 더욱 견고하니, 노쇠한 사람이 대적할 수 있겠습니까. 그대는 병도 낫고 성은도 입었습니다. 이는 아마 좀처럼 만나기 어려운 좋은 운수이니, 어찌 인력으로 벗어나기를 도모하겠습니까. 다만 사직해도 받아들여지지 않은 뒤에 명에 응함으로써 황공하여 편안하지 못한 뜻을 보이는 것이 마땅한 처신이 아니겠습니까.

또 하나 드릴 말씀이 있습니다. 일찍이 듣건대 그대가 문상(汶上)의 변례(變禮)[98] 문제로 기치를 세워서 화숙(和叔 박세채(朴世采))을 논박하였다고 합니다. 오늘 그 논쟁에 의견을 달리하였던 윤생(尹生), 이아(李亞)[99] 같은 사람이 모두 성상의 은혜를 입었습니다. 그대가 정히

98 문상(汶上)의 변례(變禮) : 《송자대전수차》 권8에 "민신(閔愼) 집안의 변례를 이른다. 문상은 공자의 제자 민자건(閔子騫)이 살던 곳이다. 그래서 문상으로 민씨를 일컫는 것이다."라고 하였다. 민신 집안의 변례는 민업(閔業)이 죽자 광증(狂症)이 있는 아들 민세익(閔世益)에게 집상(執喪)시킬 수가 없으므로, 호상(護喪)한 사람들이 박세채, 송시열과 상의하여 민세익의 아들 민신으로 하여금 상주가 되게 한 일을 말한다.

99 윤생(尹生), 이아(李亞) : 《송자대전수차》 권8에 "윤생은 윤증(尹拯)이고 이아는 이초려(李草廬) 즉 이유태(李惟泰)이다. 초려가 아경(亞卿)이 되었기 때문에 아(亞)라고 한 것이다."라고 하였다.

이러한 때 관직을 얻은 것은 비록 우연한 일이기는 하지만 어느 정도 혐의가 없지는 않으니, 그렇게 생각하는지 모르겠습니다. 일찍이 듣건대 중원(中原 민정중(閔鼎重))의 편지에 "이(李)가 은혜를 입는 것은 견책당하는 영광만 못하다."라고 하였다고 하니, 이 말에 깊은 뜻이 있는 듯합니다. 군범(君範 조해(趙楷))의 뜻은 어떠한지 모르겠습니다.

조복형에게 답함 갑인년(1674, 현종15) 2월 10일

答趙復亨 甲寅二月十日

승석(勝石)이 와서 그대의 편지를 전해 주고 인하여 근래에 그대가 옥당(玉堂)에 들어갔다고 말해 주었는데, 지금 이미 사진(仕進)하였는지 모르겠습니다. 이는 일반적인 직임에 견줄 바가 아니고 곧 도를 행할 책임이 있으니, 비록 잠을 이루지 못하는 기쁨[100]이 있기는 하나 또한 염려하는 바가 없지 않습니다. 나는 큰 병을 앓은 뒤로 남은 목숨이 지금까지 끊어지지 않으니, 또한 이상한 일입니다.

별지의 내용은 모두 잘 알겠습니다. 아무개가 아무개에게 붙었다고 하는 것은 참으로 망녕된 말이지만 아무개가 아무개에 붙었다는 것은 그대의 편지에도 그것이 실상에 부합하는지를 알지 못하고 있습니다.

영남의 상소를 말하자면, 내가 머리를 목 위에 얹어 두고 기다릴 뿐이거늘, 저들이 무엇 때문에 누차 공연한 상소를 올린단 말입니까. 문미(門楣)의 편액 글씨는 대략 부응하여 써서 보내니, 만약 걸맞지 않다면 응당 원본을 고쳐서 올리도록 하겠습니다.

100 잠을……기쁨 : 노(魯)나라가 악정자(樂正子)에게 정사를 맡기려 하자, 맹자가 말하기를 "내가 이 말을 듣고 기뻐서 잠을 이루지 못했노라."라고 하였다. 《孟子 告子下》

조복형에게 답함 갑인년(1674, 현종15) 3월 8일
答趙復亨 甲寅三月八日

정평(正平 김만균(金萬均))이 와서 속히 상경(上京)하라고 권유하므로 내가 답하기를 "이번에 반드시 대왕대비(大王大妃)[101]의 복제(服制) 문제로 소란을 일으키는 자가 있을 것이거늘, 이와 같은데도 오히려 가야겠소?"라고 하였더니, 그가 답하기를 "그렇다면 중도에서 소(疏)를 올리고 돌아오는 것이 좋겠습니다."라고 하였습니다.

길을 나서 진천(鎭川) 지경에 이르렀을 때 주인(主人)이 나와서 보고 말하기를 "예조(禮曹)의 세 당상관(堂上官)이 대왕대비의 복제를 기년(朞年)으로 정하였다가 대공(大功)으로 다시 정하여 전후의 의견이 달랐기 때문에 잡혀가서 심문당하였다."라고 하므로, 나는 '예관(禮官)이 기년을 옳다고 여겼다면 이는 기해년(1659, 효종10)의 기년[102]을 잘못으로 여긴 것이고, 성상께서 대공으로 강등하였다는 이유로 예관을 죄주었다면 이는 장차 기해년에 기년을 주장한 사람을 죄주려는

101 대왕대비(大王大妃) : 효종의 왕비 인선왕후(仁宣王后)를 말한다.

102 기해년의 기년 : 기해예송(己亥禮訟) 때의 기년설(朞年說)을 말한다. 효종이 승하하였을 때 효종의 계모인 자의대비(慈懿大妃)의 복제에 관하여 일어난 논쟁이다. 송시열을 비롯한 서인(西人)들은 자의대비가 이미 장남인 소현세자(昭顯世子)를 위해서 삼년복을 입었고 효종은 둘째 아들이기 때문에 기년복을 입어야 한다고 주장하였고, 허목(許穆)을 비롯한 남인(南人)들은 왕통을 계승한 경우에는 사가(私家)의 복제를 적용해서는 안 되며 형제의 순서와 관계없이 장자(長子)의 예로 삼년복을 입어야 한다고 주장하였다.

것이니, 이는 위나 아래 가운데 반드시 하나에 해당하는 죄를 면하지 못할 것이다.'라고 생각하였기 때문에 상소의 끝에 황공하다는 뜻을 대략 언급하였습니다. 이미 소본(疏本)을 죽산(竹山) 아전에게 주어 그가 떠나려 할 즈음에 그대의 편지가 마침 도착하고서야 단지 대공포(大功布) 단자(單子)를 미처 올리지 못한 까닭으로 심문당한 것임을 비로소 알게 되었기 때문에 급히 소본을 돌려받게 하여 그 끝에 기록한 일을 삭제하였습니다. 만약 그대의 편지가 없었더라면 장차 다시 성상의 마음을 격동시킬 뻔하였으니, 일의 기회가 어찌 이처럼 다행스러울 수 있단 말입니까. 동춘(同春 송준길(宋浚吉))이 매양 서울 사람들과 서신을 계속 주고받는 것을 내가 마음속으로 가만히 병통으로 여겼는데, 지금에야 동춘의 주도면밀한 처사가 보통 사람이 미칠 바가 아니었음을 비로소 알겠습니다.

우의정의 글에 곽이(郭李)의 상소라고 운운한 말이 있습니다. 이(李)는 아마 이후평(李后平)인 듯한데, 저 두 사람의 상소는 이미 다 입계(入啓)되었습니까? 확실히 알고서 이번 상소에서 인책하지 못한 것이 몹시 아쉽습니다. 이후로 나와 관계된 모든 일은 기탄없이 알려주면 좋겠습니다. 금릉(金陵)[103]의 행색(行色)은 과연 그 본색이니, 한두 해 사이에 그 애가 타고 속이 문드러지는 괴로움을 어떻게 견뎠습니까.

103 금릉(金陵) : 《송자대전수차》 권8에 "미상이다. 김포(金浦) 땅에 금릉이 있으니, 윤휴(尹鑴)를 가리키는 듯하다."라고 하였다.

조복형에게 답함 갑인년(1674, 현종15) 3월 29일

答趙復亨 甲寅三月二十九日

상산(常山)이 전한 바에 어찌 잘못된 설이 있겠습니까. 내가 종전의 일을 두려워하여 잘못 헤아린 것에 지나지 않습니다. 듣건대 그대가 힘을 다하여 상산에게 잘못을 돌리고 또 사안마다 언급하였다고 하니, 내 입장에서는 매우 미안한 일입니다. 모쪼록 지금부터 잘 헤아려 주기를 바랍니다. 매우 바빠서 편지의 모양을 이루지 못합니다.

조복형에게 보냄 갑인년(1674, 현종15) 4월 3일

與趙復亨 甲寅四月三日

사관(史官)의 행차 편에 나의 편지는 받아 보았습니까? 오늘 그대의 조섭(調攝)하는 정황은 어떠합니까? 나는 이미 조정의 명을 사양하고 황공한 마음으로 날을 보내고 있습니다. 또 조정의 처분이 어떠할지 모르겠으니, 이 때문에 너무나 마음이 쓰입니다. 그러나 한 걸음도 문밖을 나가지 않으려는 각오는 마음속에 확고하게 정해져 있을 뿐이니, 모든 일을 수시로 가르쳐 주기를 바랍니다.

○ 듣건대 하경(廈卿 이담(李橝))이 구설이 많아 장차 파산서원(坡山書院)의 명부에서 제명을 당하게 되었다고 하니, 그대가 분란을 해결해 줄 수 없겠습니까? '맹모가 죽었다.〔孟某死〕'라는 것은 따로 한공(韓公)과 이천(伊川)의 옛 전례가 있습니다.[104]

104 맹모가……있습니다 : 선현이 세상을 떠났을 때 '죽었다.〔死〕'라고 기록한 선례가 있다는 말이다. 맹모는 '맹 아무개'라는 말로 맹자를 가리킨다. 한공은 당나라 한유(韓愈)로, 그가 지은 〈원도(原道)〉에 "맹가(孟軻)가 죽자 도통(道統)이 전해지지 못하였다.〔軻之死, 不得其傳焉.〕"라고 하였다. 이천은 송나라 정이(程頤)의 호이다. 그가 지은 〈정명도묘비서(程明道墓碑序)〉에 "맹가가 죽자 성인의 학문이 전해지지 못하였다.〔孟軻死, 聖人之學不傳.〕"라고 하였다. 가(軻)는 맹자의 이름이다. 《송자대전수차》 권9에 "이담이 '사(死)' 자를 성혼(成渾)에게 사용하여 비방을 받았다."라고 하였다.

조복형에게 보냄 을묘년(1675, 숙종1) 2월 4일

與趙復亨 乙卯二月四日

철령(鐵嶺)을 넘어 배소(配所)에 도착한 것[105]이 마치 여행에서 돌아온 듯하니, 누가 조정이 이러한 일로써 고생시킨다고 하겠습니까. 단지 설사 증세가 갑자기 더해지고 풍토가 아름답지 않아 살아서 돌아가기는 어려울 것입니다. 더구나 저들은 그저 그만두고 말 심산이 아닌 경우이겠습니까. 그렇다면 한결같이 모두 단념하고 내버려 둘 뿐입니다.

이러한 즈음에 심부름꾼을 시켜서 보내온 편지를 멀리서 받고 인하여 함께 부친 선물도 받게 되었습니다. 이곳으로 온 열흘 동안 바다의 비린 냄새를 벌써 견디기가 어렵던 차에 이렇게 담박한 음식을 얻어 병든 위장이 거의 낫게 되었으니, 참으로 다행이고 다행입니다.

오늘날 낭패를 당한 사람이 몇이나 되는지 모를 정도이지만 무엇보다 황생(黃生 황세정(黃世楨))이 멀리 바다 섬에 외로이 갇힌 것이 가장 가련한 일입니다. 그러나 전날 그를 의심하였던 사람들이 앞다투어 자책하게 되었으니,[106] 이는 그에게 있어 영광이 도리어 작지 않을 것입니다. 이만 줄입니다.

105 철령(鐵嶺)을……것 : 《송자대전》 부록 권7 〈연보〉 숭정(崇禎) 48년(1675) 1월 조(條)에 "12일, 원찬(遠竄)의 명이 있었다. 25일, 덕원(德源)의 배소에 이르렀다."라고 하였다.

106 전날……되었으니 : 《송자대전수차》 권8에 "황세정이 처음에 윤휴에 의하여 잘못되었으나 이때 이르러 상소로 논척하다가 유배당하였으므로 이렇게 말한 것이다."라고 하였다.

조복형에게 보냄 을묘년(1675, 숙종1) 2월

與趙復亨 乙卯二月

봄철이 이미 저물어 가는 이때 멀리서 생각건대 일상의 기거가 어떠한지 모르겠습니다. 나는 수일 전에 설리(泄痢)가 갑자기 극심해져서 거의 지탱할 수 없을 지경이 되었으나 지난밤부터 대략 소생할 기미가 생겼습니다.

무엇보다 못난 이 몸은 곧 강호(江湖)의 오리와 기러기[107]처럼 세상에 아무런 영향을 주지 못하는데도 많은 사람에게 누를 끼쳐서 어제 또 상사(上舍) 정상룡(鄭祥龍)이 발을 싸매고 북쪽으로 귀양 가는 것을 보게 되니, 몹시 나를 슬프게 하여 마음을 가눌 수가 없습니다. 다만 경원당화(慶元黨禍)[108] 때에 스승을 바꾸고 옛일을 숨겼던 습속과 견주어 보면 조금 나의 뜻을 강하게 만들어 줄 뿐입니다. 마침 병영(兵營)의 인편을 통하여 대략 이렇게 적어 보냅니다.

○ 신중연(申仲衍 신석번(申碩蕃))이 세상을 떠났으니, 슬프고 아픈 마음이 어찌 끝이 있겠습니까. 다만 그 만년의 절조가 과연 사람들이 말하는 바와 같다면 매우 찬탄할 만하니, 세상에 오래 살려고 하는 사람들은 어떻습니까.

107 강호(江湖)의 오리와 기러기 : 232쪽 주14 참조.

108 경원당화(慶元黨禍) : 경원은 송나라 영종(寧宗)의 연호이다. 당시 한탁주(韓侂胄)가 득세하여 승상 조여우(趙汝愚)를 축출하고 주희(朱熹) 등의 도학자(道學者)를 위학당(僞學黨)이라 지목하여 여러 사람을 귀양 보낸 사건을 말한다.

조복형에게 답함 을묘년(1675, 숙종1) 3월 27일

答趙復亨 乙卯三月二十七日

강승석(姜承碩)[109]을 속량(贖良)하는 문제는 과연 유담연(柳燂然)[110]이 주관한 일입니다. 유담연이 공적으로 이를 주장하여 강승석의 상전에게 허락을 받았고 또 사우(士友)들과 널리 의논하여 속량하는 몸값을 도와주게 하였습니다. 그런데 이것이 이미 의로운 일이라고 한다면 비록 민 판서(閔判書)로 하여금 주선하게 하더라도 무슨 방해될 것이 있겠습니까.

유담연이 독우(督郵)를 통하여 곤수(閫帥)에게 편지를 보내려고 할 때, "우관(郵官)이 필시 저를 위하여 편지를 전해 주지 않을 것이니, 장자(長者)의 편지를 얻기를 원합니다."라고 하여 내가 허락하였으니, 나 또한 이 일에 간여한 것입니다. 그런데 곤수는 김 장군(金將軍)의 외손(外孫)이기 때문에 내가 성심으로 대우하였으니, 반드시 나를 속이는 일이 없을 것입니다. 다만 편지를 보내어 헤아려 보라는 그대의 말은 지극한 의론입니다.

윤휴(尹鑴)와 허목(許穆)이 이르기를 "항복받는 성(城)을 크게 쌓으니, 항복하러 오는 자들이 날로 많아진다."라고 하니, 비록 동해의 물을

109 강승석(姜承碩) : 세자시강원 서리(書吏) 강효원(姜孝元)의 손자이다. 강효원은 청나라에 볼모로 잡혀간 소현세자(昭顯世子)를 배종(陪從)하였는데, 정뇌경(鄭雷卿)이 횡포를 자행하던 정명수(鄭命壽)를 제거하려 할 때 가담하였다가 일이 누설되어 정뇌경과 함께 처형당하였다.

110 유담연(柳燂然) : 본관은 진주(晉州), 자는 경명(景明)이다.

기울이더라도 그 더러움을 씻어 낼 수가 없습니다.

하경(廈卿 이담(李橝))이 내 손자들에게 이르기를, 내가 대복(代服)[111]에 관하여 논한 편지는 주자의 설에 의하여 결정한 것이라 하였으니, 그렇다면 앞뒤가 일찍이 어긋나지 않음은 정히 운운할 필요가 없을 것입니다. 그런데 어찌 그 편지를 취하여 한번 읽어 보지 않습니까? 나는 전혀 기억하지 못하겠으니, 정신이 쇠락한 것을 스스로 슬퍼합니다.

111 대복(代服) : 부득이한 연고가 있어 다른 사람이 상복을 대신 입게 하는 것을 말한다.

조복형에게 보냄

與趙復亨

폐질(廢疾)로 인하여 대복(代服)하는 문제는 이번에 그 집안 자제(子弟)와 우리 집의 아이들이 하경(廈卿 이담(李橝))에게 물어본즉, 그대가 전날 제시한 것과 상반된다고 하니, 매우 의아스럽습니다. 내가 풍병을 앓아 정신을 잃은 사람이 아니거늘, 어찌 감히 주자(朱子)의 설과 어긋나거나 다르게 하겠습니까.

우계(牛溪 성혼(成渾))에게 '사(死)' 자를 쓴 것[112]이 나와 무슨 관계가 있단 말입니까. 이는 파니(坡尼)[113]가 잘못되었다고 할 만합니다. 다만 하경이 이 때문에 비방을 받은 뒤로 내가 사람들에게 말하기를 "우(虞)나라 사관은 순(舜) 임금을 '승하하여 죽었다.〔陟方乃死〕'라고 하였고,[114] 정자(程子)는 '맹자가 죽자 성인의 학문이 전해지지 못하였다.〔孟子死, 學不傳.〕'라고 하였다.[115] 후학으로서 선현(先賢)을 높이기를 순 임금과 맹자를 높이듯이 한다면 또한 되었다고 할 만하다."라고 하였습니다. 파니가 만약 이것을 고집하여 "저 사람이 어찌 감히 이담을 구출하기 위하여 우리와 함께 같은 말로 지척(指斥)하여 거절하지

112 우계(牛溪)에게……것 : 299쪽 주104 참조.

113 파니(坡尼) : 파주(坡州)의 성혼 문파와 이산(尼山)의 윤증을 가리킨다.

114 우(虞)나라……하였고 : 《서경》 〈순전(舜典)〉에 "순 임금이 30세에 부름을 받아 등용되었고, 30년 뒤에 즉위하였고, 50년 뒤에 승하하여 죽었다.〔舜生三十徵庸, 三十在位, 五十載, 陟方乃死.〕"라고 하였다.

115 정자(程子)는……하였다 : 299쪽 주104 참조.

않느냐?"라고 한다면 나는 달게 받아들이겠습니다. 그러나 파니가 정히 이러한 시기에 그렇게 운운하는 것은 어찌 〈군자행(君子行)〉[116]을 읽지 못한 잘못이 아니겠습니까.

민씨(閔氏) 집안의 변례(變禮)[117]에 대해서는 나의 견해가 처음부터 지금까지 조금도 다름이 없습니다. 이른바 하경으로부터 전파되었다는 것은 어떤 말인지 알 수 없습니다. 다만 기억하건대 지난해 초우(草友 이유태(李惟泰))와 윤자인(尹子仁 윤증(尹拯))이 함께 대복 문제를 논의하다가 제주(題主)와 체천(遞遷) 문제에 이르러서는 온당하지 못하다고 여겼습니다. 내가 이 일로 민애(閔哀 민신(閔愼))의 편지에 답하기를 "아무개와 아무개가 함께 대복 문제를 의논하다가 제주와 체천 문제에 이르러서는 또한 모순된 점이 있으니, 모쪼록 속히 다시 해당 조(曹)에 올려 조가(朝家)의 처분을 들어야 할 것입니다."라고 하였습니다. 이 밖에는 한 글자도 앞뒤로 다른 말이 없으니, 모름지기 하경에게 다시 물어보기를 바랍니다.

○ 윤장(尹狀)[118]에는 많은 곡절이 있습니다. 이 벗이 살아 있을 당시에 서로 함께 윤휴를 논하다가 의견이 같지 않으면 때때로 해학(諧謔)을 더하기도 하였으나 중간에 와서 그와 의견이 일치되었습니다.

지난해에 자인(子仁)이 화숙(和叔 박세채(朴世采))이 지은 행장을 보

116 군자행(君子行) : 《송자대전수차》 권8에 "고악부(古樂府)의 곡명(曲名)이니, 곧 '참외밭을 지날 때는 신을 고쳐 신지 않아야 한다.'라고 운운하였다. 선생이 당시 귀양살이하고 있었기 때문에 기회를 틈타려는 뜻이 있음을 이른다."라고 하였다.

117 민씨(閔氏) 집안의 변례(變禮) : 293쪽 주98 참조.

118 윤장(尹狀) : 박세채가 지은 윤선거(尹宣擧)의 행장이다.

이면서 나에게 부친의 묘명(墓銘)을 부탁하였습니다. 그런데 행장의 내용이 몇 해 전에 일치되었던 의견과 실로 어긋나는 바가 있으므로 내가 편지로 화숙에게 질문하였더니, 화숙이 이를 자인에게 보이자 자인이 매우 못마땅하게 여겼고 이로 인하여 수많은 분란이 있게 된 것입니다. 이는 또한 사리와 형세상 당연한 일이기에 이상하게 여길 것이 없습니다. 그대가 이 일의 경위를 모르고 있을 듯하여 이렇게 대략 알리는 것이지 스스로 변명하려는 것은 아닙니다.

조복형에게 보냄 을묘년(1675, 숙종1) 7월 12일

與趙復亨 乙卯七月十二日

정안사(淨安寺)에서 붕우들이 눈물을 흘리자 주 선생(朱先生)이 서로 사랑하는 정이라고 하였으니,[119] 보내온 편지의 말씀도 어찌 그렇지 않겠습니까. 이 사람이 꺾이지 않는 것은 학문의 힘이 있어 그러한 것이 아닙니다. 그저 이 몸과 목숨을 윤휴의 어금니 속에 맡겨 놓은 지 이미 오래되다 보니, 마음과 정신에 자연히 두려움이 없어진 것입니다. 다만 매양 왕실을 생각할 때면 절로 눈물이 흘러내리나 그 까닭을 모르던 중에 이처럼 서로 위로해 주는 뜻을 보여 주니, 매우 감사하고 감사합니다. 다만 길이 까마득히 멀어 마음이 편안하지 못할 뿐입니다. 하고 싶은 말은 매우 많으나 두려워서 감히 다 하지 못합니다.

별지

보내 준 편지들은 내가 아직 듣지 못한 바를 듣게 되어 울적하던 마음을 몹시 후련하게 합니다. 윤휴가 서찰을 널리 구매하는 것은

119 정안사(淨安寺)에서……하였으니 : 정안사는 남송(南宋) 경원당금(慶元黨禁) 때, 주희가 종유(從游)하던 수백 명과 도주(道州)로 귀양 가는 제자 채원정(蔡元定)을 전별하였던 절이다. 이때 좌객(坐客) 중에 눈물을 흘리는 사람이 있었으나 채원정은 평시와 조금도 다름이 없었다. 이를 보고 주희가 말하기를 "붕우 간에 서로 사랑하는 정과 계통(季通)의 꺾이지 않는 지조는 양득(兩得)이라 할 만하다."라고 하니, 채원정이 시를 짓기를 "손을 잡고 웃으며 이별할 일이오, 아녀자처럼 슬퍼하지 말지니라."라고 하였다. 《宋史 儒林列傳 蔡元定》 계통은 채원정의 자(字)이다.

서울의 젊은이들이 말하는 바입니다. 분명하게 구매하는 장면을 본 것이 두 번이니, 이 밖에 발각되지 않은 것이 또 얼마나 될지 모르겠습니다. 지금 이렇게 보여 준 내용은 더욱 지극히 흉악하고 교활하니, 이 사람의 심술이 이 지경에 이르렀습니다. 그런데도 당초에 우리가 모두 그에게 기만당하였고 그 뒤로 여러 사람이 또 익숙한 음식은 잊기가 어렵듯이 온갖 방법으로 보호하여 그 형세를 도와주었으니, 이는 진실로 무슨 마음이란 말입니까.

이곳의 괴로운 상황은 어찌 다 말할 수 있겠습니까. 그러나 연평(延平)이 주자에게 가르쳐 준 말[120]을 매양 외우며 '옛사람이 너무도 견디기 어려웠던 일을 자신에게 견주어 보면 어찌 이보다 심한 것이 없었겠는가.'라고 생각합니다.

무엇보다 붕우 가운데 얼굴을 바꾸고 아첨하여 저들에게 붙는 자가 있다는 소식을 들으면 문득 이 때문에 며칠 동안 기분이 언짢아지니, 이것이 주 선생이 자립하지 못하는 붕우들을 아주 심하게 책망하였던 까닭입니다.

내가 치밀하지 못한 것은 진실로 보내온 편지의 말과 같습니다. 그러나 예로부터 군자는 항상 엉성한 데에서 실패하고 소인은 항상 치밀한 데서 성공하였습니다. 지난 을해년(1635, 인조13)에 관학 유생이 올린 상소는 곧 계곡(谿谷 장유(張維))의 손에서 나온 것임을

120 연평(延平)이……말 : 연평은 주희의 스승인 이동(李侗)의 호이다. 주희가 이동의 "옛사람이 겪은 견디기 어려웠던 환란을 자신에게 견주어 보라."라는 말을 듣고 처음에는 그 말을 그리 옳게 여기지 않았으나 뒷날 일을 겪고서야 "도리어 힘을 얻는 곳이 있음을 깨달았다."라고 하였다. 《晦庵集 卷45 答廖子晦》

즉시 알았으나 동학(東學)에서 올린 상소[121]는 지금까지도 어떤 사람이 지었는지 모릅니다. 어제 장 대감(張大監)이 아들 녀석에게 말하기를 "지금 사람은 대북(大北)보다 심하니, 대북이 집권하였을 때는 그 언론을 사람들이 오히려 들을 수 있었으나 지금은 비록 연중(筵中)의 이야기일지라도 들을 길이 없다."라고 하였으니, 그렇다면 차라리 실패할지언정 저들처럼 치밀하기를 원하지 않습니다.

징지(徵之 박태징(朴泰徵))에게 과연 말씀한 바와 같은 일이 있었다니, 참으로 다행이고 다행입니다. 초우(草友 이유태(李惟泰))의 소식을 듣게 되니, 기쁘기 그지없습니다.

자비(慈批)[122]는 받들어 읽어 보노라니 흘러내리는 피눈물을 다 닦아 낼 수 없습니다. 조종(祖宗)의 영령이 이들에게 무엇을 저버렸기에 차마 이 지경에 이르게 한단 말입니까. 마을의 이웃에 지친(至親)과 불화한 자가 있으면 깨우치고 타일러서 화합하게 하는 자는 필시 착한 사람이니 반드시 그 복과 경사를 받을 것이지만, 서로 이간하는 말을 빚어내어 더욱 어그러지게 하는 자는 필시 나쁜 사람이니 반드시 그 재앙과 화를 받을 것입니다. 이는 젊었을 때부터

121 동학(東學)에서 올린 상소 : 《송자대전수차》 권8에 "을해년에 상소하여 율곡과 우계의 종사(從祀)를 청할 때, 남인(南人) 채진후(蔡振後) 등이 따로 동학에 달려가서 소를 올려 비방하고 배척하였다."라고 하였다.

122 자비(慈批) : 《송자대전수차》 권8에 "곧 명성대비(明聖大妃)가 주렴 안에서 하신 하교이다. 당시 청풍(淸風) 국구(國舅)가 복창군(福昌君) 이정(李楨)과 복선군(福善君) 이남(李柟)이 궁녀와 사통한 정상을 아뢰니, 허적이 이정과 이남의 일은 애매하다며 청풍을 도리어 연좌시키려고 하였다. 명성대비가 휘장 뒤에서 통곡하며 허적을 꾸짖기를 '그대는 여러 대의 구신(舊臣)으로서 은혜를 갚으려고 생각하지 않고 감히 내가 눈으로 본 일을 애매하다고 하는가.'라고 하였다."라고 하였다.

노년에 이르기까지 많이 보아 온 일입니다. 마을의 이웃에도 오히려 그러하거늘 하물며 감히 넘보지 못할 곳에 감히 그 계책을 낸다면 하늘의 신명이 어찌 내려다보고 있지 않겠습니까.

영변(寧邊)에 보내는 편지는 인편을 통하여 전해 주고 여의치 않으면 돌려주기를 바랍니다.

조복형에게 답함 병진년(1676, 숙종2) 1월 16일
答趙復亨 丙辰正月十六日

나는 가을부터 손가락뼈가 돌출되고 눈이 어지럽다가 겨울이 된 뒤에 기침이 몹시 괴로우니 스스로 헤아려 보건대 새해까지 살지 못하리라 생각하였습니다. 그러나 홀연히 해가 바뀌었는데도 아직 연명하고 있으니, 진실로 괴이한 일입니다.

다만 듣건대 시론(時論)이 더욱 급박해지니 영해(嶺海)[123]가 비록 나를 죽이지 않더라도 따로 죽일 자가 있을 것입니다. 그러나 혹자는 "남들이 격발시켜서 점점 이 지경에 이르도록 하였다."라고 하지만 진실로 그렇지는 않습니다. 무릇 일이 작은 데에서부터 큰 데에 이르는 것을 두고 격발시킨다고 할 수 있습니다. 그러나 이 일은 처음부터 더할 수 없는 죄로써 위를 놀라게 하고 아래를 미혹시켰기 때문에 주상은 '이 사람을 죽이지 않으면 임금의 자리가 위태로울 것이다.'라고 생각하시니, 이와 같다면 사람마다 손을 묶고 입을 막더라도 아마 극한의 상태에 이르지 않겠습니까. 기묘년(1519, 중종14)의 주초위왕(走肖爲王)[124]과 을사년(1545, 명종 즉위년)의 택현(擇賢)[125]의 참소가 발생

123 영해(嶺海) : 중국의 오령(五嶺) 밖과 남해(南海)에 걸쳐 있는 지역으로, 변방의 귀양지를 가리킨다.

124 주초위왕(走肖爲王) : 조씨(趙氏)가 왕이 된다는 말이다. 주초(走肖)는 조(趙)를 파자(破字)한 것이다. 기묘사화를 일으켜 조광조를 제거할 때 홍경주(洪景舟)가 나뭇잎에 꿀물로 주초위왕이라는 글자를 써서 벌레가 갉아먹게 하고는 그 잎을 따서 중종에게 보이고 중종의 마음을 변하게 하였다. 《燃藜室記述 卷7》

해 버리면 정암(靜菴 조광조(趙光祖))과 규암(圭菴 송인수(宋麟壽))은 살아날 리가 만무할 것입니다. 조 내한(趙內翰)[126]의 상소는 무익하다고 한다면 그러한 점은 있겠지만 만약 이로 인하여 더 심해졌다고 한다면 전혀 그렇지 않습니다.

보내온 편지는 참으로 소견이 있는 내용입니다. 그러나 오히려 세속의 견해를 면하지 못하였으니, 어쩌면 나를 살리려는 마음이 간절하므로 가려진 바가 있어서 그러한 것이 아니겠습니까. 나는 단념하여 내버려 둔 지 이미 오래되어 저들의 수많은 위풍(威風)이 모두 붙을 곳이 없으니, 편안하기를 기약하지 않아도 마음이 절로 편안합니다.

사신을 죽이고 개부(開府)할 것[127]이라고 운운하니, 그대는 참으로 그렇게 하리라고 생각합니까? 저들은 마음에 일어나는 간절한 이욕(利欲)을 이기지 못하여 몽매함을 무릅쓰고 발걸음을 내디디어 이렇게

125 택현(擇賢) : 어진 이를 가려서 왕으로 추대한다는 말이다. 을사사화 때에 윤원형(尹元衡) 일파가 대윤(大尹)과 사류(士流)를 제거하기 위하여 수렴청정(垂簾聽政)하던 문정왕후(文定王后)에게 "명종은 나이가 어리므로 대신들이 어진 이를 가려서 왕으로 추대하려는 뜻이 있습니다."라고 참소하였다. 이 일에 연루되어 규암 송인수가 2년 뒤에 사사(賜死)되었다.

126 조 내한(趙內翰) : 《송자대전수차》 권8에 "조지겸(趙持謙)을 가리키는 듯하다. 대개 을묘년(1675) 11월에 조지겸이 체직을 구하면서 동춘(同春) 송준길(宋浚吉)의 원통한 정상(情狀)을 간략하게 논하니, 윤선도(尹善道)의 외손 심단(沈檀)이 외조부를 위하여 보복하려고 추탈(追奪)의 의론을 주창하였다."라고 하였다.

127 사신을……것 : 《송자대전수차》 권8에 "윤휴와 허적 등이 대의(大義)를 가탁하여 별도로 체부(體府)를 설치하였으니, 이른바 개부란 이 일을 가리키는 듯하다. 대개 윤휴가 대의를 가탁하여 버젓이 굉활(宏闊)한 말을 하니, 어찌 노사(虜使)를 죽이려는 의론이 있겠는가."라고 하였다.

허장성세(虛張聲勢)를 부리는 것이니, 당초에 이를 위하여 나온 것인 듯하지만 밝은 사람이 보면 다만 그 애달픈 모습만 보일 뿐입니다. 그대처럼 고명한 사람 또한 이를 믿는단 말입니까.

보내온 선물은 몸에 맞는 물건입니다. 그대의 지극한 뜻을 잘 알겠으니, 감사하게 잘 받겠습니다. 나머지도 모두 감사합니다. 하고 싶은 말은 병이 괴로워서 하나하나 다 하지 못합니다.

별지

동춘(同春 송준길(宋浚吉))을 원우(元祐)의 속수(涑水)[128]에 견주었으니, 보내온 편지의 의견이 옳습니다. 어제 지숙(持叔 민유중(閔維重))의 편지를 받아 보건대 "죽은 사람이 지각이 있다면 반드시 영광으로 여길 것이다."라고 하였으니, 또한 의견이 서로 부합한다고 할 만합니다.

이천(伊川)으로 갈 계획[129]은 과연 착수할 수 있겠습니까? 오늘날 환란이 닥쳐오리라는 것은 지혜로운 사람을 기다리지 않아도 알 수 있습니다. 나는 이제 그만이지만 나머지 사람들은 산에 들어가고 바다를 넘어서 목숨을 보전하는 것이 어찌 도리가 아니겠습니까. 그러나 저들은 굴복시켜 마음대로 부리지 못하는 것을 부끄럽게 여겨서 만약 은거하는 사람이 있으면 뭇사람의 이목을 놀라게 하는

128 원우(元祐)의 속수(涑水) : 원우는 북송(北宋) 철종(哲宗) 때의 연호이고, 속수는 사마광(司馬光)의 별호이다. 280쪽 주78, 79 참조.

129 이천(伊川)으로 갈 계획 : 《송자대전수차》 권8에 "조공(趙公)이 반드시 이천의 산속으로 들어가려고 하였기 때문에 말한 것이다."라고 하였다.

흉모(凶謀)라고 지적할 것이니, 이 또한 생각하지 않을 수 없습니다.

관청 업무를 보는 여가에 때때로 글을 읽는 시간이 있습니까? 공무 처리에 분주하여 젊은 시절을 보내 버린다면 이 또한 가석한 일입니다. 만약 깊이 산속으로 들어가려는 계획을 이루어 내어 이 학문에 힘을 쓴다면 어찌 오늘의 일이 자신을 옥(玉)으로 만들어 내는 좋은 기회가 되지 않겠습니까.

조복형에게 답함 병진년(1676, 숙종2) 5월 11일

答趙復亨 丙辰五月十一日

인편이 도착하여 그대의 편지를 보게 되니, 그리워하던 마음에 너무도 위로됩니다. 나는 지난달에 얻은 학질이 여섯 차례나 발작하여 밤낮 골골하며 거의 다시 일어나지 못할 지경이 되었으니, 어떻게 하겠습니까.

아침저녁으로 먹을 양식은 너무나 부족합니다. 아우들이 토산(土産)의 단실(丹實)[130]을 가지고 와서 양식과 바꾸어 아사(餓死)는 면하였습니다. 이제는 이것저것이 모두 고갈되던 차에 이렇게 도와주는 물건을 받게 되니, 장차 열흘이나 보름간의 목숨을 연장할 수 있겠습니다. 그러나 연장되지 못하더라도 운명일 뿐이니, 붕우의 근심이 되지는 못할 것입니다. 하물며 바깥의 재앙이 붕우들을 잡아먹고 있으니, 또한 장차 어떻게 할 수가 없습니다. 오늘의 일은 단지 인내(忍耐)라는 두 글자를 제일의 의체(義諦)로 삼을 뿐입니다.

○ 별지에 오늘날의 화(禍)라고 운운한 것은 수많은 곡절을 모두 갖추고 있어 일찍이 듣지 못하던 사실을 알게 되었으니 다행이고 다행입니다. 아우가 일이 있어 잠깐 돌아올 것이니, 조만간 돌아오면 물어보겠습니다. 다만 득실과 시비는 막론하더라도 우리로부터 다시 스스

130 토산(土産)의 단실(丹實) : 《송자대전수차》 권8에 "단실은 대추를 이른다. 선생의 숙씨(叔氏)와 계씨(季氏)가 모두 보은(報恩)에 살았는데, 단실은 곧 그 지방의 토산품이다."라고 하였다.

로 분분해지는 것은 어찌 마땅한 바이겠습니까.

송정(松亭)의 묘표(墓表)[131]는 매우 좋은 일이니, 어찌 세도(世道)에 도움이 되지 않겠습니까. 열여덟 글자는 써서 보내 드립니다마는 모양에 맞지 않을까 염려됩니다. 대(臺)의 기문(記文)은 만약 새겨서 걸려고 한다면 감당하지 못할 것이나 보관하여 고실(故實)로 삼으려고 한다면 무방할 것입니다. 초고를 반도 짓지 못하고 있다가 갑자기 손님을 맞이하는 일이 생겨서 마무리하지 못하였고 또 심부름꾼이 바쁘다고 말하여 미처 올려보내지 못합니다.

131 송정(松亭)의 묘표(墓表) : 《송자대전수차》 권8에 "송정 김반(金泮)의 묘표이니, 바로 선생이 지은 것이다. 김공(金公)은 강서(江西) 사람인데, 조공(趙公)이 그 지방의 고을 원이었을 때의 일이다."라고 하였다.

조복형에게 답함
答趙復亨

〈사포기(射圃記)〉 ○ 이 작품은 좋은 글이라고 할 만합니다. 공무를 처리하는 여가에 독서를 폐하지 않은 줄을 알 수 있으니, 매우 기뻐할 만합니다. 위에서 '개서(開西)'[132]라고 하고 다시 '서북(西北)'으로 잇는 것은 구어(句語)의 병통이 될 듯하니, 고치는 것이 어떻겠습니까? '확상(矍相)'[133] 아래는 곧 주자(朱子)의 〈사포기〉의 일로써 잇는다면 더욱 완비될 것입니다.

〈지기(池記)〉[134] ○ 이 작품은 글은 좋으나 자못 골계(滑稽)의 영역으로 들어갔습니다. 단정한 선비들이 혹 눈썹을 찌푸릴 듯하니, 만약 점화(點化)를 가한다면 좋겠습니다.

미륵(彌勒)이 현몽하였다고 운운한 것은 불가(佛家)의 기맥을 너무 띤 것이고 또 그 체제가 과거 시험장 수재(秀才)의 솜씨와 흡사하니, 모쪼록 고로(故老)들과 문답하는 이야기로 바꾸어 지은 뒤라야 전아(典雅)하게 될 듯합니다.

까마귀를 이름하여 학(鶴)이라고 운운한 것은 칠원(漆園)[135]의 문장

132 개서(開西) : 《손암집(損庵集)》 권4 〈사포기〉에는 '관서(關西)'로 되어 있다.

133 확상(矍相) : 중국 산동성(山東省) 곡부(曲阜) 궐리(闕里) 서쪽에 있는 지명이다. 공자가 확상의 사포(射圃)에서 활을 쏘니, 구경하는 사람이 담장처럼 늘어섰다고 한다. 《禮記 射義》 그리고 《손암집》 권4 〈사포기〉에 "우리 부자로 말하자면 확상의 사포에서 활을 쏠 때〔至於吾夫子則射於矍相之圃〕"라는 구절이 보인다.

134 지기(池記) : 《손암집》 권4에 〈명학지기(鳴鶴池記)〉가 실려 있다.

표현에서 나온 듯하니, 반드시 이천(伊川 정이(程頤))과 회옹(晦翁 주희(朱熹))에게 책망을 받을 것입니다. 고치는 것이 어떻겠습니까?

135 칠원(漆園) : 전국 시대의 지명으로, 몽(蒙) 땅에서 칠원의 관리가 되었던 장자(莊子)를 가리킨다.

조복형에게 답함 정사년(1677, 숙종3) 2월 18일

答趙復亨 丁巳二月十八日

지난해 가을 이후로 서로 소식을 듣지 못하여 그리움이 쌓인 것이 딸꾹질을 참는 것보다 심하였습니다. 이번에 짧고 긴 편지가 일시에 함께 도착하니, 비록 기특한 말과 남다른 이야기는 없더라도 졸음을 그치게 할 거리로 충분할뿐더러 또한 혹 시원스레 정신을 깨우는 곳도 있으니, 누가 편지는 대면하는 것만 못하다고 하였습니까. 다만 나를 두고 횡포한 자들과 논란하는 듯하다고 하였으니, 이렇게 나를 모를 줄은 생각지 못하였습니다. 대저 이러한 시국에는 정히 어지럽게 논변함으로써 담설(談說)의 재료를 만들어 내어서는 안 됩니다. 백규(白圭)의 경계[136]는 비록 졸렬한 방법인 듯하나 오랜 뒤에 그 효과를 살펴보면 도리어 몹시 시원스럽고 활기차니, 부디 나의 말을 맛이 없어 들을 만하지 못하다고 여기지 말기를 바랍니다.

한식(寒食)은 점점 다가오고 죽을 날은 머지않으니, 오직 이것을 바랄 뿐입니다. 질병이 매우 괴로워서 남의 손을 빌려서 적느라 다 말하지 못합니다. 이만 줄입니다.

136 백규(白圭)의 경계 : 백규는 흰 옥으로, 말을 삼가기를 경계하는 말이다. 《시경》 〈대아(大雅) 억(抑)〉에 "흰 옥의 흠은, 갈아 낼 수 있지만, 이 말의 흠은, 어떻게 할 수 없도다.〔白圭之玷, 尙可磨也, 斯言之玷, 不可爲也.〕"라고 하였다.

조복형에게 보냄 정사년(1677, 숙종3) 12월 11일

與趙復亨 丁巳十二月十一日

일찍이 윤손(尹孫)[137]의 혼사로 편지를 써서 인편을 통하여 보냈는데, 받아서 읽어 보았습니까? 내 생각에는 내년 3월 노부(老婦)[138]의 초기(初朞) 뒤에 그 어미의 복(服)이 다하고 나서 혼례를 거행하려고 하고 저쪽 집안의 뜻은 1월의 소상(小祥)[139] 뒤에 거행하기를 원하니, 예법의 뜻에는 어떠할지 모르겠으나 그 집안의 형편에 필시 부득이한 사정이 있어서 이렇게 하려고 하는 것입니다. 지금 급히 사람을 보내어 품정(稟定)하려고 대략 이렇게 고하니, 모쪼록 자인(子仁 윤증(尹拯))과 상의해 보는 것이 어떻겠습니까? 대저 그 집안의 뜻은 이처럼 빨리 거행하고 싶어 하니, 천천히 초가을로 미룬다면 결코 들으려고 하지 않을 것입니다. 나의 뜻을 말하자면 3월로 정하는 것이 좋을 듯하니, 이 뜻도 함께 윤씨들과 의논해 보는 것이 어떻겠습니까?

나머지 이야기는 치질이 매우 괴로워 남의 손을 빌려서 적느라 다 말하지 못합니다. 이만 줄입니다.

137 윤손(尹孫) : 송시열의 외손자 윤은교(尹殷敎)를 가리킨다. 송시열의 둘째 딸이 윤문거(尹文擧)의 아들 윤단(尹摶)에게 출가하였다.

138 노부(老婦) : 송시열의 부인 이씨를 가리킨다. 《송자대전》 부록 권7 〈연보〉 숭정(崇禎) 50년(1677) 3월 조(條)에 "22일, 부인 이씨의 부음을 들었다."라고 하였다.

139 1월의 소상(小祥) : 3월에 지낼 소상을 앞당겨서 1월에 지내는 것이다. 부친이 살아 있을 때 모친상을 당할 경우, 기월(朞月)에 앞서 소상을 지내고 기월에 이르러 대상을 지낸다고 한다. 《同春堂集 別集 卷6 答吳生》

조복형에게 답함 무오년(1678, 숙종4) 1월 29일
答趙復亨 戊午正月二十九日

4일에 보낸 편지는 받아 보매 매우 기쁩니다. 바깥의 여론은 늦다고 기뻐할 것이 없고 급하다고 두려워할 것이 없습니다. 대개 이 쇠잔한 목숨을 그에게 가져다주어 나의 소유가 아닌 지 이미 오래되었습니다.

혼사 시기가 지체되는 것을 두고 처음에는 무슨 긴박한 일이 있으리라 여겼으나 그대가 알려 준 사정을 듣고 나도 모르게 실소(失笑)하게 됩니다. 저 집안이 너무도 검소한 것은 그 부친에게서 유래한 것입니다. 저희 집안이 매우 가난하여 포방(鋪房)[140]할 물건에 하나 볼만한 것이 없는데도 저 집안에서는 오히려 설치하는 것을 혐의스럽게 여기니, 가만히 그 사람됨을 보면 선대의 가법(家法)을 실추시키지 않음은 의심할 것이 없습니다. 부디 이것에 구애되지 말고 속히 저 집안의 바람을 따라 날짜를 자못 당긴다면 매우 다행이겠습니다. 딸아이가 매번 편지를 보내어 간청하니, 늙은 아비가 자식을 사랑하는 마음에 차마 어긋나게 할 수 없습니다.

군범(君範 조해(趙楷))의 6일 편지는 정말 감사하고 감사합니다. 앞의 편지만 겨우 답장하여 보냈습니다. 나머지는 멀리서 보내는 편지라서 감히 많이 말하지 못하니, 모두 묵묵히 양해해 주기를 바랍니다.

140 포방(鋪房) : 혼례 전날 신부집에서 신랑집에 사람을 보내어 신방(新房)을 꾸미는 것을 말한다.

별지

창동(倉洞)[141]이 맨 먼저 들끓는 칼날을 한번 만난 뒤로부터 내 마음은 놀라고 낙담하여 매양 "재앙은 자신이 만들어 내었거늘 공연히 선량한 사람을 더럽힌다."[142]라는 말을 되뇌었고, 뒤이어 끊임없이 분분한 견책을 당하게 되어서는 또 스스로 탄식하며 '범방(范滂)이 죽지 않으면 재앙이 장차 끝나지 않을 것이다.'[143]라고 생각하였습니다. 그러나 이는 내 힘으로 멈추게 할 수 있는 바가 아니니, 한탄만 할 뿐입니다.

전년에 그 숫자가 천을 넘은 것을 말하면, 짚 옷을 입고 새끼를 두른 것이 도리어 주초위왕(走肖爲王)을 실증하는 격[144]이 된 것은 우선 놓아두고 논하지 않더라도 조물주가 곁에서 시기할까 실로 두렵습니다. 그러나 이미 이와 같다면 단지 입을 닫고 묵묵히 화복(禍

141 창동(倉洞) : 《송자대전수차》 권8에 "이세필(李世弼)을 가리키는 듯하다. 대개 갑인년(1674) 겨울에 맨 먼저 선생을 신구(伸救)하다가 찬축(竄逐)당하였다."라고 하였다. 《송자대전》 부록 권7 〈연보〉 숭정(崇禎) 47년(1674) 12월 조(條)에 "26일, 사학생(四學生) 이세필 등이 상소하여 선생을 신변(伸辨)하니, 이세필은 극변(極邊)에 귀양 보내고 나머지는 다 정거(停擧)하였다."라고 하였다.

142 재앙은……더럽힌다 : 동한(東漢) 시대 당고(黨錮)의 화가 일어났을 때, 하복(夏馥)이 장검(張儉) 등이 망명하였다는 소식을 듣고 탄식하며 이렇게 말하였다. 《後漢書 黨錮列傳 夏馥》

143 범방(范滂)이……것이다 : 289쪽 주92 참조.

144 짚……격 : 《송자대전수차》 권8에 "기묘년(1519, 중종14)에 주초위왕의 참소가 있었을 때, 도성 백성들이 짚 옷을 입고 새끼를 두르고 대궐 문을 지키며 곡하는 자가 수만이 된 것이 도리어 참소하는 자의 '조씨(趙氏)가 이미 민심을 얻었다.'라는 설을 실증하여 더욱 해명할 수 없게 되었다."라고 하였다. 주초위왕에 대해서는 311쪽 주124 참조.

福)이 결정되기를 기다리는 일만 있을 뿐입니다. 그런데 뜻하지 않게 향리(鄕里) 간에 여론이 대립하여 견책당하여 떠나가는 사람은 남은 사람을 헐뜯고 남은 사람은 떠나가는 사람을 비난하여 각각 무리를 이루고 있으니, 분위기가 좋지 않습니다. 이렇게 된 내력을 따져 보면, 높은 상투와 넓은 소매는 대개 먼저 좋아하는 바가 있었기 때문입니다.[145] 이로 인하여 깊이 걱정하고 크게 염려하여 대략 앞 편지에서 간청하였던 것이니, 이는 그대가 아니면 말끔히 없앨 수 있는 사람이 없기 때문입니다.

철옹(鐵甕)[146]의 일을 말하자면, 을묘년(1675) 가을부터 이미 말하기 어려운 문제가 생길 줄 알았으나 그저 애달파하고 탄식하는 마음만 가졌을 뿐입니다. 지난겨울에 새로운 소문을 듣고 더욱 놀라서 부끄러워하며 뉘우친다고 스스로 말하였으니 이는 한 줌의 모래로 황하를 막는 것과 다름이 없습니다. 그리고 그대 또한 실로 노여워하는 바가 있다고 여겨서 해명할 방법을 생각하고 있으니, 이는 매우 엉성할 수밖에 없을 듯합니다. 또 저 소배(少輩)들이 만약 "자익(子翼)은 참으로 괴롭겠다."[147]라는 말로 처리해 버리면 또한 곤란

145 높은……때문입니다 : 도성에서 좋아하는 바가 있으면 지방에서는 더 좋아한다는 말이다. 후한(後漢) 때 마료(馬廖)가 상소하기를 "장안의 속담에 '도성에서 높은 상투를 좋아하면 지방에서는 한 자나 더 높이고 도성에서 큰 소매를 좋아하면 지방에서는 한 폭의 비단을 사용한다.'라고 하였습니다."라고 하였다. 《後漢書 馬援列傳 馬廖》

146 철옹(鐵甕) : 초려(草廬) 이유태(李惟泰)를 가리킨다. 《송자대전수차》 권2에 "철옹은 초려의 적소(謫所)이다. 《영변여람(寧邊輿覽)》에 '약산(藥山)은 험하기로 동방에 으뜸이다. 사면이 둘러싸여 모양이 철 항아리[鐵甕]와 같다.'라고 하였다."라고 하였다.

하지 않겠습니까. 또한 고요히 침묵하여 후회가 없도록 하는 것만 못할 듯합니다. 나는 상심하고 탄식하는 것으로는 부족하여 거의 눈물이 흐르려고 합니다. 이 뒤의 일은 누구도 알 수가 없습니다.

147 자익(子翼)은 참으로 괴롭겠다 : 《송자대전수차》 권5에 "삼국 시대 장간(蔣幹)의 자(字)가 자익이다. 위(魏)나라 주유(周瑜)가 말하기를 '자익은 참으로 괴롭겠소. 멀리 강호를 건너와서 유세객이 되었구려.'라고 하였다."라고 하였다. 장간이 조조(曹操)를 위하여 주유를 설득하러 왔을 때 주유가 했던 말이다.

조복형에게 답함 무오년(1678, 숙종4) 윤달 28일
答趙復亨 戊午閏月二十八日

백씨(伯氏)와 계씨(季氏)의 편지를 전후로 받게 되니, 멀리 있는 나의 마음에 매우 위로됩니다. 윤손(尹孫)[148]의 혼사는 마침내 나의 의견을 따라 주었으니, 기쁘고 다행스럽기 그지없습니다.

나는 하나의 병이 끝나지도 않아 다른 병이 또 생겨나니, 비유하자면 중원이 무너지자 사방 오랑캐가 교대로 침범하는 것과 같습니다. 이치상 그러한 것이니, 어찌하고 어찌하겠습니까. 오늘날 바라는 바는 단지 붕우와 후배 들이 글을 읽고 자신을 반성하여 하늘이 부여해 준 아름다운 본성을 저버리지 않는 것뿐입니다. 예를 갖추지 못합니다.

148 윤손(尹孫) : 송시열의 외손자 윤은교(尹殷教)를 가리킨다.

조복형에게 답함 무오년(1678, 숙종4) 12월 2일
答趙復亨 戊午十二月二日

8월에 보내온 편지를 어제 비로소 받았으니, 크게 기쁘고 위로되는 것은 늦거나 빠르다고 하여 다름이 없습니다. 편지를 보낸 뒤로 어버이를 모시고 지내는 일상이 더욱 편안하리라 생각합니다.

나는 중추(仲秋)에 권씨(權氏)에게 출가한 딸의 부음을 받았으니, 너무도 비통하여 스스로 마음을 달래려고 하여도 달래어지지 않습니다. 이 때문에 질병이 갑자기 위독해졌으나 한 줄기 목숨은 여전히 보전되고 있으니 몹시 지루함을 느낍니다.

가만히 듣건대 수년 이후로 한 무리 후생(後生)들이 서책을 버리고서 오직 거문고, 바둑, 시, 술만을 스스로 즐기고 심한 자는 화류계에서 방탕하게 놀고 있다고 하니, 매우 한심한 노릇입니다. 몸소 솔선하여 절차탁마하고 경계하는 그대와 같은 사람이 있지 않다면 세도(世道)는 다시 가망이 없을 것입니다. 그대는 현재 무슨 책을 읽고 있으며 일상의 사이에 어디에다 마음을 쓰고 있는지 모르겠으니, 가만히 이를 알고 싶습니다. 무엇보다 주자서(朱子書)는 사람의 의사를 잘 계발시키고 또 탐구하는 힘을 허비하지 않을 수 있으니, 가장 송독(誦讀)할 만합니다. 나는 비록 노쇠하고 병든 데다가 귀양살이까지 하고 있으나 매양 손자 주석(疇錫)과 함께 보고 또 보노라면 나도 모르게 흔연(欣然)히 권태를 잊어버리는 뜻이 있게 됩니다. 서로 깊이 허여하기 때문에 속마음을 이렇게 모두 말한 것이니, 양찰(諒察)해 주리라 생각합니다. 예를 갖추지 못합니다.

조복형에게 답함
答趙復亨

그대가 말한 부박(浮薄)한 풍속은 참으로 우려할 만합니다. 다만 오늘날 우려할 일이 이것에 그칠 뿐이겠습니까. 주 선생(朱先生 주희(朱熹))이 경원(慶元)[149] 연간에 지구(知舊)들이 지절(志節)을 수립하지 못한 것을 극구 탄식하며 자주 편지에 그 뜻을 드러내었으니, 만약 선생이 오늘날 다시 살아난다면 어떻게 여길지 모르겠습니다.

강한 사람은 앞에서 우려한 바와 같고 나약한 사람은 뒤에서 말한 바와 같으니, 이것이 중용(中庸)을 실행하기 어려운 까닭입니다. 다만 하나의 설을 이야기하자면, 동한(東漢)의 여러 사람은 비록 사마광(司馬光)에게 비판을 받았으나 그들이 한(漢)나라 왕실을 부지한 공로는 여러 노선생(老先生)이 모두 속일 수 없는 사실이라고 하였습니다. 그렇다면 강한 사람은 자신을 죽일 수도 있으나 또한 나라를 보존할 수도 있는 것입니다. 그렇다면 오늘날 세도(世道)를 맡은 사람은 또한 응당 그 사이에 우열을 두어야 할 것이니, 어떻게 여길지 모르겠습니다.

〈창옥문답(蒼玉問答)〉[150]은 삼가 이렇게 기록하여 올리니, 곡절을 알 수 있을 것입니다.

149 경원(慶元) : 송나라 영종(寧宗)의 연호이다. 301쪽 주108 참조.

150 창옥문답(蒼玉問答) : 《송자대전수차》 권9에 "창옥은 사암(思菴) 박순(朴淳)이 은거하던 곳이다. 영평(永平) 백운산(白雲山) 속에 있다."라고 하였다.

조복형에게 보냄
與趙復亨

청풍(淸風 김우명(金佑明))이 홍모(洪某)[151]에게 보낸 편지는 삼가 상세히 살펴보았습니다. 홍모가 지난해 가을에 동교(東郊)로 찾아와서 자신의 부친을 신원(伸冤)하는 글을 보여 주었는데, 과연 우리 선인(先人)의 일을 끌어들였기 때문에 마음이 매우 움츠러들었습니다. 그러나 이미 선인을 정대하게 여기며 스스로 해명하는 논거로 삼았으니, 이에 어찌 배척하고 거절하여 바로잡도록 하겠습니까. 그러나 나 또한 그를 위하여 칭원(稱冤)하였다는 말은 진실로 지극히 무함하는 것입니다. 그 일은 40년 전에 있었고 또 눈으로 본 일이 아닌 데다가 또 정령(靜令)[152]과 택지(擇之 이선(李選)) 등 여러 사람이 두려워하지 않고 용기를 내어 그 흉악하고 패려(悖戾)한 모습을 있는 힘을 다하여 말하고 있거늘, 내가 어찌 이들을 의심하고 저 사람을 믿겠습니까.

151 홍모(洪某) : 《송자대전수차》 권8에 "홍서(洪恕)의 아들을 가리키는 듯하다. 홍서는 광해군이 폐모(廢母)할 때의 일 때문에 일찍이 남들의 비판을 받았는데, 그 아들이 해명하며 원통함을 호소하는 말이 필시 있었을 것이다."라고 하였다. 홍서는 광해군 때 송시열의 부친 송갑조(宋甲祚)와 함께 진사시에 급제하였다. 그 당시 관학 유생이 연명으로 인목왕후(仁穆王后)를 폐하자는 상소를 올렸는데, 홍서의 이름도 들어 있었다. 그 뒤 홍서는 흉악한 무리가 상소에 몰래 자신의 이름을 써넣었다고 하며 송갑조를 증인으로 내세웠던 일이 있다.

152 정령(靜令) : 《송자대전수차》 권8에 "이태연(李泰淵) 공의 자는 정숙(靜叔)이다. 서백으로 임소(任所)에서 세상을 떠났기 때문에 아래의 글에 '서백으로 있을 때'라는 말이 있는 것이다."라고 하였다.

다만 정령이 서백(西伯 평안 감사)으로 있을 때 어떤 말을 듣고 극도로 분노하였고 계주(季周 이단하(李端夏))가 상소하여 극언(極言)하려고까지 하였습니다. 나는 생각건대 저 사람은 단지 그 원통함을 호소할 뿐 언관(言官)을 침범하는 말이 없고 게다가 조정 또한 신원을 들어줄 뜻이 없으니, 뒷날 다시 언관의 지위에 들어갔을 때 이것으로 인피(引避)하더라도 늦지 않을 것입니다.

또 정령이 말하기를 "홍모의 조부가 홍모의 부친을 시켜서 흉소(凶疏)를 올리게 하였다."라고 하거늘, 내가 말하기를 "여 참판(呂參判)이 지은 지문(誌文)을 얻어 보면 그 조부는 흉론(凶論)이 일어나기 전에 죽었으니, 이는 저 사람이 반론할 논거가 되게 할까 염려스럽다. 정령이 혹 나의 말을 따르지 않고 운운하는 바가 있게 되면 이것이 홍모의 귀에 들어가서 도리어 인용할 논리가 되는 점이 없지 않을 것이다."라고 하였습니다. 아, 정령이 다시 무덤에서 일어날 수 없으니, 찾아가 물어볼 길이 없습니다.

계주는 그의 뜻을 보건대 모든 사람에 대해 자신이 도랑에 밀어 넣은 것과 같이 여기려고 합니다.[153] 비록 인후(仁厚)한 마음은 가상하지만 일에는 방해되는 바가 없지 않으니, 마땅히 그 본의를 따져 보아야 옳을 것입니다.

오늘 석양(夕陽)이 좋은 것은 모두 한두 명의 장자(長者)가 힘써

153 자신이……합니다 : 천하의 중임을 자임하는 것을 말한다. 맹자가 말하기를 "이윤(伊尹)은 천하의 백성 중에 평범한 남녀라도 요순(堯舜)의 은택을 입지 못하는 자가 있으면 마치 자신이 그를 밀쳐서 도랑 가운데로 들어가게 한 것과 같이 여겼으니, 그가 천하의 중임으로써 자임한 것이 이와 같았다."라고 하였다. 《孟子 萬章上》

향원(鄕愿)의 처신을 한 결과이니, 맹자가 배척하였던 것[154]이 또한 마땅하지 않겠습니까.

154 맹자가 배척하였던 것 : 맹자가 "향원(鄕原)은 덕(德)을 해치는 도적이다."라는 공자의 말을 인용하면서 향원을 배척한 내용이 《맹자》 〈진심 하(盡心下)〉에 상세히 보인다.

송자대전

제82권

書서

한여윤[1] 성우 에게 답함

答韓汝尹 聖佑

그대의 중씨(仲氏)가 성주(城主)를 모시고 멀리 왕림하여 여러 날 정담을 나누며 조용히 토론할 수 있었으니, 이는 실로 수년 이래에 첫째가는 기쁜 일입니다. 이로 인하여 그대의 편지를 받게 되니, 마치 솥발처럼 앉아 이야기하는 것과 다름이 없습니다. 편지에서 말한 바깥의 의논을 말하자면, 나는 오래전부터 이 위태로운 목숨을 저 사람에게 내맡겨 버렸으니, 지금 군이 두려워할 것이 없습니다.

책을 보면 의심이 생긴다는 이 말은 정히 좋은 소식입니다. 대저 글을 읽을 때 처음에는 의심이 생기는 줄 모르다가 점점 많이 읽어 갈수록 의심이 점점 더 생겨나지만 이미 익숙히 읽고 나면 의심이 점점 풀려서 의심이 없는 데에 이르니, 그러한 뒤라야 비로소 참된 독서인 것입니다. 이것은 대개 주 선생(朱先生 주희(朱熹))이 사람을 가르치던 뜻입니다.

지금 《주자서절요(朱子書節要)》를 읽고 있다는 말을 들으니, 매우 좋고 좋습니다. 이 책은 퇴계(退溪 이황(李滉))가 당시에 온갖 정력을 다 쏟아부은 것이니, 지금 그중에서 다시 취사하려고 한다면 퇴계가 당시에 절록(節錄)한 뜻이 아닐 듯합니다. 옛날 어떤 사람이 귀산(龜山 양시(楊時))에게 묻기를 "《논어》 중에 어떤 것이 긴요한 구절입니까?"

1 한여윤(韓汝尹) : 한성우(韓聖佑)로, 본관은 청주(淸州), 자는 여윤이다. 한성보(韓聖輔)의 아우이고 송시열의 문인이다.

라고 하자, 귀산이 말하기를 "모두 긴요한 구절이니, 다만 익숙히 읽어야 옳을 것이다."라고 하였습니다. 주 선생이 매양 이 말을 들어 배우는 사람을 권면하였으니, 그 뜻을 알 만합니다.

나의 일은 성주의 종인(從人)이 돌아가면 하나둘 이야기하리라 생각합니다. 나는 지금 주서(朱書)의 문목(問目)을 기초(起草)하여 장차 벗들에게 질정하려고 합니다. 그대가 의심이 나는 부분을 기록하여 보여 준다면 문목 중에 함께 넣으려고 합니다. 나는 의심하여야 하는데도 의심할 줄 모르는 부분이 필시 많을 것이기 때문에 감히 청합니다. 예를 갖추지 못합니다.

한여윤에게 답함 갑자년(1684, 숙종10)

答韓汝尹 甲子

매양 기억하건대 청녕(淸寧)[2] 어른이 일찍이 선부군(先府君)이 급제하지 못한 것을 탄식하셨습니다. 지금 훌륭한 손자가 있어 이전에 이루지 못한 일을 능히 이루어 내었으니, 한편으로는 기쁘고 한편으로는 서글퍼서 마음을 가눌 수 없습니다.

나는 죽을 시기가 날로 닥쳐옵니다. 되돌아 생각해 보건대 노선생(老先生)이 한결같이 회암(晦庵 주희(朱熹)) 부자(夫子)와 율곡(栗谷 이이(李珥)) 선생의 말씀을 가르침으로 삼았던 뜻을 저버리고 이 지경에 이르렀으니, 아마 지하에 가서 선생을 모실 수 없을 듯합니다.

그대의 문안 편지를 인편을 통하여 받게 되니, 위로되고 감사한 마음을 말로 다 형용하기 어렵습니다.

2 청녕(淸寧) : 청녕군(淸寧君) 한덕급(韓德及)을 가리킨다. 본관은 청주, 자는 득지(得之)이다. 한성우의 조부이고 김장생(金長生)의 사위이다.

한여윤에게 답함
答韓汝尹

노쇠한 나이에는 감회가 많아지니, 붕우에게는 더욱 심합니다. 갑자기 여러분의 편지를 받게 되니, 위로되고 후련한 마음을 어찌 견딜 수 있겠습니까. 편지를 보낸 뒤로 계절이 바뀐 이때 온 가족이 모두 경사스러운지 모르겠으니, 나의 지극한 그리움은 조금도 해이한 적이 없었습니다. 그대 또한 북쪽에서 돌아온 뒤로 한가한 중에 형제들과 함께 웃고 이야기하며 날을 보내는 줄을 알게 되니, 이는 본래 얻기 어려운 즐거운 일이라서 감탄하고 부러워해 마지않습니다.

나는 그대의 집안과 교유한 것이 벌써 삼대(三代)에 이르렀으므로 통가(通家)의 우호가 세상에 둘도 없다고 스스로 생각하였는데, 그대 백씨(伯氏)의 편지를 받고서는 도무지 어떻게 해야 할지 모르겠습니다. 이에 감히 번거로움을 꺼리지 않고 외람되이 긴 편지를 올렸으니, 부디 함께 읽어 보는 것이 어떻겠습니까?

거기에서 영서연설(郢書燕說)[3]이라는 말은 몹시 의미가 있으니, 이는 주자(朱子)의 말에 보입니다. 초(楚)나라 정승이 연(燕)나라 정승에게 편지를 쓸 때, 촛불을 잡은 사람에게 "촛불을 들어라.〔擧燭〕"라고 말하였는데 붓을 잡고 쓰는 사람이 잘못 듣고서 편지 중에 "촛불을 들어라."라는 말을 적어 넣었습니다. 연나라 정승이 이를 보고 말하기를 "이는 나에게 어진 이를 등용하라고 한 것이다."라고 하고 드디어 어진

3 영서연설(郢書燕說) : 본뜻을 잘못 이해하여 와전에 와전을 낳는 것을 말한다.

이를 등용하고 못난 이를 물리쳐서 연나라가 크게 다스려졌습니다.

지금 내가 앞서 보낸 편지는 참으로 촛불을 들라는 것이었지만 그대 백씨, 중씨, 계씨가 만약 이것으로 인하여 옛사람의 학문에 더욱 힘써서 정주(程朱)의 문하로 돌아오게 되고 형서(邢恕)와 여창(余嚞)[4]처럼 색깔이 분명하지 않은 무리를 물리친다면 오도(吾道)의 영광됨이 어찌 단지 연나라가 크게 다스려지는 정도일 뿐이겠습니까.

대개 듣건대 오늘날 대가(大家)의 자제들이 지금의 세도가에게 아첨하거나 붙지 않으면 또 모두 옛 학업을 포기하고 재리(財利)와 주색(酒色)에 탐닉하고 있다고 하니, 도리어 세도가의 비웃음거리가 될까 두렵습니다. 마음속으로 걱정되고 고민되어 애오라지 그대에게 말한 것이니, 또한 묵묵히 이해하리라 생각합니다.

4 형서(邢恕)와 여창(余嚞) : 형서는 정자(程子)의 제자였다가 스승을 배반한 자이고, 여창은 경원당금(慶元黨禁) 때 주희의 학문을 위학(僞學)으로 규정하고 참수하라고 주청한 자이다. 경원(慶元)은 송나라 영종(寧宗)의 연호이다.

한여윤에게 답함
答韓汝尹

빈산에 엎드려 지내는 것이 텅 빈 골짜기에 숨어 사는 것과 똑같은데, 정중한 문안 편지가 이러한 때에 산골짜기를 뚫고 도착하리라 생각이나 했겠습니까. 편지를 통하여 일찍이 상고(喪故)의 슬픔이 있었음을 알게 되니, 너무도 놀랍고 참혹한 심정을 견디지 못하겠습니다.

지난번 북쪽 여정(旅程)에 만약 음산(陰山)을 아우르고 구관(九關)을 지나서 백두(白頭)를 바라볼 수 있었다면 참으로 하나의 통쾌한 일이 되었을 것이니, 내가 노쇠하고 병들어 그대의 소매를 잡고 장대한 유람을 이루지 못한 것이 매우 아쉽습니다. 또 현재 대성(臺省)에 오른 줄을 알게 되니, 한편으로는 기쁘고 한편으로는 걱정됩니다.

나의 손자는 재주 없는 사람으로 오래도록 영광스러운 자리를 차지하고 있으니, 이것이 어찌 마땅한 바이겠습니까. 손자를 사랑하는 늙은 할아비의 마음은 밤낮으로 두려울 뿐이니, 부디 만류하여 머물게 하지 말고 그가 돌아가는 길을 찾게 해 주는 것이 어떻겠습니까?

시험 치르는 시기가 머지않아서 과연 편지에서 말한 바와 같이 호중(湖中)의 유생을 선발하러 온다면 아마 기쁘게 정담을 나눌 길이 있을 것이니, 기대하고 기대합니다. 이만 줄입니다. 예를 갖추지 못합니다.

한여윤에게 답함
答韓汝尹

명(明)나라의 예제(禮制)에 근거하면 "만약 주친(周親)이나 공시(功緦)의 친족[5]이 없으면 먼 일가의 동성(同姓)을 취하여 후사(後嗣)로 삼는다.……"라고 하였으니, 지금 만약 홍 참판(洪參判)의 손부(孫婦)가 촌수의 원근을 따지지 않고 후사를 세운다면 모든 일이 다 순조로워져서 이보다 더 훌륭한 일이 없을 것입니다.

"형이 죽으면 아우에게 미친다."[6]라는 것은 고례(古禮)로부터 있어온 것입니다. 그러나 지금 참판공(參判公)의 경우는 장손부(長孫婦)가 생존하여 절로 후사를 세울 방도가 있으니, 형이 죽으면 아우에게 미친다는 예문(禮文)으로 판단하는 것이 또한 어떠할지 모르겠습니다. 만일 현석(玄石 박세채(朴世采))의 의론처럼 우선 놓아두었다가 형제가 아들을 낳기를 기다린 뒤에 후사를 세우려고 한다면 아들이 태어나기 전에 참판공의 상(喪)과 선대의 제사는 누가 주관하겠습니까? 이는 매우 처리하기 어려운 부분입니다.

주원양(周元陽)[7]의 《제록(祭錄)》에 "며느리가 시부모를 제사 지낼

5 공시(功緦)의 친족 : 촌수가 비교적 먼 친족을 가리킨다. 공시는 오복(五服) 중의 대공복(大功服), 소공복(小功服), 시마복(緦麻服)을 말한다.

6 형이……미친다 : 형이 죽고 그 아들이 없는 경우 아우가 형을 대신하여 종통(宗統)을 잇는 것을 말한다. 《增補文獻備考 卷86 禮考 立後》

7 주원양(朱元陽) : 당나라 사람이다. 《신당서(新唐書)》〈예문지(藝文志)〉에 그의 저술 《제록》 1권이 소개되어 있다.

때의 축사(祝詞)에 '신부(新婦) 모씨(某氏)가 현구(顯舅) 모관(某官) 현고(顯姑) 모씨를 제사한다.'라고 하고, 남편을 제사 지낼 때 '주부(主婦) 모씨가 현벽(顯辟) 모관을 제사한다.'라고 한다."라고 하였으니, 이것에 의거한다면 참판공의 손부를 우선 주제(主祭)로 삼더라도 전혀 근거가 없지는 않을 것입니다.

신성시[8] 계징 에게 답함 경자년(1660, 현종1) 3월

答申聖時 啓澄○庚子三月

보내온 편지는 내용이 정중하여 사리에 어둡고 게으른 나를 깊이 경책하고 일깨워 주니, 감사하기 그지없습니다. 만약 한가한 가운데 조용히 이야기를 나누어 아침저녁으로 서로 충고해 줄 수 있다면 늙고 졸렬한 내가 필시 크게 도움을 받겠지만 노쇠함과 병 때문에 교유에 지쳐서 이 뜻을 끝내 저버리게 되었으니, 단지 스스로 가련하여 탄식만 할 뿐입니다. 오직 바라건대 빈산에서 문을 닫고 예전의 잘못을 반성하며 혹 몇 년 동안 죽지 않아 만년의 공부를 조금이나마 수습할 수 있게 된다면 거의 깨지고 무너진 곳을 보충할 가망이 있을 것이나 어찌 기약할 수 있겠습니까.

만나서 이야기할 길이 없어 그저 학문하는 일상이 건승하기를 빌 뿐입니다.

8 신성시(申聖時) : 신계징(申啓澄)으로, 본관은 고령(高靈), 자는 성시이다. 신숙주(申叔舟)의 후손이고, 송시열의 문인이다.

신성시에게 답함 경자년(1660, 현종1) 4월

答申聖時 庚子四月

산을 떠났다가 산에 들어오니, 이 세계가 깊고 궁벽한 곳임을 더욱 느끼게 됩니다. 보내온 편지에서 언급한 여러 이야기는 이곳의 처지에 전혀 맞지 않습니다마는 그 지극한 뜻은 어찌 잊을 수 있겠습니까.

나는 말을 하지 않으나 말만 하면 반드시 허물을 초래합니다. 이는 평소의 본색(本色)이니, 어찌 깊이 탄식할 것이 있겠습니까. 다만 성상이 처음 즉위한 때에 일찍이 말로 인하여 죄를 얻은 사람이 있지 않았는데도 이 사람[9]이 논핵(論劾)을 받은 것이 가볍지 않으니, 이 때문에 몹시 놀라고 탄식합니다.

나는 여기서 많은 날을 보내려고 하니, 그대의 거처와 가까워서 기뻐할 만합니다. 나머지 이야기는 우선 남겨 두고 하나하나 다 말하지 못합니다.

9 이 사람 : 《송자대전수차(宋子大全隨箚)》 권9에 "윤선도(尹善道)를 가리키는 듯하다."라고 하였다.

신성시에게 보냄 경자년(1660, 현종1) 12월

與申聖時 庚子十二月

과거 시험의 득실 문제는 오히려 그대를 위하여 말할 바가 못 될 것입니다. 어제 민 상제(閔喪制)가 말하기를, 이번 과거 시험에 대간(臺諫)을 파직하기를 청하였다가 비난과 논박을 받아 애를 먹었는데 그 의론을 부식(扶植)하여 주저하며 나아가기를 어렵게 여기는 사람은 오직 그대와 조겸중(趙謙仲)뿐이라고 하였습니다. 병중에 이 소식을 듣고 나도 모르게 정신이 번쩍 들어 일어나 앉았으니, 어찌 나를 이렇게까지 흠모하도록 한단 말입니까. 비록 사람들을 따라 한번 응시하더라도 또한 비단부채 위에 차가운 숲과 눈 내리는 대나무를 그리는 것[10]에 방해되지 않을 것입니다. 나는 지난달 중순 사이에 크게 병을 앓아 거의 죽을 뻔하였고 지금도 사람과 귀신 사이를 오가고 있으니, 섣달 그믐날[11]의 소식인 듯합니다.

서로 간의 거리가 제법 멀어 만나기가 쉽지 않으니, 노년의 심정에

10 비단부채……것 : 시속에 흔들리지 않고 지조를 굳게 지키는 것을 비유한 말이다. 소식(蘇軾)이 〈귀거래사(歸去來辭)〉를 쓰고 적은 발문에 "모국진(毛國鎭)이 나에게 글씨를 청하며 말하기를 '임하(林下)에 펼쳐 놓고 완상하겠노라.'라고 하므로, 그를 위하여 도잠(陶潛)의 〈귀거래사〉를 써서 주었다. 그러나 모국진이 어찌 임하에 묻혀 있을 사람이겠는가. 비유하자면 오늘날 차가운 숲이나 눈 내리는 대나무를 많이 그린 비단부채는 당세에 얻기 어려운 것과 같으니, 가령 묘당에 있게 한다면 더욱 볼만할 것이다."라고 하였다. 《宋子大全隨箚 卷12》

11 섣달 그믐날 : 다 끝나서 더 이상 희망이 없다는 뜻으로, 임종을 표현하는 불가(佛家)의 말이다.

더욱 서글픔을 느낍니다. 해가 장차 새로워지려는 이때 아름다운 상서(祥瑞)를 함께 받기를 바랄 뿐입니다. 예를 갖추지 못합니다.

신성시에게 답함 계묘년(1663, 현종4) 10월 7일

答申聖時 癸卯十月七日

그대의 서종(庶從)[12]이 이르러 그대의 편지를 받게 되니, 위로되고 감사한 마음이 한량없습니다. 나는 집안의 환란이 다하지 않아 또 질녀를 잃어 슬프고 괴롭습니다.

부탁한 글은 근래에 괴롭게도 일이 많아 미처 짓지 못하였는데 이렇게 슬퍼하는 말씀을 듣고 비로소 부응하여 급히 지어서 올리니, 만일 내버리려고 하지 않는다면 수정할 만한 곳을 정정하여 보여 주기를 바랍니다.

○ 그대가 지은 행장(行狀)을 가만히 살펴보건대 사실이 충실하고 말이 윤택하여 창려(昌黎 한유(韓愈))의 경지로 점점 들어가고 있습니다. 지금 붓을 잡고 행장에 근거하여 사실을 기록하자니 실로 작은 재주로 큰 소임을 대하는 두려움이 생깁니다. 바라건대 속히 손댈 부분을 알려 주는 것이 어떻겠습니까?

12 서종(庶從) : 서출의 종형(從兄)이나 종제(從弟)를 말한다.

신성시에게 답함 병오년(1666, 현종7) 6월

答申聖時 丙午六月

일전에 그대를 전송한 뒤 빗발이 삼대처럼 쏟아져서 애써 만류하지 못한 것을 매우 아쉽게 여겼는데 지금 그대의 편지를 받게 되니 위로되고 감사하기 그지없습니다. 말씀한 편지는 아직 받지 못하였으니, 어쩌면 중간에 잃어버린 것이 아니겠습니까.

이곳은 사람과의 거리가 매우 멀므로 고요히 앉아 책을 볼 수 있으나 기력이 미치지 못하여 멍하게 날을 보내고 있으니, 스스로 애달파한들 어떻게 하겠습니까.

지씨(池氏) 상가(喪家)의 변례(變禮)를 말하자면, 당초에 궤연(几筵)만 봉안(奉安)하여 나가고 가묘(家廟)를 봉안하지 않은 것은 미안한 일입니다. 오늘 우소(寓所)에다 추후로 봉안한다면 상일(祥日)에 장애가 없을 뿐 아니라 앞날의 삭망(朔望), 절일(節日) 및 길제(吉祭)에도 모두 응할 수 있어 상궤(常軌)에 어긋나는 폐단이 전혀 없을 것이니, 어떻게 여길지 모르겠습니다. 대저 오늘날 세상에 집을 나가서 머무는 사람이 으레 가묘를 놓아두고 홀로 몸만 나가게 되는 것은 생각건대 머무는 처소에 봉안할 곳이 없어 그러한 듯합니다. 그러나 이는 돌아가신 부모를 살아 계신 부모처럼 섬기는 도가 아닙니다.

나머지 이야기는 별지에 실려 있어 다시 하나하나 말하지 않습니다.

별지

백읍고(伯邑考)[13]가 만약 이미 태자가 되었다면 혹 그대의 말과 같을 수 있지만 그렇지 않다면 단지 중자(衆子)들과 다름이 없으니, 그렇다면 기년복(朞年服)을 입지 않는 것[14]이 부당하단 말입니까? 부디 다시 상량하여 알려 주기를 바랍니다.

윤증(尹拯)에 관한 글을 보내 드립니다마는 어긋나고 잘못된 곳이 많은 듯하여 볼만하지 못할 것이니, 살펴본 뒤에 인편을 통하여 돌려주기를 바랍니다. 유 학사(兪學士)의 별지 또한 보내 드립니다. 그가 스스로 골육(骨肉)의 정과 같다고 여기기 때문에 이것을 말해 주는 것이니, 모쪼록 남에게 보이지 말고 돌려주는 것이 어떻겠습니까?

내 생각에는 다스리지 않는 방법으로 다스리는 것[15]이 일의 체모에 합당할 듯합니다. 그러나 여러 의론을 견지한 사람들은 그 뜻이 모두 이와 같아서 전날 대면할 때 운운한 바가 있었으나 감히 일일이 다 말하지 못한 것입니다.

질문해 온 기축년(1649, 인조27)에 모(某) 직책을 맡았던 사람은 정상고(鄭尙古)라고 합니다. 유 학사의 편지는 답하지 못하였으나 답장하더라도 또한 위의 뜻과 같은 데 불과할 것입니다. 윤증 또한 이것을 물어 왔기에 이것으로 대답하였습니다.

말씀한 단산(丹山)에 관한 의론은 괴이하다고 할 만합니다. 내가

13 백읍고(伯邑考) : 주(周)나라 문왕(文王)의 장자(長子)이다.

14 기년복(朞年服)을……것 : 《의례(儀禮)》에 "천자와 제후는 기년복을 입지 않는다."라고 하였다. 여기서는 문왕이 백읍고를 위하여 기년복을 입지 않는 것을 두고 말하는 듯하다.

15 다스리지……것 : 소식(蘇軾)의 〈왕자불치이적론(王者不治夷狄論)〉에 "이적(夷狄)은 중국을 다스리는 방식으로 다스릴 수가 없으니, …… 다스리지 않는 방법으로 다스리는 것이 바로 깊이 다스리는 것이다."라고 하였다. 《古文眞寶 後集 卷9》

과연 그 사람[16]을 두고 독후(篤厚)한 의사(意思)가 적을 뿐이라고 하였으니 그렇다면 이는 도척(盜跖)을 가리켜서 청렴한 덕이 부족한 사람이라고 하는 것과 같습니다. 생각건대 이는 한창 미혹되었을 때 단지 이와 같은 줄만 알고 다른 사실을 알지 못한 것이니, 어찌 매우 미혹된 것이 아니겠습니까. 어떻게 미혹되지 않았다고 하겠습니까. 그러므로 나는 매양 스스로 책망하면서 만약 고요(皐陶)[17]가 곡직(曲直)을 판결한다면 나는 응당 수죄(首罪)에 해당할 것이고 미촌(美村 윤선거(尹宣擧)), 노봉(老峯 민정중(閔鼎重)), 원평(原平 원두표(元斗杓)), 함릉(咸陵 이해(李澥)) 같은 사람은 응당 차율(次律)을 받게 되리라고 생각하였습니다.

16 그 사람 : 《송자대전수차》 권9에 "윤휴(尹鑴)를 가리킨다."라고 하였다.

17 고요(皐陶) : 순(舜) 임금의 신하로, 법을 집행하는 일을 맡았다.

신성시에게 답함 병오년(1666, 현종7) 8월

答申聖時 丙午八月

신 상사(申上舍)가 어제 저물녘에 와서 지난달 8일에 보낸 그대의 편지를 전해 주었으니, 그리워하던 마음에 몹시 위로됩니다. 게다가 별지는 또 나를 경책하는 바가 많았습니다.

이러한 시국에 남들과 편지를 주고받는 것이 마땅하지 않은 줄을 지극히 잘 압니다. 더구나 이 일은 더욱 다시 입에 올리지 않아야 하는데 그대가 황송하게도 나를 벗으로 대하여, 그 논설한 바가 나를 가르쳐 줄 만한 것이라고 여긴 듯하기 때문에 너무나도 감사한 마음을 견디지 못하겠습니다. 그래서 삼가 두어 가지 말을 별지에 기록하였으니, 대개 이를 통하여 그대의 지극한 의론을 이어서 들으려는 것일 뿐 감히 옳고 그름을 분변하여 말하려는 것이 아닙니다.

과거 시험 시기가 머지않으니, 날카로운 재주로 시원스레 성취해 내어 여망에 부응하기를 바랍니다. 예를 갖추지 못합니다.

별지

백읍고(伯邑考)에 관한 일을 말하자면, 처음에는 이미 나라를 계승하지 못하였다면 응당 중자(衆子)에게는 기년복(朞年服)을 입지 않는 관례와 같이 해야 한다고 의심하였으나 뒤에 그대의 뜻을 듣고 다시 상량해 보니 무릇 오늘날 분분한 의견은 바로 《의례(儀禮)》 삼년조(三年條) 주소(註疏) 때문에 초래된 것이었습니다. 주소에서 말한 상하(上下)로 통칭한다는 설을 이미 벗어날 수 없다면 유독 여기에서만 그 설을 적용하지 않는 것은 처음에 따르다가 중도에 그만두는 것과 유사하니, 끝내 깨끗하고 간편하게 하나의 설을 견지하느니만 못하기 때문에 예전의 견해를 바꾸게 되었습니다.

남의 아들을 양자로 들여 후사를 삼더라도 아들이 아니라고 할 수 없다는 말씀은 정자(程子)가 말한 "폐하(陛下)는 인종(仁宗)의 아들입니다."[18]라는 설로 미루어 보면 그 뜻이 참으로 분명합니다. 그러나 《가례(家禮)》에는 이것을 의복조(義服條)에 실어 두었으니, 나는 그를 아들이라고 할 수 있으나 체(體 혈통)라고는 할 수 없다고 여깁니다. 어떻게 생각합니까?

모인(某人)[19]에 관한 이야기는 언급하자면 길어지므로 말하지 않고 놓아둔 지 오래되었습니다. 그러나 지금 보내온 편지에서 이처럼 지극하게 말씀하니, 어찌 감히 말로써 대답하지 않을 수 있겠습니까.

편지에서 말씀한 뜻은 참으로 너그러움과 맹렬함이 중도를 얻었으니, 공평하고 관대함은 기뻐할 만합니다. 그러나 허목(許穆)에게 권한 편지가 발각되어 감추기 어렵게 된 연후에 비로소 초려(草廬 이유태(李惟泰))에게 색책(塞責)하였다[20]는 이야기를 두고 실상을 잃

18 폐하(陛下)는 인종(仁宗)의 아들입니다 : 폐하는 송나라 영종(英宗)을 가리킨다. 영종은 생부(生父)인 복왕(濮王)의 아들이 아니라 후사가 된 인종의 아들이라는 말이다.

19 모인(某人) : 《송자대전수차》 권9에 "윤휴(尹鑴)를 가리킨다."라고 하였다.

20 허목(許穆)에게……색책(塞責)하였다 : 《송자대전수차》 권9에 "윤휴가 일찍이 허목에게 편지를 보내어 '지금 장자(長者)께서 논한 것은 차례가 있고 근거가 있다.'라고 운운하였다. 편지의 중간에 기년복을 공격하고 배척하는 수많은 이야기는 모두 험악한 말이었는데, 편지의 끝에 곧 말하기를 '부디 우리 어른께서는 말을 곧게 하고 의론을 극진히 하시기를 바란다.'라고 하였다. 뒤에 또 초려에게 편지를 보내어 '조정의 예법은

은 것이라 한 말씀은 매우 그렇지 않습니다. 그 두 편지는 모두 헌의(獻議)와 원상(元相 원두표(元斗杓))이 아뢴 글에 들어 있고 또한 사람들의 입으로 전파되고 있으니, 어찌 숨길 수 있겠습니까.

유형(兪兄 유계(兪棨))은 사람을 논평할 때 매우 너그러우나 모인(某人)을 논평하게 되면 일찍이 머리를 흔들며 곧바로 혹독한 사람이라고 말하지 않은 적이 없었고, 또 차자(箚子) 중에 비록 이름을 거론하지는 않았으나 그를 공격하고 배척한 것이 매우 상세하였습니다. 그러나 나는 옛날 학문을 강론하던 날로부터 매양 그의 마음은 황홀하여 알기가 어렵다고 생각하였으니, 하물며 이 일에 대해서는 더욱 어찌 사리에 어둡고 막힌 내가 헤아릴 수 있겠습니까. 이런 까닭으로 항상 알려고도 하지 않고 또 굳이 알 필요도 없다고 여겼습니다.

또 왕통(王通)이 "마음과 자취가 다르다."라고 한 것[21]을 정자(程

아래에 있는 사람이 감히 알 바가 아니지만 붕우와 친지(親知) 사이의 강마하고 충고하는 의리상 침묵할 수 없는 점이 있다.'라고 하였다."라고 하였다.

21 왕통(王通)이……것 : 왕통은 수(隋)나라 경학가(經學家)로, 자는 중엄(仲淹), 시호는 문중자(文中子)이다. 위징(魏徵)이 묻기를 "성인(聖人)에게도 근심이 있습니까?"라고 하니, 왕통이 말하기를 "천하가 모두 근심하거늘 나 홀로 근심하지 않을 수 있겠는가."라고 하고, 의심하는 것을 묻자 "천하가 모두 의심하거늘 나 홀로 의심하지 않을 수 있겠는가."라고 하였다. 위징이 물러나자 왕통이 동상(董常)에게 이르기를 "천리를 즐거워하고 천명을 아니 내가 무엇을 근심하겠으며 이치를 궁구하고 성(性)을 극진히 하니 내가 무엇을 의심하겠는가."라고 하였다. 동상이 말하기를 "이는 위징에게 고한 바가 아니니, 선생 또한 두 가지 말을 하는 것입니까?"라고 하니, 왕통이 말하기를 "위징이 물은 바는 자취이고 내가 자네에게 고한 것은 마음이다. 마음과 자취가 다른 것이 오래되었으니, 내가 홀로 두 가지 말을 하지 않을 수 있겠는가."라고 하였다. 동상이 말하기를 "마음과 자취가 다릅니까?" 하니, 왕통이 말하기를 "자네의 눈으로 보면

子)가 매우 잘못된 것이라고 하였으니,[22] 이른바 독초(毒草)의 싹이 그 뿌리에서 생겼다는 것이 아마 적확(的確)한 훈계인 듯합니다. 이를 다스리는 방법을 논하자면 나는 매우 옳지 않다고 생각합니다. 사흉(四凶)[23]은 비록 미워할 만하나 만약 그들이 재야에 있었다면 나는 아마 요순(堯舜) 또한 필시 내버려 두었으리라고 생각합니다. 또 임률(林栗)[24]이 당시 큰 명성이 있었기 때문에 주자(朱子)가 매우 곤란하게 여겼던 것입니다. 하물며 지금 모인(某人)은 기세가 장대하고 당여(黨與)들이 서리서리 얽혀 있으니, 어찌 열 명의 임율이 될 뿐이겠습니까.

아무개[25]와 같은 경우를 말하자면 한갓 애달프고 가련한 사람일 뿐이니, 단지 그가 자신을 지키지 못하여 아침에 말하였다가 저녁에 잊어버리는 것입니다. 바로 정자가 말한 두려워서 속인다는 것[26]이

다르겠지만 도에 이른 사람은 그 다름을 알지 못한다. 각각 말한 것이 합당할 뿐이니, 두 가지는 한 가지에 어긋나지 않는 것이다."라고 하였다. 《宋子大全隨箚 卷9》

22 정자(程子)가……하였으니 : 정이(程頤)가 말하기를 "왕통이 '마음과 자취가 다르다.'라고 말하였으니, 이는 바로 어지러운 말이다."라고 하였다. 《近思錄 卷13 辨異端》

23 사흉(四凶) : 순(舜) 임금 때 네 명의 악인(惡人)으로, 공공(共工), 환도(驩兜), 삼묘(三苗), 곤(鯀)을 가리킨다. 《書經 舜典》

24 임률(林栗) : 남송(南宋)의 학자이다. 자는 황중(黃中)으로, 복주(福州) 복청(福淸) 사람이다. 《주역》과 〈서명(西銘)〉을 주희와 토론하다가 의견이 갈리자 상소하여 주희의 도학(道學)을 공격하였다. 《宋史 林栗列傳》

25 아무개 : 《송자대전수차》 권9에 "황세정(黃世楨)을 가리키는 듯하다."라고 하였다.

26 정자가……것 : 《송자대전수차》 권9에 "한지국(韓持國)이 늘 아랫사람이 속이는 일이 많은 것을 걱정하자, 백순(伯淳) 선생이 말하기를 '속임에는 세 가지가 있으니, 이익을 위하여 속인 자는 참으로 처벌해야 할 것이고 처벌을 두려워하여 속인 자는 용서해야 할 것이다.'라고 하였다."라고 하였다. 한지국은 한유(韓維)로, 지국은 그의

니 어찌 너그럽게 대하지 않을 수 있겠습니까. 그가 자신의 역량이 이와 같음을 스스로 안다면 무엇보다 문을 닫고 자취를 거두어들이는 것이 가장 좋을 터인데도 그가 이를 실행하지 못하고 있습니다. 이는 또한 가볍고 약한 기질이 초래한 것이니, 어찌하고 어찌하겠습니까.

대저 저 두 사람은 번연히 얼굴을 고치고 마음을 바꾸어 다시 주자를 공격하지 않고 곧바로 남겨 준 가르침에 종사하고 있으니, 어찌 붕우에게 다행이 아니겠습니까. 친구들은 아무개에 대하여 매우 심하게 논박하지만 나는 매양 그렇게 여기지 않아 서로 만나게 되면 평소의 친애하는 마음이 뭉클하게 솟아오르니, 어찌 차마 남들의 말 때문에 나 또한 그를 의심하겠습니까. 다만 그가 행하는 바는 참으로 남들의 비판을 초래할 수 있기 때문에 서로 만날 때마다 지극한 정성으로 권면하고 책망하지 않은 적이 없었으니, 그가 어떻게 여길지 모르겠습니다.

자중(藉重)[27]한다는 말씀에 이르러서는 단지 우스운 일일 뿐입니다. 더구나 율곡(栗谷)의 성대한 덕으로도 일번인(一番人)[28]이 이미 자신의 욕구를 이루고 나면 공공연하게 물고기나 토끼를 잡은 뒤의 통발과 덫으로 여겼거늘, 더구나 이렇게 비루하고 못난 나는 향리의

자(字)이다. 백순은 정호(程顥)의 자이다.

27 자중(藉重) : 중요한 사람에게 의지한다는 말로, 여기서는 사람들이 송시열에게 의지한다는 뜻으로 쓰였다.

28 일번인(一番人) : 당파나 이념을 달리하는 쪽의 사람들을 직접 가리키고자 하지 않을 때 쓰는 말이다.

일개 필부이니 무슨 빌릴 만한 기세가 있겠습니까. 그러나 외부의 사람들은 그 실상을 헤아리지 못하고 혹 편지에서 말한 바와 같이 여기는 사람이 있습니다. 그래서 근년 이후로 서울에 보내는 편지는 모두 단절하였으니, 문안 편지를 보내는 사람이 있더라도 감히 답장하지 않았고 대신(大臣)에게도 그렇게 하였습니다. 다만 심부름꾼을 보내어 편지를 전해 온 사람은 반드시 답장을 받은 뒤에 돌아가려고 하므로 이 경우는 부득이 응하였습니다. 그러나 안부를 이야기하는 정도에 지나지 않았습니다.

또 올해부터는 사람이 많은 지역이 더욱 불편하여 가족을 데리고 깊이 들어왔는데 다만 다른 사람의 집을 오래도록 빌리기가 어렵기 때문에 현재 더욱 깊은 곳에 나아가서 몇 칸의 띳집을 지어 생애를 마칠 곳으로 삼고 있습니다. 그러나 어찌 감히 바깥의 의논이 종식되기를 바라겠습니까. 단지 때에 따라 나아가고 물러가는 의리상 응당 그렇게 할 뿐입니다.

율곡의 지극히 공정하고 정성스러운 마음은 어찌 두 조목을 보여 주는 데에 그치겠습니까. 말마다 일마다 이 물건이 아닌 것이 없습니다마는 당시의 쥐와 여우 같은 무리가 스스로 의심하는 마음을 일으켰을 뿐입니다. 그러나 조정(調停)이라는 두 글자는 명도(明道 정호)와 같은 역량이 없으면 끝내 이루어 내기가 어려운 점이 있습니다. 이는 주자가 이미 언급하고 다만 음양(陰陽)과 사정(邪正)을 밝게 분변하는 일을 자임(自任)하였던 것이니, 그렇다면 율곡이 낭패를 당하는 것을 어찌 면할 수 있었겠습니까.

깊이 허여해 주는 사이임을 믿고 이렇게 속마음을 다 쏟아 내었으니, 그대가 한번 보고 난 뒤에 없애 버리기를 바랄 뿐입니다.

○ 또 하나 드릴 이야기가 있습니다. 나는 그대를 매양 노우(老友)로 대우하여 내가 나이가 조금 많으나 그대를 존경하는 마음은 감히 조금도 태만하지 않았거늘 그대는 매양 스승과 제자 사이로 처신하니, 이는 지극히 나를 편안하지 않게 만듭니다. 이제부터는 부디 형식적인 예법을 없애 버리고 서로 한결같이 질실(質實)하게 대하는 것이 어떻겠습니까?

이계주(李季周)[29]의 편지에 그의 선대부(先大夫) 택당공(澤堂公)이 율곡의 일을 논한 바가 많다고 하므로 언젠가 그에게 그 유집(遺集)을 영남에 갈무리하여 영남 사람들이 보고 알 수 있도록 하기를 바란 적이 있었습니다. 그가 일찍이 영남의 외직을 구하였던 것은 이 때문일 것입니다. 그들 부자(父子)의 심사(心事)는 공평하고도 어질다고 할 만합니다. 그대는 일찍이 이 사람을 본 적이 있습니까? 매우 아름답고 아름다운 사람입니다.

29 이계주(李季周) : 이단하(李端夏, 1625～1689)로, 본관은 덕수(德水), 자는 계주, 호는 외재(畏齋)이다. 택당(澤堂) 이식(李植)의 아들이다.

신성시에게 답함 정미년(1667, 현종8) 1월

答申聖時 丁未正月

옛날 어떤 사람이 도산(陶山)에서 돌아오다가 술에 취하여 물속에 거꾸러졌는데, 퇴계(退溪) 선생이 장난삼아 "그림으로 그려서 보지 못하는 것이 몹시 아쉽다."라고 하였습니다. 비록 그대가 앞 시내에 거꾸러져 있다고 하더라도 그저 용면(龍眠)[30]에게 산중의 한 고사(故事)를 보태어 그리게 할 만할 뿐이거늘 어찌 이렇게까지 스스로 책망한단 말입니까.

진하(進賀)하는 글은 매우 감사하고 감사합니다. 여러 차례 읊조리자니 그 깊은 맛을 크게 느끼게 됩니다. 다만 앞의 상소는 아직 비답을 받지 못하였으니, 초심(初心)이 이루어지지 못할까 가만히 두려워할 뿐입니다. 소본(疏本)은 보내 준 대로 잘 받았습니다. 유 학사(兪學士)에게는 따로 편지를 보냅니다. 이만 줄입니다.

30 용면(龍眠) : 송(宋)나라 화가 이공린(李公麟)의 호이다. 용면산(龍眠山)에 살면서 용면거사(龍眠居士)라 자호하였다.

신성시에게 답함 정미년(1667, 현종8) 윤달 3일
答申聖時 丁未閏月三日

그대의 편지가 뜻밖에 갑자기 도착하여 근래의 정황이 편안하고 좋은 줄을 삼가 알게 되니, 마치 얼굴을 마주한 듯하여 위로되고 감사하기 그지없습니다.

나는 해마다 유소(儒疏)의 배척을 당하고 있으니, 참으로 회옹(晦翁 주희(朱熹))이 말한 늘그막의 영광[31]입니다. 한창 이것을 스스로 자랑스러워하던 중인데 그대가 이렇게 운운하는 것은 어째서입니까? 다만 이 용렬한 내가 매양 여러 사람의 선두가 되고 있으니, 이 점은 감히 마음이 편치 않을 따름입니다.

오씨(吳氏) 중표(中表)[32] 숙모(叔母)의 부음을 듣게 되니 애통하고 참혹하기 그지없습니다. 조장(弔狀)을 부디 그 아들에게 전해 주기를 바랍니다.

진감장(陳甘醬)을 보내 드리나 분량이 적은 것이 아쉽습니다. 이만 줄입니다.

31 늘그막의 영광 : 주희의 시에 "늘그막의 영광은 간당의 당적에 이름을 올린 것이고, 지난날의 부끄러움은 시신(侍臣)의 갓을 쓴 것이네.〔老去光華奸黨籍, 向來羞辱侍臣冠.〕"라고 하였다. 《晦庵集 卷9 蒙恩許遂休致陳昭遠丈以詩見賀已和答之復賦一首》

32 중표(中表) : 내외종(內外從) 사촌을 말한다.

신성시에게 답함 무신년(1668, 현종9) 3월

答申聖時 戊申三月

편지를 받아 보건대 피차간의 거취 문제를 아울러 언급하였으니, 나의 거취는 굳이 물을 것도 못 되지만 그대의 거취는 또한 일찍이 염려스럽게 생각하였습니다. 승륙(陞六)한 뒤에는 벽읍(僻邑)의 지방관을 도모하는 것이 가장 좋으니, 이미 봉양의 편리함을 얻고 나면 또한 책을 보아 이치를 완미하지 않아서는 안 될 것입니다.

일찍이 보건대 신독재(愼獨齋 김집(金集)) 선생이 계해년(1623, 인조1) 초에 많은 사람의 의견을 묵묵히 살피고는 땅을 선택하여 대처하려고 즉시 부여(扶餘)를 구하여 왔으니,[33] 이는 본보기가 될 만할 것입니다. 자신의 처지는 각각 스스로 잘 안다고 하지만 그대에게는 어찌 감히 내 일처럼 여기지 않을 수 있겠습니까.

첩을 구하는 일은 단지 그대가 도모하는 데에 달렸을 뿐이지만 성사의 여부는 주관하는 자가 따로 있을 것입니다. 다만 홀아비가 된 아들의 모습이 매우 걱정스러우니, 이것이 비록 이루어지지 않더라도 부디 다른 데에서 구하여 알려 주는 것이 어떻겠습니까?

그대 종형제의 일은 놀라움과 참담함을 견디지 못하겠습니다. 그가 비록 이 지경에 이르렀으나 그 일은 일찍이 이미 그대에게 승낙하였으니, 어찌 서묘(徐墓)에 칼을 걸어 둘 가지가 없다고 하겠습니까.[34]

33 부여(扶餘)를 구하여 왔으니 : 김집이 계해년 5월에 부여 현감(扶餘縣監)이 된 것을 말한다.

하고 싶은 말은 매우 많으나 마침 어수선한 일이 있어 이만 줄입니다.

○ 최(崔), 이(李), 신(愼)의 일은 밤낮으로 상심하고 탄식하느라 거의 병이 날 지경입니다. 그러나 모름지기 서서히 궁구하여야 하고 남들의 흉흉한 말 때문에 성급히 의심하거나 배척해서는 안 됩니다.

34 어찌……하겠습니까 : 이미 세상을 떠났어도 생전의 약속을 어길 수 없다는 말이다. 서묘는 서(徐)나라 임금의 무덤이다. 춘추 시대 오(吳)나라 공자(公子) 계찰(季札)이 일찍이 상국(上國)으로 사신을 가다가 서나라를 방문하였는데, 서나라 임금이 계찰의 보검을 보고 좋아하였으나 감히 입으로 말하지 못하였다. 계찰이 이를 알아채었으나 상국으로 사신 가는 길이라 주지 못하였다. 돌아올 때 서나라에 이르렀으나 서나라 임금은 이미 죽은 뒤였다. 이에 계찰은 보검을 풀어서 서나라 임금의 무덤에 있는 나무에 매달아 두고 떠났다. 수행하던 자가 "서나라 임금이 이미 죽었거늘, 누구에게 주는 것입니까?"라고 하자, 계찰은 "그렇지 않다. 처음에 내가 마음으로 이미 허락하였으니, 어찌 죽었다고 하여 내 마음을 저버릴 수 있겠는가."라고 하였다. 《史記 吳泰伯世家》

신성시에게 답함 무신년(1668, 현종9) 7월

答申聖時 戊申七月

〔문〕《주자대전(朱子大全)》의 "'도를 배운 지 30년'[35]은 후학의 말이다."라는 것[36]에 대하여

〔답〕 주익공(周益公)이 이 구절은 후학의 말이고 구양공(歐陽公)이 한 말이 아니라고 여긴 것을 이릅니다. 그러므로 주자(朱子)가 그 시비를 분변한 것입니다.

〔문〕 형문(衡門)[37]에 대하여

〔답〕 틀림없이 호씨(胡氏) 문하를 가리키는 것입니다. 형문이라고 한 것은 시(詩)에 이 말이 있으므로 이렇게 일컬은 듯합니다. 퇴계(退溪)의 문장을 표시하는 범례를 보더라도 나무를 가로놓아 만든 문을 가리키는 것이 아님이 분명합니다.

35 도를……30년 : 구양공(歐陽公)이 스스로 말하기를 "도를 배운 지 30년에 터득한 것은 평소에 원망하거나 미워함이 없는 것이다."라고 하였다. 《墨莊漫錄》

36 주자대전(朱子大全)의……것 : 주희의 〈답주익공(答周益公)〉에 "그대가 자약(子約)에게 보낸 편지 중에 '도를 배운 지 30년'은 후학의 말이라고 의심한 것은 내가 깊이 의혹이 생겨서 더욱 분변하지 않을 수 없으니, 그대는 이 말에 어떤 점이 싫어서 의심하는지 모르겠습니다."라고 하였다. 《晦庵集 卷38》

37 형문(衡門) : 《시경》 〈진풍(陳風) 형문〉에 "형문의 아래여. 쉬고 놀 수 있도다.〔衡門之下, 可以棲遲.〕"라고 하였다. 주희의 〈답유평보(答劉平甫)〉에 "그대는 또한 일찍이 형문의 아래에 잡객(雜客)이 있는 것을 본 적이 있는가?"라고 하였다. 《晦庵集 卷40》 이 편지에서 말한 형문을 송시열은 호굉(胡宏)의 문하로 본 것이다.

〔문〕 뇌롱(牢籠)에 대하여

〔답〕 농락(籠絡)의 뜻입니다.

〔문〕 선달 그믐날 운운한 것[38]에 대하여

〔답〕 오공제(吳公濟)가 선학(禪學)을 배웠기 때문에 선가(禪家)의 말을 사용하여 그가 추천서를 받아 관직을 구하는 잘못을 비판한 것이니, 위와 아래의 '추천서를 받다.〔討書〕'라는 글자로 살펴보면 결코 선생이 스스로 말한 것이 아닙니다.

〔문〕 이성(異姓)을 후사로 세우는 것[39]에 대하여

〔답〕 위아래의 문세(文勢)를 보면 "뒤미처 바로잡기가 어렵다."라고 한 것은 아마 가설한 말이 아니고 단정하여 말한 뜻인 듯합니다. 당시에 이성(異姓)으로 후사가 된 자는 그대로 후사가 된 성(姓)을 따랐으니, 《주자대전》의 우씨(虞氏) 묘명(墓銘)[40]을 상고해 보면 알 수 있습

38 선달……것 : 선달 그믐날은 다 끝나서 더 이상 희망이 없다는 뜻으로, 임종을 표현하는 불가(佛家)의 말이다. 주희의 〈답채계통(答蔡季通)〉에 "오공제는 크게 진보하지 못하였고 한결같이 추천서만 받으려고 합니다. ……선달 그믐날에도 남에게 묻고 추천서를 받아 가서 염라대왕을 볼 수는 없을 것입니다."라고 하였다. 《晦庵集 卷44》

39 이성(異姓)을……것 : 주희의 〈답서거보(答徐居甫)〉에 "이성을 후사로 세우는 것은 참으로 지금 사람의 잘못이지만 이제 또한 뒤미처 바로잡기가 어려우니, 다만 제사에 참여하였을 때 나의 효도하고 공경하는 정성을 다함이 옳을 것이다."라고 하였다. 《晦庵集 卷58》

40 우씨(虞氏) 묘명(墓銘) : 주희가 지은 〈부인우씨묘지명(夫人虞氏墓志銘)〉을 가리킨다. 그 서문에 "부인은 본래 유씨(劉氏)의 딸이었다. 부친의 동복형제 중에 우통(虞恫)에게 시집간 사람이 부인을 어렸을 때부터 사랑하여 데려다가 우씨 집안에서 길렀으

니다. 또 당시에 본종(本宗)으로 돌아가려고 하면 반드시 먼저 관청에 알린 연후에 돌아갈 수 있었기 때문에 주자의 〈첨원선(詹元善)에게 답한 편지〉에 "본종으로 돌아가게 해 달라는 청은 이미 허락을 받았을 줄로 생각합니다."라는 말이 있는 것입니다. 이것에 근거하면 당시에 또한 뒤미처 바로잡는 관례가 없지는 않았으니, 지금 무엇 때문에 지생(池生)의 일[41]을 잘못이라고 심히 책망합니까?

〔문〕 조포(趙苞)의 일[42]에 대하여

〔답〕 이미 정자(程子)의 의론[43]이 있으니, 후세에 어찌 감히 다른 설

므로 그 성을 따르게 되었다."라고 하였다. 《晦庵集 卷92》

41 지생(池生)의 일 : 지생은 지봉익(池鳳翼)을 가리킨다. 지봉익은 청주(淸州) 사람으로, 지약해(池若海)의 양자이다. 지약해가 죽은 뒤에 족보를 얻어 보니, 지봉익과 지약해는 족형제 사이였다. 그때 지약해는 이미 죽었고 지봉익은 양모(養母) 유씨의 견제를 받아 파양의 소장을 올리지 못하다가 임종 때에 그 아들에게 유언으로 부탁하였다. 아들 지응구(池應九)가 윤선거, 송시열, 송준길에게 자문하니, "마땅히 후사를 파하고 본종으로 돌아가야 한다."라고 하였다. 이에 지응구가 유씨에게 간청하여 예조(禮曹)에 소장을 올려 파양하였고, 유씨는 다시 지봉익의 아들 지응삼(池應三)으로 후사를 잇게 하였다. 《肅宗實錄 1年 4月 27日》

42 조포(趙苞)의 일 : 조포는 한(漢)나라 영제(靈帝) 때 사람으로, 효렴(孝廉)으로 천거되어 요서 태수(遼西太守)를 지냈다. 사람을 보내어 어머니와 처를 데려오는데 중간에서 선비(鮮卑)에게 잡혀 그들이 이를 미끼로 침공하였으나 왕신(王臣)으로서 사사로운 은혜를 돌아보아서는 안 된다며 힘껏 싸워 적을 물리쳤다. 어머니와 처가 살해되자 조포는 이를 자책하며 스스로 목숨을 끊었다. 《後漢書 獨行列傳 趙苞》

43 정자(程子)의 의론 : 정자가 말하기를 "임금의 성(城)을 가지고 항복하여 어머니를 살리는 것은 진실로 안 되는 일이지만 또한 마땅히 어머니를 살릴 수 있는 방도를 찾아야 하였으니, 어찌 성급하게 싸운단 말인가. 부득이하면 자신이 항복하더라도 괜찮은 것이다."라고 하였다. 《二程遺書 卷24》

을 두겠습니까. 한 고조(漢高祖)의 일은 주자의 의론이 또한 십분 명백합니다.[44] 서서(徐庶)[45]의 마지막에 대해서는 상고할 것이 없습니다.

44 한……명백합니다 : 한 고조 유방(劉邦)이 항우(項羽)와 천하를 다툴 적에 항우가 유방에게 항복을 강요하며 말하기를 "네가 어서 항복하지 않으면 내가 잡고 있는 너의 아비를 삶아 죽이겠다."라고 하자, 유방이 "나와 네가 회왕(懷王)의 명을 받고 형제가 되기로 약속하였으니, 나의 아버지는 바로 너의 아버지이다. 반드시 너의 아버지를 삶으려 한다면 나에게도 국 한 그릇을 나누어 주기 바란다."라고 하였다.《史記 項羽本紀》 이 일을 두고 주희가 말하기를 "한 고조에게 성인(聖人)의 자질이 있다고 하나, 나에게도 국 한 그릇을 나누어 달라는 말은 용렬하고 천박한 사람이라도 감히 입에 내지 못할 것이니, 성인의 자질을 가진 사람이 또한 이러한 말을 할 수 있겠는가."라고 하였다.《宋子大全隨箚 卷9》

45 서서(徐庶) : 중국 삼국(三國) 시대의 인물이다. 처음에 유비(劉備)를 도와 대업을 이루려 하였으나 조조(曹操)가 서서의 모친을 인질로 삼고 그를 부르자 유비에게 작별을 고하고 조조에게로 갔다.《三國志 蜀書 諸葛亮傳》

신성시에게 답함

答申聖時

〔문〕《주자대전(朱子大全)》의 "임금에게 여쭙는다.〔省其君〕"[46]라는 구절에 대하여

〔답〕본래 《예기대전(禮記大傳)》에 나오는 말입니다. 주석에 "임금에게 여쭙는다."라고 하였으니, 《주자서절요기의(朱子書節要記疑)》에 "성(省)은 고(告)함이다."라고 한 것은 대개 여기에 근거한 것입니다.

〔문〕수불(竪拂)에 대하여

〔답〕불(拂)은 주미(麈尾)[47]입니다. 이를 세워서 눈을 붙이고 마음을 모아 다른 곳으로 가지 않게 하는 것이니, 대개 선가(禪家)의 일입니다.

〔문〕대계(戴溪)[48]에 대하여

〔답〕《소미통감(少微通鑑)》[49]에 실려 있는 "대계의 《통감필의(通鑑筆義)》"라는 것이 바로 이 사람인 듯합니다.

46 임금에게 여쭙는다 : 주희의 〈답왕상서논가묘(答汪尙書論家廟)〉에 "대부에게 일이 있으면 임금에게 여쭙는다.〔大夫有事, 省于其君.〕"라는 말이 보인다. 《晦庵集 卷29》

47 주미(麈尾) : 고라니의 꼬리털을 매단 불자(拂子)이다.

48 대계(戴溪) : 《송자대전수차》 권9에 "자(字)는 초망(肖望)이고 송(宋)나라 가정(嘉定) 때의 사람이다. 경사(經史)에 논저(論著)한 바가 많다."라고 하였다.

49 소미통감(少微通鑑) : 송나라 때 소미(少微) 선생 강지(江贄)가 《자치통감(資治通鑑)》을 간추려서 만든 《통감절요(通鑑節要)》를 말한다.

〔문〕 "다시 하실(下室)에서 궤식(饋食)하지 않는다."[50]라는 것에 대하여

〔답〕 경문(經文)에는 과연 이러한 설이 없고 기(記)에 이 말이 있습니다.

〔문〕 이(李), 공(孔), 곽(霍), 장(張)에 대하여

〔답〕 미상(未詳)이니, 어쩌면 이응(李膺), 공융(孔融), 곽광(霍光), 장안세(張安世)가 아니겠습니까. 진동보(陳同甫)가 대개 이응, 공융의 풍도(風度)와 곽광, 장안세의 사업을 선생에게 기대하였기 때문에 선생이 운운한 듯합니다.

〔문〕 형문(衡門)에 대하여

〔답〕 호오봉(胡五峯)[51]을 가리키는 듯합니다. 선생이 일찍이 호씨(胡氏)의 여러 유씨(劉氏)라고 일컬었으니, 대개 호씨 문인들입니다.

〔문〕 염추(拈搥)에 대하여

〔답〕 추(搥)는 북을 치는 방망이이니, 염추는 뜻이 수불(豎拂)과 같습니다.

〔문〕 송 원헌공(宋元憲公)에 대하여

50 다시……않는다 : 주희가 말하기를 "예(禮)에 근거하면 졸곡(卒哭) 뒤에는 다시 하실에서 궤식하지 않는다."라고 하였다. 《晦庵集 卷36 答陸子壽》 하실은 내침(內寢)으로, 살아 있을 때 음식을 먹고 일을 하던 곳을 이른다.

51 호오봉(胡五峯) : 송나라 성리학자 호굉(胡宏)으로, 오봉은 그의 호이다.

〔답〕 이름이 상(庠)이니, 이미 원서(元書) 아래 주석에 보입니다. 따로 상고한 바가 있는지 모르겠으니, 알려 주기를 바랍니다.

〔문〕 섣달 그믐날〔臘月三十日〕에 대하여

〔답〕 불가(佛家)에서 인생이 다해 가는 것을 섣달 그믐날이라고 합니다. 염가노자(閻家老子)는 염라대왕을 이르니, 불가에서는 염라대왕이 생사(生死)의 권한을 주관한다고 생각합니다. 오공제(吳公濟)가 불학(佛學)을 배웠기 때문에 불가의 말을 사용하여 비판한 것입니다.

〔문〕 시초(廝炒)에 대하여

〔답〕 시(廝)는 서로이고 초(炒)는 들볶고 다그치는 것이니, 대개 서로 힘들게 한다는 뜻입니다.

〔문〕 무재(茂材)[52]에 대하여

〔답〕 수재(秀才)라는 말과 같습니다. 《통감(通鑑)》에 "만약 빼어난 재주와 특이한 행실이 안연과 자기 같은 사람이 있으면〔若有茂材異等若顔淵子奇〕"[53]이라고 하였습니다.

52 무재(茂才) : 수재로, 후한 광무제(後漢光武帝) 유수(劉秀)의 이름을 피한 것이다.

53 만약……있으면 : 후한 순제(後漢順帝) 때 상서령(尙書令) 좌웅(左雄)이 아뢰기를 "만약 뛰어난 재주와 특이한 행실이 안연과 자기와 같은 사람이 있으면 나이에 구애되지 말고 등용하여야 합니다."라고 하였다. 《通鑑節要 卷19 後漢紀 孝順皇帝 壬申陽嘉元年》 안연은 공자의 제자 안회(顔回)이다. 자기는 제(齊)나라 사람으로 18세에 동쪽 아현(阿縣) 지방을 주관하게 하였더니, 아현이 크게 교화되었다고 한다.

〔문〕 “허물을 보면 인(仁)한지를 안다.”[54]라는 것에 대하여

〔답〕 당시의 제현(諸賢)이 “스스로 자신의 허물을 보아서 스스로 그 인한지를 안다.”라는 뜻으로 《논어》의 이 장(章)을 해석하였기 때문에 선생이 이를 인용하여 말한 것입니다. 장남헌(張南軒 장식(張栻)) 또한 “스스로 본다.”라는 뜻으로 해석한 것입니다.

〔문〕 손(孫), 유(劉), 양(楊), 이(李)[55]에 대하여

〔답〕 손과 유는 삼국(三國) 시대이고, 양과 이는 수(隋)나라와 당(唐)나라 시대입니다.

〔문〕 진보(進步)와 탈가(稅駕)[56]에 대하여

〔답〕 하숙도(何叔度)가 실제의 공부에 나아가고 실제의 병통을 없앨

54 허물을……안다 : 공자가 말하기를 “사람의 허물은 각기 그 부류대로 하니, 그 사람의 허물을 보면 인한지를 알 수 있다.”라고 하였다. 《論語 里仁》

55 손(孫)……이(李) : 손은 손권(孫權)의 오(吳)나라, 유는 유비(劉備)의 촉(蜀)나라, 양은 양견(楊堅)의 수나라, 이는 이연(李淵)의 당나라를 가리킨다.

56 진보(進步)와 탈가(稅駕) : 진보는 걸음을 내디디어 앞으로 나아가는 것을 말하고, 탈가는 멍에를 벗는다는 뜻으로 목적지에 도달하는 것을 말한다. 주희가 말하기를 “대저 근세의 유자(儒者)들은 성현의 말에 일찍이 그 의리의 지극한 곳을 찾지는 않고 오직 많이 보고 유창하게 외우는 것을 공부로 생각하기 때문에 종종 마침내 우리의 유학을 용이(容易)한 공언(空言)으로 여기고 실제의 공부에 나아가고 실제의 병통을 없앨 방도를 구하는 것은 모두 반드시 저 불학에서 찾고 있으니, 천 리 길을 가려고 하면서 향할 바에 미혹된 줄을 전혀 모르고 있는 것입니다. 나는 걸음을 내디딜수록 목적지에서 날로 멀어지고 도달하는 곳마다 목적지에서 날로 멀어지게 될까 두렵습니다.”라고 하였다. 《晦庵集 卷46 答潘叔昌》

방도를 구하면서 도리어 불학(佛學)에서 찾고 있으니, 비유하자면 천리 길을 가려고 하면서 향할 바에 미혹되면 걸음을 내디딜수록 목적지에서 날로 멀어지고 도달하는 곳마다 목적지에서 날로 멀어지게 되는 것과 같습니다. '원(遠)' 자와 '사(賒)' 자는 도착할 지역과 어긋나고 등지는 것을 말합니다.

〔문〕 십이십인(十二十人)에 대하여

〔답〕 대개 열 명 혹은 스무 명으로, 일정하지 않은 숫자이니, 지금 시속에서 말하는 '열 스물'과 같습니다.

〔문〕 "적부(嫡婦)를 첩조고(妾祖姑)에게 부(祔)한다."[57]라는 것에 대하여

〔답〕 이는 조입지(曹立之)에게 보낸 편지가 아니고 만정순(萬正淳)에게 보낸 편지의 내용입니다. 선생이 이미 적부를 첩조고에게 부하는 것을 온당하지 않다고 여겼다면 사당에 들어갔을 때 정위(正位)가 되는 것은 의심할 여지가 없습니다. "첩조고에게 부한다."라는 것은 부제(祔祭)할 때의 일이고 사당에 들어갈 때를 이르는 것이 아닙니다. 《가례(家禮)》의 부제조(祔祭條)를 상고해 보면 퇴계(退溪)의 주석에 사족(士族)의 딸이라고 운운한 것은 예(禮)의 뜻을 크게 잃은 것임을

57 적부(嫡婦)를 첩조고(妾祖姑)에게 부(祔)한다 : 주희의 〈답만정순(答萬正淳)〉에 "적부를 첩조고에게 부하는 것은 참으로 온당하지 않은 듯합니다. 그러나 상고할 것이 없으면 부득이 우선 '친한 자에게 부한다.'라는 예문을 따르지 않을 수 없습니다."라고 하였다. 《晦庵集 卷51》

알 수 있습니다. 대개 서손(庶孫)이 승중(承重)하게 되면 시집온 사람이 비록 미천하더라도 마땅히 적부가 되는 것입니다.

〔문〕 팔병(八病)에 대하여
〔답〕 왕장유(汪長孺)가 자신의 병통을 스스로 말한 것이 그 숫자가 여덟인 듯합니다.

〔문〕 "범녕(范甯)이 왕필(王弼)을 비판하다."라는 것에 대하여
〔답〕《통감(通鑑)》 중에 범녕이 말한 "왕필과 하안(何晏)의 죄는 걸주(桀紂)보다 심하다."라는 것[58]이 곧 이것입니다. 대개 걸주는 당시에만 해독을 끼쳤을 뿐이지만 왕필과 하안은 이단의 설을 주창하여 후세를 그르쳤다고 생각한 것입니다.

〔문〕 "한 사람의 손을 건너다.〔隔一手〕"[59]라는 것에 대하여
〔답〕 굴원(屈原)이 죽자 다른 사람이 굴원의 글을 이해할 수 없게 됨을 말합니다. 일수(一手)는 굴원을 가리킵니다.

58 범녕이……것 : 범녕은 진(晉)나라 때 유학자이고 왕필과 하안은 모두 삼국 시대 위(魏)나라 유학자이다. 《진서(晉書)》 〈범왕열전(范汪列傳) 범녕〉에 "당시 허탄(虛誕)한 학설이 서로 선동하여 유아(儒雅)한 기풍이 날로 쇠퇴해지자, 범녕은 그 근원이 왕필과 하안에서 시작되었으니 이 두 사람의 죄는 걸왕(桀王)과 주왕(紂王)보다 깊다고 생각하였다."라고 하였다.

59 한……건너다 : 주희의 〈답정자상(答鄭子上)〉에 "옛사람이 수많은 마음과 생각을 기울여서 《초사(楚辭)》의 주석서를 내었으나 단지 한 사람의 손을 건너자 곧 이해하는 사람이 없었으니, 매우 탄식할 만합니다."라고 하였다. 《晦庵集 卷56》

〔문〕 "날마다 할아버지와 아버지 사당에 상식(上食)한다."라는 것에 대하여

〔답〕 위아래의 글로써 보면 삼년상 안의 상식을 가리키는 듯합니다. 그러나 《국어(國語)》에서 말한 일제(日祭)는 삼년상 안에 거행하는 것이 아닌 듯하기 때문에 선생이 "《주례(周禮)》와 맞지 않는다."라고 하였고, 또 "다만 〈제법(祭法)〉과 서로 표리(表裏)가 되지만 다른 경전에 보이지 않는다."라고 한 것이니, 《국어》를 믿지 않은 뜻을 볼 수 있습니다.

〔문〕 "이성(異姓)을 후사로 세우는 것"[60]에 대하여

〔답〕 선생이 이미 "지금 사람의 잘못"이라고 하였으니, 오히려 다시 무엇을 의심하겠습니까. "또한 뒤미처 바로잡기가 어렵다."라고 한 것은 단지 당시에 이미 풍속의 관례를 이룬 것이니, 예컨대 부재모상(父在母喪)에 또한 삼년상을 치르는 것은 고치기가 어려운 것입니다. 대개 《의례(儀禮)》의 부재모상 상기(喪期)는 큰 절목(節目)입니다. 그러나 당나라 무후(武后) 때부터 삼년상을 치르도록 명하였으니, 선생이 비록 이를 잘못으로 여겼으나 《가례》에서 감히 고치지 못한 것입니다. 지금 지생(池生)의 일[61]은 비록 선생의 "또한 뒤미처 바로잡기가 어렵다."라는 가르침이 있더라도 황조(皇祖)의 가르침[62] 또한 이와 같으니,

60 이성(異姓)을……것 : 361쪽 주39 참조.

61 지생(池生)의 일 : 362쪽 주41 참조.

62 황조(皇祖)의 가르침 : 명나라 태조의 유훈(遺訓)을 기록한 《황명조훈(皇明祖訓)》을 말한다. 《송자대전수차》 권9에 "'후사가 되어 소목(昭穆)에 차례를 잃은 자는

또한 따르지 않기가 어렵습니다. 하물며 선생의 주된 뜻이 이와 같지 않다면 어찌 부득이한 일을 근거로 삼을 수 있겠습니까.

〔문〕 "듣고 믿으려는 마음을 일으키다.〔發此聽信身心〕"[63]라는 것에 대하여

〔답〕 '발(發)' 자는 신심(身心) 아래에까지 해석해야 하니, 대개 옛날 가르침을 듣고 믿으려는 마음을 일으키는 것입니다.

〔문〕 방할(棒喝)하는 선종(禪宗)[64]에 대하여

〔답〕 방(棒)은 몽둥이로 치는 것이고 할(喝)은 두렵게 꾸짖는 것이니, 선종에서는 이러한 것을 문도에게 시행하여 마음을 다잡고 생각을 거두어들이게 합니다.

〔문〕 한청(汗靑)에 대하여

〔답〕 옛날 사람이 역사를 편수(編修)한 뒤에 대나무를 구워서 나온

개정하기를 허락한다.'라는 말이 《황명조훈》에 실려 있으니, 대개 이 조목을 가리키는 듯하다."라고 하였다.

63 듣고……일으키다 : 주희의 〈답오두남(答吳斗南)〉에 "지금 사람들은 자신이 잘하는 바에 빠져서 결코 듣고 믿으려는 마음을 일으키지 못합니다."라고 하였다. 《晦庵集 卷59》

64 방할(棒喝)하는 선종(禪宗) : 방할은 선종에서 사람을 가르칠 때 몽둥이로 때리기도 하고 큰 소리로 꾸짖기도 하여 도를 깨닫도록 하는 것을 말한다. 주희의 〈답진재경(答陳才卿)〉에 "편지에서 한 말씀은 대개 너그럽고 넉넉한 기상이 적고 억세고 급한 마음이 있으니, 이렇게 하기를 그만두지 않으면 점점 방할하는 선종으로 빠져들까 두렵습니다."라고 하였다. 《晦庵集 卷59》

진액을 자획에 칠하여 글자가 퇴색되지 않도록 하는 것입니다.

〔문〕 박약(搏約)에 대하여
〔답〕 박(搏)은 본래 박(博)으로 되어 있으니, 이는 박문(博文)[65]의 박(博)입니다.

〔문〕 "두 물건을 편벽되게 좋아하다.〔偏好二物〕"[66]라는 것에 대하여
〔답〕 이(二)는 본래 일(一)로 되어 있습니다.

〔문〕 "연루시켜서 함께 처벌하다."[67]라는 것에 대하여
〔답〕 죄가 없는 사람이 연루되어 벌을 받고 장오죄(贓汚罪)를 범하지 않은 사람이 함께 계장률(計贓律)을 받는 것입니다. 위징(魏徵)이 예(禮)를 논의한 것[68]에는 크게 잘못된 점이 없으니, 절개를 잃고 원수를

65 박문(博文) : 글을 널리 배운다는 뜻이다. 공자가 말하기를 "군자가 글을 널리 배우고 예로서 요약한다면 또한 도에 어긋나지 않을 것이다.〔君子博學於文, 約之以禮, 亦可以不畔矣夫.〕"라고 하였다. 《論語 雍也》

66 두……좋아하다 : 주희의 〈답장원덕(答張元德)〉에 "사람은 진실로 한 물건을 편벽되게 좋아하는 경우가 있습니다. 그러나 이 한 물건이 마음에 올라오지 않았을 때 어찌 그것을 미발의 중이라고 하지 않을 수 있겠습니까.〔人固有偏好一物者, 然此一物未上心時, 安得不謂之未發之中乎?〕"라고 하였다. 《晦庵集 卷62》

67 연루시켜서 함께 처벌하다 : 주희의 〈답여정보(答余正甫)〉 위원성가복조(魏元成加服條)에 "대개 사람의 자품과 견식이 같지 않으므로 혹 이쪽에 밝으나 저쪽에 어둡기도 하며 혹 저쪽에는 옳으나 이쪽에는 잘못될 수도 있으니, 마땅히 좋은 일절(一節)을 취할 것이고 뿌리와 덩굴째 뽑거나 연루시켜서 함께 처벌해서는 안 될 것입니다."라고 하였다. 《晦庵集 卷63》

섬긴 죄[69]와 함께 관련시켜서는 안 된다는 말입니다.

〔문〕 "천자가 피변(皮弁)에 소적(素積)[70] 차림으로 날마다 정사를 돌본다."[71]라는 것에 대하여

〔답〕 평상시 날마다 정사를 돌볼 때의 복장이 모두 희다고 한다면 더구나 상을 치르면서 정사를 들을 때 흰 베로 만든 의관을 갖추는 것은 불가한 일이 아니니, 대개 날마다 정사를 돌볼 때의 복장은 조회할 때의 복장과 같지 않았기 때문입니다.

〔문〕 양배(兩拜)에 대하여

〔답〕《가례》〈거가잡의(居家雜義)〉의 사배(四拜), 육배(六拜), 삼재배(三再拜)라는 글[72]에 의거하면 두 번 재배(再拜)하는 것인 듯합니다.

68 위징(魏徵)이……것 : 당 태종이 오복(五服)의 제도를 의논하게 하자, 위징이 복제(服制)를 더하는 내용을 상주(上奏)한 것을 말한다. 주희의 〈답여정보〉 가운데 위원성가복조가 이를 논한 것이다.

69 절개를……죄 : 위징이 처음에 태자 이건성(李建成)을 섬겼으나 나중에 태자를 살해한 당 태종 이세민(李世民)을 섬겼기 때문에 절개를 잃고 원수를 섬겼다는 비판을 받았다.

70 피변(皮弁)에 소적(素積) : 피변은 사슴 가죽으로 만든 관(冠)이고, 소적은 허리 부분에 주름이 있는 흰 명주로 만든 하의(下衣)이다.

71 천자가……돌본다 : 주희의 〈답여정보〉에 "또 더구나 옛날에 천자가 피변에 소적 차림으로 날마다 정사를 돌보아 의관(衣冠)이 희어도 혐의스럽게 여기지 않았으니, 그렇다면 지금 상중에 흰 베로 만든 의관을 갖추고 조정에 임하는 것이 불가하지 않을 듯합니다."라고 하였다. 《晦庵集 卷63》

72 가례……글 : 사배는 네 번 재배(再拜)하는 것이고, 육배는 여섯 번 재배하는 것이고, 삼재배는 세 번 재배하는 것이다. 《가례》 사마씨거가잡의조(司馬氏居家雜義條)에

〔문〕 "송계(松溪)[73]의 험한 곳을 격파하고〔砐松溪隘〕"에 대하여

〔답〕 파(砐)는 본래 파(破)로 되어 있습니다.

〔문〕 부성(赴省)과 참학(參學)[74]에 대하여

〔답〕 부성은 성시(省試)에 나아가는 것이고, 참학은 우리나라의 거학(居學)[75]과 같은 것입니다.

"존장을 뵙지 못하고 이틀 이상 묵었으면 재배하고 닷새 이상 묵었으면 네 번 재배한다. 동지와 설날의 하례에는 여섯 번 재배하고 삭망에는 네 번 재배한다. …… 만약 항렬이 낮거나 어린 사람이 먼 곳에서 존장을 뵈러 왔는데 존장 세 사람 이상이 함께 있는 경우에는 먼저 한꺼번에 재배한다. 날씨를 말하거나 기거를 여쭌 뒤에 또 세 번 재배하고 그친다."라고 하였다.

73 송계(松溪) : 건주(建州)의 속현(屬縣)이다.

74 참학(參學) : 학사(學舍)에 참여하여 들어가는 것을 말한다.

75 거학(居學) : 학궁(學宮)에 거처하는 것을 말한다.

신성시에게 답함 기유년(1669, 현종10) 7월 25일
答申聖時 己酉七月二十五日

늙어 가는 나의 그리운 마음은 그대를 생각하지 않은 날이 없었는데 이렇게 멀리서 보내온 편지를 받고서 어버이를 모시고 지내는 일상이 평안한 줄을 알게 되니, 위로되고 감사하기 그지없습니다. 나는 끝없이 신고(辛苦)를 겪고 있으나 그저 죽음 하나만 부족할 뿐입니다. 다만 넷째 손자가 향리에 살고 있어 귀로 듣고 눈으로 보는 것이 모두 속되고 비루하니, 이는 할아버지가 그를 사랑하지 않아 초래된 것입니다. 장손(長孫)이 그대의 뜻을 말해 주었는데, 감사하고 다행한 마음을 견디지 못하겠습니다. 지금 이렇게 그를 보내니, 부디 동몽(童蒙)의 반열에 놓고 엄격하게 공부시키는 것이 어떻겠습니까?

말씀한 경서(經書)의 잘못된 글자는 참으로 옳습니다. 근래에 교정청(校正廳)에서 질의한 바를 보건대 그 고정(考訂)이 자못 상세하니, 이렇게 한번 손질을 거치면 거의 바로잡힐 것입니다. 이만 줄입니다.

신성시에게 답함 신해년(1671, 현종12) 3월

答申聖時 辛亥三月

봉양을 위하여 지방관을 자청한 소원이 이루어졌다고 일찍이 들었으니, 나 자신이 봉양하러 지방관으로 부임하는 듯이 기쁩니다. 이에 문안을 전하는 그대의 편지를 받게 되니, 그리워하던 마음에 몹시 위로됩니다. 다만 괴롭다는 말이 너무 많으니, 이는 실제 지방관으로서 언제나 있는 일이지만 올해는 곳곳이 모두 그러합니다. 하물며 "날마다 만부(萬夫)를 살렸다."[76]라는 것은 실로 주 부자(朱夫子 주희(朱熹))의 말이니, 이와 같지 않으면 어떻게 우직(禹稷)의 마음[77]을 시행할 수 있겠습니까.

나는 구식(口食)의 해결에 급박하여 지난겨울에 가족을 데리고 서쪽으로 돌아왔으나 지금 굶주림에 우는 아이들이 가련한 데다가 갑자기 지난달부터 집안에 전염병이 일어나서 노복 중에 면한 자가 없고 끝내

76 날마다 만부(萬夫)를 살렸다 : 주희의 〈용도각직학사오공신도비(龍圖閣直學士吳公神道碑)〉 명(銘)에 "월성의 남쪽에서 매일 만부를 살렸고.〔越城之南, 日活萬夫.〕"라고 하였다. 《晦庵集 卷88》《주자대전차의(朱子大全箚疑)》에 "성(城) 남쪽 경호(鏡湖)의 부역에 상평미(常平米)를 풀어 기민(飢民)을 모집하였기 때문에 날마다 만부를 살렸다고 한 것이다."라고 하였다.

77 우직(禹稷)의 마음 : 백성들이 곡식과 고기를 먹을 수 있게 하려는 마음을 말한다. 우(禹)는 순(舜)의 선위를 받아 하(夏)나라를 세운 왕이고 직(稷)은 주(周)나라의 시조이다. 우는 치수(治水)를 잘하여 민생을 안정시켰고 직은 농사를 가르쳐서 백성들이 곡식을 먹을 수 있게 하였다. 우가 말하기를 "직과 더불어 오곡을 파종하여 곡식과 고기를 먹게 하였다."라고 하였다. 《書經 益稷》

두 손자에게까지 침범하여 지금 이렇게 위독한 상태로 있습니다. 친구들이 모두 나가서 머물기를 권하나 또한 차마 버리고 떠나지 못하고 망녕되이 유씨(庾氏)의 행실[78]을 본받고 있으니, 어찌 어린 동자(童子)가 용감한 맹분(孟賁)[79]을 배우려는 것이 아니겠습니까.

귀한 선물은 감사합니다. 많은 이야기는 마음이 어수선하여 하나하나 다 말하지 못합니다.

78 유씨(庾氏)의 행실 : 유씨는 진(晉)나라 유곤(庾袞)을 가리킨다. 큰 전염병이 유행하여 유곤의 두 형이 죽고 다음 형 유비(庾毗)도 위태하여 병세가 치성하므로 부모와 아우들은 모두 밖으로 나가 머물렀으나 유곤은 홀로 남아 병든 형을 돌보았다. 백여 일 만에 병의 증세가 잦아들었으므로 집안사람들이 이에 돌아오니, 유비의 병도 쾌차하였고 유곤 또한 병이 없었다. 《小學 善行》

79 맹분(孟賁) : 전국 시대의 용사(勇士)이다.

신성시에게 답함 신해년(1671, 현종12) 4월

答申聖時 辛亥四月

그리워하던 중에 그대의 문안 편지를 받으니, 너무도 위로되고 감사합니다. 다만 관아에 전염병이 크게 돌아 부모님이 거처를 옮겨서 지내기까지 한다는 소식을 듣게 되니, 이 때문에 놀라고 염려됩니다. 이곳의 나도 지금 이를 걱정하며 근심 속에 날을 보내고 있습니다마는 온 나라가 똑같이 그러하니 또한 장차 천명을 따르듯이 편안히 여겨야 할 뿐입니다.[80] 다만 가뭄의 재앙이 또 이와 같으니, 지금은 비록 죽지 않더라도 나중에는 한 사람도 남지 않게 될 것입니다. 어찌하고 어찌하겠습니까.

윤휴(尹鑴)의 설은 예전부터 이와 같은 줄을 알고 있었습니다. 대개 장황하게 펼치는 변론으로 원망하고 시기하는 마음을 이루어 내어 장차 이르지 못할 곳이 없을 듯이 하니, 바로 이른바 "왕필(王弼)과 하안(何晏)의 죄는 걸왕(桀王)과 주왕(紂王)보다 심하다."[81]라는 것입니다. 또 일찍이 그가 송규정(宋奎禎)에게 보낸 편지를 보건대 곧바로 "윤선도(尹善道)의 흉악하고 패려(悖戾)함"이라고 적었다가 이제는 그를 장천기(張天祺)[82]에 비유하였으니, 그 앞뒤로 번복하는 행태는 또한

80 천명을……뿐입니다 : 《장자(莊子)》 〈인간세(人間世)〉에 "어떻게 할 수 없음을 알고서 천명을 따르듯이 편안히 여긴다."라고 하였다.

81 왕필(王弼)과……심하다 : 369쪽 주58 참조.

82 장천기(張天祺) : 송(宋)나라 학자 장전(張戩)으로, 자가 천기(天祺)이다. 횡거

추악하게 여길 만합니다. 그의 설은 나중 인편을 기다렸다가 보내 드리겠습니다.

종이 묶음은 참으로 감사합니다. 예를 갖추지 못합니다.

(橫渠) 장재(張載)의 아우이다.

신성시에게 보냄 임자년(1672, 현종13) 5월

與申聖時 壬子五月

부유한 백성의 곡식을 강제로 빼앗는 것은 진실로 우리나라에 근거가 없는 정치이니, 이로움과 해로움을 논하지 않더라도 의리상 결코 옳지 못한 일입니다. 그러므로 주자(朱子)가 권분(勸分)하여 벼슬을 상으로 내리자는 설을 주장하였으니, 지금 계주(季周 이단하(李端夏))의 말은 바꿀 수 없는 것입니다. 사창(社倉)은 봄 사이에 이곳의 사우(士友)들과 봉행하기로 의결하였으나 관청과 사가(私家)에 본곡(本穀)이 없어 시행하지 못하였으니, 너무도 한탄스럽습니다.

계주의 편지는 다시 돌려 드립니다. 윤휴(尹鑴)의 설은 찾아보아도 보이지 않습니다. 필시 다른 사람이 빌려 간 것이니, 응당 뒷날을 기다려야겠습니다.

신성시에게 답함 임자년(1672, 현종13) 11월 12일
答申聖時 壬子十一月十二日

텅 빈 골짜기에 숨어 사는 듯이 적막하던 중에 갑자기 사람을 시켜서 보내온 편지를 받게 되었습니다. 상세하게 알려 준 말씀은 측은한 마음으로 백성을 돌보는 뜻이 아님이 없으니, 어진 사람의 본심을 볼 수 있어 경탄(敬歎)하여 마지않습니다. 이를 따라 나아간다면 굶주림으로 도랑과 구렁을 전전하는 백성들을 들어다가 장차 침석(枕席) 위에 올려놓을 수 있을 것이니, 얼마나 다행인지 모르겠습니다.

나는 외람되이 성은을 입어 2년의 오랜 기간 뒤에 직명(職名)에서 체차(遞差)되었으니, 기쁘고 다행스러운 마음을 어찌 다 형언할 수 있겠습니까.

오늘은 과연 나의 생일날입니다. 어버이를 여읜 나의 목메고 슬픈 마음은 늙어 갈수록 더욱 깊어집니다. 그런데 외람되이 그대의 마음이 담긴 물건을 받게 되니 이 뜻이 매우 두터워서 감사한 마음을 견디기가 어렵습니다. 다만 주 부자(朱夫子)가 생신에 문인들에게 말하기를 "일절 남의 선물을 받지 않는다."라고 하였으니, 우리가 평소에 주자의 글을 읽다가 일이 눈앞에 이르렀을 때 곧 받아들여 실행하지 못한다면 읽지 않은 사람과 어찌 다르겠습니까. 이 때문에 보내온 선물 11종을 장차 돌려드리려던 차에 손자 주석(疇錫)이 곁에서 말하기를 "주자도 생신에 일찍이 진동보(陳同父)의 갖옷 옷감은 받았으니, 서로 친후한 사이에는 무방할 듯합니다."라고 하였습니다. 마침내 그 가운데 종이 묶음 등 5종을 남겨 두니, 이 뜻을 부디 양해하고 의아하게 여기지 않는 것이 어떻겠습니까?

주자의 사창법(社倉法)을 내가 거처하는 마을에 매양 시행하고 싶었으나 뜻을 같이하는 인사가 없었습니다. 올해 비로소 조정의 지휘로 인하여 위로 달래고 아래로 깨우쳐서 이미 성취할 단서를 만들었고 방백(方伯) 또한 도와주고 있으니, 건순(乾淳)[83] 연간에 있었던 장탄(長灘)과 금화(金華)의 일[84]을 내 자신에게서 직접 보게 되어 얼마나 다행인지 모르겠습니다.

윤여망(尹汝望 윤문거(尹文擧))이 한 번의 병으로 갑자기 세상을 떠났으니, 선인(善人)이 없어진 것입니다. 어디에서 이러한 사람을 얻을 수 있겠습니까. 애통하고 애통합니다.

《남헌집(南軒集)》은 과연 한 본(本)을 등사하였습니다. 그가 회옹(晦翁 주희)과 주고받은 서찰은 과연 《주자대전(朱子大全)》의 내용과 서로 발명하고 있어 분명 참고하여 보기에 좋습니다. 그 책이 소제(蘇堤)에 보관되어 있기 때문에 보내온 심부름꾼에게 그곳을 경유하여 가져가도록 하였습니다.

많은 이야기는 병을 무릅쓰고 적느라 한 개만 언급하고 열 개를 빠뜨렸으니, 그저 마음으로 이해해 주기를 바랄 뿐입니다.

83 건순(乾淳) : 송나라 효종(孝宗)의 연호인 건도(乾道)와 순희(淳熙)를 가리킨다.

84 장탄(長灘)과 금화(金華)의 일 : 《송자대전수차》 권9에 "장탄은 숭안(崇安)에 있고 금화는 무주(婺州)에 있다. 간재(艮齋) 위원리(魏元履)가 장탄에 사창을 설치하였고 반숙도(潘叔度)가 금화에 사창을 설치하였다."라고 하였다.

신성시에게 답함 계축년(1673, 현종14) 7월
答申聖時 癸丑七月

문안 편지가 멀리서 도착하니, 참으로 감사하고 감사합니다. 나는 이달 초에 어느덧 가형(家兄)의 초기(初忌)를 지냈습니다. 애통하고 그리운 마음이 더욱 깊어지나 다시 어떻게 할 수가 없으니, 어찌하고 어찌하겠습니까.

나는 무거운 죄를 저지른 몸으로 오래도록 요행으로 모면하고 있으니, 남들이 하는 말은 이상하게 여길 것이 없습니다. 성주(聖主)가 위무(慰撫)해 준 것은 진실로 망극한 은혜이지만 응지 상소(應旨上疏)를 올려서 충성을 다하였다고 자칭하는 저 사람[85]이 도리어 배척을 당하였으니, 이것이 감히 편안하지 못할 뿐입니다. 오늘 가는 이유는 단지 성상이 나의 작은 재주가 필요하여 부르시고 나 또한 작은 기예를 성고(聖考 효종(孝宗))에게 바치려고 하기 때문입니다.[86] 겨우 글을 지어 올리고 이어서 글씨를 써서 올린 뒤에는 물러나서 교외에 엎드려 새 능묘가 복토(復土)[87]되기를 기다렸다가 돌아올 것입니다. 보내온

85 응지……사람 : 《송자대전수차》 권9에 "장응일(張應一)을 가리킨다. 장응일이 응지 상소에서 선생을 무함(誣陷)하다가 삭직(削職)당하였다."라고 하였다.

86 성상이……때문입니다 : 《송자대전》 부록 권6 〈연보〉 숭정(崇禎) 46년(1673) 6월 조(條)에 "28일, 천릉지문(遷陵誌文)을 찬진(撰進)하라는 명을 받았다."라고 하였고, 7월 조에 "1일, 지문을 쓰라는 명을 받았다."라고 하였다.

87 복토(復土) : 하관(下棺)한 후에 파낸 흙으로 덮고 봉분을 만드는 일을 말한다. 효종의 능을 옮길 때의 일이다.

편지에 "형세를 틈타서 큰일을 도모한다."라는 말은 어찌 꿈속의 잠꼬대가 아니겠습니까. 우습습니다. 술과 안주는 참으로 감사합니다. 이만 줄입니다.

신성시에게 답함 계축년(1673, 현종14) 10월

答申聖時 癸丑十月

산속으로 막 돌아온 뒤로 날마다 병으로 괴로워하던 중에 갑자기 인편으로 전해진 그대의 편지를 받게 되니, 돌보아 주는 사랑에 깊이 감사드립니다.

나는 서울로 달려가서 삼가 직무를 수행한 뒤에 즉시 교외로 나갔으니, 그렇게 하면 저들의 표적에서 거의 벗어나리라 생각하였습니다. 그러나 화기(禍機)가 갑자기 발생하여 주변으로 화숙(和叔 박세채(朴世采))과 여러 명의 후배에게까지 미쳤습니다. 참으로 이른바 "늙은 내가 운명이 박하여 여러 사람에게 누를 끼친다."[88]라는 것이니, 어찌하고 어찌하겠습니까.

그대가 민씨(閔氏) 집안의 변례(變禮)[89]를 공박한 일로 또한 화숙의 소본(疏本)에 거론되었으니, 처음에는 그대가 비록 시인(時人)의 추중(推重)을 받고 있으나 필시 이러한 논란의 장으로 들어가는 것을 괴롭게 여기리라 생각하였습니다. 그러나 듣건대 화숙이 곧바로 소본에서

88 늙은……끼친다 : 주희가 말하기를 "단지 우리만 허다한 공격을 받고 있으니, 또한 우습습니다. 어쩌면 또한 하나의 좋지 않은 운기가 크게 행해진 것입니까. 아니면 또한 늙은 내가 운명이 박하여 벗들에게 누를 끼친 것입니까."라고 하였다. 《晦庵集 續集 卷1 答黃直卿》

89 민씨(閔氏) 집안의 변례(變禮) : 민업(閔業)이 죽자 광증(狂症)이 있는 아들 민세익(閔世益)에게 집상(執喪)시킬 수가 없으므로, 호상(護喪)한 사람들이 박세채, 송시열과 상의하여 민세익의 아들 민신(閔愼)으로 하여금 상주가 되게 한 일을 말한다.

삭제하였다고 하니, 거의 모면할 수 있을 것입니다. 다만 참으로 그러한지는 모르겠습니다.

나는 무덤 속의 선왕을 다시 뵙고 지극한 슬픔을 조금 쏟아 낸 뒤에 크게는 놀랍고 작게는 괴이한 일들을 모두 맛보고 배불리 경험하고 난 뒤에 이렇게 돌아왔으나 듣건대 남은 노여움이 아직도 그치지 않았다고 하니, 사슴이 산림으로 달아나나 그 목숨은 참으로 푸줏간에 매달려 있는 격입니다.[90]

별지

옛 능묘를 열었을 때 묘혈에 들어가서 봉심(奉審)해 보니 선명한 빛이 새것 같아 어지러운 말이 종횡으로 펼쳐짐으로써 능묘를 옮기게 된 일을 지극히 분하고 애통하게 여겼습니다. 다만 듣건대 정 판부(鄭判府)[91] 이하의 사람들이 다시 하옥되었다고 하니, 무엇 때문인지 모르겠습니다. 놀랍고 두려운 마음이 끝이 없을 뿐입니다. 그러나 이제부터 이후의 일은 단지 이웃에 싸우는 자가 있거든 문을 닫고 관여하지 않는 방법 이외에 다시 무슨 일이 있겠습니까.

초려(草廬)와 자인(子仁)[92]이 화숙의 상소에 또한 그대처럼 거론

90 사슴이……격입니다 : 운명은 정해져 있다는 말이다. 당(唐)나라 서유공(徐有功)이 시어사(侍御史)에 제수되자, 사양하며 말하기를 "신이 듣건대 사슴이 산림으로 달아나나 목숨은 푸줏간에 달려 있다고 하니, 형세상 참으로 자연스러운 것입니다."라고 하였다. 《新唐書 徐有功列傳》

91 정 판부(鄭判府) : 《송자대전수차》 권9에 "정지화(鄭知和) 공을 가리키는 듯하니, 곧 능묘를 옮길 때의 총호사(摠護使)이다."라고 하였다.

92 초려(草廬)와 자인(子仁) : 초려는 이유태(李惟泰)이고, 자인은 윤증(尹拯)이다.

되었으나 듣건대 그 또한 삭제하였다고 합니다.

《송자대전수차》 권9에 "이유태와 윤증 또한 모두 민씨 집안의 변례에 이론을 제기하였다."라고 하였다.

신성시에게 답함 갑인년(1674, 현종15) 2월

答申聖時 甲寅二月

뜻하지 않게도 이렇게 멀리서 보내온 편지를 받고 어버이를 모시고 지내는 일상이 편안하고 즐거운 줄을 삼가 알게 되니, 기쁘고 위로되기 그지없습니다. 나는 쇠잔한 목숨을 근근이 유지하고 있을 뿐이니, 어찌 말할 만한 것이 있겠습니까.

편지에서 알려 준 미암(眉巖)의 설[93]은 일찍이 보지 못한 것이니 보게 되어 매우 다행입니다. 그러나 주자의 설 또한 배척당하였거늘, 저 사람이 미암의 설을 어찌 상관하겠습니까.

황 상사(黃上舍)는 지역이 멀어 만나 보지 못하는 것이 매우 아쉽습니다. 지금 그가 지은 글을 보자 마치 그 사람을 보는 듯하니 이보다 더 다행한 일이 어디 있겠습니까. 또한 화숙(和叔 박세채(朴世采))에게 보내었습니까? 화숙이 나 때문에 연좌되어 이렇게 오래도록 곤액을 당하고 있으니, 부끄럽고 가탄스러운 마음이 어찌 끝이 있겠습니까.

나머지 이야기는 병 때문에 남의 손을 빌려서 적느라 다 말하지 못합니다. 이만 줄입니다.

93 미암(眉巖)의 설 : 《송자대전수차》 권9에 "미암 유희춘(柳希春)이 전라 감사를 지낼 때 이결(李潔)이 그 부친의 폐질(廢疾)로 인하여 조모상에 자신이 상을 대신 치르게 해 달라고 청하니, 미암이 그 정성스러운 뜻을 아름답게 여겨서 허락한 적이 있었다." 라고 하였다.

신성시에게 답함 갑인년(1674, 숙종 즉위년) 11월
答申聖時 甲寅十一月

국상(國喪)[94]은 오래될수록 더욱 애통해집니다. 나와 같은 천신(賤臣)은 답답한 마음을 다시 해명할 길이 없어져서 밤낮으로 부여잡고 울부짖으나 오히려 다시 무슨 소용이 있겠습니까.

우리 가문에 환란이 또다시 그치지 않아 종질(從姪) 기후(基厚)가 지난달 23일에 갑자기 고인이 되었으니, 비통하고 참혹하여 스스로 마음을 달랠 수가 없습니다. 이러한 때 손수 편지를 보내어 지극한 마음으로 위무(慰撫)해 주니, 위로되고 감사하기 그지없습니다. 매번 나갈 때마다 반드시 화를 당한 것은 오늘뿐만이 아니지만 또한 오늘처럼 심한 지경에 이르지는 않았습니다. 그러나 이는 실로 보잘것없는 내가 감히 무례하고 불공(不恭)한 설을 열성조에게 가하였기 때문이니, 임금과 정승이 저들의 설에 동조하여 깊이 나를 미워하는 것이 또한 마땅하지 않겠습니까. 무엇보다 산속에서 문을 닫고 옛 서책을 읽으매 흔연히 마음에 맞는 곳이 없지는 않으니, 이는 참소하는 사람이 나를 학대함으로써 즐겁게 된 효험이라 하겠습니다. 한스러운 점은 재앙을 나 자신이 만들어 내었으나 많은 사람에게 누를 끼친 것입니다. 민 대감(閔大監) 형제에 이르러서는 선세(先世)에까지 화가 미쳤으니, 거의 마주 대할 면목이 없습니다. 장래의 일은 늙은 나를 죽이고야

94 국상(國喪) : 1674년 8월 18일에 현종대왕이 승하하였다. 《肅宗實錄 卽位年 8月 18日》

말려는 것에 불과할 뿐이니, 다시 무슨 일이 있겠습니까.

○ 일찍이 한은(韓垽)이라는 자를 보았습니까? 그는 민 대감과 이종 형제 사이인데 곧 집안에 곽성(郭姓)[95]을 묵게 한 뒤에 만 가지 일을 종용하여 이렇게까지 민 대감을 욕보이도록 하였으니, 사람의 마음이 이토록 어긋나고 나쁜 지경에 이를 줄을 어찌 생각이나 하였겠습니까. 그러나 그 무리가 매우 지극히 장려하니, 누가 "천하가 악을 미워하는 것은 마찬가지이다."[96]라고 하였습니까.

95 곽성(郭姓) : 진주(晉州)의 곽세건(郭世楗)이 윤휴(尹鑴)의 사주를 받고 소를 올려 송시열을 배척하였다고 한다. 《宋子大全隨箚 卷6》

96 천하가……마찬가지이다 : 춘추 시대 송(宋)나라 역신(逆臣) 맹획(猛獲)이 위(衛)나라로 도망치자, 송나라가 그를 보내라고 요구하였으나 위나라에서 보내지 않으려고 하였다. 이에 위나라 대부 석기자(石祁子)가 말하기를 "안 됩니다. 천하가 악을 미워하는 것은 마찬가지입니다. 송나라에서 악한 짓을 한 자를 우리나라에서 보호한다면 보호한들 무슨 보탬이 되겠습니까."라고 하였다. 《春秋左氏傳 莊公12年》

신성시에게 답함 갑인년(1674, 숙종 즉위년) 11월
答申聖時 甲寅十一月

그대의 편지가 도착하여 내 마음이 위로되고 후련합니다. 나는 오래도록 문을 닫고 지내는 사람이 되었으나 때때로 옛 서책을 보며 전혀 일삼는 바가 없는 지경에 이르지는 않았습니다.

서울에 가는 일은 마땅히 친구를 위해 다시 서울의 지인들과 의논하여 신축적으로 결정하도록 하겠습니다. 다만 수원(水原)의 진사 이필익(李必益)[97]이 경기 유생을 거느리고서 복제(服制)는 논하지 않고 단지 나에 대한 무함(誣陷)만 신원하다가 멀리 북로(北路)로 유배되었으니, 성상의 마음과 지금의 여론이 이와 같다면 이러한 때 오령(五嶺)[98]을 넘어 귀양 가지 않고 조정의 반열로 달려갈 수 있겠습니까. 바야흐로 행장을 꾸려서 기다리고 있을 뿐입니다.

〈기묘첩(己卯帖)〉을 만일 완상할 수 있다면 실로 평생의 통쾌한 일일 것입니다. 다만 옛날 경원(慶元) 연간에 주자(朱子)가 사람들에게 말하기를 "〈당고전(黨錮傳)〉을 어찌 군이 읽을 필요가 있겠는가. 장차 직접 보게 될 것이다."라고 하였으니,[99] 내가 이 〈기묘첩〉에 대하여

97 이필익(李必益) : 《송자대전수차》 권9에 "이필익이 갑인년 10월에 곽세건(郭世楗)의 흉소(凶疏)로 인하여 경기 유생들과 소를 올려 변무(辨誣)하다가 북쪽으로 찬축되었다."라고 하였다.

98 오령(五嶺) : 중국의 대유령(大庾嶺), 월성령(越城嶺), 기전령(騎田嶺), 맹저령(萌渚嶺), 도방령(都龐嶺)의 총칭이다. 이곳의 남쪽은 예로부터 유배지로 알려져 있다.

99 경원(慶元)……하였으니 : 경원은 송나라 영종(寧宗)의 연호이다. 그 당시 한탁주

또한 그렇게 말할 뿐입니다.

부탁한 글은 모두 부응하여 보냅니다. 다만 날짜를 추후에 적어 넣는 것은 주자 또한 일찍이 이러한 뜻이 있었으니, 대개 환란을 당하였을 때 그 의론이 그러한 듯합니다. 한은(韓垽)의 각박하고 모진 행위는 어찌 말할 것이 있겠습니까. 저 여러 민씨(閔氏)가 나 때문에 낭패를 당하였으니, 너무도 가탄스럽습니다.

종질(從姪)이 세상을 떠난 것은 또한 운기(運氣)와 관련된 것이니, 어찌하고 어찌하겠습니까. 바로 이러한 시국에 훌쩍 먼저 떠나가니 도리어 내게 부러운 마음이 일어나도록 합니다. 그러나 또한 눈물이 흘러 뺨을 적시는 슬픔을 금하지 못하겠으니, 이는 무슨 마음이란 말입니까. 애통하고 애통합니다. 그의 널은 판자를 연결하였기 때문에 그 아우가 옻을 얻어 연결 부위를 칠하고 싶어 하는 마음이 매우 간절하니, 부디 도와줄 수 있을지 모르겠습니다. 후사(後嗣) 문제는 그 아우의 아들로 정하였고 장사 날짜는 다음 달 17일로 잡았습니다. 이만 줄입니다.

○ 이필익이 엷은 옷을 입고 북쪽으로 귀양 갔습니다. 정승 허적(許

(韓侂胄)가 득세하여 승상 조여우(趙汝愚)를 축출하고 주희(朱熹) 등의 도학자(道學者)를 위학당(僞學黨)이라 지목하여 여러 사람을 귀양 보낸 사건이 있었다. 〈당고전〉은 《후한서(後漢書)》 〈당고열전(黨錮列傳)〉을 가리킨다. 당고(黨錮)는 당인(黨人)의 금고(禁錮)이다. 후한 환제(後漢桓帝) 때 진번(陳蕃), 이응(李膺) 등의 정인군자(正人君子)가 환관의 발호를 미워하여 태학생을 거느리고 환관을 공격하니 환관들이 도리어 그들에게 조정을 반대하는 당인이라고 몰아붙여 옥에 가두고 벼슬길을 막았고, 영제(靈帝) 때 두무(竇武), 진번(陳蕃) 등이 환관들을 죽이려 하다가 일이 누설되어 그들과 뜻을 같이하였던 백여 명이 함께 피살된 일이 있었다. 《後漢書 黨錮列傳》

積)이 일당의 모주(謀主)가 되었는데도 오히려 그가 얼어 죽을까 염려하여 탑전에서 아뢰었다고 하니,[100] 그 가련한 정상을 알 만합니다. 식견 있는 사대부들이 혹 도와주려 한다고 하니, 그대는 이 의론을 필시 즐겁게 들을 것입니다. 비록 멀리 적소(謫所)에는 보내지 못하더라도 수원에서 기한(饑寒)에 떠는 처자식은 또한 의당 구제하여 살려야 할 것입니다. 경원 연간에 재앙을 당한 집안을 회옹(晦翁 주희)이 사람들에게 가만히 보호해 주기를 부탁한 일이 있었으므로 허물을 무릅쓰고 감히 언급하는 것입니다. 그러나 거백옥(蘧伯玉)[101]은 혼자만 군자가 되는 것을 부끄러워하였으니, 전하여 태인(泰仁)[102]에게 일러 주는 것이 어떻겠습니까? 순아(淳衙)[103]로 보내는 편지는 즉시 전해 주면 매우 다행이겠습니다.

100 정승……하니 : 《연려실기술(燃藜室記述)》 권32 〈숙종조 고사본말〉에 다음과 같은 기록이 있다. 영의정 허적이 아뢰기를 "경흥(慶興)은 멀리 떨어져 있는 지역입니다. 듣건대 이필익이 귀양 갈 때 정한 날짜 때문에 얇은 옷을 입은 채로 독촉받아 갔다고 합니다. 변방의 엄동설한에 만약 얼어 죽는 일이 생기면 밝은 조정에서 선비를 죽였다는 누명이 있을까 두려우니, 배소(配所)를 가까운 지역에 옮겨 주소서." 하니, 명하여 안변(安邊)으로 옮겼다.

101 거백옥(蘧伯玉) : 춘추 시대 위(衛)나라의 어진 대부(大夫)이다.

102 태인(泰仁) : 태인 현감을 가리키는 것으로 보인다.

103 순아(淳衙) : 순창(淳昌) 관아(官衙)인 듯하다.

신성시에게 답함 갑인년(1674, 숙종 즉위년) 12월

答申聖時 甲寅十二月

뜻밖에 멀리서 보낸 편지와 별지를 이렇게 받게 되니, 기쁘고 위로되는 마음을 어찌 말로 다 형용할 수 있겠습니까.

나는 시론(時論)이 날로 준엄해져서 감히 집에 있지 못하고 진천(鎭川) 서쪽 경계로 나와 지내며 공손히 엄한 견책을 기다릴 뿐입니다.[104] 이미 이렇게 석고대죄하고 있으니 흠위(歆衛)[105]가 행차할 때 어찌 한 걸음이라도 떠나서 교외의 곡반(哭班)에서 맞이할 수 있겠습니까. 이미 이곳에서 움츠리고 엎드려 있기로 작정하였습니다.

강(姜)과 이(李)[106]는 사람의 뜻을 다소 강하게 한다고 할 만합니다. 다만 이생 필익(李生必益)은 춥고 괴로운 땅에 유배되었으니, 어찌 불쌍히 여기는 마음을 견딜 수 있겠습니까. 앞의 편지에서 그대에게 돌보아 주기를 간청한 일이 있는데, 과연 들어주었는지 모르겠습니다.

104 나는……뿐입니다 : 《송자대전》 부록 권7 〈연보〉 숭정(崇禎) 47년(1674) 11월 조(條)에 "이때 박봉상이란 자가 상소하여 민신(閔愼)의 변례(變禮)와 방례(邦禮)를 공박하고 또 태학사 이단하(李端夏) 공이 지은 선왕(先王)인 현종의 행장이 실정을 두루 숨겨서 현혹하려 한다고 하니, 상이 넉넉한 비답을 내렸다. …… 선생이 감히 집에 있지 못하여 화양(華陽)에서 진천 사정촌(沙汀村)에 이르러 명을 기다렸다."라고 하였다.

105 흠위(歆衛) : 국상의 장례 행렬에 쓰던 여러 가지 도구이다. 여기서는 현종의 장례 행렬을 말한다.

106 강(姜)과 이(李) : 《송자대전수차》 권9에 "수찬 강석창(姜碩昌)과 경기 유생 이필익(李必益)이 상소하여 선생에 대한 무함을 신원하다가 강석창은 파직되고 이필익은 멀리 유배되었다."라고 하였다.

서울의 새로운 시사(時事)를 말하자면, 겨우 진사 박봉상(朴鳳祥)의 상소[107]를 이용해 나의 성명(姓名)을 행장(行狀) 중에 추서(追書)하여 그 죄상을 밝히고 인하여 그 아래에 소양(昭陽)[108] 이하를 열서(列書)하였다고 하니, 늘그막의 영광[109]이 성대하다고 할 만합니다.

보내 준 물품은 그대로 잘 받았습니다. 그러나 화양서실(華陽書室)이 오래도록 닫혀서 적막한 곳이 될 터이니, 이 물건을 장차 사용할 곳이 없게 될 것입니다. 이만 줄입니다.

107 박봉상(朴鳳祥)의 상소 : 《송자대전수차》 권9에 "박봉상의 상소에 이르기를 '행장과 지문(誌文)은 얼마나 중요한 글입니까. 그런데 수상(首相)을 정죄(定罪)하면서 단지 다른 사람의 말을 따랐다고만 하였으니, 다른 사람이란 누구를 가리켜서 말한 것입니까? 그 말을 따른 사람이 처벌받을 만하다면 그 설을 주창한 사람은 무슨 고려하고 꺼릴 것이 있기에 말을 분명하게 하여 곧바로 지척하지 않는 것입니까?'라고 하였다. 대개 청성(淸城) 김석주(金錫胄)가 지은 〈숭릉지문(崇陵誌文)〉에서 복제를 논하며 '수상이 명문(明文)을 따르지 않고 남의 설을 따랐다.'라고 운운하였다."라고 하였다.

108 소양(昭陽) : 《송자대전수차》 권9에 "퇴우(退憂) 김수흥(金壽興) 공을 가리킨다. 갑인년의 예(禮)를 의논한 대신으로, 춘천(春川)에 부처(付處)되었다."라고 하였다.

109 늘그막의 영광 : 357쪽 주31 참조.

신성시에게 답함 을묘년(1675, 숙종1) 1월 5일
答申聖時 乙卯正月五日

지은 죄가 깊고 무거우니, 오늘의 일[110]은 그저 다반사와 같을 뿐입니다. 멀리서 보내온 편지에는 나를 위로하고 탄식하는 뜻이 자못 있으니, 어찌 시원스레 《참동계(參同契)》를 논하였던 일[111]을 듣지 않았습니까. 대계(臺啓)는 이미 극변(極邊)의 유배를 의논하기까지 하였으니, 동서남북의 유배지 중에 어느 곳에 떨어질지 모르겠습니다.

보내온 편지의 상세한 내용은 하나하나 답하려고 하면 듣기에 번거로울 것이니, 이만 줄입니다.

○ 앞 편지에서 말씀해 준 어떤 사람의 편지 중에 윤휴(尹鑴)가 내수(內豎 환관(宦官))와 결탁하였다는 한 조목은 아마 정확한 정보가 아닌 듯합니다. 여 선생(呂先生)이 이르기를 "소인의 악을 많이 보태 주는 것은 소인의 악을 너그럽게 용서해 주는 것이다."라고 하였으니,[112] 우

110 오늘의 일 : 《송자대전》 부록 권7 〈연보〉 숭정(崇禎) 47년(1674) 12월 조(條)에 "26일, 삭탈관직(削奪官職)하여 문외출송(門外黜送)하라는 명이 있었다."라고 하였다.

111 시원스레……일 : 《참동계》는 한(漢)나라 위백양(魏伯陽)의 저술로, 《주역》의 효상을 이용하여 선가(仙家)의 연단과 양생을 주로 논한 책이다. 《송자대전수차》 권9에 "서산(西山) 채원정(蔡元定)이 귀양 갈 때 주자가 정안사(淨安寺)에서 전별하면서 탄식하거나 위로하는 말이 없고 단지 《참동계》만 토론하였다."라고 하였다.

112 여……하였으니 : 동래(東萊) 여조겸(呂祖謙)이 말하기를 "소인의 악행을 실제보다 심하게 말하는 것은 소인의 악행을 관대하게 용서하는 것이고, 소인의 죄를 실제보다 많이 보태는 것은 소인의 죄를 줄여 주는 것이다."라고 하였다. 《東萊博議 卷10 會陽穀謀伐楚》

리가 오늘 진실하지 않은 말을 남에게 보탠다면 단지 저들과 마찬가지가 될 뿐입니다.

신성시에게 답함 을묘년(1675, 숙종1) 9월

答申聖時 乙卯九月

신(申), 이(李) 두 벗이 멀리 찾아와서 그대의 편지를 전해 주고 인하여 한두 가지 논의를 말해 주니, 외로운 마음에 매우 위로됩니다. 나는 무더운 여름에는 마치 찌는 시루 속에 앉아 있는 듯하였고 가을에 들어서는 풍토병 증세 때문에 곧 귀양지의 진짜 죽은 사람이 되었으니, 또한 어찌 운명이 아니겠습니까.

오늘의 일은 진실로 편지에서 한 말씀과 같습니다. 그러나 윤휴(尹鑴)가 좌복(左腹)에 들어간[113] 지 이미 오래되었으니, 비록 주공(周公)에게 《의례(儀禮)》를 끼고 조정에 들어가 앉아 있도록 하더라도 어찌 힘을 얻을 이치가 있겠습니까. 오늘의 논설은 참으로 이른바 자연스러운 공론입니다. 무엇보다 주 부자(朱夫子)는 "나아가기를 어렵게 여기고 물러나기를 쉽게 여긴다.〔難進易退〕"라는 네 글자로 공자의 "나아갈 때 예(禮)로써 하고 물러날 때 의(義)로써 한다."[114]라는 뜻을 이었습니다. 그런데 지금 서로 반대되는 도를 사람들에게 부르짖자 온 세상이 바람에 쓰러지듯 휩쓸리고 있으니, 비록 홍수와 맹수의 재앙이라도 일찍이 이보다 혹독하지는 않았습니다. 오히려 다행히도 우리가 저들

113 좌복(左腹)에 들어간 : 음험한 소인이 높은 관직에 있으면서 유순하고 간사한 방법으로 임금에게 순종한다는 뜻이다. 《周易傳義 明夷 六四》

114 나아갈……한다 : 맹자가 말하기를 "공자는 나아갈 때 예로써 하며 물러날 때 의로써 하여 벼슬을 얻고 얻지 못함에 '천명에 달려 있다.'라고 하셨다."라고 하였다. 《孟子 萬章上》

에게 배척을 당함으로써 이를 모면할 수 있는 자가 많으니, 또한 하늘의 뜻이 아니겠습니까.

귀한 선물은 고맙게 잘 받았습니다. 하고 싶은 말을 어찌 만에 하나라도 다 할 수 있겠습니까.

신성시에게 답함 을묘년(1675, 숙종1) 11월

答申聖時 乙卯十一月

인편을 통하여 그대의 편지를 받아 보니, 매우 감사하고 감사합니다. 나의 병은 치료할 수 있는 약이 없으므로 그저 정 선생(程先生)이 여주(汝州)에 있을 때 영류(癭瘤)를 치료하던 방법을 따라 우물을 터서 지기(地氣)를 내보내어 가벼워지게 해 볼 뿐입니다. 그러나 타고난 성질이 하나로 고정되어 바꿀 수 없음은 그 모습을 바꿀 수 없는 것과 똑같아 또한 효험을 보기가 어렵습니다. 무엇보다 담근 산초는 그 맛이 가장 잘 변하고 또한 오장육부를 편안하지 않게 하니, 요컨대 내면을 주재하지 못하면서 외물에 연연하는 것은 모두 말단의 일일 뿐입니다.

최공(崔公)의 《역설(易說)》을 혹 빌려 볼 수 있다면 매우 다행이겠습니다. 직접 편지를 써서 부탁하고 싶으나 두려워서 감히 마음을 내지 못합니다.

끝으로 세한(歲寒)에 더욱 보중(保重)하고 단련하기를 바랍니다. 이만 줄입니다.

신성시에게 답함 병진년(1676, 숙종2) 8월
答申聖時 丙辰八月

태경(泰卿 이동형(李東亨))이 멀리서 방문해 주었고 이어서 그대의 편지와 책자 1통(通)과 시(詩) 7수(首)를 전해 받았습니다. 그 의미를 찾아보고 읊조리자니, 참으로 나도 모르게 묵은 병이 몸에서 사라지게 됩니다.

나는 여름에 들어선 이후로 질병이 여러 번 발생하므로 죽을 날이 머지않다는 것을 스스로 압니다. 죽기 전에 예전의 글을 복습하여 한 부분이나마 간절히 터득하고 싶으나 기력이 소진되어 기운이 뜻을 따라 주지 않기 때문에 겨우 몇 장만을 보고 나면 문득 다시 책을 덮어야 하니, 젊은 시절에 아까운 세월을 헛되이 보낸 것을 매우 뉘우치게 됩니다.

보내온 책자는 잠깐 보아도 몹시 정밀하고 타당하여 간사한 자의 간담을 깨뜨릴 수 있겠으나 분서갱유(焚書坑儒)의 재앙이 장차 아침저녁 사이에 일어날 것이니, 단지 이를 안고 달아나서 암혈(巖穴) 속에 깊이 감추어야 할 뿐입니다.

시는 화답하여 올려서 그대의 정중한 뜻에 몹시 사례하고 싶으나 정신과 생각이 쇠락하였을 뿐 아니라 일찍이 함양(涵養)한 공부가 없으니, 읊조리는 사이에 발현된 시구에는 필시 기휘(忌諱)를 저촉하여 화기(和氣)를 손상하는 단서가 있을 것입니다. 그러므로 그대로 다시 간직해 두고서 정문(程門)에서 감탄하였던 '가벼운 그늘〔輕陰〕'이라는 시구[115]의 뜻을 음미할 뿐입니다. 마주하여 이야기할 길이 없어 공연히 슬픈 탄식만 더할 뿐입니다.

별지

보내온 편지에서 "주 부자(朱夫子 주희(朱熹))는 말씀이 공손하다.[116]" 라고 말한 뜻은 그렇지 않다고 할 수 없습니다. 다만 《주자대전(朱子大全)》의 시사(時事) 출처(出處)에 관한 여러 편지와 임종 무렵의 편지들 및 《주자어류(朱子語類)》의 병진년(1196) 이후에 기록한 글을 보면 말을 준엄하게 한 것이 많을 뿐만이 아닙니다. 무엇보다 소인의 죄상을 말한 부분이 그리 많지는 않으나 당시 벗들에게 스스로 지키지 못하는 것을 책망하고 간혹 말할 만한데도 말하지 않음을 병통으로 여긴 것은 말이 엄격하고 의리가 정대하여 곧바로 사람을 부끄러워서 죽도록 만드니, 어찌 맹자가 말한 "인심(人心)을 바르게 하고 사설(邪說)을 막는 것"을 자임한 것이 아니겠습니까. 그중에 석응지(石應之)가 시비(是非)의 사이에서 입을 다문 채 스스로 마음을 명확히 밝히지 못하자, 주 부자가 책망하기를 "뒷날 내가 죽어도 눈을 감지 못할 깊은 근심거리이다. 부귀는 얻기가 쉽고 명절(名節)

115 정문(程門)에서……시구 : 《송자대전수차》 권9에 "원풍(元豐) 연간에 제현이 낙사(洛社)에서 수계(修契)할 때, 명도(明道)가 지은 시의 끝 구절에 '날이 저무는 것을 근심할 필요 없으니, 하늘가에 가벼운 그늘 드리웠을 뿐이네.〔未須愁日暮, 天際是輕陰.〕'라고 하니, 귀산(龜山)이 그 온유(溫柔)하고 충후(忠厚)함을 감탄하였다."라고 하였다. 귀산은 양시(楊時)로, 정자의 제자이다.

116 말씀이 공손하다 : 공자가 말하기를 "나라에 도가 있을 때는 말을 준엄하게 하고 행실을 준엄하게 하며, 나라에 도가 없을 때는 행실은 준엄하게 하되 말은 공손하게 해야 한다."라고 하였다. 《論語 憲問》

은 보존하기가 어려운 것이다."라고 하였으니,[117] 이는 어찌 통렬하고 엄절(嚴切)하여 사람이 몸 둘 곳이 없도록 하는 것이 아니겠습니까. 이것이 일찍이 벽립만인(壁立萬仞)[118]을 스스로 기약한 까닭이 아니겠습니까.

다만 그중에 공손해야 하면 공손히 하고 준엄해야 하면 준엄하게 하는 것은 털끝만큼의 어긋남도 용납할 수 없는 점이 있으니, 거의 이치를 궁구하고 본성을 다한 사람이라야 여기에 참여할 수 있을 것입니다.

117 석응지(石應之)가……하였으니 : 주희가 〈답석응지(答石應之)〉에서 "당고(黨錮)의 화(禍)가 온 천하에 횡행하고 있는데도 그대는 그 사이에서 입을 다문 채 홀로 스스로 입장을 명확히 밝히지 못하고 있으니, 이는 내가 뒷날 죽어도 눈을 감지 못할 깊은 근심거리입니다. '부귀는 얻기가 쉽고 명절은 보존하기가 어렵다.'라고 하였으니, 이는 비록 천근(淺近)한 말이지만 또한 어찌 소홀히 할 수 있겠습니까. 인편을 통하여 이 글을 부쳐서 영결을 대신합니다."라고 하였다. 《晦庵集 卷54》

118 벽립만인(壁立萬仞) : 만 길 높이의 우뚝한 벼랑을 뜻하는 말로, 선비의 드높은 기상을 상징한다.

신성시에게 답함 병진년(1676, 숙종2) 11월

答申聖時 丙辰十一月

보내온 편지는 기쁘고도 감사합니다. 한천(寒泉)의 속편(續編)[119]에 관한 말씀은 후학에게 은혜를 끼치려는 지극한 뜻이니, 나로 하여금 감탄하고 우러르게 합니다. 다만 나는 그 일의 적임자가 아닌 데다가 채각헌(蔡覺軒)[120]이 일찍이 이미 편찬한 적이 있습니다. 그리고 또 장식(張栻)과 여조겸(呂祖謙) 두 선생의 설을 채집하여 그 뒤에 부록(附錄)하였으니, 학문하는 사대부에게 공로가 있습니다. 그대는 일찍이 이를 보지 못하였습니까?

선조(宣祖) 때 고양(高陽) 한교(韓嶠)[121]라는 사람이 있었으니, 우계(牛溪)와 율곡(栗谷)의 문인입니다. 이 사람이 《소학(小學)》의 편목(編目)에 따라 주 부자(朱夫子)의 언행을 채록하여 《소학중편(小學重編)》이라고 명명하였으니, 우계 선생의 검토를 거친 것인 듯합니다. 신독재(愼獨齋 김집(金集))가 너무 번다함을 병통으로 여겨서 황송하게도 나에게 전해 주며 간추려 요약하게 하였으나 오래도록 감히 손을

119 한천(寒泉)의 속편(續編) : 《근사록(近思錄)》의 속편을 이른다. 주희가 한천정사(寒泉精舍)에서 여조겸과 함께 《근사록》을 편찬하였으므로 이렇게 말한 것이다.

120 채각헌(蔡覺軒) : 채침(蔡沈)의 아들 채모(蔡模)로, 각헌은 그의 별호이다. 채모는 일찍이 주희의 설을 모아 《속근사록(續近思錄)》을 편찬하였다. 채침은 주희의 제자이다.

121 한교(韓嶠) : 1556～1627. 본관은 청주(淸州), 자는 사앙(士仰), 호는 동담(東潭)으로, 한명회(韓明澮)의 5대손이다.

대지 못하였습니다. 그 책은 지금 윤자인(尹子仁 윤증(尹拯))이 가져간 상태입니다. 나는 끝내 장자(長者)의 부탁을 저버리고 싶지 않으나 기력이 날로 쇠퇴하고 식견이 거칠어서 드디어 죽은 뒤의 통한이 되고 말까 두렵습니다.

〈예설소기(禮說小記)〉[122]는 당시에 과연 곡절을 알고자 하는 사람의 요구를 받아 원래의 기록 중에서 중요한 말을 초록하여 보여 준 것이었습니다. 이것으로 인하여 재앙을 불러오는 하나의 매개체가 만들어질 줄은 생각하지 못하였으니, 세간에는 참으로 없는 일이 없습니다. 그러나 일찍이 이 설을 신축년(1661, 현종2) 5월의 등대(登對)하던 날에 대략 진언하고 말하기를 "아무개[123]의 선견지명은 참으로 미칠 수 없습니다."라고 하자, 주상이 여러 번 고개를 끄덕였으니, 이는 필시 사관의 기록에 적혀 있을 것입니다.

그 당시 정로(鄭老 정태화(鄭太和))가 나의 우소(寓所)로 찾아와서 말하기를 "탑전(榻前)의 이야기는 내가 감당하지 못하겠습니다.……" 라고 하였으니, 당시 이 정로의 뜻이 이와 같았거늘 오늘에 와서 그 자손들이 원한의 마음을 갖겠습니까. 그 뒤에 허목(許穆)이 국본(國本)이 정해지지 않았다는 소를 올리자 사람들이 더욱 위태롭고 두렵게 여겨서 큰 재앙이 당장 일어나리라고 생각하였으나 다행히 이 정로의 한마디 말에 힘입어 그 간사한 예봉(銳鋒)을 꺾어 무사하게 되었던

122 예설소기(禮說小記) : 《송자대전수차》 권9에 "선생이 기해복제(己亥服制)를 의정(議定)한 전말을 기록한 것이다."라고 하였다.

123 아무개 : 《송자대전수차》 권9에 "곧 양파(陽坡)를 가리킨다."라고 하였다. 양파는 정태화의 호이다.

것입니다.[124] 그러므로 그 당시 동춘(同春 송준길(宋浚吉))이 "정로의 오늘 일은 문익공(文翼公)[125]보다 못하지 않다."라고 하였으니, 나는 저승에 계시는 이 정로의 마음은 필시 대향(大享)에 참여하지 못하는 것[126]을 한스럽게 여기지 않고 선대의 덕을 계승하여 전한 것을 기쁘게 여기리라고 언제나 생각하였습니다.

대간공(大諫公)이 직언하다가 탄핵당한 뒤로 문익공의 풍성(風聲)이 다하지 않음을 더욱 믿게 되었습니다. 그런데 지금 보내온 편지를 보니, 몹시 멍하여 어찌할 바를 모르겠습니다.[127]

한단(邯鄲)의 상소[128]는 아직 보지 못하였으나 어떤 사람이 그 원본

124 허목(許穆)이……것입니다 : 1663년(현종4) 8월 5일에 허목이 원자를 세자로 책봉하기를 건의하는 상소를 올리자 당시 영의정이었던 정태화는 원자가 탄생한 것이 곧 국본이 정해진 것이므로 허목의 말은 이해되지 않는다면서 세자 책봉은 조종조의 전례를 따라 늦추어 행하기를 주장하니, 현종이 책봉하는 예는 서서히 하도록 하라고 하였다. 《顯宗實錄 4年 8月 5日》

125 문익공(文翼公) : 문익(文翼)은 중종 때 영의정을 지낸 정광필(鄭光弼)의 시호이다. 정태화는 정광필의 5대손이다.

126 대향(大享)에……것 : 《송자대전수차》 권9에 "당시 양파를 현종의 묘정(廟庭)에 배향하려는 의논이 있자 조사기(趙嗣基)가 기해예송 때의 일을 가지고서 이를 저지하였다."라고 하였다. 《송자대전》 부록 권8 〈연보〉 숭정(崇禎) 53년(1680) 11월 조(條)에 의하면, 송시열이 일찍이 어떤 사람의 질문에 기해예송 때 정태화와 문답한 말을 적어 보여 준 적이 있었다. 1676년(숙종2)에 정태화를 현종의 묘정에 배향하려고 하자, 조사기가 반대 상소를 올리며 송시열이 문답한 말을 끌어와서 정태화는 실로 송시열과 함께 예를 그르쳤기 때문에 배향할 수 없다고 주장하였다.

127 대간공(大諫公)이……모르겠습니다 : 대간공은 정태화의 아들 정재숭(鄭載嵩)이다. 《송자대전수차》 권9에 "정재숭이 문곡(文谷) 김수항(金壽恒)을 신구(伸救)하다가 흉도(凶徒)의 뜻을 크게 거슬렀다. 곧이어 조사기의 소(疏)로 인하여 상소하여 선생이 기록한 바는 허망한 것이라 배척하며 권력자에게 잘 보이려고 하였다."라고 하였다.

에 고치고 바꾼 것이 많다고 하니 그러한지 모르겠습니다. 이는 예로부터 똑같이 있었던 일이니, 그리 이상하게 여길 것이 없습니다. 그 나머지 용의주도하게 한 것은 안목이 밝은 사람이 아니면 누가 간파할 수 있겠습니까. 금으로 만든 거울의 밝음은 참으로 못생긴 여자가 원망하는 법입니다.

옥천(沃川) 유생은 과연 좋지 못합니다. 그러나 주장하는 바는 바르니, 어찌 깊이 원망할 필요가 있겠습니까. 당시에 탄식하며 위로하는 말을 듣지 못한 것은 또한 그들의 운수에 관련된 것입니다.

128 한단(邯鄲)의 상소 : 《송자대전수차》 권9에 "조사기의 상소를 가리킨다."라고 하였다. 한단은 춘추 시대 조(趙)나라의 수도이다.

신성시에게 답함

答申聖時

지난달 13일에 보내온 편지를 통하여 제부(弟婦)의 상(喪)을 호상(護喪)하고 인하여 수렴(水簾)의 승경을 구경하고 우화(羽化)와 동대(東臺)를 두루 지나온 줄을 알게 되니, 나의 뜻과 생각이 표연(飄然)하여 마치 물소리와 산빛 사이에서 함께 훨훨 노니는 듯하게 하였습니다. 그러나 인편이 없어 오래도록 답장을 보내지 못하던 중에 갑자기 상사(上舍) 이춘경(李春卿)이 찾아와서 다시 이달 14일에 보낸 그대의 편지를 받게 되니, 여러 가지 알려 준 말씀은 묵은 병이 몸에서 사라지는 것을 더욱 느끼게 합니다.

후옥(後沃)[129]의 일은 어찌 입에 담을 것이 있겠습니까. 철옹(鐵甕)[130]이 낭자한 사설(辭說)을 감당할 때 나는 일찍이 그 문제를 마음속에 담아 두지 않았습니다. 그런데 지난번에 편지를 보내서 부끄럽고 후회한다는 뜻을 보이거늘 나는 굳이 많은 말을 할 필요가 없다고 답하

129 후옥(後沃) : 《송자대전수차》 권9에 "이옥을 가리킨다. 대개 기묘사화 때 황이옥(黃李沃)이 있었기 때문에 후옥이라고 한 것이다."라고 하였다. 《송자대전수차》 권6에 "이옥이 일찍이 선생을 존모(尊慕)하여 말할 때마다 반드시 선생이라고 일컬었고 편지를 올릴 때 대인(大人)이라 지칭하며 심지어 태공(太公)에다 비유하였고, 또 중요한 말씀을 청하여 그 인장(印章)에 새겨 두었다. 뒤에 세력가에게 붙어 선생을 배척하고 그 글을 숨겼다."라고 하였다.

130 철옹(鐵甕) : 초려(草廬) 이유태(李惟泰)를 가리킨다. 《송자대전수차》 권2에 "철옹은 초려의 적소(謫所)이다. 《영변여람(寧邊輿覽)》에 '약산(藥山)은 험하기로 동방에서 으뜸이다. 사면이 둘러싸여 모양이 철 항아리〔鐵甕〕 같다.'라고 하였다."라고 하였다.

였으니, 대개 다시 제기하지 않아 오래되면 저절로 사라지게 하려는 의도였습니다. 그러나 소문이 더욱 새로워지니, 기대한 바와 같지 않을까 염려될 뿐입니다.

몇 해 전에 이옥(李沃)이 편지를 보내어 나에게 경계할 말을 요구하였습니다. 내가 생각하기를, 오늘날 사람들은 행할 만한 도가 없는데도 헛되이 시용(時用)에 응하며 세상에 만류하는 자가 없는데도 애써 자신을 감추지 못하니, 이는 "일을 공경히 행하고 식록(食祿)을 나중에 생각하라."[131]라는 경계에 어둡기 때문이라고 여겼습니다. 그러므로 이 여덟 자를 써서 그의 요구에 부응하였던 것이니, 그가 과연 이러한 뜻을 알았다면 그 낭패가 어찌 이 지경에 이르렀겠습니까. 저 아무개 정승[132]이 어찌 성인의 가르침은 실로 행할 수 있는 것임을 알겠습니까. 후세에 이와 같은 사람이 많았으니, 주 선생(朱先生)이 "도를 천하에 언제나 쓸모없게 만들었다."라고 한 말은 참으로 가탄스럽습니다. 그러나 저들을 어찌 책망할 것이 있겠습니까.

면재(勉齋 황간(黃榦))의 문답(問答)이 《주자대전》에 많이 보입니다마는 그 전문(全文)을 보지 못하였습니다. 그래서 그 원집(元集)을 얻어 비교해 보고 싶으나 아직 그렇게 하지 못하였습니다.

131 일을……생각하라 : 공자가 말하기를 "임금을 섬기되 일을 공경히 행하고 식록을 나중에 생각하여야 한다."라고 하였다. 《論語 衛靈公》

132 아무개 정승 : 《송자대전수차》 권9에 "허적(許積)을 가리키는 듯하다."라고 하였다.

별지

장자후(章子厚)[133]가 동파(東坡 소식(蘇軾))에게 준 편지에 "신중하고 고요함으로 환란에 대처할 수 있다."라고 하니, 동파가 이 말을 가슴에 새겨서 아름답게 여기고 감탄해 마지않았습니다.

○ 범 충선공(范忠宣公 범순인(范純仁))은 영주(永州)에 안치(安置)하라는 명이 내렸을 때 기쁜 듯이 길에 오르며 자제들에게 조금이라도 불평하는 뜻이 있어서는 안 된다고 간절하게 경계하며 "나를 옳게 보아 주지 않아도 근심이 없어야 하니,[134] 너희들은 힘쓸지어다."라고 하였습니다. 좌천된 3년 동안 기쁜 듯이 스스로 만족하였고, 간혹 사람으로서 견딜 수 없는 횡포한 일을 가하더라도 공은 동요하지 않았고 또한 뒤에 노여움을 품은 적이 없었습니다. 매번 빈객을 대할 때에는 오직 성현의 수신(修身)과 행기(行己)만 논하였고 나머지는 의약(醫藥)의 처방서를 언급할 뿐 다른 일은 한마디도 입 밖에 내지 않았는데, 기운과 모습이 더욱 건강하고 편안하여 마치 중앙에 있을 때와 같았습니다.

○ 진 충숙공(陳忠肅公 진관(陳瓘))이 태주(台州)로 귀양 갈 때, 지나가는 주군(州郡)이 모두 군사를 시켜 압송하게 하여 지체하며 머물 수가 없었고, 태주에 도착한 저녁에는 감히 거처할 집을 빌려주는 사람이 없었으나 공은 담담하게 대처하여 개의하지 않았습니다.

133 장자후(章子厚) : 송 철종(宋哲宗) 때의 권신 장돈(章惇)으로, 자후는 그의 자이다. 폐지된 왕안석(王安石)의 신법(新法)을 다시 시행하면서 이를 반대하는 사마광(司馬光), 소식, 범순인, 정이(程頤) 등의 원우 제현(元祐諸賢)을 배척한 사람이다.

134 나를……하니 : 《주역》 〈건괘(乾卦) 문언(文言)〉에 "나를 옳게 보아 주지 않아도 근심이 없어, 즐거운 세상이면 도를 행하고 걱정스러운 세상이면 떠나간다."라고 하였다.

○ 노공(魯公 증공량(曾公亮))은 정주(汀州)에 안치된 2년 동안 문을 닫고 남들과 접촉하지 않은 채 날마다 책 몇 권을 볼 뿐이었습니다. 방 안은 평상 하나가 겨우 들어갈 정도였으나 그 가운데에 앉고 누우며 마치 평생을 보낼 듯이 하였으니, 남들은 그 근심을 견디지 못할 것이나 공은 여유롭게 생활하였습니다.

○ 소동파(蘇東坡)가 혜주(惠州)로 귀양 갈 때 작은아들 소과(蘇過)만 자신을 따르게 하였습니다. 장기(瘴氣)와 여기(癘氣)가 침범하고 만연(蠻蜒)[135]의 오랑캐가 업신여겨도 가슴속은 담박하여 구애되는 바가 없었습니다. 창화(昌化)에 안치되었을 때, 음식이 마련되지 못하고 약물도 없었으며 관가의 집을 빌려 비바람이나 가리려고 하여도 담당 관리가 오히려 안 된다고 하였습니다. 이에 땅을 사서 건축하여 3칸 집을 만들었으니, 남들은 그 근심을 견디지 못할 것이나 공은 토란을 먹고 물을 마시며 저술로 즐거움을 삼았습니다.

135 만연(蠻蜒) : 중국 남방에 사는 종족이다.

신성시에게 답함 정사년(1677, 숙종3) 10월

答申聖時 丁巳十月

숭주(崇酒)[136]는 본주(本註)에 "술맛이 나쁜데도 가득 채우는 것이다."라고 하였고, 소(疏)에 "주인이 손님에게 술맛이 나쁜데도 가득 채웠다고 사례하는 것이다."라고 하였습니다. 이는 손님이 주인에게 술을 권하면 주인이 손님에게 사례하는 말입니다. 대개 주인이 먼저 손님에게 술을 올려 손님이 이미 이 술을 마셨기 때문에 주인이 이 술을 마신 것으로 인하여 손님에게 사례하여 말하기를 "이처럼 맛이 없는 술을 술잔에 가득 채운 것이 미안하다."라고 하니, 대개 옛사람이 술잔을 주고받는 사이에 그 곡진한 뜻을 다하는 것입니다. 그러므로 손님은 주인이 올린 술을 마실 때 반드시 술이 맛있다고 고한 뒤에 마시고 주인은 스스로 그 술을 마실 때 술맛이 나쁘다는 말로 손님에게 사례하는 것이니, 그 예의가 초솔(草率)하지 않음이 이와 같았습니다.

136 숭주(崇酒) : 술을 가득 채운다는 말로, 《의례(儀禮)》 〈향음주례(鄉飮酒禮)〉에 보인다.

신성시에게 보냄 정사년(1677, 숙종3) 11월

與申聖時 丁巳至月

근래에 새로운 병증이 보태져 날마다 고통으로 신음하고 있으니, 이 몸이 바람 앞의 촛불 같음을 더욱 느끼게 됩니다. 또 듣건대 윤휴(尹鑴)가 다시 도성에 들어가서 시론(時論)이 한층 더해지고 있다고 하니, 장차 탐라(耽羅)로 귀양 가는 일이 있을 것입니다. 노년의 장대한 유람은 비록 매우 쾌활하겠지만 그저 바다에 나가기도 전에 도로에서 죽게 될까 두려울 뿐입니다. 세도(世道)가 한번 변하자 인심(人心)이 대부분 편벽되어 천차만별의 괴상한 일들이 감당할 수 없을 정도로 어지럽게 일어나거늘, 오직 그대는 문을 닫고 자신을 지켜서 초연히 마음속이 태평합니다. 지금 보내온 편지를 보니 몹시 내 마음을 그대에게 달려가게 합니다.

근래에 소자(邵子 소옹(邵雍))의 시를 보니, 비록 익살스럽게 농담하여 인간 세상에 뜻이 없는 듯하나 그 의리를 변석(辨析)하고 선악을 분별한 곳에는 털끝만큼도 어긋나지 않는 점이 있습니다. 안목이 고명(高明)하고 흉금이 시원스러워서 기세등등하며 자유롭게 평생을 보내었으니, 참으로 천고의 호걸이라 할 만합니다. 그러나 규모와 기상이 회옹(晦翁 주희(朱熹))과 같지 않은 것은 어째서입니까? 회옹은 저 소자처럼 되려고 해도 될 수 없는 것입니까? 아니면 행할 만한 일이 못 된다고 여겨서 하지 않은 것입니까? 지자(知者)에게 질정(質正)하고 싶으나 질정할 수 없으니, 부디 그대가 여기에 일전어(一轉語)[137]를 내려서 나의 어두움을 밝혀 주기를 바랍니다.

정군평(鄭君平 정두경(鄭斗卿))이 인용한 회옹의 시는 《주자대전》에 보이지 않습니다. 군평의 행동과 처신은 법도에 얽매이지 않으나 지극히 근엄한 점이 있으니 필시 함부로 말하지 않았을 것이고, 회옹의 시문(詩文) 중 《주자대전》에서 누락된 것이 또한 있습니다. 일찍이 박화숙(朴和叔 박세채(朴世采))이 《학림옥로(鶴林玉露)》 등의 여러 책에서 수습하여 책 한 권을 만든 것을 보았고 나 또한 내가 얻은 한두 편을 보탠 적이 있으니, 이 시를 화숙에게 한번 물어보는 것이 어떻겠습니까?

오직 더욱 보중(保重)하기를 빌 뿐입니다. 나머지는 모두 마음으로 이해하기를 바랍니다.

137 일전어(一轉語) : 선가(禪家)에서 참선할 때 심기(心機)를 전환하여 대오각성하게 하는 한마디 말을 가리킨다.

신성시에게 답함 무오년(1678, 숙종4) 9월
答申聖時 戊午九月

심부름꾼이 오천(烏川)에서 이르러 전해 준 그대의 편지는 여 선생(呂先生 여조겸(呂祖謙))의 〈입월록(入越錄)〉을 이을 만하며 공부(工部)의 장대한 유람[138]도 이보다 못할 것이니, 너무도 내 정신과 마음을 치달려 가게 합니다. 다만 내가 편지에서 질문한 것은 하나도 가르쳐 주지 않았으니, 몹시 무연(憮然)한 마음을 견디지 못하겠습니다.

북쪽에서 남쪽으로 옮겨 올 때 서쪽으로 풍악(楓嶽)을 끌어당기고 동쪽으로 부상(扶桑)[139]을 스치고 지나면서 퇴지(退之)가 불교를 비판하는 글을 지었다가 남해(南海)를 구경하고 형상(衡湘)을 엿보았던 소식[140]을 생각하였고, 또 퇴지의 이 행차는 장쾌하기는 장쾌하였으나 상남(商南)[141]에 임시로 장사 지낸 심정은 어떻게 견뎌 내었을까 생각

138 공부(工部)의 장대한 유람 : 공부는 공부 시랑(工部侍郞)을 지낸 당나라 두보(杜甫)를 가리킨다. 두보가 지은 〈장유(壯遊)〉라는 시가 있다.

139 부상(扶桑) : 동해(東海)의 해 뜨는 곳에 있다는 신목(神木)이다.

140 퇴지(退之)가……소식 : 퇴지는 한유(韓愈)의 자(字)이다. 당 헌종(唐獻宗)이 불골(佛骨)을 궁중에 맞아들이려고 하자, 한유가 이를 반대하는 〈논불골표(論佛骨表)〉를 올렸다가 헌종의 노여움을 사서 조주 자사(潮州刺史)로 좌천된 것을 말한다. 《舊唐書 韓愈列傳》 형상은 호남성(湖南省)의 형산(衡山)과 상수(湘水)를 아울러 말한 것이다.

141 상남(商南) : 상현(商縣)의 남쪽으로, 한유의 딸이 죽은 곳이다. 한유가 조주 자사로 좌천되었을 때, 와병 중이던 12살 딸 여서(女挐)가 부친을 따라가다가 상현 남쪽 층봉역(層峯驛)에서 죽으니, 길가 산 아래에 임시로 묻었다가 4년 뒤에 고향 선영으로

하였습니다. 이번에 나는 통곡[142]이 두 달이 지나도 그치지 않으나 또한 지금까지 죽지 않고 있으니, 예나 지금이나 다름이 없음을 비로소 알겠습니다.

연재(延宰)는 세의(世誼)가 두터운 사람으로 바닷가 지역에서 서로 만나게 되니,[143] 이는 또한 작은 인연이 아니므로 왕래가 빈번한 것을 싫어하지 않습니다. 일전에 그가 와서 말하기를,

"벼슬을 얻지 못할까 걱정하고 잃을까 걱정하여[144] 머리가 어찌 될까 두려워하고 꼬리가 어찌 될까 두려워하는 것[145]은 천하가 모두 이러하니, 저는 비록 미천하지만 이를 보노라면 매우 괴롭습니다. 그래서 사소한 일을 명분으로 삼아 소매를 떨치고 고향으로 돌아가고자 하여 방백(方伯)에게 말할 때 제재(制裁)하는 바가 없었던 것입니다."

하였습니다. 내가 이로 인하여 연평(延平)의 만사(挽詞)[146]에 "변설은

옮겼다고 한다. 《唐大家韓文公文抄 卷15 女挐壙銘》

142 통곡 : 《송자대전수차》 권9에 "이해에 장녀 권씨(權氏) 부인을 곡하였다."라고 하였다. 이때 송시열은 장기(長鬐)에 위리안치(圍籬安置) 중이었다.

143 연재(延宰)는……되니 : 《송자대전수차》 권9에 "연재는 연일 현감(延日縣監)을 가리키니, 연평부원군(延平府院君) 이귀(李貴)의 손자 이징(李憕)인 듯하다."라고 하였다. 송시열이 위리안치된 장기현과 연일현은 동해 가의 서로 인접한 고을이다.

144 벼슬을……걱정하여 : 공자가 말하기를 "비루한 사람과 함께 임금을 섬길 수 있겠는가. 벼슬을 얻기 전에는 얻지 못할까를 걱정하고 이미 얻고 나서는 잃을까를 걱정하나니, 만일 잃을까 봐 걱정한다면 못 하는 짓이 없을 것이다."라고 하였다. 《論語 陽貨》

145 머리가……것 : 《춘추좌씨전》 문공(文公) 17년 조에 "머리가 어찌 될까 두려워하고 꼬리가 어찌 될까 두려워한다면 몸에 두려워하지 않는 부분이 얼마나 되겠는가."라는 말이 있다.

은하수를 매단 듯하고 기상은 산과 같다.〔辯若懸河氣若山〕"라는 구절을 암송하며 그에게는 아직도 없어지지 않은 연평의 풍모가 있다고 여겼습니다. 감히 벼슬을 버리고 떠나가기를 권하지는 못하였으나 또한 의당 머물러야 한다고는 하지 않았습니다. 지금 듣건대 그대는 멀리 강호(江湖)를 건너는 나그네가 되었다고 하는데, 그는 끝내 어떻게 할지 모르겠습니다.

전날 보냈던 시는 볼만한 것이 못 되는데도 이렇게 화답하는 시를 받으니, 자신도 모르게 맑은 기운이 엄습하는 것을 느낍니다. 비록 누가 자장(子長)의 문장이 회계(會稽), 우혈(禹穴)을 유람한 결과에서 나오지 않았다고 말하더라도 나는 믿지 않을 것입니다.[147]

오천(烏川) 고을 원이 아무개를 추모하는 제문(祭文)을 보내오지 않으니, 매우 아쉽습니다. 마땅히 그에게 청하여 보이도록 하겠습니다. 대개 이 공(公)은 오늘날 세상에 매우 얻기가 쉽지 않은 사람이나 다만 그 광자(狂者)의 기질이 없어지지 않을까 두려울 뿐입니다.

이 밖의 나머지 이야기는 남겨 둡니다. 예를 갖추지 못합니다.

146 연평(延平)의 만사(挽詞) : 연평부원군 이귀가 세상을 떠났을 때 승평부원군(昇平府院君) 김류(金瑬)가 애도하며 지은 시를 말한다. 《儉齋集 卷30 庚辛瑣錄》

147 자장(子長)의……것입니다 : 자장은 사마천(司馬遷)의 자(字)이다. 사마천은 20세 때부터 남으로 강회(江淮), 회계, 우혈, 구의(九疑), 원상(沅湘) 등지를 유람하고, 북으로 문수(汶水), 사수(泗水)를 건너 제로(齊魯) 지역에서 강학(講學)하다가 양초(梁楚) 지역을 거쳐서 돌아왔다고 한다. 《史記 太史公自序》 송(宋)나라 소철(蘇轍)이 "사마천은 천하를 여행하여 사해(四海)의 명산대천(名山大川)을 두루 보고 연조(燕趙) 사이의 호걸과 교유하였기 때문에 그 문장이 호탕하여 자못 뛰어난 기상이 있다."라고 하였다. 《宋大家蘇文定公文抄 卷5 上樞密韓太尉書》

신성시에게 답함 기미년(1679, 숙종5) 정월 초하루
答申聖時 己未元日

지난 선달에 보낸 편지를 받아 보니 매우 위로됩니다. 글을 읽는 때가 거의 없다는 것은 오늘날 사람들의 공통된 걱정거리입니다. 그러나 이와 같은 줄을 아는 것이 바로 치료할 수 있는 약이니, 그대는 아마 면할 수 있을 것입니다. 동화예설(東華禮說)을 말하자면, 시배(時輩)들이 이미 강희공(康熙公)[148]을 연조(燕趙) 사이의 서군(徐君)[149]으로 삼았으니, 저들이 어찌 그러지 않을 수 있겠습니까. 한바탕 크게 웃을 만합니다.

나머지 이야기는 누워서 남의 손을 빌려 적느라 다 말하지 못합니다. 이만 줄입니다.

148 강희공(康熙公) : 《송자대전수차》 권8에 "김수홍(金壽弘)을 가리킨다. 청나라 강희(康熙) 연호를 축문에 적었기 때문에 이렇게 말한 것이다."라고 하였다.

149 연조(燕趙) 사이의 서군(徐君) : 연조는 연나라와 조나라이고, 서군은 범양 영(范陽令)이다. 《송자대전수차》 권9에 "무신군(武信君)이 괴통(蒯通)의 계책을 따라 범양 영 서공(徐公)을 시켜서 화려한 수레를 타고 연조 사이를 내달리게 하여 싸우지 않고 함락한 것이 30여 성이었다. 당시 윤휴가 김수홍을 발탁하여 선구(先驅)가 되게 하였으니, 그 뜻이 연조 사이의 범양 영과 같았다."라고 하였다.

신성시에게 답함 기미년(1679, 숙종5) 선달 그믐
答申聖時 己未除日

일찍이 듣건대 제현(諸賢)이 서북(西北)으로 유배되었을 때[150] 뜻과 생각이 편안하고 한가하였다고 하니, 이른바 학문의 힘이라고 생각하였습니다. 어제 그대의 편지를 받아 보건대 기색을 내보이는 글자가 하나도 없고 단지 둥글어서 신묘한 덕[151]만 내보였으니, 길러 온 공부가 깊고 두터운 줄을 더욱 징험하겠습니다.

다만 원하건대 이미 힘을 쓴 곳에 더욱 힘을 써서 깊은 것을 더욱더 깊게 하고 두터운 것을 더욱더 두텁게 한다면 사문(斯文)의 큰 다행일 것입니다.

이 밖에는 "밥을 많이 먹어라.〔加餐飯〕"[152]라는 세 글자를 전할 뿐입니다. 그대 대부인(大夫人)께서는 상상컨대 필시 "네가 편안하다면 나

150 제현(諸賢)이……때 : 《송자대전수차》 권9에 "이해 3월에 석곡(石谷)의 봉사(封事)에 대한 시비를 따지다가 신공(申公) 및 조근(趙根) 공과 이담(李橝) 공이 모두 장류(杖流)를 당하였다."라고 하였다. 석곡은 송시열의 문인인 송상민(宋尙敏)의 호이다. 송상민은 을묘예송이 있은 뒤에 예론(禮論)의 본말과 윤휴, 허목 등의 잘못을 상세히 기록한 책자를 올리니 숙종이 진노하여 국문하였으나 굴복하지 않다가 장사(杖死)하였다. 《宋子大全隨箚 卷13》

151 둥글어서 신묘한 덕 : 《주역》 〈계사전 상(繫辭傳上)〉에 "시초(蓍草)의 덕은 둥글어서 신묘하고, 괘(卦)의 덕은 모나서 지혜롭다."라고 하였다.

152 밥을 많이 먹어라 : 건강에 특히 유념하라는 말이다. 작자 미상의 〈악부 상(樂府上)〉에 "편지 위에는 밥을 많이 먹으라고 하고, 아래에는 길이 그리워한다고 하였네.〔上有加餐飯, 下有長相思.〕"라고 하였다. 《古文眞寶 前集 卷3》

또한 편안할 것이다."[153]라고 할 것입니다.

예를 갖추지 못합니다.

153 네가……것이다 : 구양수(歐陽脩)가 이릉(夷陵)으로 좌천되었을 때, 그의 어머니가 태연하게 웃으며 말하기를 "너희 집안은 예로부터 빈천하였다. 나는 가난이 익숙하니, 네가 편안하다면 나 또한 편안할 것이다."라고 하였다. 《唐宋八大家文鈔 卷57 瀧岡阡表》

신성시에게 답함 신유년(1681, 숙종7) 9월

答申聖時 辛酉九月

장사 지낼 날짜가 정해졌다는 소식을 듣게 되니, 걱정하던 마음에 깊이 위로됩니다. 나는 병중에도 일삼는 바가 없지 않아 계속되는 일에 겨를이 없으니, 전혀 감당할 바가 아닙니다.

관(棺)의 밑을 석회로 다지는 것은 곧 《가례(家禮)》에 나오는 글이니, 주자(朱子)가 어찌 그 이로움과 해로움을 밝게 알지 못하여 사람을 그릇되게 하겠습니까. 나무뿌리가 깊이 들어와서 돌을 만나면 아래로부터 거꾸로 뚫고 나오는 경우를 많이 볼 수 있습니다. 대저 사자(死者)를 위하여 영구하기를 도모하는 사람은 그 견고하고 치밀한 것을 싫어하지는 않는 법입니다.

나머지 이야기는 마침 분음(分陰)을 아껴야 할 일을 만나서 다 말하지 못합니다.

신성시에게 답함 갑자년(1684, 숙종10) 9월

答申聖時 甲子九月

아드님이 돌아갈 때 내가 병으로 편지를 올리지 못한 것을 이제까지 아쉬워하던 중에 지금 보내온 편지를 받게 되니, 참으로 깊이 위로되고 흐뭇한 심정을 말로 다 형용할 수 없습니다. 나는 병이 날로 깊어지는 것을 느끼니, 이 세상에 얼마 살지 못할 줄을 지극히 잘 압니다.

암헌(巖軒)[154]에 대한 글은 그대의 부탁을 받은 지 이미 오래되었으니, 감히 힘을 다해 지어서 조처를 기다리지 않겠습니까.

말씀하신 세 가지 책 중에 《익전(翼傳)》은 50년 전에 어떤 사람을 따라 대략 본 것입니다. 그러나 좀먹은 나머지 책의 모습을 이루지 못한 것이어서 매양 완전한 책을 보고 싶었으나 볼 수가 없었습니다. 《참동계(參同契)》는 우상(右相)이 간행한 판본(板本)이 있으나 아직 살펴볼 겨를이 없었고, 이른바 《역측(易測)》은 지금 처음 듣는 책입니다. 수락주인(水落主人)[155]에게 《익전》과 《역측》 두 책을 몹시 빌려 보고 싶으나 병으로 그렇게 하지 못하고 있으니, 어찌하겠습니까.

나머지 이야기는 하나하나 다 말하지 못합니다.

154 암헌(巖軒) : 신장(申檣, 1382~1433)으로, 본관은 고령(高靈), 자는 제부(濟夫), 호는 암헌이다. 신숙주(申叔舟)의 부친이다.

155 수락주인(水落主人) : 《송자대전수차》 권9에 "수락은 지명이다. 청주(淸州)에 소재하고 수락당(壽樂堂)이 있다. 선생이 기문을 지었다. 주인은 곧 신영식(申永植)이다."라고 하였다.

신성시에게 답함 을축년(1685, 숙종11) 6월

答申聖時 乙丑六月

그리운 마음은 언제나 그대에게 향해 가나 소식을 들을 길이 없어 그저 개탄만 하던 차에 갑자기 인편으로 그대의 편지를 받고서 여러 가지 일러 주신 말씀을 상세히 알게 되니, 위로되고 후련한 마음을 이루 다 형언할 수 없습니다. 나는 오래도록 서설(暑泄)을 앓아 괴롭게 날을 보내고 있으니, 이는 실로 아름답지 못한 소식이나 어찌하고 어찌하겠습니까.

《동몽수지(童蒙須知)》 서문은 병을 앓는 데다가 겨를도 없어 아직 붓을 대지 못하였으니, 부끄럽고 송구할 뿐입니다. 만약 시말(始末)을 갖추어 노복을 한 명 보내 주신다면 응당 지어서 그가 돌아가는 편에 부치겠습니다.

원서(原書)는 겨우 찾아본 결과 선대의 필적이 아니고 바로 노소재(盧穌齋 노수신(盧守愼))가 가정(嘉靖) 을묘년(1555, 명종10) 4월 5일에 그 둘째 조카에게 써서 준 것으로, 권말(卷末)에 소서(小序)가 있으니, 아마 그대의 뜻과 서로 어긋날 듯하여 보내지 않습니다.

그대는 근래에 무슨 책을 보고 있습니까? 전(前) 호백(湖伯)[156]이 《주자서절요(朱子書節要)》와 《주문작해(朱文酌海)》를 합편(合編)하고 퇴계의 《주자서절요기의(朱子書節要記疑)》와 나의 설을 아울러 부

156 호백(湖伯) : 전라도 관찰사를 가리킨다. 《송자대전수차》 권9에 "곧 이사명(李師命) 공이다."라고 하였다.

록하였습니다. 그러나 노년의 기력으로는 교정해 낼 수 없어 권치도(權致道 권상하(權尙夏))에게 보내었는데 그의 편지를 보니 우환 때문에 착수하지 못한다고 합니다. 그대가 혹시 한가하다면 대신 교정해 주기를 간절히 원하니, 인편을 통하여 알려 주기를 바랍니다.

이만 줄입니다. 예를 갖추지 못합니다.

신성시에게 답함 을축년(1685, 숙종11) 7월 6일

答申聖時 乙丑七月六日

병을 앓는 중에 심부름꾼을 시켜서 보내온 편지를 멀리서 받게 되니, 위로되고 감사하기 그지없습니다. 다만 다리의 병이 가볍지 않은 것을 알게 되니, 이 때문에 염려됩니다. 그러나 병은 굳이 배울 필요가 없으니, 주 선생(朱先生)의 말은 양성재(楊誠齋)를 기롱하려고 한 것이 아니겠습니까.[157] 한바탕 웃을 만합니다.

이전에 말하였던 교정하는 일은 어찌 감히 이 혹서(酷暑)를 무릅쓰고 진행하기를 바라겠습니까. 장차 영남 지방으로 넘어간다는 말씀을 듣게 되니, 그대의 목소리와 낯빛이 더욱 멀어지게 되어 나를 서글프게 합니다.

《진서(陳書)》는 찾아보아도 보이지 않습니다. 필시 권치도(權致道 권상하(權尙夏)) 쪽에서 빌려 갔을 것이니, 한번 인편을 통하여 물어보는 것이 어떻겠습니까? 《동몽수지(童蒙須知)》는 전날의 일이 아득하여 어떻게 되었는지 모르겠습니다. 어쩌면 당시에 책자를 이곳에 놓아두고 이어서 그대의 요청까지 있었으나 이를 모두 잊어버렸던 것입니까? 나중 편지에서 상세하게 알려 주는 것이 어떻겠습니까? 비록 그

157 주……아니겠습니까 : 양성재는 남송의 시인 양만리(楊萬里)로, 성재는 그의 호이다. 《송자대전수차》 권9에 "회옹(晦翁)이 다릿병을 앓자 양만리가 시로 농담하기를 '회옹이 만약 성재 늙은이에게 묻는다면, 천봉(千峯)을 오르내려도 지팡이 필요치 않으리.'라고 하니, 회옹이 웃으며 말하기를 '나의 병이 다리에 있으니, 성재의 병이 입에 있는 것만 못하구려.'라고 하였다."라고 하였다.

책이 이곳에 있더라도 부록할 글은 이렇게 서병(暑病)을 앓는 처지에 결코 부응하여 짓기가 어렵습니다. 조금 서늘한 기운이 생기기를 기다릴 것이니, 다시 곡절을 알려 주기 바랍니다.

신성시에게 답함 병인년(1686, 숙종12) 3월

答申聖時 丙寅三月

일전의 방문은 아직까지도 잊을 수가 없습니다. 다만 사람들이 많아 의문을 가졌던 괘변(卦變)을 다시 함께 상량하지 못한 점이 몹시 아쉬우니, 이는 현묘하여 알 수 없는 부분이 아닙니다. 괘(卦)로써 미루어 보면 횡(橫)으로 말하든 종(縱)으로 말하든 모두 합당한 것이지만 단지 《본의(本義)》의 설과 서로 호응하지 않습니다. 이것은 감히 크게 알지 못할 점이니, 모쪼록 다시 상세하게 연구하여 가르쳐 주기를 바랍니다. 그날 손자 주석(疇錫)의 견해는 그대의 뜻에 어떠하였습니까? 작별하던 날 그대의 행차가 겨우 동구를 벗어났을 때, 손자 아이가 한림원 저보(邸報)를 얻어 그대가 제수하는 명을 받은 줄을 알았습니다. 지금 이 문안 편지는 실로 뜻밖에 나온 것이니, 위로되고 감사한 마음이 어찌 끝이 있겠습니까.

과거 시험 준비로 바쁜 것은 진실로 이와 같으리라 생각합니다. 비록 과거 시험장에서 뜻을 얻더라도 또한 잠시 남쪽 지방을 맡아볼 것이니, 응당 옛날 살던 곳을 들르지 않겠습니까. 손자 아이는 진천(鎭川)의 인사들과 속리산으로 유람 간 지 벌써 나흘이나 되었습니다.

나머지는 이만 줄입니다. 예를 갖추지 못합니다.

신성시에게 답함 병인년(1686, 숙종12) 6월 4일

答申聖時 丙寅六月四日

동화(東華)에서의 작별은 언제나 애틋한 그리움을 일으키는데 지금 보내온 편지를 받고서 관사(官舍)가 한가하고 고요하며 연꽃과 대나무가 맑고 시원스러워서 잠깐 공무를 처리한 여가에 책을 볼 수 있음을 알게 되니, 기쁘고 다행스럽습니다.

나는 오래도록 손자 아이와 함께 서로 돌보며 신음하고 있으니, 괴로운 상황을 알 수 있을 것입니다.

일전에 사관(史官)이 황강(黃江)에서 《주자대전차의(朱子大全箚疑)》를 가져다가 올렸습니다. 도리가 어떠한지는 모르겠으나 의논이 몹시 준엄하여 사관이 스스로 그 직책을 그만두기까지 하였으니, 이 사람의 죄는 더욱 용서할 수 없으므로 소장(疏章)을 올려 자신을 논핵하였던 것입니다.[158] 비록 따뜻한 비답(批答)을 받기는 하였으나 두려움이 아직도 남아 있어 지금 이렇게 두문불출하는 것입니다.

편지와 함께 여러 선물을 보내 주시니, 보살펴 주는 뜻에 참으로 감사합니다.

○ 《주역》의 괘변(卦變)은 횡(橫)으로 보든 종(縱)으로 보든 상치

158 일전에……것입니다 : 《송자대전》 부록 권10 〈연보〉 숭정(崇禎) 59년(1686) 윤4월 조(條)에 "24일, 상소하여 대죄하였다. 이에 앞서 사관이 《주자대전차의》를 찾을 적에 마침 초본이 권상하(權尙夏)의 집에 있었으므로 선생이 사관을 청풍의 권상하 집으로 보내어 가져가게 하였다. 이로 인하여 여론이 들끓어 선생이 왕명을 받든 사람을 멋대로 부렸다고 하였다. 선생이 드디어 소를 올려 대죄하였다."라고 하였다.

(相值)하지 않는 것이 없어 《본의(本義)》와 매우 상응하지 않으니, 그대는 연구를 멈추지 않고 있는지 모르겠습니다. 만일 새로 터득한 내용이 있거든 상세히 알려 준다면 매우 다행이겠습니다. 부디 바라고 바랍니다.

신성시에게 답함 정묘년(1687, 숙종13) 5월
答申聖時 丁卯五月

골짜기 속의 새로운 거처는 처음 지어 낮고 좁으나 영롱한 소리를 한가롭게 듣노라면 절로 마음이 즐거워집니다. 이때 멀리 심부름꾼을 시켜서 보낸 편지를 홀연히 받아 보니, 외로운 마음에 매우 위로되어 나도 모르게 두 눈이 모두 반가운 기색을 띱니다.

다만 시사를 언급하였으니, 무엇을 믿고서 두려워하지 않는 것입니까. 나는 혈기가 있는 몸이라서 일찍이 망녕되이 세도(世道)를 위하여 걱정하였고, 성상이 경연에 임하여 탄식하였다[159]는 소식을 듣게 되어서는 늙고 못난 내가 자신도 모르게 일어나서 감히 세도가 무너진 까닭은 모두 본말의 원인이 있음을 진언하였던 것입니다. 윤씨 문중에서 고함 소리가 있을 줄은 참으로 알았지만 온 조정이 눈썹을 치켜세우고 눈을 부릅뜰 줄은 생각하지 못하였습니다. 처음에 세도를 위한 계책을 하였으나 도리어 세도에 해가 되었으니, 이 죄는 씻을 수가 없습니다. 분분한 의론이 가라앉기를 기다렸다가 허물을 인책하는 소장(疏章)을 대략 올리려고 하니, 어떻게 여길지 모르겠습니다.

풍토병이 빌미가 되어 벼슬을 그만두고 돌아오려고까지 한다는 소

159 성상이……탄식하였다 : 《송자대전수차》 권9에 "당시 주상이 탄식하며 신종황제(神宗皇帝)의 성덕(盛德)을 언급하였다. 선생이 이 소식을 듣고 이는 어지러움이 극도에 달하면 다스려지기를 생각하는 도라고 여겨서 드디어 수천 글자를 올려 면려하고 아울러 이성(尼城) 윤증(尹拯) 부자(父子)의 일을 언급하였다."라고 하였다.

식을 들으니, 깊이 염려됩니다. 맛있는 술과 건어는 인정으로 알고 고맙게 잘 받았습니다.

신성시에게 답함 정묘년(1687, 숙종13) 8월 1일

答申聖時 丁卯八月一日

그리워하던 중에 뜻밖에 그대의 편지를 받게 되니, 기쁘고 위로되는 마음을 이루 다 형언할 수 없습니다. 시대의 근심과 국가의 계책은 진실로 말씀한 바와 같으나 작은 가뭄에 큰비가 내린 것은 백성을 위하여 기뻐하고 경하할 만합니다.

나는 이번 여름에 죽지 않아 가을이 되어도 여전히 병을 앓고 있으며 또 죽은 딸의 상기(祥期)[160]를 만나 슬픈 생각을 견디기 어려우니, 어찌하고 어찌하겠습니까.

그대에게 하고 싶은 말이 있었으나 인편이 없어 말하지 못하였는데 보내온 편지에 그 단서를 조금 드러내었으니, 이것으로 인하여 말할 수 있겠습니다. 나는 일찍이 웃으며 '성시(聖時)는 귀밑머리가 거의 반백(斑白)이 되었으나 아직도 동심(童心)을 지니고 있다.'라고 생각하였습니다. 이 일은 어른과 어린아이가 줄다리기를 하는 것과 무엇이 다르겠습니까. 당초에 사달이 났을 때 웃으며 포용하여 그 우직함을 이루어 주었다면 이는 대군자(大君子)가 남의 아름다움을 이루어 주는 덕[161]이었을 것입니다. 그러나 도리어 그와 더불어 옳고 그름을 다투고

160 죽은 딸의 상기(祥期) : 죽은 딸의 대상(大祥) 날을 말한다. 《송자대전》 부록10 〈연보〉 숭정(崇禎) 58년(1685) 8월 조(條)에 "6일, 막내딸 윤씨(尹氏) 부인을 곡하였다."라고 하였다.

161 대군자(大君子)가……덕 : 공자가 말하기를 "군자는 남의 아름다움을 이루어 주고 남의 악함을 이루어 주지 않는다."라고 하였다. 《論語 顏淵》

있으니, 일찍이 "이기더라도 무공(武功)이 되지 못한다."[162]라는 가르침을 생각하지 않은 것입니까? 저 사람에게는 이미 편지를 보내어 준엄하게 책망하였는데, 그 또한 굴복하였습니다. 이제부터는 부디 너그럽게 용서하는 것이 어떻겠습니까?

또 하나의 일이 있으니, 마침내 말해 보도록 하겠습니다. 우리가 상종하면서 강론하여 행하기를 바라는 것은 옛 성현의 가르침이 아니겠습니까. 증자(曾子)가 칭찬한 바는 안자(顔子)의 "범하여도 계교(計較)하지 않는 것"이 아니겠습니까.[163] 지금 이러한 일은 비록 매우 작은 것이지만 또한 시험하여 자신을 증험할 수 있습니다. 서로 깊이 사랑하는 사이임을 믿고 이렇게까지 속마음을 다 토로하였으니, 그대는 어떻게 여길지 모르겠습니다.

남솔(濫率)의 금지에 대하여 성상께서 새로 하교하셨으니, 신하 된 사람이 어찌 감히 조금이라도 어길 수 있겠습니까. 나의 자손 중에 불행히 부득이한 연고가 많아 자못 이를 범하는 자가 있으니, 밤낮으로 두려워하고 있습니다. 지금 이미 돌아가라고 독촉하였으나 아직 돌아가지 못한 자가 있으니, 지금 보내온 편지를 보고 더욱 부끄러운 마음을 더하게 됩니다.

162 이기더라도……못한다 : 진(晉)나라 장수 순영(荀罃)이 말하기를 "성이 작지만 견고하니, 이기더라도 무공이 되지 못할 것이고 이기지 못하면 웃음거리가 될 것이다."라고 하였다. 《春秋左氏傳 襄公10年》

163 증자(曾子)가……아니겠습니까 : 증자가 말하기를 "능하면서도 능하지 않은 이에게 물으며, 많으면서도 적은 이에게 물으며, 있어도 없는 것처럼 여기며, 가득하여도 빈 것처럼 여기며, 남이 잘못을 범하여도 계교하지 않는 일에 옛날 내 벗이 일찍이 종사하였다."라고 하였다. 《論語 泰伯》 내 벗은 안연(顔淵)을 가리킨다.

손자 회석(晦錫)의 병을 말하자면, 의원을 맞이하러 남쪽으로 떠났다가 증세가 더해졌다고 하니, 단지 애가 탈 뿐입니다.

신성시에게 답함 무진년(1688, 숙종14) 1월
答申聖時 戊辰正月

거짓 비답(批答)에 대한 이야기는 나 또한 들었습니다. 손자 아이의 이름이 또한 그중에 들어 있기 때문에 이곳에서는 단지 귀를 닫고 있어야 할 뿐이지만 세도(世道)는 위태롭고 험하다고 할 만합니다. 이는 또 지금 석수도(石守道)의 무덤을 파헤치게 될 우려[164]가 있으니 또한 다시 형세에 맡겨 둘 따름입니다.

164 석수도(石守道)의……우려 : 석수도는 북송(北宋)의 학자 석개(石介)로, 자(字)가 수도(守道)이다. 그가 죽은 뒤에 원한을 품었던 하송(夏竦)이 모함하기를 "석개는 죽었다고 속이고 북쪽 거란으로 도망한 것이니, 관을 열어 확인해 보기를 청합니다."라고 하니, 인종(仁宗)이 조서를 내려 그의 생존 여부를 살피게 하였다.《宋史 儒林列傳 石介》

신성시에게 답함 무진년(1688, 숙종14)[165] 2월 4일

答申聖時 戊辰二月四日

그리워하던 중에 그대의 편지를 받아 보니, 위로되고 기쁜 마음을 이루 다 형언할 수 없습니다.

지난 섣달에 서울로 올라가서 강가에서 흠위(廞衛)[166]를 곡하며 전송한 뒤에 물러나 만의(萬義)로 돌아왔으나, 광중(壙中)에서 돌이 나와서 장례의 일에 차질이 생겼기 때문에 곧바로 계사(溪舍)로 돌아왔습니다.[167] 어제 듣건대 그가 이미 땅속에 들어갔다고 하니, 애통한 마음이 갑절로 더하여 차라리 살고 싶지 않은 생각이 듭니다.

정괘(鼎卦)의 《본의(本義)》에서 말한 전(傳)[168]은 그 어세(語勢)를 살펴보면 순자(荀子)나 양웅(揚雄)의 글인 듯합니다.

165 무진년 : 《송자대전수차》 권9에 "마땅히 기사년(1689)이 되어야 한다."라고 하였다.

166 흠위(廞衛) : 국상의 장례 행렬에 쓰던 여러 가지 도구이다. 여기서는 인조의 계비 장렬왕후(莊烈王后) 조씨(趙氏)의 장례 행렬을 말한다.

167 만의(萬義)로……돌아왔습니다 : 《송자대전》 부록 권11 〈연보〉 숭정(崇禎) 61년(1688) 12월 조(條)에 "8일, 만의에 이르렀다가 21일 남쪽으로 돌아왔다. 이때 막냇손자의 장례에 광중에서 돌이 나와서 장례 날짜를 물리게 되자, 선생이 서울 근방에서 머뭇거리는 것을 혐의하여 결심하고 남쪽으로 돌아온 것이다."라고 하였다. 1688년 10월 5일에 막냇손자 송회석(宋晦錫)이 세상을 떠나 만의에 장사 지냈다.

168 정괘(鼎卦)의……전(傳) : 정괘 상사(象辭)의 《주역본의(周易本義)》 주석에 "전(傳)에서 '상하(上下)에 화합하여 하늘의 아름다움을 받든다.'라고 한 뜻이다."라고 하였다.

나는 무릎의 통증이 지금 고질이 되어 몸져누워서 고통스러워하니, 어쩌면 또한 노끈을 당기는 위태로운 형세[169]가 아니겠습니까.

나머지 이야기는 남의 손을 빌려서 적느라 다 말하지 못합니다. 예를 갖추지 못합니다.

별지

타우(打愚 이상(李翔))는 그의 처신에 진실로 소탈한 면이 있으나 그의 본심(本心)은 단지 악을 싫어하고 풍속을 바로잡으려는 데에서 나온 것일 뿐입니다. 시인(時人)들이 기화(奇貨)를 얻은 듯이 힘을 모아 재빨리 공격하니, 어찌하고 어찌하겠습니까. 이번 가는 길에 그를 들러 보건대 그 뜻이 꺾이지 않았으니, 참으로 얻기가 쉽지 않은 사람입니다. 어떤 사람이 머뭇거리는 것은 참으로 두려워할 만하니, 이는 시운과 관련된 것이라 어찌하고 어찌하겠습니까.

일찍이 영남의 통문[170]을 보건대 "지리(支離)하다.", "소탈(疏脫)하다."라는 등의 말을 꼬투리로 잡아 신변(伸辨)하려고 한 것이니, 대개 이 네 글자는 내가 올린 서문 중의 말입니다.

《강록(講錄)》에 황돈(篁墩)[171]의 일을 논한 것이 390여 자에 이르

169 노끈을……형세 : 죽음을 초래할 형세를 말한다. 한유(韓愈)가 말하기를 "사람이 장차 죽으려고 할 때 그 오장육부에는 반드시 먼저 병을 받아들이는 곳이 있으니, 마치 노끈을 당겨서 끊으면 반드시 먼저 끊어지는 곳이 있는 것과 같다."라고 하였다. 《韓昌黎集 卷13 張中丞傳後敍》

170 영남의 통문 : 《송자대전수차》 권9에 "《심경석의(心經釋疑)》를 교정하여 올린 일로 영남 인사가 통문을 내어 선생을 지척하고 마침내 훼판(毁板)하는 지경에 이르렀다."라고 하였다.

나 모두 긴요함이 없는 말이니, 이러한 용잡(冗雜)한 말은 을람(乙覽)하기에 부족한 것입니다.

"그 말을 들어 보면 명확하다."[172]라는 것은 자하(子夏)의 말인데 본문에서 잘못 알아 공자의 말이라고 하였습니다. 이는 마땅히 고쳐야 할 듯하나 미처 고치지 못하였으니, 이는 소탈함이 될 듯합니다. 이러한 곳은 사실에 근거하여 고치지 않을 수 없으니, 이는 실로 주자(朱子)가 책을 편찬할 때의 남은 법도입니다. 비록 많은 선비로부터 꾸중을 듣더라도 또한 후회할 것이 없습니다.

공자가 애공(哀公)에게 대답한 말이 유독 상세한 것[173]을 말하자면, 안자(顏子)의 "노여움을 남에게 옮기지 않는다."라는 구절 이하는 모두 긴요한 말이기 때문입니다. 그러나 또한 몇 줄 되지 않으니, 지금의 일과 나란히 견주어서는 안 될 것입니다.

171 황돈(篁墩) : 명(明)나라 정민정(程敏政)의 호이다. 남송(南宋)의 진덕수(眞德秀)가 지은 《심경(心經)》에 제가의 설을 첨부한 《심경부주(心經附註)》를 저술하였다.

172 그……명확하다 : 자하가 말하기를 "군자는 세 가지 변함이 있으니, 멀리서 바라보면 엄숙하고, 그 앞에 나아가면 온화하고, 그 말을 들어 보면 명확하다."라고 하였다. 《論語 子張》

173 공자가……것 : 공자가 애공과 계강자(季康子)에게 "제자 중에 누가 배우기를 좋아합니까?"라는 같은 질문을 받고 애공에게는 상세하게 대답하고 계강자에게는 간략하게 대답한 것을 말한다. 공자가 애공에게 대답하기를 "안회(顏回)라는 사람이 배우기를 좋아하여 노여움을 남에게 옮기지 않으며 같은 잘못을 두 번 범하지 않더니, 불행히도 명이 짧아 죽었습니다. 이제는 없으니, 배우기를 좋아하는 사람을 아직 듣지 못하였습니다."라고 하였다. 《論語 雍也》 계강자에게 한 대답에는 "노여움을 남에게 옮기지 않으며 같은 잘못을 두 번 범하지 않았다."라는 말과 "배우기를 좋아하는 사람을 아직 듣지 못하였다."라는 말이 보이지 않는다. 《論語 先進》

황씨(黃氏)의 “이가 동하여 기가 낀다.〔理動氣挾〕”라는 설[174]은 일찍이 보지 못하였으니, 그 출처를 부디 나중 편지에서 알려 주는 것이 어떻겠습니까?

“사단(四端)이 절도에 맞지 않는다.”라는 설[175]은 비단 퇴계(退溪)의 의론이 이와 다를 뿐만 아니라 성혼(成渾), 이이(李珥), 기대승(奇大升) 세 선생 또한 모두 이와 다름이 있으니, 직접 뵙고 질정하지 못하는 것이 몹시 아쉽습니다.

174 황씨(黃氏)의……설 : 황씨는 주희의 문인 황간(黃榦)을 가리킨다. 그는 “사물에 감응하여 동하게 되면 혹은 기가 동하여 이가 따르기도 하고 혹은 이가 동하여 기가 끼기도 한다.〔及其感物而動, 則或氣動而理隨之, 或理動而氣挾之.〕”라고 하였다. 《性理大全 卷31 氣質之性》

175 사단(四端)이……설 : 《송자대전수차》 권9에 “퇴계, 우계(牛溪), 율곡(栗谷), 고봉(高峯)이 모두 사단을 순수한 선(善)으로 여겼다. 그러나 선생은 《주자어류》로 인하여 ‘사단 또한 절도에 맞지 않는 것이 있으니, 만약 측은해하지 않아야 할 때 측은해하면 이는 악이다.’라는 글로 보충한 뒤에야 사단칠정(四端七情)에 대한 논변이 비로소 온당함을 얻을 것이라고 하였다. 《심경석의》에 상세히 보인다.”라고 하였다.

신성시에게 답함 무진년(1688, 숙종14) 8월 1일

答申聖時 戊辰八月一日

그립고 생각난다는 말은 빈말이 아닌데 홀연히 이렇게 편지가 도착하니, 이보다 더한 위로가 무엇이 있겠습니까. 더구나 그곳 산수의 승경(勝景)을 보여 주어 황연히 나를 시냇물 흐르는 골짜기와 빼어난 바위 사이에 앉아 있도록 하니, 겨드랑이에 날개가 돋아 그곳으로 날아가서 따르지 못하는 것이 몹시 아쉽습니다. 다만 일찍이 동쪽으로 돌아올 뜻이 있었으나 이 계획이 홀연히 바뀌었다고 하니, 어쩌면 이 승경에게 만류당한 것이 아닙니까. 그렇다면 시냇물 흐르는 골짜기와 빼어난 바위가 도리어 얄미워집니다.

나와 손자는 질병이 더욱 심해졌습니다. 다만 아들 녀석이 벼슬을 그만두고 돌아오고 손자 주석(疇錫)도 그 뒤를 이으니, 이는 우리 집안의 다행인지라 애오라지 이로써 스스로 위로할 뿐입니다.

송자대전

제83권

書서

최미백[1] 방언 에게 보냄 갑인년(1674, 현종15) 8월

與崔美伯 邦彦○甲寅八月

전체를 함께 말하면 계구(戒懼)[2]는 신독(愼獨)[3]을 포괄하고, 한쪽만 떼어 내어 말하면 계구는 정(靜)에 속하고 신독은 동(動)에 속합니다. 주자(朱子)가 말한 "항상 경계하고 두려워하는 마음을 보존한다."라는 것과 "온통 경계하고 두려워한다."라는 것은 전체를 함께 말한 것이고, 주자가 말한 "계구로부터 요약하여 지극히 정(靜)한 가운데에 치우치거나 기울어진 바가 없는 데에 이르고, 신독으로부터 정밀하게 하여 사물을 응대하는 곳에 어긋나거나 잘못됨이 없는 데에 이른다."라는 설과 호대시(胡大時)에게 답한 설[4]은 동과 정을 나누어서 말한 것이니,

1 최미백(崔美伯) : 최방언(崔邦彦, 1634~1724)으로, 본관은 전주(全州), 자는 미백, 호는 양정당(養正堂)이다. 송시열의 문인이다.

2 계구(戒懼) : 계신공구(戒愼恐懼)를 줄인 말이다. 자사(子思)가 말하기를 "도라는 것은 잠시도 떠날 수 없는 것이니, 떠날 수 있으면 도가 아니다. 이러므로 군자는 그 보지 않는 바에도 경계하고 삼가며 그 듣지 않는 바에도 두려워하고 두려워한다.〔道也者, 不可須臾離也, 可離非道也. 是故君子戒愼乎其所不睹, 恐懼乎其所不聞.〕"라고 하였다. 《中庸章句 第一章》

3 신독(愼獨) : 남은 미처 알지 못하고 자신만 홀로 아는 마음속의 생각을 신중히 살피는 것이다. 자사가 말하기를 "숨은 것보다 드러나는 것이 없으며 미세한 것보다 나타나는 것이 없으니, 그러므로 군자는 그 홀로 아는 것을 신중히 살피는 것이다.〔莫見乎隱, 莫顯乎微, 故君子愼其獨也.〕"라고 하였다. 《中庸章句 第一章》

4 호대시(胡大時)에게 답한 설 : 호대시는 주희(朱熹)의 문인으로, 자는 계수(季隨)이다. 이와 관련된 내용은 《회암집(晦庵集)》 권53 〈답호계수(答胡季隨)〉에 자세히 실려 있다.

마치 인의예지(仁義禮智)는 각각 계분(界分)이 있으나 인(仁)이 실제 인의예지 넷을 포괄하는 것과 똑같습니다.

최미백에게 답함 갑인년(1674, 숙종 즉위년) 9월 6일

答崔美伯 甲寅九月六日

문안 편지는 몹시 감사합니다. 나는 학질이 지루하게 이어지니 괴롭고 괴로움을 어떻게 하겠습니까.

퇴계(退溪) 선생이 "계구(戒懼)의 경계는 전적으로 미발(未發)에 속해 있다."라고 한 것은 한쪽만 떼어 내어 말한 것이니, 사계(沙溪) 선생이 "동(動)과 정(靜)을 겸한다."라고 한 것과 각기 하나의 설이 되기 때문에 끝내 끌어와서 합치시킬 수 없는 것입니다. 주자의 설은 본래 전체를 겸하여 말하는 경우와 한쪽만 떼어 내어 말하는 경우의 차이가 있으니, 지금 두 선생의 말을 논하는 사람은 오직 어떻게 보았는지를 따져 보아야 할 것입니다.

나머지 이야기는 남의 손을 빌려서 적느라 다 말하지 못합니다. 예를 갖추지 못합니다.

최미백에게 답함 신유년(1681, 숙종7) 6월 20일

答崔美伯 辛酉六月二十日

깊은 골짜기에 들어온 이후로 한결같이 서로 소식을 듣지 못하였으니, 이는 형세상 그럴 수밖에 없는 것입니다. 갑자기 동보(同甫)[5] 편에 이렇게 그대의 편지를 받게 되니, 그리워하던 마음에 매우 위로됩니다. 나는 쇠병(衰病)으로 모습이 추하여 반쯤 죽은 시신이 되었으니, 말씀드릴 만한 것이 없습니다.

《정서분류(程書分類)》는 오로지 정남공(征南公)을 따르는 것이 중요한데,[6] 단지 여구(汝九)[7]의 질병이 염려될 뿐입니다. 그가 어찌 효로써 효를 상하게 하는 이치[8]에 어둡겠습니까. 이 또한 붕우들의 충고하

5 동보(同甫) : 이희조(李喜朝, 1655~1724)로, 본관은 연안(延安), 자는 동보, 호는 지촌(芝村)이다. 이단상(李端相)의 아들이고 송시열의 문인이다.

6 정서분류(程書分類)는……중요한데 : 정서(程書)를 분류하는 일은 그대들의 의견이 중요하다는 말이다. 《정서분류》는 송시열이 정호(程顥)와 정이(程頤)의 글을 항목별로 분류하여 편찬한 책이다. 정남공은 후한 광무제(後漢光武帝) 때의 명장인 잠팽(岑彭)을 이른다. 광무제 11년(35)에 공손술(公孫述)이 형문(荊門)에 웅거하여 대항하자 대사마(大司馬) 오한(吳漢)과 정남대장군(征南大將軍) 잠팽 등을 보내어 공격하게 하였다. 두 사람의 전술 의견이 엇갈리자 광무제가 "대사마는 보병(步兵)과 기병(騎兵)을 쓰는 것만 익혔을 뿐 수전(水戰)은 잘 알지 못하니, 형문을 공략하는 일은 오로지 정남공을 따르는 것이 중요하다."라고 하여 잠팽에게 공격의 임무를 맡겼고, 잠팽은 전략과 전술을 잘 써서 마침내 공손술의 군대를 크게 무찔렀다. 《後漢書 岑彭列傳》

7 여구(汝九) : 이기홍(李箕洪, 1641~1708)으로, 본관은 전주(全州), 자는 여구, 호는 직재(直齋)이다. 송시열의 문인이다.

8 효로써……이치 : 효성이 지극한 나머지 어버이의 죽음을 너무 슬퍼하여 병이 나거

는 책무와 관련된 것입니다.

그대 부친이 강녕하신 줄을 대략 알게 되니 기뻐하고 축하하는 마음 그지없습니다. 그대는 근래에 무슨 책을 보고 있습니까? 책을 볼 때는 굳이 많이 볼 필요가 없고 단지 정밀하고 익숙히 하며 쉬지 않는 데에 달려 있을 뿐입니다. 내가 젊었을 때 빨리 읽으려다가 허술해지는 병통을 앓았기 때문에 매번 이것을 붕우들에게 경계하는 것입니다.

별지는 인편을 통하여 회답해 주기를 바랍니다.

별지

《정서분류》는 당초에 단지 대략 구별함으로써 다시 교감하여 바로잡는 자료로 삼으려고 하였기 때문에 무릇 겹쳐서 나오거나 잘못된 곳을 모두 그대로 놓아두었던 것이니, 지금 자세하게 손을 보는 것이 어떻겠습니까?

○ 보내온 편지의 둘째 단락에서 "양정(兩程) 개정(改正)"이라고 운운한 것은 무슨 말인지 모르겠습니다. 나의 정신과 기억이 쇠락한 것이 몹시 한탄스러우니, 나중의 편지에서 다시 알려 주는 것이 어떻겠습니까?

○ 보내온 편지의 셋째 단락에서 혹은 순(淳)이라 하고 혹은 정숙(正叔)이라고 한 것[9]은 분명히 순(淳) 위에 백(伯) 한 글자가 빠진 것이니, 보충하지 않을 수 없을 듯합니다.

○ 양본(楊本)[10] 외서(外書) 1권 첫째 판(板)의 진경정(陳經正)

나 죽게 되면 도리어 불효가 된다는 말이다.

9 순(淳)이라……것 : 정호의 자가 백순(伯淳)이고 정이의 자가 정숙이다.

한 단락은 이기류(理氣類), 천문류(天文類), 지리류(地理類)에 실려 있어서는 안 되니, 석씨류(釋氏類)로 옮겨 두려고 합니다. 같은 판(板)의 "선생이 '어떤 사람이 명도(明道)에게 물었다.'라고 하였다."라고 한 단락과 "선생이 일찍이 이천(伊川)에게 물었다."라고 한 단락 또한 여기에 두어서는 안 되어 학류(學類)로 옮기려고 합니다. 이러한 부분은 모쪼록 붕우들과 상의하여 하나하나 옮겨 두는 것이 어떻겠습니까?

10 양본(楊本) : 《송자대전수차(宋子大全隨箚)》 권9에 "양씨(楊氏)의 《정서분류》를 가리킨다."라고 하였다.

최미백에게 답함 갑자년(1684, 숙종10) 11월 14일
答崔美伯 甲子十一月十四日

깊고 깊은 궁벽한 골짜기에서 병든 마음이 무료하던 중에 갑자기 보내온 편지를 받게 되니 기쁘고 후련하기 그지없습니다. 처음에 자신의 근력을 헤아리지 못하고 망녕되이 이번 걸음을 감행하여 손자를 사랑하는 정은 조금 펼쳤으나 관(棺) 속으로 들어갈 시기가 머지않아 병든 두 사람이 서로 지키고 있으니, 곁에서 보는 이들이 가련하게 생각합니다. 이 세상에 오래 살아 있는 것이 몹시 즐거운 일이 아님을 지극히 잘 알겠습니다.

말씀한 앞의 편지는 아직 받지 못하였습니다. 정서(程書)는 글이 저기에 들어 있든 여기에 들어 있든 크게 다르지는 않지만 단지 잔생(殘生)에 남은 날이 많지 않아 죽기 전에 정리하고 단장하여 자손에게 남겨 주고 싶었기 때문에 일찍이 여구(汝九 이기홍(李箕洪))의 편지로 인하여 운운한 것입니다. 지금 병이 이와 같아서 비록 돌려받더라도 또한 여기에 미칠 기력이 없으니, 가탄스러울 뿐입니다.

최미백에게 답함 정묘년(1687, 숙종13) 11월 8일

答崔美伯 丁卯十一月八日

그대를 걱정하고 염려하는 내 마음은 어찌 조금이라도 느슨한 적이 있었겠습니까. 다만 쇠병(衰病)이 날로 깊어지고 또 문득 서울로 부치는 편지를 씀으로써 더 많은 구설을 초래하고 싶지 않아서 한 번도 일상의 문안 편지를 보내지 못하였으니, 마음속의 한스러움은 어찌 음식물이 목에 걸려 있는 것과 같을 뿐이겠습니까. 천만뜻밖에 여구(汝九 이기홍(李箕洪))가 방문하여 그대의 편지를 받게 되었는데, 나를 위무(慰撫)하는 뜻이 너무도 지극하므로 감격한 나머지 나의 불민함이 더욱 부끄럽습니다.

나는 신병(身病) 외에도 소손(小孫)이 병석에 누운 지 이미 4년이나 되었으나 증세가 더욱 심해지고 있어 밤낮으로 애가 타고 가련하여 거의 견딜 수 없는 지경이니, 기이한 운명을 오로지 탄식만 할 뿐입니다.

《역학계몽(易學啓蒙)》을 보고 있다는 소식을 들었습니다. 만일 《역(易)》을 배우려고 한다면 이것이 실로 《역》에 들어가는 문호(門戶)입니다. 게다가 주 선생(朱先生)이 스스로 "공력을 쏟은 투철함은 《대학》과 같다."라고 하였으니, 후학이 존숭하여 강독하는 것이 응당 여느 책과는 달라야 합니다. 근래에 새로 반포한 《계몽익전(啓蒙翼傳)》이 있고 또 일찍이 퇴계(退溪)의 《계몽전의(啓蒙傳疑)》가 있으니, 의심스럽거나 명백하지 않은 곳은 이러한 글을 통하여 고정(考訂)할 수 있을 것입니다. 다만 듣건대 상중에 있는 그대가 눈병이 가볍지 않다고 하니, 이는 책을 보는 데에 가장 방해가 됩니다. 의당 눈을 감아야 할 때가 항상 많을 것이니, 이 또한 마음을 보존하는 공부에 도움이 없지 않을 것입니다.

끝으로 단지 슬픔을 절제하고 변화에 순응하여 효로써 효를 상하게 하지 말기를 천만번 빌고 빕니다. 삼가 예를 갖추지 못합니다.

최미백과 이여구에게 보냄 경신년(1680, 숙종6) 7월 5일

與崔美伯李汝九 庚申七月五日

무더위를 무릅쓰고서 맞이하고 위로해 주었으니,[11] 베풀어 준 뜻이 깊어 지금도 감사한 마음이 절절합니다. 이렇게 가을이 시작되는 지금 어버이를 모시며 학문하는 여러분의 체후가 어떠합니까? 우러러 그리워하는 마음이 지극합니다.

나는 책을 가지고 산속으로 들어왔습니다. 물고기와 새 들도 도성의 원숭이 같은 이 사람을 환영하니, 이는 무엇 때문이겠습니까? 이 또한 세상의 물정이라,[12] 한바탕 웃을 만합니다.

이정(二程)의 글은 분류(分類)한 것이 24책이고 분류하지 않은 것이 5책입니다. 평택(平澤) 인편을 통하여 올리니, 부디 다시 편집하여 찾아보기에 편리하게 하는 것이 어떻겠습니까? 일전에 이 일에 종사할 뜻이 있는 줄을 알았기 때문에 감히 이렇게 보내는 것입니다.

나머지 이야기는 피로로 한창 힘들어 남의 손을 빌려서 적느라 다

11 무더위를……주었으니 : 송시열이 귀양지에 돌아올 때 찾아와서 위로해 준 일을 가리킨다. 《송자대전》 부록 권8 〈연보〉 숭정(崇禎) 53년(1680) 6월 조에 "2일, 합천(陜川)에 이르러서 전석(全釋)의 명을 들었다."라고 하였다.

12 세상의 물정이라 : 송나라 정호(程顥)의 〈미후시(獼猴詩)〉에 나오는 말이다. 《송자대전수차》 권5에 "산승(山僧)이 '정승 안수(晏殊)의 수레가 오면 원숭이가 온 산에 가득하다.'라고 하니, 정호가 이 말을 듣고 이 시를 지었다."라고 하였다. 그 시는 다음과 같다. "듣건대 원숭이는 성품이 매우 영리하여, 정승 수레가 오면 온 산 가득 맞이한다네. 여윈 말 타고 왔을 때 어찌 본 적 있던가. 짐승도 세상 물정 그대로임을 비로소 깨닫겠네.〔聞說獼猴性最靈, 相車來便滿山迎. 鞭羸到此何曾見? 始覺毛蟲更世情.〕"

말하지 못합니다. 예를 갖추지 못합니다.

별지

이기(理氣), 귀신(鬼神), 성리(性理), 학(學), 사서(四書), 육경(六經), 악(樂), 공맹주정장소(孔孟周程張邵), 노씨(老氏), 석씨(釋氏), 본조(本朝), 역대(歷代), 전국한당제자(戰國漢唐諸子), 잡류(雜類), 작문(作文)

이상은 《주자어류(朱子語類)》의 목록(目錄)입니다. 《이정분류(二程分類)》 또한 이 목록에 근거하여 편집하는 것이 어떻겠습니까?

이기, 귀신, 성리, 도통(道統), 성현(聖賢), 제유(諸儒), 학(學), 제자(諸子), 역대, 군도(君道), 치도(治道), 시문(詩文)

이상은 《성리대전(性理大全)》의 목록입니다. 이정의 글을 분류할 때 《주자어류》의 목록에 근거하여 편집하되 부족한 곳은 이 가운데의 목록을 취하여 보충하는 것이 어떻겠습니까?

입교(立敎), 명륜(明倫), 경신(敬身), 계고(稽古)

이상은 《소학(小學)》의 목록입니다. 이 목록 가운데에 또한 보충하여 넣을 만한 것이 있습니까?

분류한 24책은 모두 배접하여 만든 것이니, 도로 떼어 내어 이 차례대로 다시 붙이면 될 것입니다. 만일 떼어지지 않는 부분이 있거든 물로 적시면 떼 내기가 매우 쉬울 것입니다.

고여근[13] 회 에게 보냄 경자년(1660, 현종1) 6월 10일

與高汝根 晦○庚子六月十日

아들 녀석이 그대의 편지를 전해 주니, 마치 얼굴을 마주 대한 듯하여 매우 위로됩니다. 봄 사이에 보낸 편지는 받았다는 말이 없으니, 혹 중간에 분실된 것입니까?

나는 병들어 누워 있을 뿐이니, 말할 만한 것이 없습니다. 비좁은 집은 병을 치료하기에 불편하여 계정(溪亭)으로 와서 지내니, 졸졸 흐르는 물소리가 쉬지 않고 들려 귀가 먹을 지경입니다. 근래의 일은 듣지를 못하니, 몹시 일이 줄어든 것을 느낍니다.

그대가 문을 닫고 글을 읽노라면 시조(市朝)가 만 리 밖처럼 멀어져서 즐거워할 만한 점이 있을 것입니다. 오직 시간을 아껴서 농담이나 주고받는 사람들과 함께 어울리지 않는 것이 어떻겠습니까?

13 고여근(高汝根) : 고회(高晦, 1636~1711)로, 본관은 제주(濟州), 자는 여근, 호는 관란재(觀瀾齋)이다. 송시열과 송준길(宋浚吉)의 문인이다.

고여근에게 답함 임인년(1662, 현종3) 2월 20일
答高汝根 壬寅二月二十日

사람의 안부를 묻고 아울러 시내와 산의 안부를 물어 오니, 사람은 말할 것이 못 되지만 시내와 산은 이야기할 만한 것이 있습니다. 산중에서 내려오는 시내가 평지를 만나 동쪽 서쪽 두 갈래로 나뉘고 민가(民家)가 그 가운데 땅을 차지하여 촌락을 이루었는데, 높은 버드나무가 어지러이 심겨서 숲을 이루기 때문에 시내 이름을 유천(柳川)이라고 합니다.[14] 내가 사는 집의 대문 밖에 돌을 쌓아 섬돌을 만들었는데, 시냇물이 그 가운데로 흘러가서 맑은 물은 갓끈을 씻을 만합니다. 대개 물의 근원이 멀고 크기 때문에 비록 100호(戶)의 촌락을 뚫고 지나가더라도 더러워지고 흐려지지 않는 것입니다. 이는 절로 나쁜 경치는 아니나 병 때문에 때때로 근원을 따라 올라가 보지 못하는 것이 가탄스럽습니다.

해이하고 게으른 병통을 스스로 느낀다는 말씀을 이야기하자면, 이미 이와 같은 줄을 느끼는 것이 곧 이를 치료할 수 있는 약이니, 다시 별도의 방도가 없습니다.

만나서 정담을 나눌 길이 없으니, 따뜻한 봄날에 더욱 자중자애하기를 바랍니다.

14 시내와 산의……합니다 : 《송자대전수차》 권9에 "선생이 지난해에 공주(公州)의 원기촌(遠基村)으로 옮겨서 우거하였다. 소제(蘇堤)와의 거리가 10여 리가 되니, 곧 유천 가이다."라고 하였다.

고여근에게 보냄 을사년(1665, 현종6) 11월 1일

與高汝根 乙巳十一月一日

식견이 높고 사물에 밝은 사람은 의당 감추어진 곳에 처하여야 하니, 회(晦)를 이름으로 삼았으면 자(字)를 여근(汝根)으로 하는 것이 어떻겠습니까? 이는 주 선생(朱先生)의 자사(字辭)에서 말한 "나무는 뿌리를 감춘다."[15]라는 뜻입니다.

15 나무는 뿌리를 감춘다 : 남송의 유자휘(劉子翬)가 주희에게 원회(元晦)라는 자를 지어 주며 남긴 축사에 "나무는 뿌리를 감추어야 봄의 자태가 찬란히 펼쳐지고 사람은 몸을 감추어야 신명이 안에서 살찌는 것이다."라고 하였다.

고여근에게 답함 무신년(1668, 현종9) 10월 2일

答高汝根 戊申十月二日

그대의 편지를 보고서 산을 유람하는 흥취가 있은 줄을 알게 되니, 그대와 함께 가지 못한 것이 몹시 아쉽습니다. 그러나 이곳 또한 소나무, 구름, 시냇물, 골짜기의 정취가 있어 애오라지 분수에 따라 취하고 있습니다.

의리를 날마다 궁구하는 일을 평생의 다반사로 삼는다면 절로 도달하는 곳이 있겠지만 만약 생각만으로 바란다면 이는 빨리 이루려고 하거나 조장(助長)하는 것이어서 결국 성실하지 못한 데로 귀결될 것입니다. 주서(朱書)에 관한 의의(疑義)는 삼가 나의 뜻으로써 답하여 보내 드리니, 그중에 옳지 않은 부분은 기탄없이 알려 주기를 바랍니다. 나머지 이야기는 하나하나 다 말하지 못합니다.

고여근에게 답함 신해년(1671, 현종12) 9월 2일
答高汝根 辛亥九月二日

올해는 재액(災厄)이 겹쳐서 봄부터 여름 사이에 아이들의 전염병 때문에 한동안 걱정으로 애를 태웠고, 내 몸도 서증(暑症)을 앓아 거의 죽을 지경이 된 끝에 독한 이질까지 이어져서 지금 3개월이나 되었으니, 사람인지 귀신인지 분간할 수 없을 지경입니다. 죽어도 아까울 것이 없으나 세상에 알려짐이 없는 것[16]이 괴롭고 한스러울 뿐입니다.

지난번에 그대의 편지가 어딘가로부터 전해 오니, 편지를 보고 후련해지는 심정을 어찌 다 형언할 수 있겠습니까. 그러나 고통으로 신음하느라 붓을 잡을 수 없고 또 인편이 없어 지금까지 답장하지 못하였으니, 마치 음식물이 목구멍에 남아 있는 것처럼 매일 마음에 걸려 있을 뿐만이 아니었습니다. 이제 민씨(閔氏) 편에 다시 그대의 편지를 받고 보니, 부끄럽고 고마운 마음이 더욱 지극하여 말로써 다 할 수 없습니다.

앞의 편지에서 말씀한 장지(葬地)의 소송(訴訟)을 이야기하자면, 《주례(周禮)》에 이에 관한 법령(法令)[17]이 있고 주자(朱子) 또한 일찍

16 세상에……것 : 공자가 말하기를 "후생(後生)이 두려워할 만하니 그들의 장래가 지금의 나만 못할 줄을 어찌 알겠는가. 그러나 4, 5십 세가 되고도 알려짐이 없다면 이 또한 두려워할 것이 없다."라고 하였다. 《論語 子罕》

17 주례(周禮)에……법령(法令) : 《주례》 〈춘관종백(春官宗伯)〉에 "묘대부(墓大夫)가 방묘(邦墓)의 지역을 맡아 묘지를 다투는 자가 있으면 그 옥송(獄訟)을 처리한다."라고 하였다. 묘대부는 관명으로 나라 안의 묘역을 관장하였다. 방묘는 나라 안의 묘지이다.

이 그 선조의 묘지 때문에 소송한 적이 있었으니,[18] 그 소송의 옳고 그름이 어떠한가에 달려 있을 뿐, 이 어찌 혐의할 것이 있겠습니까. 다만 송사란 길게 해서는 안 된다는 경계는 알지 않아서는 안 될 것입니다.

민씨 집안의 변례(變禮)[19]를 말하자면, 지금 별지(別紙)로 대사마(大司馬 민정중(閔鼎重))에게 답하였으니, 바라건대 그대가 민씨의 집에서 가져다 보고 다시 잘못된 점을 바로잡아 알려 주는 것이 어떻겠습니까?

구우(具友) 집안의 일[20]을 말하자면, 처음에 내 뜻은 다음과 같았습니다. 황조(皇祖 명 태조)가 입후(立後)를 제도로 정하였으나 소목(昭穆)의 차례를 잃은 경우는 다시 개정하도록 허락하였으므로, 분명 그대로 두어서는 안 됩니다. 그 이른바 고조(高祖)는 바로 지금 진잠(鎭岑) 고을 원과 대수(代數)가 다하지 않았으니 진잠 고을 원이 옮겨 와서 봉사(奉祀)하는 것이 마땅하고, 그 이하의 신주(神主)는 의당 그 조부에게 반부(班祔)해야 하고, 만약 반부할 만한 사람이 없다면 구우의 집안에서 세속의 시양(侍養)[21]하는 관례를 따라 그대로 봉사하

18 주자(朱子)……있었으니 : 《회암집》 권86 〈우제고원조묘문(又祭告遠祖墓文)〉에 "무덤이 있는 묘역을 잘 수호하지 못해서 다른 사람이 소유하여 되찾을 수 없으니 이에 두렵고 애달파서 관청에 하소연하였습니다."라고 하였다.

19 민씨 집안의 변례(變禮) : 민업(閔業)이 죽자 광증(狂症)이 있는 아들 민세익(閔世益)에게 집상(執喪)시킬 수가 없으므로, 호상(護喪)한 사람들이 박세채(朴世采), 송시열과 상의하여 민세익의 아들 민신(閔愼)으로 하여금 상주가 되게 한 일을 말한다.

20 구우(具友) 집안의 일 : 구우는 구시경(具時經)을 가리킨다. 집안의 일은 조카 항렬의 양자를 구하지 못하여 손자 항렬의 사람을 양자로 들인 일을 말하는 것으로 보인다.

는 것 또한 혹 하나의 방도이기는 하지만 이는 끝내 정례(正禮)는 아닙니다.

외손(外孫)이 봉사하는 것을 말하면, 주자의 훈계[22]가 엄격하지만 정자(程子)의 집안에서 거행하였던 것은 근거가 있습니다.[23] 내가 비록 무식하더라도 어찌 감히 이것을 남들에게 감히 행하도록 권할 수 있겠습니까. 다만 정자의 외가(外家) 제사를 후 부인(侯夫人)이 거행하였다는 설이 있으므로, 이것이 혹 여자가 봉사하는 증거가 되기 때문에 이것으로 일찍이 이운거(李雲擧 이상(李翔))의 질문에 답한 적이 있었습니다. 그 뒤에 듣건대 구씨(具氏)의 외손이 나의 이 말을 빙자하여 거행하였으나 편치 않은 마음이 있었다고 하니, 이는 내가 감히 알 수 있는 바가 아닙니다. 이 일에 대한 나의 전후 소견이 대략 이와 같으니, 만약 온당치 못한 점이 있으면 지적해서 알려 주기를 바랍니다.

21 시양(侍養) : 손자 항렬의 사람을 후사로 삼는 것을 일컫는다. 《매산집(梅山集)》 권17 〈답박계립(答朴季立)〉에 "만약 아들 항렬이라면 당연히 양자가 될 수 있으나 손자 항렬이기 때문에 후사가 될 수 없으니, 그러므로 이를 시양이라고 하는 것입니다. 시양 두 글자는 예경(禮經)에 보이지 않고 아마도 양모(養母)라는 글로 인하여 따라서 이름을 붙인 듯하니, 이는 우리나라의 속칭(俗稱)입니다."라고 하였다.

22 주자의 훈계 : 《송자대전수차》 권9에 "주자가 말하기를 '외조를 봉사하는 것은 예경에 없다.'라고 하였고, 또 말하기를 '친족이 아닌 사람을 제사 지내는 것은 이치에 온당하지 않다.'라고 하였다."라고 하였다.

23 외손(外孫)이……있습니다 : 정자의 어머니 후 부인이 위독할 때 정이(程頤)에게 명하기를 "오늘이 한식이니, 나를 위하여 내 부모를 제사 지내고 내년에는 다시 지내지 말라."라고 하였다. 이를 두고 주희가 말하기를 "이것은 외가를 제사하는 것이니 예경에 없는 것이다."라고 하였다. 《朱子語類 卷90 祭》

출처(出處)에 대한 말씀을 이야기하자면, 설사 나에게 포부가 있더라도 이 같은 시대에는 감히 기력을 내어 조금이라도 구제해 낼 수 없거늘 하물며 나처럼 매우 형편없는 사람이야 말할 것이 있겠습니까. 이는 그대의 질문을 기다리지 않더라도 처신할 바를 알 수 있습니다.

나머지 이야기는 밤중에 급한 설사를 막 겪은 뒤에 기운이 금방 끊어질 듯하여 등불 아래서 남의 손을 빌려 적느라 다 말하지 못합니다.

고여근에게 답함 임자년(1672, 현종13) 4월 19일

答高汝根 壬子四月十九日

서로 안부를 물을 길이 없어 한결같이 그리워만 하다가 갑자기 인편을 통하여 1월 28일에 보내온 편지를 받게 되니, 마치 책 속 사람의 소식을 듣는 듯하여 위로되고 후련한 마음을 이루 다 말할 수 없습니다. 게다가 상중(喪中)의 일상생활이 잘 지탱되고 있는 줄을 알게 되니, 또 매우 기쁘고 다행스럽습니다. 나는 지난해 큰 병을 앓고도 다행히 죽지는 않았으나 나머지 증세가 없어지지 않아 틈만 있으면 재발하니, 얼마 지나지 않아 꺾이고 쇠잔하여 죽게 되지 않겠습니까.

질문한 《상서주해(尙書註解)》는 내가 늘 속으로 의심하던 것입니다. 가만히 의심컨대 주 부자(朱夫子)가 《춘추》와 이 글은 이해할 수 없다고 생각하였기 때문에 이 두 글에는 끝내 손을 대지 않았으나 《상서(尙書)》에는 그래도 전(典), 모(謨), 고(誥) 등 몇 편에 약간의 주석을 달았으니, 이는 《춘추》처럼 난해하지는 않다고 여긴 듯합니다. 그러나 채씨(蔡氏 채침(蔡沈))가 《상서》를 가장 많이 공부하였기 때문에 주 부자가 말년에 그에게 《집전(集傳)》을 짓도록 명한 것입니까? 이는 알 수 없는 일입니다. 채씨가 주 부자의 해석을 온전히 사용하지 않은 것은 어쩌면 주 부자가 말년에 구두(口頭)로 전해 준 것이 먼저의 해석과 다른 곳이 있기 때문에 그 사이에서 선택하지 않을 수 없었던 것입니까? 이 또한 알 수 없는 일입니다.

지금 다만 《주자어류(朱子語類)》에 수록된 것을 채씨의 《집전》과 상호 참고하되, 마음을 비우고 기운을 편안하게 하여 처음부터 친소(親

疎)나 주객(主客)의 간격을 두지 말고 보고 또 보아 나의 뜻이 편안한 바를 관찰한다면, 거의 본경(本經)의 뜻을 잃지 않을 것입니다. 이는 독서하는 법만 그러할 뿐 아니라 이치를 살펴보고 일을 처리하는 방도도 모두 그러한 것이니, 부디 이것으로 한번 구해 보는 것이 어떻겠습니까?

서로 대면하여 의논할 기약은 없으니, 단지 그대를 향하여 달려가는 마음만 간절할 뿐입니다.

고여근에게 답함 갑인년(1674, 현종15) 1월 25일
答高汝根 甲寅正月二十五日

오래도록 소식을 듣지 못하다가 방금 인편으로 보낸 편지를 받아 보았는데, 편지에서 일러 주신 여러 가지 말씀은 나를 경책하고 반성하게 하는 것이 많습니다.

근래의 일은 병들어 산속에 누워 있는 내가 감히 들을 수 있는 바가 아니라서 놓아두고 다시 말하지 않겠습니다. 다만 선왕(先王 효종(孝宗))께서 처음 즉위하였을 때의 일을 운운한 말씀은 실로 내 마음에 와닿는 바가 있습니다. 대개 내가 젊었을 때 외람되이 잠저(潛邸)에서 선왕을 모시면서 그 규모와 기상의 대략을 지극히 잘 알게 되었고, 저위(儲位)에 오르게 되어서는 실로 목을 빼고서 경하하고 기뻐하는 마음이 들어 내가 잠깐이나마 죽지 않아 큰일을 하시는 날을 보기를 원하였습니다. 그러므로 처음 즉위하셨을 때 외람되이 불러 주시는 은혜를 입게 되어 주제넘게 청음(淸陰 김상헌(金尙憲))과 신재(愼齋 김집(金集))의 덕풍(德風)을 따라 대략 주선하였던 것입니다. 그 당시의 일은 단지 이와 같을 뿐이나 질문에서 언급하였기 때문에 대략 이렇게 말씀드리는 것이니, 읽어 본 뒤에 즉시 없애 버리기를 바랍니다.

고여근에게 답함 병진년(1676, 숙종2) 1월 2일

答高汝根 丙辰正月二日

제백(濟伯 구시경(具時經))이 멀리 찾아와서 그대의 편지를 전해 주니, 모두 나를 각성시키기에 충분합니다. 다만 나를 칭찬하는 말은 실상보다 몹시 지나치니, 어찌 격언을 가지고서 충고해 주지 않고 한갓 이러한 말로써 나를 부끄럽게 만든단 말입니까.

편지를 통하여 고요한 곳에 나아가 책을 보는 줄을 알게 되니, 나를 부럽고도 기쁘게 합니다. 오늘날 그래도 자신이 마음대로 할 수 있는 것은 단지 이 하나의 일뿐입니다. 나 또한 독서를 완전히 폐하는 지경에 이르지는 않았으나 질병이 침범하고 기력이 시들어서 한갓 황혼에 가까웠다는 탄식만 할 뿐입니다. 지금 손자 아이와 마주하여 《주자대전(朱子大全)》을 보고 있습니다. 의심스럽거나 명백하지 않은 부분은 부득이 손이 가는 대로 적어 두었다가 장차 화숙(和叔 박세채(朴世采)) 등 여러 사람에게 물어보려고 하지만 조물주가 나를 이 세상에 조금 더 머물도록 하여 이 공부를 마칠 수 있게 할지 모르겠습니다.

선조의 묘갈명은 말씀한 것처럼 추가로 보완하겠습니다.

고여근에게 보냄 병진년(1676, 숙종2) 11월 15일

與高汝根 丙辰十一月十五日

동지가 다가와서 얼음이 더욱 단단히 어는 이때 일상의 체후가 어떠한지 모르겠으니, 그대를 그리워하는 마음이 너무도 지극합니다. 나는 풍토병이 점점 심해져서[24] 침식을 완전히 폐하고 있으니, 참으로 이른바 "죽는 것은 어렵지 않다."[25]라는 것입니다.

멀리서 듣건대 그대가 서울에서 사람을 만날 때 문장을 좋아하더라고 하였습니다. 글짓기는 진실로 이상한 일이 아닙니다. 설령 글짓기에 능하더라도 또한 하나의 작은 기예에 불과할 뿐이니, 어찌 마음에 담아 둘 것이 있겠습니까. 오직 바라건대 이제부터는 오로지 위기지학(爲己之學)에 뜻을 기울여 일상의 언행에 만일 들뜬 습관이 있음을 깨닫게 되면 용맹하게 극복해 나가서 오로지 내면을 향한 공부를 하는 것이 어떻겠습니까? 분수를 넘어 이러한 말을 하였으니 황송하고 황송합니다.

24 풍토병이 점점 심해져서 : 이 당시 송시열이 장기(長鬐)에 위리안치(圍籬安置)되어 있었다.

25 죽는……않다 : 송나라 직신(直臣) 유안세(劉安世)가 한 말이다. 간신(奸臣) 장돈(章惇), 채변(蔡卞) 등이 유안세를 여러 곳으로 귀양 보냈다가 매주(梅州)로 이배(移配)하고는 기필코 그를 죽이려고 하는 토호(土豪)를 전운 판관(轉運判官)으로 발탁하여 유안세를 죽이게 하였다. 전운 판관이 급히 달려 매주에 당도하자, 매주의 수령이 유안세에게 사람을 보내어 자위책을 강구하도록 권하였으나 손님을 돌아보며 말하기를 "죽는 것은 어렵지 않다."라고 하였는데, 판관이 20리쯤 밖에서 피를 토하고 죽음으로써 위험을 모면하게 되었다. 《宋史 劉安世列傳》

고여근에게 답함 정사년(1677, 숙종3) 1월 25일
答高汝根 丁巳正月二十五日

그대가 잠시 귀양지에 머물렀다가 곧이어 방면을 받으니,[26] 지구(知舊)들이 이를 함께 기뻐합니다. 다만 방면되었다는 좋은 소식을 들은 뒤로 그대가 지나는 길에 이곳을 들르리라 생각하여 아침저녁으로 우두커니 기다렸으나 오지 못한다는 편지를 보고는 낙담하여 마음이 멍해집니다. 도로 남쪽 길로 가게 되었다는 말씀을 듣게 되니, 이미 가까운 길에서도 만나지 못하였거늘 먼 길에서 만날 가망은 더욱 없을 것입니다. 그러나 과연 나의 바람을 저버리지 않는다면 이보다 더 다행한 일이 무엇이 있겠습니까.

지문(誌文)의 원본은 이곳에 없으니, 나중 편지에 보내 주기를 바랍니다. 그러나 이미 "이 16자를 '도해처(盜害處)'에 넣는다."라고 하였으니, 어찌 다시 소속시켜야 할 곳을 묻는단 말입니까. 나중 편지에서 모두 상세히 알려 주기를 바랍니다. 부화(浮華)한 것을 없애어 실제를 따라야 한다는 말씀은 실로 평소에 바라던 바이니, 나를 경복하게 합니다.

나는 병들지 않은 날이 없어 죽은 뒤라야 끝날 것이니, 다시 무슨 말을 하겠습니까.

26 그대가……받으니 : 2차 예송(禮訟)으로 송준길이 추죄(追罪)당하자 고회(高晦)가 문생들과 함께 변무소(辨誣疏)를 올렸다가 1674년(현종15) 12월에 함안군(咸安郡)에 정배(定配)되었고, 이듬해 풀려나서 금천(衿川)으로 돌아왔다.《觀瀾齋遺稿 卷5 觀瀾齋先生侍直公家狀》

고여근에게 답함 신유년(1681, 숙종7) 2월 5일

答高汝根 辛酉二月五日

일찍이 자부(子婦)의 상을 당하였다는 말을 듣고 벗들과 도울 방법을 강구하였으나 실행하지 못하여 항상 이를 아쉽게 여겼습니다. 이후로 상중인 홍씨(洪氏)를 통하여 그대의 편지를 전해 받았는데, 상세하게 일러 준 말씀이 얼굴을 마주하여 정담을 나누는 것과 다름없으니, 참으로 감사하고 감사합니다.

나는 본래 성상의 은혜에 한번 사례한 뒤 급히 나오려고 하였으나 갑자기 국상(國喪)[27]을 만나 지금까지 머무르고 있으니, 이는 출처와 거취의 의리를 함께 논할 일이 아닙니다.

1월 한 달 안에 연이어 증손을 잃었고 그 28일에 또 장손(長孫) 처(妻)의 부음을 듣게 되었습니다. 장손부(長孫婦)의 죽음이 애통할 뿐만 아니라 어린아이들이 방에 가득하니, 생각에 여기에 미치면 심장이 찢어집니다. 기구한 운명이 이와 같으니, 차라리 죽어서 지각이 없어졌으면 좋겠습니다.

근일에 서울의 여러 사람을 대략 보건대 단지 한가한 시비만 이야기할 뿐, 글을 읽거나 행실을 경계하는 공부는 전혀 없으니, 이는 작은 걱정거리가 아닙니다. 그대는 이러한 걱정을 면할 수 있습니까? 외람되이 이러한 말을 하였으니, 황공하고 황공합니다. 예를 갖추지 못합니다.

27 국상(國喪) : 숙종의 첫 번째 왕비인 인경왕후(仁敬王后)의 상을 말한다. 인경왕후는 1680년 10월에 세상을 떠났다.

구제백[28] 시경 에게 답함 기해년(1659, 효종10)
答具濟伯 時經○己亥

안부 편지를 보내 주니 위로되고 감사합니다. 나의 병은 통증과 차도가 일정함이 없으니 걱정스럽습니다.

이씨(李氏)의 설은 참으로 두려워할 만합니다. 나의 우소(寓所)는 적막하여 단지 선비들 몇 명만 책을 끼고서 오고 갈 뿐이니, 만약 '용열(容悅)'이라는 두 글자로 이들을 비판한다면 저들은 아마 반드시 원통함을 호소할 것입니다.

포척(布尺)[29]에 관한 설을 말하자면, 조정에서 이제 막 35자(尺)로 열읍(列邑)에 행이(行移)하였다가 곧바로 45자로 수봉(收捧)하게 하였으니, 그 일은 비록 작으나 백성에게 신의를 잃는 것은 큽니다. 성인이 자공(子貢)의 질문에 대답할 적에 군대와 양식은 모두 없앨 수 있으나 신의는 없앨 수 없다고 하였으니,[30] 만약 이씨의 설과 같다

28 구제백(具濟伯) : 구시경(具時經, 1637~1699)으로, 본관은 능성(綾城), 자는 제백, 호는 독락재(獨樂齋)이다. 송시열의 문인이다.

29 포척(布尺) : 국가에서 세금으로 거두는 베 한 필의 길이를 말한다.

30 성인이……하였으니 : 자공이 정사를 묻자, 공자가 말하기를 "양식을 풍족하게 하고 군대를 충실하게 갖추면 백성들이 신의를 지킬 것이다."라고 하였다. 자공이 묻기를 "반드시 부득이하여 버려야 한다면 이 세 가지 중에 무엇을 먼저 해야 합니까?"라고 하니, 공자가 말하기를 "군대를 버려야 한다."라고 하였다. 자공이 묻기를 "반드시 부득이하여 버려야 한다면 이 두 가지 중에 무엇을 먼저 해야 합니까?"라고 하니, 공자가 말하기를 "양식을 버려야 하니, 예로부터 사람은 누구나 다 죽지만 백성의 신의가 없으면 존립할 수가 없다."라고 하였다. 《論語 顔淵》

면 이는 성인의 말씀이 행할 만하지 못한 것이 되니, 어찌 이상하지 않겠습니까.

현재 주자(朱子)를 공격하는 설이 도성 아래에 성행하고 있는데 강경한 사람은 주창하고 유약한 사람은 화답하여 장차 중지할 수 없는 지경이 될 것입니다. 지금 또 공자는 믿을 만하지 못하다는 설로 그 사이에서 선동한다면 세도(世道)가 또 장차 어떻게 되겠습니까. 이는 작은 걱정거리가 아닙니다. 그러나 이러한 말을 결코 남들에게 말하지 말아야 할 것이니, 분분한 논란을 야기할까 두렵습니다.

구제백에게 답함 기해년(1659, 현종 즉위년)
答具濟伯 己亥

그대의 편지를 받아 보니 매우 위로가 됩니다. 나의 병은 오래도록 낫지 않아 걱정스럽습니다.

대상(大祥)을 이미 국상 때문에 물려서 거행하였다면 탈복(脫服)만 어찌 다르게 거행할 수 있겠습니까. 《예기(禮記)》에 소상과 대상을 물려서 거행하는 것만 말하고 담제(禫祭)는 언급하지 않았으니, 이를 통하여 다시 담제를 거행하지 않음을 알 수 있습니다. 《예기》에서 말한 것은 비록 사대부(士大夫)를 위주로 하고 서인(庶人)에게 미치지는 않았으나 오늘 국가의 크고 작은 제사를 모두 폐하였다면 서인 또한 거행하기 어려운 점이 있을 것이니, 어떻게 여길지 모르겠습니다.

참신(參神)과 강신(降神)의 선후에 관한 질문은 무슨 말인지 이해할 수 없어 비록 대답하고 싶어도 대답할 길이 없습니다. 《가례(家禮)》의 습조(襲條)에 띠를 말하지 않은 것은 과연 보내온 편지의 말과 같습니다. 그러나 후학이 갑자기 줄이거나 보태기 어려우니, 그저 후세 유자(儒者)들이 보충한 설을 따라야 할 뿐입니다.

나머지 이야기는 병 때문에 하나하나 다 말하지 못합니다.

구제백에게 답함 기해년(1659, 현종 즉위년)

答具濟伯 己亥

다시 그대의 정성스러운 편지를 받으니, 위로되고 감사하기 그지없습니다. 원씨(原氏)의 일은 애초에 듣지 못하였고, 여씨(呂氏)의 일에 대해서는 고을을 잘 다스린다거나 효도와 우애가 그 허물을 대속(代贖)할 만하다는 이야기만 들었을 뿐입니다. 유시번(柳時蕃)은 내가 일찍이 정목(政目)에 주의(注擬)하지 않았으니, 이러한 설은 어디에서 나온 것입니까? 판관에 제수된 것은 내가 참정(參政)하였을 때의 일이 아니니, 어찌하고 어찌하겠습니까.

최(崔)는 참으로 무능한 줄 알지만 맑고 신중한 마음을 가졌기 때문에 그를 비의(備擬)한 것인데 낙점을 받기까지 하였으니 참으로 뜻밖입니다. 왕(王)은 당초에 그의 불목(不睦)한 행실을 몰랐을뿐더러 초동(草洞)[31] 형이 매우 칭찬하였습니다. 내 생각에 고려 왕태조(王太祖)는 삼한(三韓)을 통합하여 만세에 공을 남겼으니, 그 자손은 의당 음직(蔭職)을 받아야 한다고 여겼으므로 그를 등용하려고 한 것일 뿐입니다.

남(南)을 도와서 홍(洪)을 공격하는 것은 나는 하지 않습니다. 단지 이위국(李緯國)이 사용한 형벌[32]은 국법이 아니며 법제를 어긴 것입니

31 초동(草洞) : 동춘당(同春堂) 송준길을 가리킨다. 《송자대전수차》 권4에 "춘옹(春翁)이 사는 곳이다."라고 하였다.

32 이위국(李緯國)이 사용한 형벌 : 《효종실록》에 다음과 같은 기사가 있다. 사헌부

다. 그러므로 체차(遞差)를 청하는 회계(回啓)에 이 문제를 운운한 것이니 또한 너무 가혹한 일입니다.

김우(金友)는 그 일이 한집안 같고 그 정이 골육과 같아 피차간에 모두 혐의할 것이 없습니다. 김정(金正)은 동문(同門)의 의리가 있고 또한 사과할 만한 의리가 없으니, 어찌 부박한 의론에 흔들릴 것이 있겠습니까. 모든 일을 듣는 대로 알려 주면 몹시 다행이겠습니다.

가 아뢰기를 "강화 경력(江華經歷) 이위국은 잔혹한 정사를 숭상하여 별도로 가혹한 형벌을 만들어 매우 혹독히 하려고 힘쓰고 있습니다. 뜰 가운데 기둥을 세워 놓고 쇠사슬을 매달아 거꾸로 매다는 형구를 만들고, 가시나무를 베어다 발처럼 엮어서 사람을 싸는 도구를 만들었습니다. 또 가는 끈으로 두 엄지손가락을 묶어 높이 매달아 놓으면 잠깐 사이에 누구나 비명을 지르며 기절하므로 백성들이 놀라 조석을 보전하기 어렵다고 여겨 모두 흩어지려고 마음먹고 있습니다. 이위국을 사판에서 삭제하소서."라고 하였다. 《孝宗實錄 9年 10月 9日》

구제백에게 답함 기해년(1659, 현종 즉위년)

答具濟伯 己亥

그대의 편지가 도착하니 위로가 됩니다. 나의 병은 오래도록 이어져서 이 지경에 이르렀으니, 어찌하고 어찌하겠습니까.

소목(昭穆)에 관한 예법은 주자(朱子)가 진실로 시행하려고 하였으나 조정에서 제도를 정하지 못하였습니다. 그렇다면 단지 시속의 예법을 따라야 할 뿐, 지금 어찌 감히 주자가 거행하지 않았던 일을 갑자기 거행하겠습니까. 과연 그렇게 할 수 있다면 그 반부(班祔)하는 제도는 절로 고례(古禮)를 따라야 하겠지만 이 또한 《가례(家禮)》의 제도와 같은 것에 불과합니다. 반부조(班祔條) 아래에 "질자(姪子)를 종형제(從兄弟)의 아들로 삼는다."라고 한 것은 구봉(龜峯 송익필(宋翼弼))의 설이 아니고 바로 《가례정형(家禮正衡)》[33]의 설일 뿐입니다. 만약 형제의 아들이라면 그 아들의 부모가 어찌 스스로 사당을 세울 일이 있겠습니까. 형제가 각각 부모의 사당을 세우는 이치는 고금천지에 없습니다.

차위(次位)의 자손이 제사를 거행할 때 종자(宗子)가 반드시 참여해야 한다는 예문(禮文)은 보지 못하였으니, 비록 혹시 참여하더라도 어찌 그 주인(主人)의 자리를 차지할 수 있겠습니까.

망일(望日)에 술을 진설하지 않는 것은 신위(神位) 앞에 진설하지

33 가례정형(家禮正衡) : 《송자대전수차》 권9에 "명유(明儒) 양구경(楊九經)이 찬술하였다."라고 하였다.

않는 것인 듯하니, 강신(降神)할 때 또한 쓰지 않고 단지 분향(焚香)만 하는지는 모르겠습니다.

관례(冠禮)할 때 자리를 조계(阼階) 위에 펼치되 혹 조금 서남쪽으로 향하는 것이 바로 관석(冠席)입니다. 아랫글에 "관례할 사람에게 읍하고 자리에 나아간다."라고 한 것은 어떠한 자리인지 모르겠습니다. 종자가 이미 주인이 되었는데 그 아래에 이미 "빈(賓)이 이르면 주인이 맞이하여 들인다."라고 하였으니, 나와서 맞이한다는 뜻은 보이지 않습니다. 이렇게 십분 분명한 곳을 일찍이 주목하지 않았다가 갑자기 질문하는 것이 옳은지 모르겠습니다.

단(袒)의 뜻은 평상시 의심하고 있었습니다. 다만《예기》에 "윗옷의 어깨를 드러내고 삼끈으로 머리카락을 묶는다."라고 한 것은 지극한 변례(變禮)이니, 항상 이것을 위주로 하고 나머지 뜻은 감히 단정하여 말하지 못할 뿐입니다.

구제백에게 답함 기해년(1659, 현종 즉위년)

答具濟伯 己亥

그대의 문안 편지는 매우 감사합니다. 부모님의 병환이 있다는 소식을 듣게 되니 염려되기 그지없습니다. 나의 병은 아직도 완쾌되지 않아 괴롭고 괴롭습니다.

입후(立後)는 반드시 자식 항렬로 하되 친소(親疎)에는 차이가 없는 것이니, 이는 소목(昭穆)의 차례를 어지럽혀서는 안 되기 때문입니다. 《주자대전(朱子大全)》에 아우는 후사가 될 수 없다는 글이 있습니다.

이만 줄입니다. 예를 갖추지 못합니다.

구제백에게 답함 기해년(1659, 현종 즉위년)

答具濟伯 己亥

오래도록 서로 만나지 못하던 중에 그대의 편지가 도착하니 위로되고 기쁩니다. 앞의 편지는 제생(諸生)을 위하여 원통함을 호소한 것일 뿐 어찌 다른 뜻이 있겠습니까.

부역을 가볍게 하고 세금을 적게 거두자는 주장은 선성(先聖 공자) 이후로 누구도 이를 고친 적이 없었는데, 어떤 사람이 이를 공박한 것은 따로 하나의 새로운 주장을 세워서 일반적인 이야기와 다르게 하려는 것입니다. 이 때문에 앞의 편지에서 대략 운운하였던 것입니다. 지금 보내온 편지의 내용이 이와 같아 비로소 앞의 말이 너무 지나쳤음을 깨닫게 되나 후회해도 소용이 없습니다.

나머지 이야기는 마침 바깥손님을 대접하느라 이만 줄입니다. 예를 갖추지 못합니다.

구제백에게 답함 기해년(1659, 현종 즉위년)

答具濟伯 己亥

어제 연중(筵中)에서 돌아와서 그대가 다녀갔다는 소식을 듣고는 만나지 못한 것이 몹시 아쉬웠습니다. 그런데 이렇게 편지를 받고 또 맛있는 물품까지 더해 주니, 위로되고 감사하기 그지없습니다.

〈태극도(太極圖)〉 의의(疑義)에서 정밀하게 공부하는 모습을 볼 수 있어 기쁩니다. 태극(太極)은 형체도 없고 냄새도 없는 물건으로, 기(氣)를 떠날 수 없기 때문에 기를 타고서 동정(動靜)이 있게 되는 것입니다. 그러나 반드시 먼저 동정의 이(理)가 있고 난 뒤에 동정을 할 수 있기 때문에 태극을 위주로 말하면 음양(陰陽)이 여기서 생겨나는 물건이 되는 것이니, 전날의 말은 이와 같을 듯합니다. 오행(五行)이 생성되는 차례는 면재(勉齋 황간(黃榦))의 말이 매우 상세하니, 다시 상고해 보는 것이 어떻겠습니까?

일이 매우 어수선하여 이만 줄입니다.

구제백에게 답함 임인년(1662, 현종3)

答具濟伯 壬寅

나는 집안의 운수가 불행하여 상사(喪事)를 거듭 만나 밤낮 애통해하고 있으니, 나 자신이 절로 병이 날 듯합니다. 지난번에 멀리서 위문해주니 매우 감사하고 감사합니다. 지금 이 한더위에 부모님을 모시고 학문하는 정황이 어떠합니까? 나는 연례적으로 앓던 서증(暑症)이 올해는 몹시 혹독하니, 소생할 날이 없을 듯합니다.

모생(某生)[34]은 인정과 의리가 매우 두터운 사람입니다. 그가 비록 저버리는 일이 있더라도 내가 어찌 차마 마음속에 담아 두겠습니까. 비록 다시 배우다가 능하게 되지 못하더라도 내가 원하는 바는 정문(程門)의 충후(忠厚)함[35]일 뿐입니다.

서로 만나기가 쉽지 않으니, 오직 더욱 힘쓰기를 바랍니다.

34 모생(某生) : 《송자대전수차》 권9에 "황세정(黃世楨)을 가리키는 듯하다."라고 하였다.

35 정문(程門)의 충후(忠厚)함 : 북송(北宋)의 정이(程頤)가 부주(涪州)로 귀양 갈 때, 문인 사양좌(謝良佐)가 말하기를 "이 귀양길은 제가 그 연유를 아니, 바로 족질 정공손(程公孫)과 형서(邢恕)의 소행입니다."라고 하자, 정이가 말하기를 "족질은 지극히 어리석으니 꾸짖을 것도 없고, 오래된 친구는 정이 두터우니 감히 의심하지 못한다. 맹자가 이미 하늘의 뜻을 알았으니, 어찌 장씨(臧氏)를 탓하였겠는가."라고 하였다. 《二程遺書 附錄 伊川先生年譜》 형서는 정자(程子)의 제자였다가 스승을 배반한 자이다.

구제백에게 답함 계묘년(1663, 현종4)

答具濟伯 癸卯

조카 기억(基億)은 실로 우리 집안의 훌륭한 자제이건만 20세의 나이로 갑자기 세상을 떠나가니, 비통하고 참혹한 심정을 스스로 달랠 수가 없습니다. 멀리서 위문해 주는 그대의 편지를 받게 되니 애통한 감정이 어찌 끝이 있겠습니까. 그가 평소 따르던 옛일을 생각하노라면 눈물이 흘러내려 옷을 적셔 더욱 스스로 억제할 수가 없습니다.

나는 지난겨울부터 서호(西湖)로 거처를 옮겨서[36] 친구들의 곡식을 구하고 있으니, 만년에 떠도는 이 신세는 몹시 즐거운 바가 아닙니다.

지금 부모님을 모시고 학문하는 정황이 어떠합니까? 오직 하루라도 허송하지 않을 수 있다면 곧 괜찮을 것입니다. 내가 비록 더욱 심하게 노쇠해졌으나 또한 전혀 일삼는 바가 없지는 않습니다.

이만 줄입니다. 예를 갖추지 못합니다.

36 서호(西湖)로 거처를 옮겨서 : 《송자대전》 부록 권4 〈연보〉 숭정(崇禎) 35년(1662) 10월 조에 "22일, 여산(礪山)의 황산(黃山) 마을로 거처를 옮기고, 삼현서원(三賢書院)을 참배하였다."라고 하였다. 서호는 여산의 황산 마을을 가리킨다. 《尤菴先生書節要集解 卷3》

구제백에게 답함
答具濟伯

그대의 편지가 이러한 즈음에 도착하니 그리워하던 마음에 몹시 위로됩니다. 그러나 근래의 일은 어찌 된 영문입니까? 그 일을 나에게 끌어다 붙이려는 것은 내가 몹시 원하는 바가 아닙니다. 동파(東坡)가 혀를 내밀었다는 이야기[37]를 일찍이 듣지 못하였습니까? 비록 이해(利害) 문제만 가지고서 말하더라도 예로부터 이와 같았던 경우가 있었습니다.

그대가 충고해 준 일을 말하자면, 나를 깊이 사랑하는 줄을 지극히 잘 알겠으니, 감사한 마음이 어찌 끝이 있겠습니까. 이로 인하여 기억하건대 옛날 내가 몹시 나태한 손자 녀석을 걱정하여 몹시 화평하지 않은 목소리를 내게 되면 그대가 곁에서 이를 경계하였으니, 그 당시 그대가 나를 덕으로 사랑하는 줄을 진실로 알게 되었습니다. 이를 이어 지금부터 보고 듣는 모든 일에 가르침과 책망을 멈추지 않는다면 내가 소인배가 되는 일은 거의 면할 수 있을 것이니, 이는 깊이 그대에게 바라는 바입니다.

그 일에는 대략 곡절이 있으니, 뒷날 얼굴을 마주하여 낱낱이 말하겠습니다. 근래의 일은 더욱 놀라우니, 어떻게 결말이 날지 모르겠습

37 동파(東坡)가……이야기 : 송나라 선제(宣帝) 때 소식(蘇軾)이 하옥되었다가 풀려나온 뒤에 그를 구원하기 위하여 올리려고 하였던 장방평(張方平)의 상소를 읽어보고는 너무 놀라 자신도 모르게 혀를 내밀고 안색이 변했던 일을 가리킨다. 그 내용이 너무 과격하여 황제의 노여움을 사서 오히려 큰 화를 당할 수도 있었기 때문이다. 《言行龜鑑 卷6》

니다. 나의 종적이 이와 같아 그대의 부친에게는 감히 편지를 쓰지 못합니다. 응당 뒷날을 기다릴 것이니, 부디 혼정신성(昏定晨省)하는 여가에 대신 이러한 뜻을 전해 주기를 바랍니다.

구제백에게 보냄 을사년(1665, 현종6)
與具濟伯 乙巳

내가 오늘날 도성으로 보내는 편지를 일절 끊고 쓰지 않았으나 지금 갑작스레 소문을 듣고는 경악하여 말을 하지 않을 수 없습니다. 오늘 비록 빗장을 굳게 닫고 일을 물리치더라도 오히려 화를 면하지 못하게 될까 두렵습니다. 회옹(晦翁 주희(朱熹))은 경서(經書)의 집주(集註)를 간행하는 일인데도 오히려 벗들에게 간청하여 중지시켰습니다. 하물며 오늘의 일이 그대들의 의논에서 나올 줄을 어찌 생각이나 하였겠습니까. 천만번 속히 그 의논을 그만두고 또 전날의 망녕된 행위를 알고 있는 사람들에게 사과해야 옳을 것입니다. 그렇게 하지 않으면 비록 중획(重獲)[38]의 가운데에 있더라도 감히 다시 만나지 못할 것이니, 천만번 간절히 빌고 간절히 바랍니다. 이만 줄입니다.

38 중획(重獲) : 시신이 포개어져 있다는 말로, 함께 죽는 것을 뜻한다. 춘추 시대 진(晉)나라 대부 봉씨(逢氏)가 패전하여 두 아들과 함께 도망하다가 두 아들이 다른 사람을 구하려고 하자 내리게 하고는 나무를 가리키며 "너희 시신을 이곳에서 수습할 것이다."라고 하였다. 이튿날 봉 대부가 시신을 수습하려고 표시해 둔 나무로 가니, 형제가 시신이 포개어져 죽어 있었다. 《春秋左氏傳 成公12年》

구제백에게 답함 병오년(1666, 현종7)
答具濟伯 丙午

앞뒤로 보내 준 편지는 참으로 감사합니다. 다만 나는 죄를 지은 처지라 감히 성명(姓名)을 남에게 드릴 수 없어 답장을 보내지 못하였던 것이니, 묵묵히 이해하리라 생각합니다.

이곳 천석(泉石)의 아름다움은 응당 백천동(百川洞), 만폭동(萬瀑洞)과 백중(伯仲)을 다툴 것입니다. 장차 집을 지어 의탁하려고 하나 청산(靑山)이 꾸짖는 말을 보내고 백구(白鷗)가 놀라서 날아갈까 두려울 뿐입니다. 만일 그대가 잠시 와서 함께 지낼 수 있다면 이보다 더 다행한 일이 무엇이 있겠습니까. 다만 양주학(楊州鶴)[39]은 고금에 없는 일일 것입니다.

39 양주학(楊州鶴) : 실현되기 어려운 소망을 모두 이루는 것을 말한다. 옛날 여러 사람이 모여 저마다의 소원을 말하였다. 어떤 사람은 양주(楊州) 고을 자사(刺史)가 되기를 원하고, 어떤 사람은 재물이 많기를 원하고, 어떤 사람은 학을 타고 하늘에 오르기를 원하였다. 이에 한 사람이 "허리에 십만 관의 돈을 차고서 학을 타고 양주 고을을 날고 싶다."라고 하였다고 한다. 《淵鑑類函 鳥3 鶴3》

구제백에게 답함 기유년(1669, 현종10)
答具濟伯 己酉

보내온 편지는 참으로 고맙고, 경책해 준 말은 더욱 감사합니다. 그러나 내가 어찌 이러한 일을 즐거워하겠습니까. 부득이해서일 뿐이니, 가령 세상에 그 책임을 맡을 사람이 있다면 내가 입을 굳게 다문 지 벌써 오래되었을 것입니다. 만약 나를 두고 서로 계교(計較)하는 사람이라고 여긴다면 그 욕됨이 심할 것입니다. 그러나 어찌 애써 힘을 들여 해명하겠습니까. 마침 나를 사랑하는 사우(士友) 중에 그대 편지의 내용처럼 책망하는 사람이 있어 어쩔 수 없이 대략 대답했더니, 그 사람이 비로소 의심을 풀었다고 하였습니다. 의심을 풀거나 풀지 않거나 나에게 해로울 것도 이로울 것도 없으나 단지 세도(世道)가 명백하지 못한 것을 탄식할 뿐입니다. 기꺼이 여마동(呂馬童)을 위하여 만호(萬戶)를 얻게 하려고 하는 저 사람[40]이야 어찌 책망할 것이 있겠습니까. 그 답장은 손자 아이가 기록하여 가져가니, 읽어 본 뒤에 즉시 되돌려 주고 다른 사람이 보지 않도록 하기 바랍니다. 분서갱유(焚書坑儒)의 화가 생길까 두렵습니다. 이만 줄입니다.

40 기꺼이……사람 : 송시열을 위하여 기꺼이 자신을 희생하겠노라는 사람을 가리키는 듯하다. 여마동은 한나라 기사마(騎司馬)로, 항우(項羽)의 옛 친구이다. 항우가 해하(垓下)의 싸움에서 패하고 간신히 탈출하여 오강(烏江)에 이르렀으나 사세가 이미 어긋났음을 알고 여마동에게 "한나라에서 내 머리를 천금과 만호의 식읍으로 사들인다고 하니 내가 그대에게 덕을 베풀리라."라고 하고 자결하였다. 《史記 項羽本紀》

구제백에게 답함 경술년(1670, 현종11) 2월 11일
答具濟伯 庚戌二月十一日

앞서 보내온 편지는 오래도록 답장하지 못하였습니다. 지금 부모님을 모시고 지내는 여러 정황이 어떠합니까? 나는 병을 앓는 일 이외에 이야기할 만한 것이 없습니다.

편지에서 운운한 말씀은 참으로 말하기가 지극히 어렵습니다. 《황명조훈(皇明祖訓)》[41]에 계후(繼後)한 자가 소목(昭穆)에 맞는 사람이 아니면 고쳐서 정하도록 하였기 때문에 근세에 청주(淸州)에서 형제를 부자(父子)로 삼았던 지씨(池氏)라는 사람이 상언(上言)하여 변통(變通)하였다고 합니다. 다만 그대 집안의 일은 지씨라는 사람과 조금 다르고 한산 군수(韓山郡守) 김광식(金光烒) 집안의 일[42]과 서로 같으니, 비록 부자가 되지는 못하더라도 시양(侍養)하는 규례로 전계(傳繼 상속)한다면 혹 무방하지 않겠습니까. 다만 김 한산의 일은 예법에 어긋나는 점이 있으니, 법률에서 혹 허락할지는 모르겠습니다. 아니면 나라의 풍속이 관습을 따르다가 이러한 상태에 이른 것입니까? 이는 알 수 없는 일이니, 바라건대 널리 의논하여 잘 처리하는 것이 어떻겠습니까? 《황명조훈》은 《가례회성(家禮會成)》 제1책에 실려 있습니다. 이만 줄입니다.

41 황명조훈(皇明祖訓) : 명 태조(明太祖)의 유훈(遺訓)을 기록한 책이다.

42 김광식(金光烒) 집안의 일 : 김상헌(金尙憲)의 조카인 김광식에게 후사가 없자, 그 후취(後娶) 조씨(趙氏)가 나라의 풍속에 따라 김창업(金昌業)을 데려다가 시양손(侍養孫)으로 삼아 그 제사를 받들게 하였다고 한다. 《渼湖集 卷19 從祖老稼齋公行狀》

구제백에게 답함 신해년(1671, 현종12)
答具濟伯 辛亥

서로 소식이 막힌 지 매우 오래되었으나 그리워하는 마음은 언제나 지극하였습니다. 다만 지난가을의 변사(變事)[43]가 있고 난 뒤로 남들과 번번이 통성명(通姓名)하고 싶지 않으니, 편지의 왕래가 막혔던 것은 그대가 해서(海西)로 멀리 떠났기 때문만이 아닙니다. 지난번에 인편을 통하여 그대가 보낸 편지를 멀리서 받게 되니 얼굴을 마주하고 정담을 나누는 듯하여 위로되고 후련하기가 한량없습니다.

나는 굶주림을 겪는 이외에도 다시 전염병의 재액을 만나 비복(婢僕) 중에 모면한 자가 없고 손자 아이들에게까지 침범하여 애타는 마음으로 날을 보내고 있습니다. 현재도 온 집안이 위험하고 급박한 처지에 있어 고요히 조물주의 처분을 기다릴 뿐입니다.

질문한 일을 말하자면, 내가 그대 및 이운거(李雲擧 이상(李翔)) 및 구 진사 문주(具進士文周)에게 답한 내용은 차이점을 보이지 않습니다. 대개 존장(尊丈)께서 계후(繼後)한 차서(次序)가 이미 조손간(祖孫間)이라면 바로 황조(皇祖)가 말한 소목(昭穆)에 차례를 잃었다는 것이니, 즉시 관청에 소장을 올려 개정하는 일이 어찌 의심할 것이

43 변사(變事) : 이세직(李世直)의 변(變)을 말한다. 《송자대전》 부록 권6 〈연보〉 숭정 43년(1670) 9월 조에 "13일, 이세직의 변을 듣고 경기 지방에 나아가서 상소하여 대죄하고 돌아왔다."라고 하였다. 1670년 9월 공산(公山) 사람 이세직이 종각(鍾閣)에 난입하여 형조에 체포되었는데, 조사 과정에서 송시열이 충청 감사 이홍연(李弘淵) 등과 모여 역모를 꾸몄다고 거짓으로 고한 일을 가리킨다. 《顯宗實錄 11年 9月 15日》

있겠습니까. 다만 개정한 뒤에 의탁할 만한 다른 족인(族人)이 없다면 속인들이 시양(侍養)하는 관례에 따라 그대로 제사를 받들게 해야 할 것이니, 이는 비록 정당하지는 못할지라도 또한 전해 받은 것이 있으나 대처할 방법이 없게 되는 것보다는 나을 듯하여 당시에 이처럼 말하였던 것입니다.

그 뒤에 구 진사가 와서 묻기를,

"존장이 이미 그 계후(繼後)를 파하였다면 전날 제사 지낸 신주 한 분은 곧 우리 가친(家親)의 고조부이니 어떻게 처리해야 합니까?"

하여, 내가 대답하기를,

"마땅히 최장방(最長房)의 관례에 따라 받들고 돌아와서 제사 지내는 것이 옳을 듯하다."

하였습니다. 그 뒤 이운거가 이씨라는 사람의 뜻을 가지고 와서 묻기를,

"외손이 모친의 명을 따라 외조(外祖)를 봉사(奉祀)하는 것이 어떻습니까?"

하여, 내가 답하기를,

"외손이 봉사하는 잘못에 대해서는 주자(朱子)의 가르침이 매우 엄격하니 후인들이 어찌 감히 이것을 어기겠는가. 그 어머니를 말하자면 이천(伊川)의 어머니 후 부인(侯夫人)이 친정 부모를 제사 지냈다는 설이 있으니, 그나마 혹 근거할 만한 단서가 되지 않겠는가."

라고 운운하였을 뿐, 내가 어찌 일찍이 외손이 봉사하는 일을 옳다고 여긴 적이 있겠습니까. 하물며 "내년에는 다시 제사 지내지 말라."라는 후 부인의 말을 인용하였으니, 그 제사는 응당 후 부인에서 그쳐서 이천은 제사 지낼 수 없는 것입니다. 이 또한 외손이 봉사하지 못하는 분명한 증거가 됩니다. 어쩌면 이씨 집안이 그 외가를 후대하려는 마음

에 어머니도 혹 봉사할 수 있다는 설로 인하여 이를 끌어다 확대하여 외손에까지 미치려고 한 것이 아니겠습니까. 이는 알 수 없는 일입니다. 그러나 아버지가 제사 지내는 분을 아들이 오히려 제사 지내지 못하는 경우가 있으니, 5대조가 이분입니다. 어찌 감히 어머니가 제사 지내는 분이라고 하여 아들이 반드시 그 제사를 받들 수 있겠습니까. 대저 존장께서 이미 봉사할 수 없다면 그 처치할 바는 응당 알 수 있는 바가 아닙니다. 이씨 집안의 일은 매우 예법을 어겼으나 존장께서는 단지 돌아갈 곳이 있는 것을 기뻐할 뿐이라면 괜찮으니, 어떻게 여길지 모르겠습니다. 무릇 이러한 나의 의견에 타당하지 않은 점이 있으면 거리끼지 말고 다시 말해 주기를 바랍니다.

병 때문에 남의 손을 빌려서 적느라 다 말하지 못합니다. 예를 갖추지 못합니다.

구제백에게 보냄 임자년(1672, 현종13)

與具濟伯 壬子

가형(家兄)을 8월 28일에 장사 지냈는데, 장지(葬地)는 공주(公州) 신오리(新鳥里)입니다. 이제는 다시 미칠 길이 없으니, 원통(怨慟)한 심정이 어찌 끝이 있겠습니까.

시사 문제는 초야에 묻힌 미천한 내가 감히 알 수 있는 바가 아닙니다. 다만 그대 집안의 일이 아직도 결말이 나지 않으니, 소식을 듣고 매우 염려합니다. 시양(侍養)은 참으로 예법이 아니고 외손(外孫)이 봉사(奉祀)하는 것을 주 부자(朱夫子)가 또 친족이 아니라는 이유로 배척하였으니, 바른 예법으로 헤아려 보면 두 신주는 단지 각각 그 조부의 감실(龕室)에 부(祔)해야 할 것입니다. 다만 화숙(和叔 박세채(朴世采))이 외손의 봉사를 옳다고 여긴 데에는 필시 주장하는 설이 있을 것이나 멀리 있어 소상한 내용을 알 수 없으니, 가탄스럽습니다. 부디 그가 주장하는 설을 나중 편지에서 알려 주는 것이 어떻겠습니까?

나는 지금 가형의 묘소 아래에 있습니다. 병들고 괴로워서 남의 손을 빌려 대략 적느라 하나하나 다 말하지 못합니다.

구제백에게 답함
答具濟伯

서울로 올라온 뒤로 여태 소식이 막혔으니 한갓 간절히 그리워하는 마음만 있을 뿐입니다. 이에 심부름꾼을 시켜서 보내온 편지를 받고 그대의 뜻을 잘 알게 되니, 이로 인해 몹시 위로됩니다.

나는 원래 정처 없이 떠도는 신세라서 뿌리도 꼭지도 없으니, 지금이 나그네의 고달픈 생활은 본래 나의 본분입니다. 그래도 한두 명의 벗들과 옛 서적을 교정하느라 일삼는 바가 전혀 없지는 않으니, 노년의 다행입니다.

질문하신 의심스러운 예법 중의 첫 번째 한 조목은 내가 평상시 마음속으로 늘 의심해 오던 것입니다. 처(妻)의 상(喪)은 실제 3년의 체단(體段)을 갖추기 때문에 연(練), 장(杖), 상(祥), 담(禫)[44] 네 가지는 단지 하나로 꿰어진 일입니다. 지금 부장기(不杖期)를 입는다고 담제(禫祭)를 지내지 않는다면 홀로 연제(練祭)를 지내는 것은 하다가 마는 모양새인 듯하니, 가만히 생각건대 《예기》 〈상복소기(喪服小記)〉 주석의 설은 정론이 되지 못할 것입니다. 그러나 주석의 설을 깨뜨릴 수 있는 분명한 예문(禮文)을 얻지 못한다면 그저 이것을 따라 거행하여야 전혀 근거가 없는 데에 이르지는 않을 것입니다.

담제는 삼년상의 제도이니 시마복(緦麻服)보다 무겁다고 할 만합니

44 연(練)……담(禫) : 연은 연제, 장은 장기(杖期), 상은 소상(小祥)과 대상(大祥), 담은 담제를 말한다.

다. 그러나 담복(禫服)은 길복(吉服)에 가깝고 시마복에는 최상(衰裳)과 요질(腰絰), 수질(首絰)을 갖추므로 혹 도리어 담복보다 무거운 듯하니, 이 또한 억견(臆見)으로 단정하기가 어렵습니다. 조목 끝의 내용 또한 그러합니다. 이러한 것은 늘 마음에 의심스럽게 여겼던 부분이기 때문에 지금 감히 단언하지 못할 뿐입니다.

거취에 관한 설을 말하자면, 어찌 감히 옛사람에게 스스로를 견줄 수 있겠습니까. 다만 지난가을 10여 일 동안 승지가 세 번 와서 선유(宣諭)하였고, 인하여 그 승지가 말하기를 "성상의 뜻을 가만히 살펴보건대 장차 그만두지 않으실 뿐만이 아닙니다."라고 하니, 내 마음이 걱정스럽고 급박하여 '만약 쇠퇴하고 고달픈 상황을 글로 아뢴 뒤에 얼굴을 뵙고서 간절한 정상을 말씀드린다면 아마 긍휼히 여겨서 윤허하시리라.'라고 가만히 생각하였습니다. 그러므로 죽음을 무릅쓰고 서울로 올라왔으나 일이 뜻처럼 되지 않아 이렇게 떠돌며 묵고 있으니, 곤궁한 사람의 일은 으레 이와 같은지라 어찌하고 어찌하겠습니까.

나머지 이야기는 마침 피곤하고 어수선한 일을 만나 하나하나 다 말하지 못합니다.

구제백에게 답함 갑인년(1674, 현종15)

答具濟伯 甲寅

지난달 17일에 보낸 그대의 편지가 이제 비로소 도착하였습니다. 자세하게 일러 준 이야기는 모두 못난 나를 경책하는 말이니, 매우 감사하고 감사합니다. 민씨(閔氏) 집안의 일[45]이 어떻게 처결될지 기약이 없는 것과 그대가 혹 머물거나 혹 물러나는 등의 문제는 모두 대단한 일이 아니니, 대개 현강(玄江 박세채(朴世采))과는 일의 체모가 같지 않으므로 단지 그대의 명을 따를 뿐입니다.

이 동네가 오래 거처할 만한 땅이 아님은 진실로 그대가 말한 바와 같습니다. 그러나 이곳을 떠나서 어디로 가겠습니까. 일전에 현강이 물러나서 지내려고 계획하였고 나 또한 그 근처로 옮겨 가서 강론에 도움을 받는 터전으로 삼고자 한 적이 있었습니다. 그러나 지금 그가 이전의 계획을 변경하였기 때문에 나 또한 그만두게 된 것입니다. 나는 젊었을 때부터 생계를 도모하지 않아 지금 갈 만한 곳이 없게 되었으니, 비록 스스로 후회하고 탄식하긴 하나 또한 이 괴로운 일을 얼마나 오랫동안 맛보겠습니까. 이로써 고식(姑息)하며 세상을 떠날 날을 기다릴 뿐입니다.

말씀한 두 사람[46]의 일을 이야기하자면, 이는 모두 그들의 입에서

45 민씨(閔氏) 집안의 일 : 459쪽 주19 참조.

46 두 사람 : 《송자대전수차》 권9에 "초려(草廬) 이유태(李惟泰)와 윤증(尹拯)이다. 아랫글 중의 앞에서 가리키는 한 사람은 곧 초려이고 뒤에서 가리키는 한 사람은 곧

나온 것입니다. 한 사람은 승진한 뒤에 편지를 보내어 말하기를 "조정에서 어찌 서로 각박하게 대우하는가."라고 하였으니, 대개 그가 민씨 집안의 변례(變禮)에 이견(異見)을 내었기 때문에 이러한 말을 한 것입니다. 다른 한 사람은 일찍이 찾아와서 현강의 편지를 전하며 말하기를 "당신이 시론(時論)의 추중(推重)을 받고 있다."라고 하였는데, 지금 또 뜻밖의 은혜로운 비답(批答)을 받게 되니, 더욱 부끄러움이 더하여 마음이 몹시 무연(憮然)해집니다. 또 어떤 명사(名士)가 말하기를 "아무개 아무개의 영광은 아무개의 욕됨만 못하다."라고 하였습니다. 내가 일찍이 젊은 사람들에게 농담하기를 "오늘 현석(玄石 박세채)이 큰 곤액을 당하였지만 그 일은 잘못된 것이 아닌 듯하기 때문에 여러 사람의 뜻이 이와 같은 것이니, 이는 바로 동한(東漢) 시대의 황보규(皇甫規)의 심정[47]과 같은 것이다."라고 하였습니다.

복형(復亨 조근(趙根))에게 보낸 편지를 말하자면, 어떤 사람이 "복형이 민씨 집안의 일로써 현석을 힘껏 공박한다."라고 하였습니다. 마침 이러한 때 그 막힌 길이 통하게 되어 또 남들의 비난이 있을까 염려하였기 때문에 대략 바깥의 말을 들어 말을 삼가기를 경계한 것일 뿐입니다. 보내온 편지에서 "단지 사람들이 바깥의 분위기를 살피지 못하고

윤증이다."라고 하였다.

47 황보규(皇甫規)의 심정 : 명사들이 일제히 처벌을 당할 때 함께 연루되지 못하는 것을 수치로 여기고 그와 똑같이 처벌받고자 하는 심정을 가리킨다. 황보규(104~174)는 후한(後漢)의 장수로, 당고(黨錮)의 화가 크게 일어나 진번(陳蕃), 이응(李膺) 등 당대의 명현들이 다수 체포되자, 자신이 함께 처벌되지 않는 것을 수치로 여기고 스스로 상소하여 자신도 당인(黨人)임을 밝히고 함께 처벌받기를 청하였다. 《後漢書 皇甫規列傳》

발언할까 두려울 뿐이다."라고 한 말은 꼭 내 마음을 먼저 안 것입니다. 오늘날은 단지 입을 다물고 문을 닫고 있어야 할 것입니다. 그러나 서로 친한 붕우 사이조차 또한 서로 경계하지 않는다면, 이는 주자(朱子)가 비판하였던 "집안에서 응당 해야 할 말조차 또한 감히 말하지 못한다."[48]라는 것이 됩니다.

모인(某人)이 나를 존경한다고 운운한 것을 말하면, 이는 또 한바탕 웃음거리도 되지 못합니다. 나는 평소에 본디 남들에게 존경을 받지 못하였습니다. 하물며 그 사람은 나보다 연장자이고 또 사문(師門)의 선배이니, 어찌 그 사람이 도리어 나를 존경할 수 있겠습니까. 만약 그 사람에게 친후(親厚)한 대접을 받는다고 한다면 그럴 수 있을 것입니다. 지금 이렇게 운운하게 된 것은 대략 다음과 같은 원인이 있습니다. 그 아들 중에 부형에게 누를 끼치는 자가 있기 때문에 진심으로 충고하지 않을 수 없어 고하기를 "부자(父子) 사이에는 남들이 말하기 어려운 바가 있습니다. 나는 공의 아들들을 나의 자식처럼 보기 때문에 말하기를 꺼리지 않는 것입니다."라고 하였습니다. 부모와 자식 사이에는 곧 서로 숨겨 주는 이치가 있으니, 어찌 갑자기 실제 이러한 잘못이 있다고 말할 수 있겠습니까. 이미 이러한 잘못이 있다고 기꺼이 말하지 못한다면 그 분분하게 스스로 해명할 즈음에 피차간 말을 숨기는 일이 없지 않을 것이니, 곁에서 보는 사람이 이를 꼬집어 말하는

48 집안에서……못한다 : 주희가 말하기를 "'침묵함으로써 몸을 보전할 수 있다.'라고 하였는데, 단지 북을 쳐서 원통함을 송사하지 않는 것이 곧 침묵하는 것이니, 집안에서 응당 해야 할 말조차 또한 감히 말하지 못해서는 안 될 것이다."라고 하였다. 《朱子語類 卷107 閔祖》

것은 괴이할 바가 없습니다. 그러나 내가 아무개에게 여러 번 말하였으나 받아들일 가망이 전혀 없으므로 이제부터 곧 중지할 것이니, 이로부터는 아마 소문으로만 흘려듣게 될 것입니다.

나의 병은 차도가 있는 듯하나 음식을 아직도 넘기지 못하니 끝내 평상으로 회복될 기약이 없습니다. 이만 줄입니다.

구제백에게 답함 을묘년(1675, 숙종1)
答具濟伯 乙卯

영해(嶺海)[49]의 밖에서 단지 이매(魑魅)[50]만 상대하고 있었는데, 어찌 문안 편지가 뜻밖에 도착할 줄을 생각이나 하였겠습니까. 편지를 통하여 부모님을 모시고 학문하는 정황이 편안하고 좋은 줄을 알게 되니, 기쁘고 위로되는 마음을 견디지 못하겠습니다.

나는 이곳의 풍토가 나빠서 질병이 점점 고질이 되어 가니, 이 세상에 살아 있을 날이 다시 얼마나 될지 모르겠습니다. 그러나 날마다 《주자대전(朱子大全)》과 《주자어류(朱子語類)》 몇 판(板)을 보며 소일할 수 있으니, 개의 이빨이나 물여우의 모래 같은 세상 사람들의 공격은 모두 내 생각 밖에 있는 일입니다. 주자(朱子)가 당화(黨禍)를 겪을 때 매양 지구(知舊)들이 변절하는 것을 한스럽게 여겼는데, 오늘날은 다시 어떠한지 모르겠습니다.

오직 문을 닫고 책을 읽어 멀리서 기대하는 내 마음에 부응하기를 바랄 뿐입니다.

49 영해(嶺海) : 중국의 오령(五嶺) 밖과 남해(南海)에 걸쳐 있는 지역으로, 변방의 귀양지를 가리킨다. 이 당시 송시열이 장기(長鬐)에 위리안치(圍籬安置)되어 있었다.

50 이매(魑魅) : 전설 속에 나오는 산택(山澤)의 도깨비이다. 순(舜) 임금이 사흉(四凶)을 사방의 변방으로 유배 보내어 이매를 막게 하였다고 한다. 《春秋左氏傳 文公18年》

구제백에게 답함 경신년(1680, 숙종6)

答具濟伯 庚申

지난해의 일은 참으로 이른바 "재앙은 자신이 만들어 내었거늘 공연히 선량한 사람을 더럽힌다."[51]라는 것이니, 지금까지도 부끄러워 계속 땀이 흘러 등을 적십니다. 무엇보다 그대의 아량은 예전의 잘못을 기억하지 않고 이렇게 문안 편지를 보내어 털끝만치도 원망하거나 탓하는 뜻이 없으니, 이는 매우 쉽지 않은 일이라 더욱더 부끄럽습니다.

나는 성은을 입어 방면되어 돌아왔으니, 감격한 마음이 망극합니다. 다만 곳곳에서 만촉(蠻觸)[52]처럼 다투는 소리가 내 귓가에 들려와서 마음이 편안하지 않아 즉시 깊은 산속으로 들어와서 자취를 감추고 날을 보내고 있으니, 이 밖에는 말할 만한 것이 없습니다.

나머지 이야기는 병으로 남의 손을 빌려서 적느라 다 말하지 못합니다. 예를 갖추지 못합니다.

51 재앙은……더럽힌다 : 동한(東漢) 시대 당고(黨錮)의 화가 일어났을 때, 하복(夏馥)이 장검(張儉) 등이 망명하였다는 소식을 듣고 탄식하며 말하기를 "재앙은 자신이 만들어 내었거늘 공연히 선량한 사람을 더럽히는구나."라고 하였다. 《後漢書 黨錮列傳 夏馥》

52 만촉(蠻觸) : 달팽이의 양쪽 뿔에 있다고 하는 아주 작은 나라를 가리킨다. 《장자(莊子)》 〈칙양(則陽)〉에 "달팽이의 왼쪽 뿔에 있는 나라를 촉씨(觸氏)라 하고, 오른쪽 뿔에 있는 나라를 만씨(蠻氏)라 하는데, 서로 땅을 다투어 전쟁한다."라고 하였다. 사소한 일로 부질없이 싸우는 것을 말한다.

구제백에게 답함 신유년(1681, 숙종7)
答具濟伯 辛酉

그대 부친이 멀리서 방문해 주시고 또 그대의 문안 편지를 받으니, 그리워하던 마음에 매우 위로됩니다. 나는 손부(孫婦)를 황간(黃澗) 땅에 장사 지냈으니, 연전에 난리를 피하여 자리를 잡고 살던 곳이기 때문입니다. 숲이 깊고 골짜기가 깊숙하며 시내와 산이 맑고 빼어난 점을 사랑하여 상을 당한 손자 아이와 함께 서로 돌보며 그냥 이곳에서 지낼 계획입니다.

편지에서 운운한 것은 몹시 사랑할 만한 말입니다. 다만 세간의 분분한 이야기는 본래 따지거나 변명할 것도 없으니, 모두 받아들여 나의 잘못으로 여긴다면 또한 일이 줄어듦을 느끼게 될 것입니다. 오늘의 일을 말하자면 문을 닫고 책을 보는 것만이 내가 할 수 있는 일에 속하니, 간절히 이것을 서로 면려(勉勵)하고 싶으나 나는 기력이 이미 쇠퇴하여 또한 한갓 공언(空言)이 되어 버릴까 두렵습니다. 그대 같은 경우는 나이가 젊고 기력이 왕성하니, 어찌 행할 수 없을까 봐 걱정하겠습니까.

나머지 이야기는 병으로 힘이 모자라 다 말하지 못합니다. 예를 갖추지 못합니다.

구제백에게 답함 신유년(1681, 숙종7)

答具濟伯 辛酉

여름 사이에 받은 그대의 편지는 나를 경책하는 말이 성심(誠心)에서 나온 것이라서 아직도 감사한 마음이 절실합니다. 그때 답장을 적어 감사한 뜻을 전하였으나 혹 중간에 전해지지 못하였는지 모르겠습니다. 어제 또 인편을 통하여 받은 편지에서 이전에 하였던 말을 다시 하니, 만일 지극한 뜻이 아니라면 어찌 여기에 미칠 수 있겠습니까.

오늘날 나를 비판하는 말들이 백 수레가 넘을 뿐만이 아닙니다. 그러나 모두 유익하여 나를 더욱 면려(勉勵)하는 말이니, 비방을 듣고 스스로 옳다고 여기는 것이 어찌 사대부의 일이겠습니까. 이 일은 그대 또한 익숙히 경험한 것이니, 바깥에서 이르는 분분한 이야기가 어찌 나를 손상할 수 있겠습니까. 지금의 방생지설(方生之說)[53]은 더욱이 한바탕 웃음거리도 되지 못합니다. 그러나 못난 나를 경책하는 바가 매우 큽니다.

하고 싶은 말을 멀리 보내는 편지라서 감히 다 하지 못합니다. 다만 바라건대 문을 닫고 책을 보면서 만년의 절조를 더욱 힘쓴다면 매우 다행이겠습니다. 이만 줄입니다.

53 방생지설(方生之說) : 옳고 그름의 원인이 상호 간에 공존한다는 주장을 뜻하는 말로 보인다. 《장자(莊子)》 〈제물론(齊物論)〉에 "저것은 이것에서 나오고 이것 또한 저것으로 말미암으니, 이는 저것과 이것이 상호 간에 생긴다는 주장이다.〔彼出於是, 是亦因彼, 彼是方生之說也.〕"라고 하였다.

구제백에게 답함 임술년(1682, 숙종8)
答具濟伯 壬戌

올해 1월 19일과 3월 23일에 보낸 편지를 모두 늦여름에 인편을 통하여 받았습니다. 3월에 보낸 편지에서 합부인(閤夫人)의 상을 당하였다고 하였으니, 너무도 놀랍고 참담한 심정을 견디지 못하겠습니다. 다만 나의 병이 길게 이어져서 다시 세상에 살아갈 수 없는 형편이고 또 지역이 후미져 인편이 없기 때문에 편지를 올려 조위(弔慰)의 뜻을 전하지 못하였으니, 정의(情誼)를 저버렸기에 부끄럽고 개탄스럽기 그지없습니다. 그대 아드님은 상을 치르며 병이 들지는 않았는지 또한 예서(禮書)를 읽고 있는지 모르겠습니다. 그대가 부인 없이 부모를 시봉(侍奉)하는 정황은 또한 어떠합니까? 모든 일에 쏟아지는 염려가 그치지 않습니다.

1월의 편지에서 자세하게 일러 준 말씀은 서로 믿고서 한 말이라고 할 만합니다. 사람이 세상을 살면서 누구인들 비방받는 일이 없겠습니까. 오직 스스로 처신하기가 어려울 뿐이니, 문중자(文中子)[54]가 "자신을 수양하고 변론하지 않는다."라고 한 것은 참으로 절실하고 긴요한 말입니다.

내가 처음 그대에 대하여 또한 의심하였던 부분이 없지 않습니다. 내가 바다 밖의 귀양지에 있을 때 아들 녀석들이 박세휘(朴世輝)의

54 문중자(文中子) : 수(隋)나라 경학가 왕통(王通)으로, 자는 중엄(仲淹), 시호가 문중자이다.

얼제(孼弟) 박세철(朴世哲)을 만나 보고 와서는 박세철이 그대를 금오(金吾)의 문 밖에서 직접 만나 보았는데 자신(子愼)[55]을 매우 원망하는 말을 하였다고 전하였습니다. 내 생각에 '참혹한 환란을 당한 뒤에 태연하기는 참으로 어려운 일이기는 하나 죽은 사람을 나중에 원망하는 것[56]은 너무 지나치지 않겠는가.'라고 여겼습니다. 그래서 이하경(李厦卿 이담(李橝)) 같은 사람은 온 세상이 비난하지만 나는 오히려 '죽고 사는 사이에 평지를 밟듯이 태연할 수 있는 일이 어찌 사람마다 가능하겠는가.'라고 생각하고 도리어 너그럽게 헤아려서 정의를 바꾸지 않았습니다. 더구나 그대와는 비록 사소한 구과(口過)가 있더라도 또한 하나의 잘못에 불과할 뿐이니, 하나의 잘못 때문에 오래된 정의를 바꾼다면 이 어찌 공평하고 관대한 도리이겠습니까. 이는 천만번 그렇지 않을 것입니다.

지난해 여름에 그대의 부친이 와서 당시의 곡절을 말해 주니, 전날 조금 의심하였던 일이 또 얼음이 녹듯 남김없이 풀렸습니다. 대개 박세철이 전한 말이 잘못되었음이 분명합니다. 그 뒤 우연히 정목(政目)을

55 자신(子愼) : 송상민(宋尙敏, 1626~1679)으로, 본관은 은진(恩津), 자는 자신, 호는 석곡(石谷)이다. 송시열의 문인이다. 송시열이 2차 예송으로 덕원(德源)에 유배되자, 1679년 3월 12일에 그의 억울함을 호소하는 상소를 올렸다가 영의정 허적(許積)의 탄핵을 받아 3월 17일에 장살(杖殺)되었다. 《肅宗實錄 5年 3月 12日, 17日》

56 죽은……것 : 《송자대전수차》 권9에 "죽은 사람은 바로 석곡 송상민이다. 대개 송공(宋公)이 고문을 혹독하게 당하여 목숨이 끊어지려 할 때, 심문관이 상소문을 참여하여 본 사람을 추궁하면서 '임금을 속일 수 없다.'라고 하자, 송공이 마음이 송연(悚然)하여 이공 담(李公橝)이라고 대답하였다. 이공이 형벌을 받고 정신이 어지러워서 또 조공 근(趙公根)과 신공 계징(申公啓澄) 및 구공(具公)을 언급하여 이들이 모두 장류(杖流)당하였기 때문에 구공에게 이러한 비방하는 말이 있었던 것이다."라고 하였다.

보건대 그대를 수용(收用)하는 반열에 비의(備擬)하였으니, 또 조정의 의심이 모두 이미 얼음 녹듯 풀려서 몽매한 나의 견해만 그렇게 풀린 것이 아님을 알게 되었습니다. 너무도 기쁘고 다행스러워서 마치 무언가를 얻은 듯하였습니다. 이후로는 단지 더욱 닦고 반성하여 단련을 멈추지 않으며 힘써 옛날의 군자가 되고자 스스로 기약해야 할 것이니, 이 밖에 다시 일러 줄 말이 없습니다.

나는 봄부터 여름까지 질병이 지루하게 이어져서 형체만 보전할 뿐 단지 아침저녁 사이에 죽게 될 사람입니다. 멀리 떨어져 서로 바라만 볼 뿐 서로 만날 기약이 없으니, 그저 서글픈 그리움만 있을 뿐입니다. 나머지 이야기는 많이 언급하지 못합니다.

구제백에게 답함 갑자년(1684, 숙종10)
答具濟伯 甲子

그리워하는 마음이 언제나 지극하던 차에 인편을 통하여 그대의 편지를 받게 되니 마치 얼굴을 보고 정담을 나누는 듯하여 위로되는 심정을 다 형언할 수 없습니다. 나는 문을 닫고 허물을 반성하며 쇠잔한 목숨을 연장하고 있으니, 딱히 말할 만한 것이 없습니다.

편지에서 말씀한 근래의 일은 입과 귀에 올리고 싶은 않은 지 이미 오래되었습니다. 대저 그 사람의 용의(用意)[57]는 비록 아름답지 않지만 나를 지적해 준 것은 옳으니, 단지 기쁘게 듣고서 고쳐야 할 따름입니다. 또 저 사람이 원한을 쌓고 깊이 분노하는 것은 오로지 내가 그의 부친을 공박하였기 때문이니, 그 원망하고 분노하는 것은 실로 인정상 그만둘 수 없는 일입니다. 다만 마침 이러한 시국을 틈타서 발설하는 것은 아마 의리에서 나온 분노는 아닌 듯하니, 이는 보내온 편지에서 한 말이 꼭 실상을 얻은 것입니다. 그러나 어찌 굳이 운운할 것이 있겠습니까. 분분한 논란만 더할 뿐입니다.

가장 한스러운 사람은 최자경(崔子敬)[58]입니다. 말은 그 사람에게서 나왔으나 죄는 나에게로 돌아오니, 이는 그만둘 수 없는 일이 아닌지

57 그 사람의 용의(用意) : 《송자대전수차》 권9에 "윤증(尹拯)이 지은 왕패(王霸)와 의리(義利)에 관한 글을 가리킨다."라고 하였다.

58 최자경(崔子敬) : 최신(崔愼, 1742~1708)으로, 본관은 회령(會寧), 자는 자경, 호는 학암(鶴菴)이다. 송시열의 문인이다. 사옹원 직장으로서 상소하여 윤증이 송시열을 헐뜯었다고 하였다. 《肅宗實錄 10年 4月 29日》

모르겠습니다. 가탄스럽습니다.

끝으로 단지 한가한 틈에 책을 보아 멀리서 기대하는 나의 마음에 부응하기를 바랍니다.

구제백에게 답함 병인년(1686, 숙종12)

答具濟伯 丙寅

해가 바뀌어 그대를 그리워하는 마음이 더욱 깊어지던 차에 강승석(姜承碩)이 갑자기 와서 전해 주는 편지를 받고 시탕(侍湯)하는 걱정이 있는 줄을 알게 되니 몹시 염려스럽습니다. 다만 그대의 성효(誠孝)가 신명(神明)을 감동하게 하여 약을 쓰지 않아도 낫게 되는 기쁨이 속히 있으리라 믿습니다.

나는 과부가 된 딸을 잃은 뒤로 절제 없이 곡읍(哭泣)하다가 병이 더욱 악화되어서 넉 달 동안 쓰러져 누워 지내며 한결같이 낫지 않고 있습니다. 그러나 어느덧 팔십 세의 늙은이가 되었기에 죽음 또한 너무 지체되었으니, 오히려 다시 무슨 유감이 있겠습니까.

보내온 편지에서 한 자세한 말씀은 나약한 나의 마음을 몹시 격동시킵니다. 세도(世道)가 이와 같아 혼란과 멸망이 장차 닥쳐오는 것은 시운(時運)에 관계되니, 어찌 사람의 힘으로 미칠 수 있겠습니까. 이러한 일은 입을 다물고 말하지 않은 지 이미 오래되었으나 지금 그대가 이미 그 이야기를 꺼내었기 때문에 부득이 간략하게 그 대강을 말하지 않을 수 없습니다.

내가 윤증(尹拯)과 서로 원수가 된 데에는 사실 그 원인이 있습니다. 지난 50년 전에 윤휴(尹鑴)가 감히 사리에 어긋난 학설을 버젓이 주장하여 주 부자(朱夫子)를 공격하는 데에 여력을 남기지 않으니, 온 세상이 거기에 휩쓸려서 항복의 깃발을 꽂지 않은 자가 거의 드물었습니다. 어리석은 나는 자신의 역량을 헤아리지 않고 망녕되이 그를 배척하고 대윤(大尹)[59]도 함께 공격하여 난적(亂賊)의 당여(黨與)라 하였으니, 저들 자제(子弟)들이 어찌 원망하고 분노하지 않겠습니까. 지금 나를 원수로 보는 것은 또한 인정상 어찌할 수 없는 일입니다. 다만 윤휴가 이미 법에 따라 처형되었으니, 이를 구실로 삼기에는 사실 곤란한 점이 있으므로 강도(江都)에서의 일을 억지로 끌어다가 나를 위협할 계책으로 삼는 것입니다. 나 또한 부득이 그 소문을 들은 사람들을 대략 거론하여 해명할 거리로 삼았으나 이는 매우 옳지 못한 일입니다. 왜냐하면 이는 항간의 악구(惡口)를 싫어하여 속된 말로써 서로 겨룬 것이고 또 남들에게 버려지고 질시받기를 싫어하여 스스로 벗어나려는 것이었으니, 사대부의 풍모를 몹시 잃은 행태입니다. 그러나 후회한들 무슨 소용이 있겠습니까.

오늘날 화숙(和叔 박세채(朴世采))이 나를 그르다고 하는 것은 그 뜻이 비록 이와 다르기는 하나 그 그르다는 말은 옳으니, 나 또한 그 비판을 받아들여 자신의 허물로 여겼습니다. 그러나 화숙의 편지가 왔을 때 분란의 단서가 될까 염려하여 결코 남들에게 내보이지 않았는데, 뜻하지 않게 화숙의 집안에서 서둘러 전파하는 바람에 흉흉한 논란을 더하게 되어 몹시 가탄스럽습니다. 그러나 이미 벌어진 일이라 어떻

59 대윤(大尹) : 윤선거(尹宣擧, 1610~1669)를 가리킨다. 당시에 윤증의 아버지 윤선거를 대윤이라 하고 아들 윤증을 소윤(小尹)이라 하였다. 윤선거의 본관은 파평(坡平), 자는 길보(吉甫), 호는 미촌(美村)·노서(魯西)이다. 병자호란 때 강화로 피난하여 성문을 지켰다. 이듬해에 강화가 함락되자 권순장(權順長), 김익겸(金益兼), 김상용(金尙容)은 순절하였으나 그는 죽지 않고 탈출하여 목숨을 건졌다. 뒤에 이 일을 자책하여 벼슬에 나가지 않았다. 처음에 송시열과 교분이 두터웠으나 윤휴를 두둔하다가 송시열과 사이가 벌어졌다.

게 말할 수 없으니, 그대로 놓아두어야 옳을 것입니다.

가장 염려스러운 일이 하나 있습니다. 정축 연간의 일[60]은 참으로 천만 부득이한 데서 나온 것이니, 이는 성조(聖祖 인조)께서 권도(權道)에 통달하여 시행하였던 하나의 방도입니다. 그러나 성조께서 황조(皇朝)의 성절(聖節)을 맞이할 때마다 반드시 후원으로 나가서 흐느끼며 만세를 부르는 예(禮)를 행하였습니다. 그리고 또 효묘(孝廟 효종)께서는 지극한 원통이 마음속에 있다는 비답(批答)을 내리는 일이 있었고 청음(淸陰 김상헌(金尙憲)), 동계(桐溪 정온(鄭蘊)) 두 선생 및 삼학사(三學士)와 강도에서 순절한 신하 같은 분들이 계셔서 서로 함께 부식(扶植)하고 유지하였던 것이니, 나라가 지금까지 망하지 않은 것은 누구의 공이겠습니까.

지난번 대윤이 강도에서 창황한 일을 당하자 문득 오랑캐 사신을 참(斬)하자고 청하던 의기[61]를 상실해 버렸는데 그 아들이 그 당시 순절한 두 사람[62]을 감히 배척함으로써 곧 의리가 완전히 상실되었으니, 주 부자(朱夫子)가 "고통을 참고 원한을 품은 채, 부득이한 상황에 급박하여 그렇게 한 것이다."[63]라고 한 말을 장차 오늘날 세상에서는 다시

60 정축 연간의 일 : 인조가 청나라에 항복한 일을 말한다. 정축년(1637, 인조15)은 병자호란이 발발한 이듬해이다.

61 오랑캐……의기 : 병자년(1636)에 청나라 사신이 입국하자 윤선거가 성균관 유생을 규합하여 사신의 목을 베어 대의를 밝힐 것을 주청하였다.

62 순절한 두 사람 : 권순장과 김익겸을 가리킨다.

63 고통을……것이다 : 남송(南宋)이 금(金)나라와 화친한 것을 두고 주희(朱熹)가 개탄하기를 "지금 나아가서 공격하지도 못하고 물러나서 지키지도 못하면서 도리어 공손한 말과 후한 예물로 오랑캐 원수에게 동정을 구걸하여 요행히 승낙을 얻게 되면

들을 수 없게 되었습니다. 그러나 온 세상이 이를 미워할 줄 모르고 도리어 우군이 되어 오히려 그들의 말이 이기지 못할까 염려하니, 홍수나 맹수의 재앙보다 더 심하다고 할 만합니다. 만약 맹자나 한유(韓愈) 같은 역량을 지닌 사람이 아니라면 누가 감히 만에 하나라도 이를 저지할 수 있겠습니까. 이는 지사(志士)와 인인(仁人)이 남몰래 근심하고 크게 탄식하며 스스로 그만둘 수 없는 일이니, 어찌하고 어찌하겠습니까.

그대가 새벽닭의 울음처럼 홀로 주장한 말에 몹시 감사하여 대략 이렇게 회답하였으니, 남들에게 보이지 않는다면 천만다행이겠습니다.

또 군신이 서로 경하하며 버젓이 천하에 명하기를 '전날의 작은 일들은 나는 이미 내던져 버렸다.'라고 하며 기뻐하여 다시는 조금도 '고통을 참고 원한을 품은 채, 부득이한 상황에 급박하여 그렇게 한 것이다.'라는 말을 하여 천하의 큰 제방을 보존하는 자가 없다."라고 하였다. 《晦庵集 卷24 與陳侍郎書》

구제백에게 답함 정묘년(1687, 숙종13)
答具濟伯 丁卯

그리워하던 중에 그대의 편지를 받아 보고 자식을 잃는 애통한 일이 있은 줄을 알게 되었습니다. 이는 내가 질리도록 겪은 일로서 아직도 그 슬픔이 남아 있기에 내가 직접 당한 듯이 놀랍고 참담합니다.

나에게 어찌 말할 만한 것이 있겠습니까. 아침저녁 사이에 죽음을 기다리나 아직도 이렇게 죽지 않고 있으니, 이 또한 괴이한 일 중의 한 가지입니다.

나소(羅疏)[64]를 말하자면, 이미 스스로 자기 스승을 위하여 신원(伸冤)한다고 말하였으니, 사도(師道)가 높아졌거늘 어찌 상실되었다고 하겠습니까. 그 나머지 말들은 모두 초야의 못난 내가 감히 들을 수 있는 내용이 아닙니다. 그러나 남몰래 근심하고 크게 탄식하며 몇 번이나 상람(上藍)의 눈물[65]을 흘리게 되니, 이 또한 천리(天理)가 절로 발현된 것이 아니겠습니까.

64 나소(羅疏) : 나양좌(羅良佐) 등이 올린 소를 말한다. 1687년 2월 4일에 송시열이 상소를 올려 윤선거 부자를 비난하자 3월 17일에 윤선거의 문인인 나양좌, 성지선(成至善), 조득중(趙得重)이 상소를 올려 윤휴(尹鑴)와의 관계와 강도(江都)의 일에 대해 자세하게 변론하였다. 《肅宗實錄 13年 2月 4日, 3月 17日》

65 상람(上藍)의 눈물 : 상람은 상람사(上藍寺)이다. 주희가 시사(時事)와 세도(世道)를 우려하여 장사(長沙)에 있을 때 장식(張栻)과 이야기하면서 몇 번이나 눈물을 흘렸고 예장(豫章)의 상람사에 묵을 때 다시 이를 걱정하여 밤새도록 잠을 이루지 못하며 촛불을 밝히고 상소문을 지었다고 한다. 《晦庵集 別集 卷1 劉共甫》

무엇보다 쇠병(衰病)이 날로 심해져서 사소하게 책을 보는 일조차 포기하고 있으며 간혹 한번 책을 펼쳐 보더라도 단지 "석양이 좋기는 하지만 황혼이 가까웠다."라는 탄식만 있을 뿐입니다.

함께 만날 기약이 없으니, 더욱 자중자애하여 멀리 있는 나의 마음에 부응하기를 바랄 뿐입니다.

○ 여구(汝九 이기홍(李箕洪))는 오랫동안 보지 못하다가 우연히 만나게 되어 놀랍고 기뻤습니다. 다만 돌아가려는 뜻이 급하여 정담을 나누지 못하였으니, 이후로 어찌 다시 만날 가망이 있겠습니까. 이를 생각하자니 마음이 멍해집니다.

박자옥[66] 세진 에게 답함 기해년(1659, 현종 즉위년) 11월
答朴子玉 世振○己亥十一月

그대의 편지가 도착하니 매우 위로됩니다. 다만 상사(喪事)가 있었다는 말을 들었는데, 누구의 상사인지는 모르겠으나 놀라움과 탄식을 금하지 못하겠습니다.

나는 이미 선대왕(先大王 효종)의 국장(國葬)이 끝났기 때문에 울부짖어도 소용이 없고 다만 선대왕을 따라 죽지 못한 것이 한스러울 뿐입니다.

이씨 집안의 일은 참으로 처리하기가 어렵습니다. 그러나 예(禮)에 개가(改嫁)한 어머니의 아들이 아버지의 후사가 되었다는 예문(禮文)이 있으니, 어찌 일찍이 어머니가 개가하였다는 이유로 다른 사람에게서 종통(宗統)을 빼앗은 적이 있었습니까. 자사(子思)[67]의 어머니가 서씨(庶氏)에게 개가하였으나 자사가 공자 및 사수후(泗水侯)[68]의 후사가 되지 못하였다는 말은 듣지 못하였습니다. 종법(宗法)이 지극히 엄격하거늘 어떤 사람이 감히 변통하려는 뜻을 낸단 말입니까. 나의 뜻은 시종 이와 같으니, 다시 예법을 아는 곳에 물어서 정하면 좋겠습니다.

66 박자옥(朴子玉) : 박세진(朴世振)으로, 본관은 순천(順天)이다. 회덕(懷德)에 살았고, 송시열의 문인이다.

67 자사(子思) : 공자의 손자 공급(孔伋)의 자(字)이다.

68 사수후(泗水侯) : 자사의 아버지 공리(孔鯉)를 가리킨다.

남편의 종모(從母)를 위하여 시마복(緦麻服)을 입는 것은 《가례(家禮)》에 실려 있으니, 지금 사람이 어찌 감히 이를 어기겠습니까. 국전(國典)에서 논하지 않은 것은 그 까닭을 알 수 없습니다.

나는 질병이 한창 괴로워서 조금 차도가 있기를 기다렸다가 조만간에 치사(致仕)를 청하는 소장을 올릴 작정인데, 그저께 연중(筵中)에서 대략 이미 진달하였습니다.

내의(內醫)에 관한 의론[69]을 말하자면, 조정의 대소(大小) 신료들이 수미(首尾)로 한 몸이 되어 깨뜨릴 수 없는 견고한 주장을 펼치니, 혈혈단신으로는 다시 어떻게 할 수가 없습니다.

69 내의(內醫)에 관한 의론 : 《송자대전수차》 권9에 "곧 내의 유후성(柳厚聖)을 논죄하는 일이다."라고 하였다.

박자옥에게 답함 신축년(1661, 현종2)
答朴子玉 辛丑

그대의 편지가 도착하여 상사(喪事)가 있은 줄을 알게 되니 놀랍고 참담하기 그지없습니다. 여름 석 달 동안 부지런히 공부하여 터득한 바가 필시 풍부하겠지만 모름지기 기력을 아끼고 길러서 병이 나게 해서는 안 될 것입니다.

나는 아들이 생모(生母)의 상을 당하였습니다. 그 상이 전염병 때문에 발생한 것이어서 바라만 보며 애태우는 심정을 어찌 말로써 다 할 수 있겠습니까.

편지에서 언급한 내용을 말하자면, 현손(玄孫)이 죽으면 고조(高祖)의 신주는 곧 체천(遞遷)해야 하고 현손의 아들은 현손의 증조(曾祖)를 고조로 삼아야 합니다. 만약 현손의 어머니와 처가 살아 있다는 이유로 친진(親盡)한 사람을 체천하지 않는다면 5대가 되는 혐의는 논하지 않더라도 한집안에 어찌 고조가 둘이 있는 이치가 있겠습니까. 이는 예법을 아는 사람을 기다리지 않더라도 알 수 있는 것입니다.

나머지 이야기는 하나하나 다 말하지 못합니다.

별지

예(禮)에 붕우를 위하여 조복(弔服) 차림에 가마(加麻)한다고 하였습니다. 조복은 오늘날의 소의(素衣)에 해당하는 듯하고, 가마는 가닥이 하나인 연마(練麻)로 환질(環絰)을 만들어 머리에 더하는 것입니다. 그러나 오늘날에는 행하기 어려운 점이 있으니, 단지 석

달 동안 소대(素帶)만 차더라도 또한 정을 펼칠 수 있을 것입니다. 그러나 그대들은 이로부터 더욱 곤란해질 것입니다. 다만 자신이 스스로 수립할 수 있다면 남들의 시비로 인하여 응당 해야 할 바를 행하지 않을 수 있겠습니까. 오직 그대들이 어떻게 생각하는가에 달렸을 뿐입니다.

박자옥에게 보냄
與朴子玉

부음을 듣고서 놀라고 슬퍼합니다. 상의(上衣)를 붉은 생초(生綃)로 만들면 이는 홍장삼(紅長衫)이 되니, 홍장삼은 우리나라 풍속에 시집갈 때의 복식입니다. 예법에 시집갈 때의 옷은 염습(殮襲)에 사용하지 않으니, 지금 이것을 만들어 사용하는 것이 어떠한지는 모르겠습니다. 듣건대 서울에서는 내상(內喪)에 청흑색 장삼을 만들어 염습한다고 하니, 이는 마땅한 일이 아니겠습니까. 정례(正禮)로써 말하자면《의례경전통해속(儀禮經傳通解續)》에 실려 있는 부인상복(婦人喪服)의 제도에 따라 남자의 심의(深衣)처럼 만들어 사용하면 될 듯합니다. 머리에 엄(掩)[70]을 사용하는 것은 의심할 여지가 없습니다.

70 엄(掩) : 죽은 사람의 머리를 감싸는 물건이다.

박자옥에게 답함 임인년(1662, 현종3) 11월

答朴子玉 壬寅十一月

그대의 편지를 받아 보니 위로가 됩니다. 나는 근근이 지내고 있을 뿐입니다.

사리에 어그러진 일이 닥쳤을 때 순하게 받아들이고 따지지 않아야 옳을 것입니다. 다시 계물(契物)을 보내어 갚아 주어도 끝내 받아들이지 않는다면 이렇게 할 뿐, 다시 어떻게 할 수가 없습니다.

서재(書齋)의 일을 말하자면, 방백(方伯)의 편지가 이와 같은데도 끝내 이해하지 못하니, 어쩌면 앞뒤의 사정을 알지 못하기 때문에 이 편지를 이해하지 못하는 것이 아니겠습니까.

《이정전서(二程全書)》 20책과 《통운(通韻)》 2책을 돌려보냅니다. 단단히 보관해 두기를 바라니, 대개 오래지 않아 돌아갈 것이기 때문입니다.

이전에 가지고 온 관청 통부(通符)는 마침 어수선한 일 때문에 찾아볼 겨를이 없어 뒷날을 기다립니다.

《상서(尚書)》를 재단하여 보내고 정륜(正倫)에게 전하는 편지도 함께 보내니, 정륜은 그 외손(外孫)입니다. 그러나 이 일이 몹시 잦아서 저 사람이 필시 괴롭게 여길 것입니다. 책지(冊紙)[71]는 우선 승려의 말처럼 하는 것이 어떻겠습니까?

우제(虞祭)에 참신(參神)하는 의절(儀節)이 없는 것을 평상시에 의

71 책지(冊紙) : 책을 만드는 데 쓰는 종이이다.

심하였습니다. 혹 제수를 차린 뒤에 들어가서 곡하는 것이 참신인 듯하다고 하나 옳은지 그른지 모르겠습니다.

포망건(布網巾)은 민가에서 혹 이처럼 하는 경우가 있습니다. 대개 망건은 명나라 시대에 출현하여 《가례(家禮)》 이전에는 말하지 않은 것이라서 고거(考據)하기가 어렵습니다.

부제(祔祭)는 비록 아직 조묘(祖廟)에 부(祔)하지 않은 사람일지라도 또한 응당 종자(宗子)의 관례에 따라 거행해야 할 것입니다. 왜냐하면 조손(祖孫)은 소목(昭穆)이 같기 때문입니다.

심상인(心喪人)이 다른 사람에게 가서 조문하는 일은 상고할 근거가 없으나 증자(曾子)가 자장(子張)에게 하였듯이[72] 한다면 혹 안 될 것이 없지 않겠습니까.

역일(曆日)은 이곳에 아직 얻은 것이 없습니다. 너무나 어수선하여 이만 줄입니다.

72 증자(曾子)가 자장(子張)에게 하였듯이 : 《예기》 〈단궁 하(檀弓下)〉에 "자장이 죽자 증자는 어머니 상중이었는데도 자최(齊衰)의 상복을 입고 가서 곡하였다."라고 하였다.

박자옥에게 답함 을사년(1665, 현종6) 8월

答朴子玉 乙巳八月

편지에서 일러 준 말씀은 매우 감사합니다. 3년 안에 묘제(墓祭)를 간략히 거행하는 것은 이미 선정(先正)의 정론이 있습니다. 선대의 묘소가 같은 언덕에 함께 있다고 하여 새로운 묘소와 똑같이 은제(殷祭)를 거행하는 것이 어떠한지는 모르겠습니다. 만약 제수(祭需)의 많고 적음이 차이 나는 것을 혐의한다면 차라리 새로운 묘소에 제수를 줄여서 선대 묘소의 제품(祭品)을 따르는 편이 낫지 않겠습니까. 3년 안의 묘제 축문은 나오는 문헌이 없으니 두찬(杜撰)할 수 없다면 그저 평상시 사용하는 축문을 사용해야 할 것입니다. 아버지와 어머니의 묘가 같은 구역일 경우에는 으레 3년 안에는 상제(喪祭)의 의절(儀節)을 따르는 것이니, 비록 아버지를 먼저 장사 지내고 어머니를 새로 합부(合祔)하더라도 곡하고 거행하지 않을 수 없거늘, 더구나 어머니를 먼저 장사 지내고 아버지를 뒤에 장사 지낸다면 의당 통존급비(統尊及卑)[73]의 뜻이 있어야 할 것입니다.

73 통존급비(統尊及卑) : 높은 사람을 제사 지내는 예(禮)가 낮은 사람에게까지 미치는 것을 말하는 듯하다.

박자옥에게 답함
答朴子玉

새 묘소에 성대하게 제사하고 선대의 묘소에 간략히 거행하는 이것은 오늘날 행하고 있는 의절입니다. 앞의 편지에서 상중의 그대가 이렇게 하는 것을 미안하게 여기기 때문에 내 생각에 선대의 묘소에도 후대의 묘소를 따라 함께 성대한 제사를 거행하기보다는 차라리 새 묘소에도 선대의 묘소를 따라 간략히 거행하는 편이 낫겠다고 운운하였던 것입니다. 산신(山神)에 대한 제사는 대신 거행할 다른 사람이 없다면 응당 선조를 제사하는 복색(服色)으로 주인이 스스로 거행해야 할 것입니다. 새 묘소에 제사를 거행할 때 제복(祭服)을 사용하는 것은 의심할 여지가 없으니, 어찌 따로 다른 뜻을 낼 필요가 있겠습니까.

박자옥에게 답함 을사년(1665, 현종6) 10월

答朴子玉 乙巳十月

편지를 보내 주니 위로됩니다. 우리 집으로 말하면 선인(先人)의 묘와 선조의 묘가 서로 연접해 있어 네 명절에 선인에게만 제사할 수 없기 때문에 또한 한 잔을 올리는 예(禮)를 선조에게 먼저 거행하고, 해마다 한 번 선조를 제사하는 때가 되면 제사를 우리 집에서 거행하기 때문에 또한 한 잔 올리는 예를 거행합니다. 그러나 선조의 제사를 만약 다른 집에서 거행한다면 어찌 기꺼이 이렇게 하겠습니까. 또 우리 집에서 거행하고 있는 것은 그저 사사로운 정 때문에 서운한 점이 있어서일 뿐이니, 예법상 어떠한지는 알지 못하겠습니다. 여러 선조의 묘소가 만약 다른 언덕에 있다면 또 계단 아래에 있는 경우와는 차이가 있을 것입니다. 이만 줄입니다.

박자옥에게 보냄

與朴子玉

혼천의(渾天儀)가 일찍 만들어졌으니 다행입니다. 나는 질병 때문에 동쪽으로 갈 수 없을 뿐입니다.

상제(祥祭)와 담제(禫祭)에 윤달도 계산하는 것은 횡거(橫渠 장재(張載))의 설이 십분 명백하고, 또 주자(朱子)는 상제를 지내는 달에 곧 담제를 지내는 설이 옳다고 하였으니, 시일을 끌어서 사월(四月)까지 이를 리는 없을 듯합니다. 다만 《가례(家禮)》의 글로 보면 편지에서 한 말씀이 옳은 듯합니다. 이러한 큰 문제는 가볍게 단정할 수 없으니, 모름지기 사산(沙山 송준길(宋浚吉))에게 물어보고 거행하는 것이 어떻겠습니까?

박자옥에게 답함
答朴子玉

보내온 편지의 내용은 모두 잘 알겠습니다. 이곳의 일은 단지 앞 편지에서 말한 바와 같을 뿐입니다. 비각(碑閣)의 일[74]이 이처럼 된 것은 이상할 것이 없습니다. 다만 그 소동(小同)[75]이 피하여 떠나간 것은 좋은 계책이 아닌 듯하니, 그저 남들에게 의심만 사게 될 것입니다. 저곳의 일을 말하자면, 일은 비록 횡액을 당한 걱정이 있으나 오히려 벗어날 수 있는 길도 있으니, 어찌 이러한 말로 타일러 보지 않습니까.

비각 앞에 새로 집을 짓는 것은 마땅하다고 할 만합니다. 모름지기 《가례》의 "지붕으로 계단을 덮는다."라는 글을 참고하여 그 제도를 만들면 좋겠습니다. 그러나 일찍이 신공 의경(申公義慶)의 〈가례도(家禮圖)〉를 보건대 사당의 남쪽 처마 아래에 연접하여 세로의 집을 지었으니, 이것은 능침(陵寢)의 정자각(丁字閣)과 똑같아 분수를 넘는 일이기에 감히 할 수가 없습니다. 일찍이 손자 아이의 외가인 덕흥대원군(德興大院君)의 사당을 보니, 묘정(廟庭)의 남쪽 가에 별도로 가로의 집을 지었습니다. 이는 《가례》의 뜻을 얻은 듯하니, 이를 근거로 하면 좋을 듯합니다.

74 비각(碑閣)의 일 : 《송자대전수차》 권9에 "흥룡(興龍) 취금헌(醉琴軒) 박팽년(朴彭年)의 비각을 가리키는 듯하다."라고 하였다.

75 소동(小同) : 《송자대전수차》 권9에 "정강성(鄭康成)의 아들 이름이다. 여기서 누구를 가리키는지는 미상이다."라고 하였다. 강성(康成)은 한(漢)나라 학자 정현(鄭玄)의 자(字)이다.

나머지 이야기는 병으로 남의 손을 빌려서 적느라 다 말하지 못합니다. 이만 줄입니다.

박자옥에게 답함
答朴子玉

내가 보낸 선물이 어찌 사례할 만하겠습니까. 나를 부끄럽고 겸연쩍게 만듭니다.

고성(固城)에서 새로 간행한 평양 선생(平陽先生 박팽년(朴彭年))《천자문(千字文)》에는 나의 발문[76]이 실려 있기 때문에 영남 사람들이 불태울까 우려하여 장차 이곳으로 옮겼다가 비각(碑閣)이 있는 곳으로 다시 옮겨 두려고 합니다. 이곳으로 오면 응당 알려 줄 터이니, 모쪼록 옮겨 갈 준비를 미리 해 두는 것이 어떻겠습니까? 고성 군수가 이와 같이 선을 즐거워하고 의를 좋아하니, 가상하고 가상합니다.

나머지 이야기는 하나하나 다 말하지 못합니다.

76 나의 발문 : 《송자대전》 권148에 〈평양 박 선생이 쓴 《천자문》 뒤에 적다〔書平陽朴先生所寫千字文後〕〉라는 글이 실려 있다.

박자옥에게 답함
答朴子玉

알려 준 말씀은 차마 들을 수가 없습니다. 장자(長子)가 나이 스물을 넘었는데도 참최복(斬衰服)을 입지 않는 것은 큰 잘못이거늘, 지금 어찌 그 잘못을 따라 차자(次子)에게 입힐 수 있겠습니까. 내가 곤궁한 형편이라 도와줄 수가 없으니, 마음이 아프고 아픕니다. 장지(壯紙) 20폭(幅)을 보냅니다. 출(秫)[77]은 지금 손자 은석(殷錫)과 함께 마련해 보겠습니다.

○ 무릇 찰진 곡식을 출(秫)이라고 통칭하기 때문에 선사(先師)의 상에 차조를 익혀서 사용하였습니다. 우리 집에 차조가 전혀 없기 때문에 손자 은석이 일반 조 다섯 말(斗)을 보내니, 바꾸어서 사용할 수 있을 것입니다.

77 출(秫) : 관의 밑바닥에 까는 데 사용하는 찰곡식을 말한다. 《가례》 치관조(治棺條)의 본주(本註)에 "찰기장을 태운 재를 그 바닥에 깔아 두께가 네 치쯤 되게 한다.〔以煉熟秫米灰, 鋪其底, 厚四寸許.〕"라고 하였다.

박자옥에게 답함 을묘년(1675, 숙종1) 4월
答朴子玉 乙卯四月

편지가 와서 매우 위로됩니다. 지금 봄과 여름이 바뀌는 계절에 일상의 여러 정황이 어떠합니까? 나는 형체를 보전하고 있으나 질병이 점점 괴로워지니 앞날의 일이 어떠할지 알 수 있습니다.

어제 조근(趙根)[78]의 편지를 보건대 조정의 지구(知舊)들은 무탈하고 포의(布衣)의 선비들만 귀양 가도록 한 것을 부끄러운 일로 여기고 또 황생(黃生)이 폄적(貶謫)당한 것을 전날 배척하던 자의 경계로 삼았으니, 이 말이 참으로 일리가 있습니다.

78 조근(趙根) : 본관은 함안(咸安), 자는 복형(復亨), 호는 손암(損庵)이다. 송시열의 문인이다.

박자옥에게 답함 병진년(1676, 숙종2) 6월

答朴子玉 丙辰六月

보내온 편지의 내용은 모두 잘 알겠습니다. 이곳의 일은 군이 말할 것이 없습니다. 다만 옥천(沃川) 유생의 일[79]은 놀라움이 어찌 끝이 있겠습니까. 그러나 정자(程子)를 위하고 중봉(重峰 조헌(趙憲))을 위하다가 화를 당한다면 죽더라도 또한 어찌 유감이 있겠습니까. 편안히 앉아 손을 움츠리고서 한마디 말을 내어 대악인(大惡人)[80]이라고 말하는 자들과 다투지도 않는 이들은 의당 부끄러워해야 할 뿐입니다. 더구나 폐모론(廢母論)을 주장한 잔당으로서 장모를 구타하다가 처벌을 받은 자와 어머니의 시신을 돌보지 않아 개와 돼지가 뜯어 먹게 한 자[81]는 악하다고 하지 않을 수 없습니다. 이번의 일은 정히 이른바 악한

79 옥천(沃川) 유생의 일 : 1676년에 전팽령(全彭齡)의 외손이자 한찬남(韓纘男)의 생질인 정용(鄭墉)이 이미 사당이 헐려서 향사가 중단된 전팽령과 곽시(郭詩)의 사당을 복설하기 위하여 충청 감사로 있던 조위명(趙威明)과 손을 잡고 적극 추진하였다. 이에 유생 박수흠(朴守欽) 등이 감사에게 정문(呈文)하여 그 부당함을 주장하니 감사가 선현(先賢)을 모함한다는 죄명으로 박수흠, 곽증(郭橧), 곽노(郭櫓), 여유형(呂有衡), 박명흠(朴明欽), 남명거(南溟擧) 등 6인을 장계를 올려 귀양 보내게 하였다. 《宋子大全 卷44 與張淨之》 곽시는 중봉 조헌의 서원에 배향되었으나 정자(程子)를 배척하는 글을 지은 문제로 출향(黜享)된 사람이다.

80 대악인(大惡人) : 《송자대전수차》 권9에 "춘옹(春翁)을 추탈(追奪)할 때 대악인으로 지목하였다."라고 하였다. 춘옹은 동춘당(同春堂) 송준길(宋浚吉)이다.

81 폐모론(廢母論)을……자 : 정용은 젊어서 폐모론을 극력 주장하였고 또 장모를 구타한 죄로 완남군(完南君) 이후원(李厚源)이 충청 감사로 있을 때 형벌을 받았고,

자가 미워한다는 것이니, 성인(聖人)이 "못하다.〔不如〕"라고 하지 않았습니까?[82]

나머지 이야기는 하나하나 다 말하지 못합니다.

또 이석형(李碩馨)이라는 자는 그 어머니가 염병으로 죽자 분상(奔喪)도 하지 않아 그 어머니의 시신에서 진물이 흐르고 벌레가 생기도록 하고도 끝내 염습(斂襲)하지 않았다고 한다. 《宋子大全 卷46 答李雲擧》

82 이른바……않았습니까 : 자공이 묻기를 "마을 사람들이 모두 좋아하면 어떻습니까?"라고 하자, 공자가 말하기를 "가(可)하지 않다."라고 하였다. "마을 사람들이 모두 미워하면 어떻습니까?"라고 하자, 공자가 말하기를 "가하지 않다. 마을 사람 중에 선한 자가 좋아하고 선하지 못한 자가 미워하는 것만 못하다."라고 하였다. 《論語 子路》 주희의 집주(集註)에 "선한 자가 좋아하고 악한 자가 미워하지 않는다면 반드시 구차하게 영합하는 행실이 있어서일 것이고, 악한 자가 미워하고 선한 자가 좋아하지 않는다면 반드시 좋아할 만한 실상이 없어서일 것이다."라고 하였다.

박자옥에게 보냄 기미년(1679, 숙종5) 4월 18일

與朴子玉 己未四月十八日

뒤엎어진 둥지 아래에 어찌 온전한 알이 있겠습니까. 그대 동생 자구(子久)[83]의 죽음은 더욱 차마 말하지 못하겠습니다. 그러나 그는 이미 어두운 저승에서 스스로 쾌적하게 여기고 있을 것이거늘, 그저 죽지 않은 사람들만 공연히 서로 애통해할 뿐입니다. 그대의 손을 잡고 통곡할 길이 없어 더욱 간장이 끊어지는 심정을 견디지 못하겠습니다. 이후의 일은 단지 상부(孀婦)와 고아를 잘 보호하여 그 세대를 영원히 전하는 것뿐입니다.

편지지를 마주하니 목이 메어 하나하나 다 말하지 못합니다.

83 자구(子久) : 박세징(朴世徵)의 자(字)이다. 《송자대전수차》 권9에 "박공 세징(朴公世徵)이 석곡(石谷)의 봉사(封事)를 베낀 일 때문에 화를 당하였다. 석곡은 이해 3월 17일에 세상을 떠났고 박공은 4월 1일에 세상을 떠났다."라고 하였다. 석곡은 송시열의 문인인 송상민(宋尙敏)의 호이다. 송상민은 을묘예송이 있은 뒤에 예론(禮論)의 본말과 윤휴, 허목 등의 잘못을 상세히 기록한 책자를 올렸는데, 숙종이 진노하여 국문하였으나 굴복하지 않다가 장사(杖死)하였다. 《宋子大全隨箚 卷13》

박자옥에게 보냄 기미년(1679, 숙종5) 5월 24일

與朴子玉 己未五月二十四日

피차간의 정회(情懷)는 어찌 말하기를 기다린 뒤에야 알겠습니까. 듣건대 장례에 아직 두서를 갖추지 못하였다고 하니, 이 때문에 마음이 더욱 편치 않습니다. 지금 널과 수의에 필요한 물건을 보내어 소제(蘇堤)[84]에서 만들어 두게 하였으니, 때가 되면 가져다가 쓰는 것이 어떻겠습니까?

무엇보다도 고아를 보양(保養)하기가 매우 쉽지 않을 것이니, 그대들이 밤낮으로 크게 걱정하리라고 생각합니다. 나도 간혹 한밤중에 일어나 앉아 아침이 되도록 잠을 이루지 못하니, 죽은 사람이 나를 몹시 부럽게 만듭니다.

석곡(石谷 송상민(宋尚敏))은 장례를 마쳐서 이미 땅속으로 들어갔다고 하니, 모든 일이 끝나 버렸는지라 한갓 살아 있는 사람으로 하여금 상심하며 추모하게만 할 뿐입니다.

앞에 보낸 편지는 읽어 보았습니까? 지금 이 노복들이 왔을 때 답장을 보지 못하였으니, 미처 받아 보지 못하였으리라 생각됩니다.

수많은 이야기는 하나하나 다 말하지 못합니다.

84 소제(蘇堤) : 대본에는 '蘇提'로 되어 있다. 《송자대전수차》 권9에 근거하여 '提'를 '堤'로 바로잡아 번역하였다. 지금의 대전광역시 소제동으로 송시열의 본가가 있는 마을이다. 이 당시 송시열은 거제(巨濟)에서 귀양살이하고 있었다.

박자옥에게 보냄 기미년(1679, 숙종5) 8월 16일

與朴子玉 己未八月旣望

오래도록 편지를 보지 못하였으니, 그립고 답답한 심정이 어찌 끝이 있겠습니까. 자구(子久 박세징(朴世徵))는 끝내 어느 땅에 묻혔습니까? 그 상부(孀婦)와 고아는 굶어 죽는 신세를 면하고 있습니까? 매양 이를 생각할 때마다 자신도 모르게 목이 멥니다.

나는 질병과 시론이 모두 급박하니, 저승에서 자구와 만날 날이 장차 머지않았기에 이것으로 자신을 위로합니다.

비통한 심정을 견디지 못하여 대략 이렇게 정회를 펼칩니다.

박자옥에게 보냄 기미년(1679, 숙종5) 9월 23일

與朴子玉 己未九月二十三日

보내온 편지의 날짜를 적는 항목 아래에 유독 한 사람의 이름이 없으니,[85] 벌써 자신도 모르게 눈물 젖게 되고, 종이 가득한 슬프고 괴로운 말씀은 더욱 차마 보지 못하겠습니다.

이곳에서 다시 편지를 보낸 적이 있는데 무슨 까닭으로 받아 보았다는 말이 없습니까?

지금 자구(子久 박세징(朴世徵))의 무덤에는 풀이 이미 황량해졌으리라 생각합니다. 그는 이미 자득(自得)하고 있겠지만 살아 있는 사람은 견디기 어려울 뿐입니다.

참빗 한 개를 보내니, 남겨진 어린아이의 머리에 생긴 이〔蝨〕를 없애는 데 사용하면 어떻겠습니까?

수많은 이야기는 하나하나 다 말하지 못합니다.

85 보내온……없으니 : 박세진의 동생 박세징이 세상을 떠나 편지 끝에 박세진의 이름만 적힌 것을 말한다. 편지의 격식에 의하면, 결미(結尾) 단락에 편지를 보내는 날짜를 적은 뒤에 보내는 사람의 성명을 적는다.

박자옥에게 보냄 경신년(1680, 숙종6) 2월 24일

與朴子玉 庚申二月二十四日

평창(平昌)의 집안에 보낸 편지로 인한 일[86]이 있은 뒤로 놀라는 마음이 갑절이 되어 비록 일가친척 사이일지라도 붓을 잡으면 문득 다시 우려되었기 때문에 그대가 보낸 전날의 편지에 오래도록 답장을 미룬 것이니, 이 뜻을 헤아려 주리라 생각합니다.

자구(子久 박세징(朴世徵))의 망일(亡日)이 차츰차츰 닥쳐오니 비통한 마음이 배로 새로워집니다. 그 상부(孀婦)와 고아는 모두 잘 지탱하고 있습니까? 지문(誌文)은 눈물을 참고 겨우 지었으나 모양을 이루지 못하여 남에게 보일 수 없으니, 근밀(謹密)하게 간직하여 결코 남들에게 내놓지 말기를 바랍니다. 고치고 싶은 곳은 모쪼록 손자 주석(疇錫)을 시켜서 고치도록 하십시오.

86 평창(平昌)의……일 : 송시열이 당시 평창 군수 송국귀(宋國龜)에게 보낸 편지로 인하여 벌어진 사건을 말한다. 회덕(懷德)에 송시열의 선영이 있는데, 그곳의 나무가 종인(宗人) 송시중(宋時中)의 간여하에 거의 다 잘려 나갔다. 이에 송시열이 문족(門族)에 편지를 보내어 이를 다스리도록 당부하였으나 당시 문중의 일을 맡고 있던 송국귀가 송시중을 감싸는 뜻이 있으므로 그에게 편지를 보내었다. 그 편지의 내용 중에 교산(橋山)이라는 글자가 있고 또 정벌(征伐)과 읍손(揖遜) 등의 말이 있었다. 흉당(凶黨)이 이 편지를 구입하고는 교(橋)를 교(喬)로 변조하여 장차 상변(上變)하려고 하였는데, 제왕의 능을 교산(喬山)이라고 하기 때문이다. 그러나 교산은 선산인 판교산(板橋山)을 줄여서 말한 것이고, 정벌과 읍손은 송시중의 죄를 다스리지 않는 것은 탕무(湯武)의 정벌이 요순(堯舜)의 읍손만 못하다는 취지의 말이었다. 이와 관련된 내용은 《송자대전》 권60 〈민대수에게 보냄〔與閔大受〕〉 별지(別紙)에 자세히 보인다.

작은 물품을 보내니 소상(小祥) 날 제상 끝에 올려 주면 좋겠습니다. 예를 갖추지 못합니다.

박자옥에게 답함 신유년(1681, 숙종7) 3월

答朴子玉 辛酉三月

자구(子久 박세징(朴世徵))의 망일(亡日)이 다시 이르렀으니, 추도하는 심정은 간장을 끊는 듯합니다. 이렇게 먼 지방에 있어 또 가서 곡할 수 없으니, 한스러운 마음이 어찌 끝이 있겠습니까.

부음을 사망한 달에 들었다면 단지 달수만 계산하여 망일에 연제(練祭)와 상제(祥祭)를 거행하여 13개월과 25개월의 예문(禮文)에 응하는 것이 관례입니다. 다만 《주자대전(朱子大全)》에 날짜를 계산하는 글[87]이 있기 때문에 민간에서 이 일자로 날을 계산해야 한다고 의심하니, 이 또한 근거가 있는 것입니다. 다만 몇백 일로 끊어야 할지는 모르겠습니다. 어떤 사람은 "마땅히 부음을 들은 날로 정해야 한다."라고 하니, 이러한 논의는 감히 억측하여 결정할 수 없습니다.

축문(祝文)과 필묵(筆墨) 및 말린 고기 하나를 보냅니다.

87 날짜를 계산하는 글 : 주희가 말하기를 "예(禮)에 부음을 들으면 곧 성복(成服)해야 하나 당시 성복이 너무 늦었으니, 진실로 이미 앞에서 잘못된 것입니다. 그러나 오늘날 상제와 연제의 예법은 도리어 성복한 날로부터 지금까지의 실제 날짜를 계산하여 그것을 절도로 삼아야 합니다. 다만 그사이의 기일(忌日)은 별도로 제전(祭奠)을 설치해야 비로소 인정을 다하는 것입니다."라고 하였다. 《晦庵集 卷60 答曾無疑》

박자회[88] 세휘 에게 답함

答朴子晦 世輝

아이를 낳았다는 소식을 들었으나 아들인지 딸인지 말해 주지 않으니 답답할 뿐입니다.

형제의 신주를 아버지 사당에 부(祔)하였을 경우에 고비(考妣)의 기일(忌日)을 만나면 고비의 신주를 모시고 나와서 정침(正寢) 혹은 청사(廳事)에서 제사 지내야 하고 결코 그대로 사당 안에서 제사하여 부(祔)한 분을 함께 제사해서는 안 됩니다. 기일에 신주를 옮기는 것은 한 분의 신위(神位)나 두세 분의 신위를 구분하지 않으니, 한 분의 신위 때문에 이 예법을 폐할 수는 없습니다. 형제를 아버지 사당에 부하는 것은 이미 큰 근본을 잃었으니, 그 축사(祝辭)를 마땅히 어떻게 해야 할지는 알지 못하겠습니다.

"죽은 사람과 무복(無服)의 관계이면 제사 지낸다."[89]라는 것에 대해 말하자면, 비록 아버지와 유복(有服)의 관계이더라도 할아버지 이상과 무복의 관계이면 오히려 시제(時祭)를 거행할 수 없거늘, 더구나 고조(高祖)와 유복의 관계인데도 감히 이하의 분에게 거행할 수 있겠습니까. 몹시 터무니없는 일인 듯하니, 모쪼록 다시 예법을

88 박자회(朴子晦) : 박세휘(朴世輝)로, 본관은 밀양, 자는 자회, 호는 설곡(雪谷)이다. 송시열의 문인이다.

89 죽은……지낸다 : 《예기》 〈증자문(曾子問)〉에 나오는 말로, 사(士)의 경우에는 시마복(緦麻服)의 상을 당해서도 기제와 묘제를 지내지 않으나 제사 지내는 대상자가 죽은 자에 대하여 복이 없을 경우는 제사를 지낸다는 뜻이다.

아는 사람에게 물어보는 것이 어떻겠습니까?

하나하나 다 말하지 못합니다.

박자회에게 답함
答朴子晦

이미 출발하였으리라 생각했으나 편지를 보고 아직 출발하지 않은 줄을 알았습니다. 딸을 얻은 것은 과연 서운할 듯하나 또한 어떻게 하겠습니까.

기일(忌日)에 신주를 옮기는 문제를 신재(愼齋 김집(金集)) 노사(老師)에게 물어본 적이 있습니다. 답하기를 "정침(正寢)과 청사(廳事)는 평소 거처하던 곳이기 때문에 반드시 이곳으로 옮긴다."라고 하였으니, 아마 예(禮)의 뜻이 혹 여기에서 나온 듯합니다.

돌아가신 부모를 위하여 입는 사적인 상복은 비록 조고(祖考) 이상과 상관이 없을지라도 이미 이 복식으로 고비(考妣)에게 제사 지낼 수 없다면 어찌 유독 조고 이상에 제사 지낼 수 있겠습니까.

생신에 지내는 제사를 퇴계(退溪)가 이미 예(禮)가 아니라고 하였습니다. 그러나 고씨(高氏)[90]에게는 제사 의절(儀節)이 있고 축문이 있기까지 하니, 단지 한 분의 신위(神位)만 있는 경우라면 고씨의 의절에 따라 거행하더라도 매우 해가 되지는 않을 듯합니다.

서재(書齋)에 기와를 덮는 일이 이미 시작되었으나 백씨(伯氏)가 떠나가지 않으니 염려가 됩니다.

90 고씨(高氏) : 고항(高閌)으로, 자는 억숭(抑崇), 시호는 헌민(憲敏)이다. 태학에서 양시(楊時)에게 수학하였다. 남송(南宋) 초에 예부(禮部)를 맡아 당시 예제(禮制)의 대부분을 논정(論定)하였고, 《후종례(厚終禮)》를 지었다.

박자회에게 답함

答朴子晦

연이어 편지를 받아 보아 위로되고 그대의 조카를 보게 되어 더욱 위로됩니다.

물어 온 이야기는 내 마음을 서글프게 합니다. 방제(旁題)를 고치는 일은 마땅히 맏아들의 장례 뒤에 해야 하거늘 지금 이미 지나쳐 버렸으니, 응당 기일(忌日) 하루 전날 연유를 고하고 거행해야 마땅할 듯합니다. 이처럼 한다면 축사(祝辭)는 마땅히 둘째 아들이 거행하게 해야 합니다. 그러나 이번은 이미 국장이 있기 이전이니, 응당 한 잔만 올리고 축문은 없어야 합니다. 맏아들의 궤연(几筵)을 거두는 일은 예(禮)에 근거하면 응당 복(服)이 다하는 날 혹은 첫 기일에 해야 하나 모친의 지극한 정 때문에 삼 년 안에는 갑자기 거두려고 하지 않는다면 또한 억지로 거슬러서는 안 됩니다. 오직 예법으로 달래어야 하고 받아들이지 않는다면 그대로 내맡길 뿐입니다.

나머지 이야기는 누워서 남의 손을 빌려서 적느라 하나하나 다 말하지 못합니다.

박자회에게 보냄 계해년(1683, 숙종9) 10월

與朴子晦 癸亥十月

흥룡(興龍)의 일[91]은 차마 듣지 못하겠습니다. 사우(祠宇)가 위태로운 것은 너무도 뜻밖의 일이니, 이러한 일이 생길 줄을 어찌 생각이나 했겠습니까. 분묘(墳墓)에 관한 일은 더욱더 참담하니, 살았을 때는 덕인(德人)으로 여기다가 죽은 뒤에는 원수로 볼 줄이야 어찌 생각이나 하였겠습니까.

이곳의 교정하는 일은 권우(權友)가 떠나감으로 인하여 장차 중간에 그만두지 않을 수 없게 되었습니다.

타우(打愚 이상(李翔))가 갑자기 찾아오니 몹시 다행이고 다행입니다. 그대도 만약 대단한 일이 없다면 속히 오기를 바랍니다.

나머지 이야기는 하나하나 다 말하지 못합니다.

91 흥룡(興龍)의 일 : 박팽년(朴彭年)의 비각(碑閣)에 대한 일인 듯하다. 523쪽 주74 참조.

박자회에게 답함
答朴子晦

보내온 문안 편지는 매우 감사합니다. 제사에 사용하는 폐백(幣帛)은 고례(古禮)를 상고해 보면 "사람이 사용한 것은 불태우고 귀신이 사용한 것은 묻는다."[92]라고 하였으니, 이것에 근거하면 폐백을 불태우는 것은 예(禮)의 뜻이 아닌 듯하지만 복씨(濮氏)의 설이 이와 같다면 불태우더라도 또한 근거가 없지는 않고 또 가만히 함부로 사용하게 되는 폐단을 막을 것입니다. 다만 "불태우고 묻는다."라는 말은 마음속에 의심이 드니, 이미 불태웠다면 묻어야 할 것은 무슨 물건입니까? 오직 여러분들이 상량하여 어떻게 처리하는가에 달렸을 뿐입니다.

예를 갖추지 못합니다.

92 사람이……묻는다 : 《예기》 〈곡례(曲禮)〉에 "제복(祭服)이 해지면 불태우고, 제기(祭器)가 해지면 묻고, 거북 껍질과 시초(蓍草)가 해지면 묻고, 희생(犧牲)이 죽으면 묻는다."라고 하였다.

박자회에게 답함 을축년(1685, 숙종11) 2월
答朴子晦 乙丑二月

편지에서 말한 뜻은 잘 알겠습니다. 지난 10년 전부터 나는 정자(程子)와 주자(朱子)가 무고를 당한 일이 참혹하다고 여겼습니다. 정자는 간사(姦邪)하다는 지목을 받았고 주자는 역당(逆黨)이라는 배척을 받았으나 그 당시 문인 제자 중에 소(疏)를 올려 억울함을 하소연한 자는 없었습니다. 그런데 율곡(栗谷)이 참소를 당한 뒤로 이를 변론한 이가 3, 4백 명의 무리에 이르렀으니, 정주(程朱) 때와 그 일에 차이가 있었습니다.

나는 선비가 된 이는 우선 정주 때의 가풍(家風)을 따르는 것이 옳을 듯하다고 여겼습니다. 그 당시 오직 판서 이계주(李季周 이단하(李端夏))만이 나의 말을 옳다고 여겼기 때문에 그의 아들들은 한 사람도 상소에 참여하지 않았습니다. 자신(子愼 송상민(宋尙敏))이 죽은 뒤로 이런 일을 가볍게 시도할 수 없음을 더욱 잘 알았기 때문에 작년에 논의가 벌 떼처럼 일어났을 때 내가 혈성(血誠)으로 저지하여 중지되었습니다. 그러나 김엽(金燁) 같은 사람은 족보 일을 핑계로 몰래 상경(上京)하여 마침내 소를 올리고 돌아왔으니, 비록 개탄하더라도 어찌하겠습니까.

이번 윤증(尹拯)의 일[93]은 지극히 놀랄 만하나 율곡에게는 절로 손해

93 윤증(尹拯)의 일 : 윤증이 나양좌(羅良佐)에게 보낸 편지의 내용을 가리키는 듯하다. 그 편지에 "오늘날 사람들이 혹 강도(江都)의 일을 가지고서 선인(先人)을 헐뜯으

될 것이 없고 단지 자신만 해칠 뿐입니다. 다만 작년의 사건과는 차이가 있는 데다가 사론(士論)이 날로 격렬해져서 저지할 수 없을 듯하기에 단지 우리 집안사람만 금지하여 간여하지 못하도록 하였으나 중요(仲耀)의 답서에 "천만 사람일지라도 나는 반드시 가겠다."라는 말이 있으니, 나 또한 어떻게 할 수가 없습니다. 그러나 그가 끝내 감히 의논에 가담하지는 않았다고 합니다.

오늘의 사달은 날로 한층 더해져서 장차 어떤 지경에 이를지 모르겠으니, 반드시 분서갱유(焚書坑儒)의 재앙을 초래하고야 말 것입니다. 오늘 제생(諸生)은 비록 스스로 분서갱유의 재앙을 달갑게 여기더라도 분서갱유의 재앙이 있고 난 뒤에 나라가 망하지 않았습니까. 일의 체모가 지극히 크고 지극히 무거운데도 지금 또 윤증을 놓아두고 한원(翰苑)[94]을 공격하니, 또 어찌 때를 알고 형세를 아는 도리이겠습니까. 내 생각에는 모름지기 말뜻을 완곡하게 하여 삼산(三山)의 통문(通文)[95]에 답하는 것이 좋을 듯하니, 어떻게 여길지 모르겠습니다.

려 하나 이는 곧 율곡이 올린 '망녕된 방법으로 슬픔을 이기려 하였다.'라는 상소문을 지적하여 율곡 자신이 모두 다 인정하였다고 말하는 것과 무엇이 다르겠습니까. 율곡은 오히려 참으로 입산(入山)한 잘못을 면할 수 없으나 선인이 죽지 않은 것에는 처음부터 죽어야 할 만한 의리가 없었던 것입니다."라고 하였다. 《明齋遺稿 別集 卷3 擬與懷川書》

94 한원(翰苑) : 예문관(藝文館)의 별칭이다. 《송자대전수차》 권9에 "한원은 김홍복(金洪福)이다."라고 하였다. 윤증이 나양좌에게 보낸 편지에 "율곡이 입산한 죄가 있다."라고 한 말을 송시열 측에서 문제 삼아 선현을 무함하였다는 이유로 학유(學儒) 김성대(金盛大) 등으로 하여금 중외(中外)에 통문을 내어 윤증을 공격하게 하자, 예문관 봉교(奉教) 김홍복, 대교(待教) 유상재(柳尙載), 반임(泮任) 송징은(宋徵殷) 등이 통문을 낸 김성대 등을 정거(停擧)시켰다. 《明齋遺稿 明齋年譜 卷1》

95 삼산(三山)의 통문(通文) : 《송자대전수차》 권9에 "보은(報恩)의 이진안(李震顔)

송일원(宋一源)이 망발한 말은 듣고서 경악하였고, 송도원(宋道源)이 운운한 말은 한 승지(韓承旨)가 전한 것입니다. 영상(領相)이 운운했다는 말은 필시 잘못 전해진 내용일 것입니다. 그 당시 한 승지는 결코 영상의 일을 말하지 않았거늘, 그가 어디서 듣고 이러한 말을 하였겠습니까. 문중(文仲)[96]이 운운한 말은 더욱 놀랍고 괴이합니다. 과연 혹 헛소문이 아니라면 이는 필시 풍병에 걸려 정신을 잃은 소치일 것이니, 즉시 잡아다가 통렬히 추달(推撻)하지 못한 것이 한스럽습니다. 그러나 문중은 이런 일에 젖비린내 나는 주장을 한 것이니, 어찌 그 말을 귓가에 담아 두겠습니까. 대저 시비와 득실을 막론하고 이처럼 논란이 분분하니, 속히 깊은 산중으로 들어가서 보지도 않고 듣지도 않고 싶습니다.

이만 줄입니다.

이 통문을 내어 율곡의 입산에 대한 무함을 변론하였다."라고 하였다. 삼산은 보은의 별호이다.

96 문중(文仲) :《송자대전수차》 권9에 "김창석(金昌錫)인 듯하다. 자는 문중이니, 즉 송애(松崖) 김경여(金慶餘)의 손자이고 벼슬은 도정(都正)이다."라고 하였다.

박자회에게 답함 을축년(1685, 숙종11) 6월

答朴子晦 乙丑六月

그대의 편지가 도착하니 위로되고 감사합니다. 광주 유수(廣州留守)가 탄핵당한 것은 정녕 진유지서(眞有之書)가 그를 통하여 나옴으로써 초래된 일입니다.[97] 광주 유수가 당초에 진유지서를 발설하지 않다가 그 뒤에 발설하였기 때문에 일번인(一番人)[98]의 의심과 분노를 초래한 것이 마땅합니다. 그러나 대순(大舜)의 호종(怙終)의 종(終)[99]이라는 법리로 다스린다면 또한 이에 대한 말이 없을 수 없을 것입니다. 다만

97 광주……일입니다 : 광주 유수는 이선(李選)이고, 진유지서는 이이(李珥)가 참으로 입산(入山)하였다고 말한 윤증(尹拯)의 편지를 가리킨다. 《송자대전수차》 권9에 "당시 지호(芝湖) 이선 공이 광주 유수가 되었다. 이보다 앞서 이공이 외재(畏齋) 이단하(李端夏) 공을 대신하여 실록(實錄)을 수찬하다가 마침 윤증이 사국(史局)에 보낸 편지에 그 아버지가 강도(江都)에서 있었던 일을 말하면서 율곡(栗谷)이 참으로 입산하였다고 주장하는 내용이 있는 것을 보았다. 장보(章甫)들이 이 소식을 듣고 놀라 통문을 내어 성토하니, 윤증의 당여(黨與)는 그 편지를 발굴하였다는 이유로 이공을 크게 원망하고 분노하여 권지(權持), 유성운(柳成運)이 탄핵하면서 각박하고 괴팍하고 탐욕스럽고 방종하다고 지목하였다."라고 하였다.

98 일번인(一番人) : 당파나 이념을 달리하는 쪽의 사람들을 직접 가리키고자 하지 않을 때 쓰는 말이다.

99 호종(怙終)의 종(終) : 호(怙)는 믿는 구석이 있어 죄를 범하는 것이고 종(終)은 같은 죄를 다시 범하는 것이다. 순(舜) 임금이 정치할 때 "과오나 불행으로 지은 죄는 풀어 주고 믿는 데가 있거나 재범(再犯)하는 죄는 죽이는 형벌을 하시되 공경하고 공경하여 형벌을 신중히 하셨다.〔眚災肆赦, 怙終賊刑. 欽哉, 欽哉, 惟刑之恤哉!〕"라고 하였다.《書經 舜典》

나의 설을 배척한다고 노하는 것은 잘못이니, 나에게 어찌 배척당할 만한 일이 없겠습니까. 아무튼 우리는 몸이 한가한 처지에 있으니, 대간(臺諫)의 탄핵 등의 일은 군이 입에 올릴 필요가 없을 것입니다.

하나하나 다 말하지 못합니다.

이자하[100] 만형 에게 답함 신유년(1681, 숙종7) 1월 26일

答李子夏 萬亨○辛酉正月二十六日

그리워하던 중에 그대의 편지를 받으니 객지에서 지내며 느끼는 쓸쓸한 마음이 매우 위로됩니다. 나는 창졸간에 길을 나섰다가 이 국상(國喪)[101]을 만나 아직 남쪽으로 돌아가지 못한 채 하루를 일 년처럼 보내고 있으니, 어찌하고 어찌하겠습니까.

구학(舊學)이 날로 퇴보한다는 이러한 말은 내 귀로 들어 보지 못한 지가 오래되었습니다. 실제 힘을 쓰는 곳이 있는 사람이 아니라면 어찌 이러한 말을 할 수 있겠습니까. 그러나 그대는 나이가 젊고 기력이 왕성하여 필시 이와 같지 않을 것이니, 어쩌면 늙고 못난 나를 경책(警責)하려는 것이 아니겠습니까. 참으로 감사하고 감사합니다.

100 이자하(李子夏) : 이만형(李萬亨)으로, 본관은 전주(全州), 자는 자하(子夏), 호는 삼우재(三友齋)이다. 송시열의 문인이다.

101 국상(國喪) : 숙종의 첫 번째 왕비인 인경왕후(仁敬王后)의 상을 말한다. 인경왕후는 1680년 10월 26일에 세상을 떠났다.

이자하에게 보냄 계해년(1683, 숙종9) 12월 22일
與李子夏 癸亥十二月二十二日

국상(國喪)[102]을 당하니 애통한 심정을 어찌 다 형언할 수 있겠습니까. 무엇보다도 성상의 체후가 아직 완전히 회복되지 않으시니, 애타는 마음을 더욱 말로써 다 할 수 없습니다.

나는 추위를 무릅쓰고 산천을 건너느라 큰 병이 나서 지금 서산(西山)의 묘소 아래로 와서 엎드려 날을 보내고 있을 뿐입니다.

앞에 보내온 편지는 내용을 모두 잘 알았으나 인편이 없어서 미처 답장을 보내지 못하였으니, 몹시 아쉽습니다.

소장(疏章)을 올리는 일을 운운한 것을 말하자면, 이는 시사 문제를 널리 논하는 것이 아니고 단지 직분에 맡은 바를 생각한 것일 뿐이어서 명분과 의리가 분명하니, 누가 불가하다고 말하겠습니까. 다만 조정이 구습(舊習)을 바꾸려고 하지 않을까 염려될 따름입니다. 그러나 단지 그 가부를 논할 뿐, 성패는 어찌 헤아릴 수 있겠습니까.

나머지 이야기는 누워서 남의 손을 빌려 적느라 다 말하지 못합니다. 예를 갖추지 못합니다.

102 국상(國喪) : 숙종의 어머니 명성왕후(明聖王后)의 상을 말한다. 명성왕후는 1683년 12월 5일에 세상을 떠났다.

이자하에게 답함 갑자년(1684, 숙종10) 8월 10일

答李子夏 甲子八月十日

소식이 오랫동안 막혔다가 이렇게 인편을 통하여 편지를 받게 되니, 몹시 마음이 위로되고 후련합니다. 편지가 얼굴을 보느니만 못하다는 것이 진정 헛말임을 비로소 알겠습니다.

나는 초여름부터 병에 걸려 거의 죽을 뻔한 것이 여러 번이었으니, 지금까지 목숨이 이어지는 것은 실제 처음에 예상하였던 바가 아닙니다.

그대의 상소는 진실로 정론(正論)이기는 하나 마침내 깊은 우물에 빠지듯이 곤경에 처하게 된 것은 참으로 가석한 일입니다. 그러나 이는 자신의 손에 달린 문제가 아니니, 어찌하고 어찌하겠습니까.

관직이 한가하고 지역이 고요하니, 아마 책을 볼 수 있지 않겠습니까. 세월이 흘러가니, 오직 힘쓰기를 바랄 뿐입니다.

윤증(尹拯)의 편지는 조석 간에 생긴 일이 아니니, 괴이하게 여길 것도 없습니다. 단지 내가 실로 선하지 못하여 남들의 말을 초래한 것일 뿐이니, 정녕 속히 고쳐서 새로워지기를 도모해야 할 뿐입니다.

나머지 이야기는 하나하나 다 말하지 못합니다.

이자하에게 답함 을축년(1685, 숙종11) 11월 18일

答李子夏 乙丑十一月十八日

앞서 위로해 주는 편지를 받고 답장을 적어 서울로 보냈으나 미처 그대가 받아 보기 전에 이달 10일의 편지가 거듭 적막한 이곳에 도착하니, 위로되고 감사한 마음을 다 형언할 수 없습니다.

나는 앓던 병이 깊이 이어져서 오랜 시간 쓰러져 누워 있고 글을 읽는 공부조차도 완전히 폐하고 있으니, 뒤돌아보건대 망연해져서 어떻게 수습해야 할지 모르겠습니다. 그대 같은 경우는 필시 이와 같지 않을 텐데도 지금 편지에서 운운한 것은 어쩌면 늙고 병든 나를 경책하려는 것이 아니겠습니까.

일전에 올린 소장(疏章)을 말하자면, 사람들의 분노가 벌 떼처럼 일어날 줄은 참으로 잘 알았지만 부사(父師)를 신변(伸辨)하는 것은 의리상 그만둘 수 없는 일이니, 외간의 흉흉한 말들은 돌아볼 겨를이 없습니다.

보내온 생강과 잣은 참으로 감사합니다.

지은이 **송시열(宋時烈)**

1607(선조40)~1689(숙종15). 자는 영보(英甫), 호는 우암(尤菴)·우재(尤齋)·파옹(巴翁)·화양동주(華陽洞主) 등이며, 시호는 문정(文正), 본관은 은진(恩津)이다. 부친은 송갑조(宋甲祚)이고, 모친은 선산 곽씨(善山郭氏)이다. 사계(沙溪) 김장생(金長生)과 신독재(愼獨齋) 김집(金集)을 사사하여 기호학파의 종장(宗匠)이자 노론의 영수로 활동하면서 조선 후기 학문과 정치에 큰 발자취를 남겼다. 효종의 즉위 이후 청나라에 대한 복수설치(復讎雪恥)를 역설한 《기축봉사(己丑封事)》를 올려 북벌론을 제시하였고, 학문적으로는 주자성리학을 정통으로 삼아 남인 학자인 윤휴(尹鑴)와 대립하였다. 이후 남인, 소론과 갈등이 깊어지다가 효종의 천릉(遷陵), 왕실 복제를 둘러싼 예송(禮訟)으로 논핵을 받아 삭탈관직되고 덕원(德源), 장기(長鬐), 거제도(巨濟島)에서 유배 생활을 하였다. 1689년 원자 책봉 문제로 제주(濟州)에 유배되었다가 서울로 압송되던 중 정읍(井邑)에서 사사(賜死)되었다. 1756년(영조32) 문묘(文廟)에 배향되고 영의정에 추증되었다. 저서로 《송자대전》, 《주자대전차의(朱子大全箚疑)》, 《정서분류(程書分類)》, 《주자어류소분(朱子語類小分)》, 《논맹혹문정의통고(論孟或問精義通考)》 등이 있다.

옮긴이 **박대현(朴大鉉)**

1961년 경북 청도에서 태어났다. 영남대학교 중문학과를 졸업하고 같은 대학원 한문학과에서 박사학위를 받았다. 민족문화추진회 국역연수원 상임연구부를 졸업하였고, 민족문화추진회 전문위원과 한국고전번역원 부설 고전번역교육원 교수를 역임하였다. 역서로는 《추강집(秋江集)》, 《대산집(大山集)2》, 《도산제현유묵(陶山諸賢遺墨)》, 《구사당집(九思堂集)1》, 《포은집(圃隱集)》 등이 있고, 저서로는 《한문서찰의 격식과 용어》(아세아문화사)가 있다.

송자대전 18

송시열 지음 | 박대현 옮김

2023년 12월 31일 초판 1쇄 발행

발행인 김언종 | 발행처 한국고전번역원
등록 2008. 3. 12. 제25100-2018-000049호
주소 (03310) 서울시 은평구 진관1로 85
전화 02-350-4800 | 팩스 02-350-4994 | 홈페이지 www.itkc.or.kr

연구총괄 정영미 | 연구책임 장희성 | 연구기획 강지원 | 자문 정선용

책임편집 이선주 | 편집진행 신진호 서윤이
교정 김상순 박현진 서세영 | 조판 김은하 | 제작 조은지
디자인 씨디자인 | 인쇄 명일인쇄

값 20,000원
ISBN 978-89-284-1096-5 94810
978-89-284-0619-7 (세트)